रामप्रसाद 'बिस्मिल' रचनावली

रामप्रसाद 'बिस्मिल' रचनावली

सम्पादक
दिनेश शर्मा
आशा जोशी

स्वर्ण जयन्ती

स्वर्ण जयन्ती

मण्डोली रोड सेवाधाम, निकट- पानी की टंकी नं.-4
दिल्ली
द्वारा प्रकाशित
एवं
ओम ऑफसेट शाहदरा, दिल्ली-110032
द्वारा मुद्रित
ISBN : 978-81-88599-35-6

संस्करण 1997
मूल्य : 250

RAMPRASAD 'BISMIL' RACHNAVALI
Edited by Dinesh Sharma and Asha Joshi

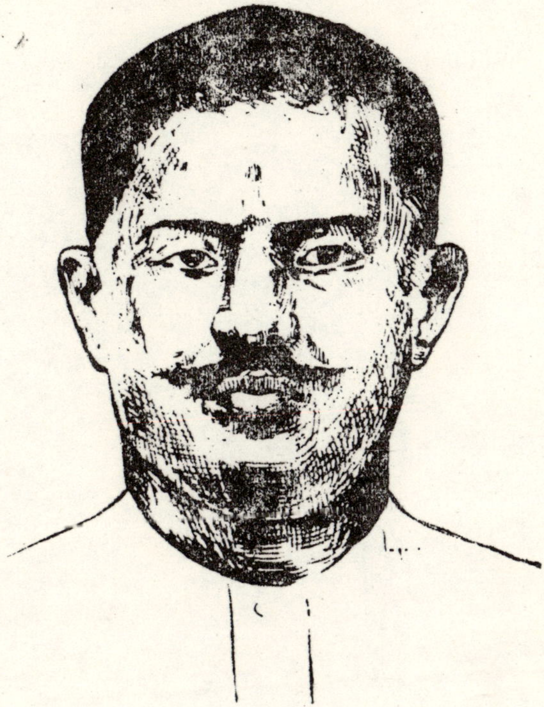

अमर शहीद श्री रामप्रसाद बिस्मिल

काकोरी षड्यन्त्र का संक्षिप्त विवरण
शहीद रामप्रसाद 'बिस्मिल' : विशेष परिचय
निज जीवन की एक छटा : आत्म-कथा
केथोराइन या स्वाधीनता की देवी : जीवनी
लेख एवं समीक्षा

प्रकाशक की बात

गोरखपुर जिला जेल में 19 दिसम्बर सन् 1927 ई० को फाँसी पर झूल जाने से पहले, 'I wish the down-fall of British Empire', की शहीदी चाह रखनेवाले और भारत की मुक्ति संघर्ष में क्रान्तिकारी परम्परा के संवेदनशील युवा नायक रामप्रसाद 'बिस्मिल' रचनावली खण्ड-एक प्रकाशित कर पाना इस प्रकाशन के लिए दुर्लभ कार्य था। श्रद्धांजलि स्वरूप 19 दिसम्बर सन् 1991 को 'बिस्मिल' की 64वीं पुण्यतिथि के अवसर पर खण्ड-दो भी पाठकों के समक्ष शीघ्र ही प्रस्तुत कर हम गौरवान्वित होंगे।

आज के सन्दर्भ में 'बिस्मिल' रचनावली की उपयोगिता को प्रकाश में लाने का मूल कारण वर्तमान सामाजिक, राजनैतिक और साहित्यिक समझ को सार्थक-निर्देश हेतु प्रेरणा-स्रोत की अवधारणा ही रही है। साथ ही, 'बिस्मिल'-कालीन राजनैतिक-साहित्यिक समक्ष और आजाद भारत की भरपूर आजादी के उनके स्वप्न को प्रकाश में लाने से भी रही है।

एक बात और कह दूं, शहीद भगतसिंह और उनके क्रान्तिकारी साथी जिस साम्यवादी विचारधारा—किसान-मजदूर के संगठित संघर्ष आदि को लेकर जो ख्याति पाये, उसके मूल-समर्थक भगतसिंह आदि के अग्रज और विप्लव दल के नेता पं० गेंदालाल दीक्षित के परम प्रिय शिष्य 'बिस्मिल' ही थे। परन्तु, उन्हें जो कीर्ति एवं सम्मान मिलना चाहिए, उससे वे प्रायः वंचित रहे। जहाँ-तहाँ उन पर कुछ प्रकाशित भी हुआ तो वह अत्यन्त दबे-भाव से सामने आया। यही नहीं, उनके 'अज्ञात' छद्मनाम से एक जीवनी, 'स्वर्गीय देशभक्त सूफी अम्बाप्रसाद', 'प्रभा' सन् 1925 ई० अप्रैल मास, प्रकाशित हुई थी, जिसे 'भगतसिंह और उनके साथियों के दस्तावेज' (सं०—जगमोहन सिंह, चमनलाल, राजकमल प्रकाशन, नई दिल्ली, पटना, प्र० सं० 1986, पृ० 91-95) में 'चाँद' का फाँसी 'अंक' सन् 1928 में 'विद्रोही' छद्मनाम का अप्रमाणित हवाला देकर प्रकाशित किया गया है। इसे क्रान्तिकारियों को अपमानित करने के सिवा और क्या कहा जा सकता है! इस खेदपूर्ण घाल-मेल का पर्दाफाश करना भी हमारा प्रकाशकीय-धर्म बनता है। प्रस्तुत रचना-वली 'बिस्मिल' की आत्मकथा के मानदण्ड पर ही सतर्कतापूर्वक प्रकाशित की जा रही है।

हम अमर शहीद रामप्रसाद 'बिस्मिल' और उनके साथियों के विदाई चित्र, जो आत्मकथा में छपे थे, धूमिल हो जाने के कारण और ब्लॉक न बन पाने की वजह से खण्ड-एक में छापने में असमर्थ हैं। सम्भव है खण्ड-दो में छाप पायें।

हम श्री नारायणदत्त पालीवाल के अत्यन्त आभारी हैं, जिन्होंने अपने बहुमूल्य समय और व्यस्तताओं के बावजूद भी अपने विचार शहीद रामप्रसाद 'बिस्मिल' को श्रद्धांजलि-स्वरूप भेंट किये।

अपने पाठक-परिवार की ओर से दिनेश शर्मा और डा० आशा जोशी के हम आभारी हैं, जिन्होंने अमर शहीद रामप्रसाद 'बिस्मिल' के रचना-संसार का संकलन, सम्पादन और संयोजन का कठिन कार्य किया। प्रकाशन, प्रोग्रेसिव प्रिण्टर्स के अजयकुमार और कम्पोजीटर साथियों का आभारी है, जिनकी कार्य-कुशलता में हम अतिरिक्त प्रूफ त्रुटियों से बच सके।

आशा है, पाठक-बन्धु रचनावली की उपयोगिता पर विशेष ध्यान देंगे और अपना सुझाव भी भेजेंगे।

—वी० के० शर्मा

एक विचार

देश की स्वतंत्रता के लिए भारत माँ के जिन सपूतों ने अपना सर्वस्व निछावर किया, उनमें रामप्रसाद बिस्मिल का नाम स्वतंत्रता आंदोलन के इतिहास में सोने के अक्षरों में अंकित है। उनकी पंक्तियाँ 'सर फरोशी की तमन्ना अब हमारे दिल में है, देखना है ज़ोर कितना बाजुए कातिल में है।' तो स्वतंत्रता आंदोलन के दौरान जन-जन को आजादी के लिए मर-मिटने की प्रेरणा देती ही रही हैं। आज भी इन पंक्तियों से हमें इस धरती की गरिमा और गौरव की रक्षा के लिए तत्पर रहने की प्रेरणा मिलती है। ऐसे स्वतंत्रता सेनानियों और शहीदों के अदम्य साहस और बलिदान की गाथा हमारी युवा पीढ़ी तक पहुँचनी चाहिए, जिससे देश के होनहार नौजवानों को यह पता चल सके कि देश की स्वतंत्रता यूँ ही नहीं मिली है। इसके लिए अनेक लोग फाँसी के तख्ते पर झूले हैं। अनेक माताओं से उनके कलेजे के टुकड़े शहीदी का बाना पहनकर सदा के लिए बिछुड़े हैं। अनेक बहिनों का सुहाग छिना और बहुत-सी ऐसी प्रतिभाओं ने अपने प्राणों की आहुति दे डाली जो अभी जीवन के प्रांगण में पदार्पण कर ही रहे थे। भारत माँ के इन शहीदों ने समय की शिला पर अपना बलिदान अंकित कर देश को गुलामी की जंजीरों से मुक्त करने की नींव डाली। यदि ये बलिदान न होते तो पता नहीं सुनहरी स्वतंत्रता का क्या होता।

रामप्रसाद बिस्मिल के प्रेरक विचार और उनके साहित्य के बारे में प्रस्तुत रचनावली के माध्यम से ऐसी सामग्री सामने आयेगी जो पाठकों को केवल उस महान सेनानी और शहीद के बलिदान के बारे में ही महत्वपूर्ण जानकारी नहीं देगी, वरन् उनके व्यक्तित्व और कृतित्व के बारे में भी विस्तारपूर्वक जानकारी सुलभ हो सकेगी। उनकी रचनाओं से, उनकी कृतियों से और उनके द्वारा लिखे गये प्रत्येक शब्द से जन-जन को प्रेरणा मिलेगी। समाज, देश और समस्त मानवता के लिए निःस्वार्थ भाव से सब कुछ दाँव पर लगाने की भावना को प्रोत्साहन मिलेगा। उनके विचार हमारी सोच और हमारे संस्कारों को ऐसा स्वरूप प्रदान करेंगे, जिसमें देश के लिए मर-मिटने की तड़प होगी। इस दृष्टि से बिस्मिल के साहित्य का प्रकाशन और मूल्यांकन अत्यंत उपयोगी,

ज्ञानवर्द्धक एवं प्रेरक सिद्ध होगा। श्री दिनेश शर्मा व डा० आशा जोशी ने यह शोधपरक अध्ययन प्रस्तुत कर स्तुत्य कार्य किया है। मैं इस प्रयास की सराहना भी करता हूँ और सफलता के लिए अपनी शुभकामनाएँ भी देता हूँ।

डॉ० नारायणदत्त पालीवाल

18 मार्च, 1991
1646, गुलाबी बाग, दिल्ली-110007

दो शब्द

हम जान पाएं या न जान पाएं, पृथ्वी हर समय घूम रही है। इसी प्रकार इतिहास भी हर समय पुर्नलिखित हो रहा है। मूल्य बदलते ही इतिहास, यानी पुराने मूल्यों पर आधारित इतिहास, उस सिक्के की तरह हो जाता है जो अब प्रचलित नहीं है। नए युग में नए सिक्के चलते हैं। नए नाम और नए वीर और व्यक्तित्व उभर कर सामने आते हैं। हाँ, मूल्यों के बदलाव की उठापटक और आपाधापी में कई बार पुराने नाम और व्यक्तित्व लौट आते हैं, परिवर्तित रूप में। शेक्सपीयर के संबंध में कहा जाता है कि वह हर शती में अलग-अलग कारणों से पूज्य रहा। यह एक अन्य आयाम है। इस प्रकार यह एक अजीब खेल है, जिस पर जितना ही सोचो आश्चर्य होता है, यहाँ तक कि ऐसा विचार आ सकता है कि फिर इतिहास की दंतकटाकटी में क्यों पड़ना, क्योंकि इतिहास तो एक अलग अगिया बैताल है।

यहाँ पर यह प्रश्न स्वाभाविक रूप से उठता है कि क्या युगीन मूल्यों के परे कुछ शाश्वत मूल्य होते हैं? सिक्का बदल गया तो बाज़ार में नए सिक्के का डंका बजेगा, पर पुराने सिक्के में जो सोना-चाँदी है उसका मूल्य तो रहेगा ही, वह तो अपनी जगह पर है और रहेगा। हाँ, सिक्का अगर कागज या चमड़े का हो तो वह सिर्फ चूल्हे की भूख बुझाएगा।

पर यह न भूलना चाहिए कि चमड़े या कागज़ का वह टुकड़ा कभी पूजा गया था। जब मूल्यों में बदलाव धीरे-धीरे आता है, उस समय इतिहास का पुनर्लेखन भी धीमे चलता है, इतना कि अक्सर पता नहीं लगता। पर सन् 1989 में चुनाव के बाद जब एक बड़ा परिवर्तन आया तो फौरन तौर बदल गए—गाँधी, नेहरू और इंदिरा की जगह जयप्रकाश और लोहिया ताल ठोक कर सामने आए। यह नहीं कि नए पहलवान पहले के मुकाबले भारी थे। पर इससे क्या? नए शासकों को पुराने वीरों से खतरा महसूस हुआ, इसलिए जल्दी में जो विकल्प नज़र आए, वे ही अपना लिये गए।

इतिहास के पुनर्लेखन का सबसे दृष्टिकटु तो नहीं कहूँगा, पर आँखों में उंगली डाल कर सामने आनेवाला उदाहरण सोवियत रूस में हुआ।

1917 की क्रांति होने पर रूसी सम्राटों या ज़ारों का अवमूल्यन तो होना ही था। राजा को मृत्युदंड हुआ, भागी हुई राजकुमारियाँ पेरिस के

रेस्तराओं में बर्तन माँजने लगीं। निरंकुश ज़ारशाही के स्थान पर आयी समाजवादी प्रणाली।

उसके बाद आए लेनिन, महान क्रांतिकारी। 1924 तक वह चले। फिर आए स्तालिन जो 1953 तक तपे। स्तालिन को अपने जीवनकाल में वही, या थोड़ा-सा कम, रुतबा मिला जो लेनिन को मिला था। उनके शासन में सोवियत भूमि एक पिछड़े हुए खेतिहर देश से अत्यंत औद्योगीकृत महाशक्ति बन गई। स्तालिन ने बड़ी वीरता के साथ द्वितीय महायुद्ध जीता, सारे संसार को फासिस्तवादी राक्षसी शासन से बचाया। रूस विज्ञान में आगे निकल गया, हालाँकि उसने अमरीका के मुकाबले अणुबम चार साल पचीस दिन बाद प्राप्त किया। स्तालिन ने इस दौरान रूसी साम्राज्य में सदियों से दयनीय दशा में जीवित जातियों को रूसियों के बराबर ऊँचाई पर ला दिया। स्तालिन ने किसी प्रकार भाई-भतीजावाद की ओर रुचि नहीं दिखाई। उसका लड़का द्वितीय महायुद्ध में शहीद हुआ। उसे मृत्युदंड देने के पहले जर्मन सेनापति ने स्तालिन को संदेश भेजा कि यदि तुम सेनापति फॉन काईटेल को रिहा कर दो, तो हम तुम्हारे बेटे को छोड़ सकते हैं। 'हम सेना नायकों के साथ सामान्य सैनिकों का विनिमय नहीं करते', यह कहते हुए स्तालिन ने यह सौदा ठुकरा दिया, क्योंकि फॉन काईटेल युद्धनीति का जादूगर था और स्तालिन का बेटा एक जांबाज नौसिखिया मात्र था। स्तालिन ने अपनी बेटी स्वेतलाना से हँस कर इस सौदे की बात बताई और बोला—मैंने यह सौदा ठुकरा दिया है क्योंकि हम युद्ध कर रहे हैं। गाजर-मूली बेचने का काम नहीं।

अगले दिन स्तालिन ने बेटी से कहा, तुम्हारे भाई को मृत्युदंड दे दिया गया और अपने कक्ष में चले गए और नित्य की तरह ही अपना काम करने लगे।

स्तालिन के बाद आए ख्रुश्चेव, जिन्होंने स्तालिन के ज़माने में चूं तक नहीं की थी। उन्होंने कहा—स्तालिन ज़ालिम था।

बस यहीं से चल निकला कि स्तालिन ज़ालिम था। इतिहास इस नई टेक पर लिखा जाने लगा। संसार की बहुत सारी कम्युनिस्ट पार्टियों ने कहा—आमीन।

इसमें कौन सही है, कितना सही है, उस पर मैं नहीं जाऊँगा। स्तालिन के बाद उनके विरुद्ध मुख्य अभियोग यह रहा कि वह व्यक्तिपूजा, यानी अपनी पूजा चाहते थे। सारे इतिहास में यही आवाज आने लगी। एक उदाहरण दूं, जब मैं 1975 के आसपास रूस गया, उस समय मुझे जो ठिगनी सोवियत सुंदरी पथप्रदर्शिका और दुभापिया के रूप में मिली, उसने एक चित्र-प्रदर्शनी में रूस के आधुनिक इतिहास के संबंध में लेनिन आदि की कहानी बता कर मुझे स्तालिन का वैयक्तिक नहीं बल्कि एक ग्रुपफोटो दिखाया और बोली—यह रहे स्तालिन। यह कहकर वह एकदम छिटक कर दूर जा खड़ी हो गई। मानो

स्तालिन कोई सांप हो ! जो व्यक्ति तीस साल रूस के इतिहास पर हावी रहा, उसका वहाँ केवल ग्रुपफोटो में ही पता था । स्तालिन के पार्थिव शरीर को लेनिन की समाधि में उनके पार्श्व में ही रखा गया था । उसे वहाँ से हटा कर क्रेमलिन की दीवार के ठीक बाहर बीसियों लोगों के पास दफन कर दिया गया था । वहाँ स्तालिन की एक प्रस्तरमूर्ति भी लगा दी गई थी, जो आकार में अन्य लोगों की मूर्तियों के बराबर थी ।

इस प्रकार इतिहास का पुनर्लेखन हुआ । ख्रुश्चेव के बाद जो लोग सोवियत संघ के कर्णधार बने, वे मध्यम दर्जे के व्यक्ति थे । अब गोर्बाचेव के रूप में सोवियत नेता आए हैं, जिन्होंने पेरेस्त्रोइका (पुनर्निर्माण) और ग्लासनोस्त (खुलापन) का नारा दिया है । समाजवाद में जो गंदगी आ गई थी, उसकी शुद्धि जारी है । ये गंदगियाँ मनुष्य की कमज़ोरी के कारण उत्पन्न हुईं, न कि सिद्धांत की अपूर्णता के कारण । अवश्य गंदे लोगों के हाथों में पड़कर सिद्धांत की अपव्याख्या की गई । एक उदाहरण देता हूँ ।

सिद्धांत के अनुसार कम्युनिस्ट पार्टी श्रमिक (रूस में श्रमिक ही रह गए थे) का अग्रिम दस्ता है, पर गंदे लोगों ने पार्टी को जनता के शोषण का हथियार बनाया और कम्युनिस्टों का एक अभिजात वर्ग बन गया । कम्युनिस्ट द्विज हो गए और बाकी आम जनता शूद्र ।

गत साठ-पैंसठ वर्षों से मैं भुक्तभोगी रूप में यह तमाशा देख रहा हूँ । पहले आए गाँधी । मध्याह्न गगन में उनके आते ही नरमदलीय नेताओं का रंग फीका पड़ गया । हाँ, लोकमान्य तिलक ध्रुवतारा बने रहे, और टिमटिमाते रहे खुदीराम बोस, चापेकर बंधु, कन्हाईलाल, मदनलाल ढींगरा और अन्य अगणित वीर और शहीद । बहुत मजे की बात है कि मदनलाल ढींगरा जब साम्राज्यवाद के गढ़ में बम की तरह फट कर पुच्छल तारे की तरह दहके तो उसी लंदन के आसपास बैठे मोहनदास करमचंद गाँधी को लगा कि यह तो बड़ा अनर्थ हुआ । बस वह Indian Home Rule की किश्तें लिखने में लग गए, जो पुस्तिका गाँधी विचारधारा में वही महत्व रखती है जो सन् 1848 में लिखित कम्युनिस्ट मैनिफैस्टो मार्क्स-एंगेल्स-लेनिन की विचारधारा में रखता है ! यहाँ पर यह स्मरण दिला दिया जाए कि श्री अरविन्द ने 'Essays on the Gita तथा लोकमान्य तिलक ने 'गीता रहस्य' लिखकर क्रान्ति की विचारधारा पेश की । महात्मा गाँधी को इसी कारण गीता की अनासक्तियोगव्याख्या लिखनी पड़ी । बहुत संक्षेप में लिख रहा हूँ, विस्तार की गुंजाइश नहीं ।

मेरी आँखों के सामने गाँधी-युग में इतिहास पर गाँधी का पूरी तरह रंग चढ़ा । 1921 में मैं, चन्द्रशेखर आजाद और अनशन में शहीद यतीन्द्रदास पहले-पहल जेल गए । मैं गाँधी का एक अच्छा सिपाही था । इस युग में भारतीय सभ्यता और संस्कृति का मूलमंत्र अहिंसा बताया गया, मानो राम, परशुराम, कृष्ण, राजा पुरू, शिवाजी, राणाप्रताप, रानी लक्ष्मीबाई आदि भारत में

पैदा ही नहीं हुए, या भारतीय सभ्यता और संस्कृति में उनके लिए कोई स्थान नहीं था। महात्मा गांधी जब तक जीवित रहे, क्रांतिकारियों के विरुद्ध जेहाद छेड़े रहे यद्यपि उन्होंने 'हिंदू समाज' में यह माना था कि क्रांतिकारियों के ही कारण एक के बाद एक शासन-सुधार आते रहे। स्वयं 1921 का असहयोग आंदोलन रौलट एक्ट से शुरू हुआ और रौलट रिपोर्ट से सारा झगड़ा चल पड़ा। रौलट कमेटी क्रांतिकारियों को दबाने के उपाय बताने के लिए नियुक्त हुई थी।

एक छोटी-सी प्रासंगिक आपबीती। काकोरी कैदी 1937 में 24 अगस्त को कांग्रेस की प्रांतीय सरकार द्वारा रिहा किए गए।

हमारे चार साथी रामप्रसाद बिस्मिल, रोशनसिंह, राजेन्द्र लाहिणी, अशफाकउल्ला 1927 के दिसम्बर में फांसी चढ़ चुके थे। जल्लाद के हाथों में बचे हम लोग बारह साल जेल काट कर लौटे थे। नैनी जेल से छूटे तो जवाहरलाल नेहरू ने हमें चाय पर बुलाया। बड़ी भारी पार्टी थी। शाम को बहुत बड़ी सभा हुई जिसमें हमें बधाई दी गई। अगले दिन कानपुर में कविवर बालकृष्ण शर्मा 'नवीन' के नेतृत्व में दो लाख की सभा हुई। बस गांधी जी बिदककर आपे से बाहर हो गए। उन्होंने इस प्रकार क्रांतिकारियों के अभिनंदन को अशोभन बताया। लखनऊ में चंद्रभानु गुप्त के नेतृत्व में अगले दिन अभिनंदन होना था। रातोंरात कांग्रेसी स्वागत समिति के नाम बदल कर अपने को नागरिक समिति करार दिया। वहाँ भी दो लाख की सभा हुई।

महात्मा गांधी ने यह जो किया, वह इस कारण कि क्रांतिकारी इतिहास के सिंहद्वार से बाहर रहें। यही उन्होंने क्रांतिकारी नेता सुभाष के साथ किया था, पर सुभाष-सुभाष ही थे, उन्होंने अपना लोहा किस तरह मनवाया यह सर्वविदित ही है। सच तो यह है कि स्वराज्य होता ही नहीं यदि आजाद हिंद फौज के अफसरों पर चले मुकदमों और सजाओं के कारण रातोंरात ब्रिटिश सरकार की भारतीय फौज मुक्तिसेना न बन जाती। अब इसकी पुष्टि अंतर्राष्ट्रीय ख्याति के सैनिक लेखकों द्वारा की गई है।

1789 यानी फ्रांस की क्रांति के युग तक विराट जनता क्रांति कर सकती थी। पर बाद में आस्ट्रिया की इतनी उन्नति हुई कि फौज को मिलाए बगैर कोई क्रांति संभव नहीं थी। इसी कारण शचीन्द्रनाथ सान्याल, पिंगले आदि भारतीय फौज को मिलाने पर जोर देते रहे।

बात इतिहास से चलाई गई, इस कारण बता दूं कि इतिहास में कौन रहे, कौन न रहे, इसका झगड़ा सदा से है। इतिहास के क्षेत्र में सारे हथकंडे चालू हैं जो बाजारू घटनाओं में प्रचलित हैं। शत्रुओं को शास्त्रकारों ने राक्षस बताया। इतिहास के साथ मनमाना बलात्कार का एक ज्वलंत भारतीय उदाहरण है प्रातः स्मरणीय गुरूनानक को पगड़ी के साथ पेश करना। इसका एक लघुरूप है पंजाब सरकार के प्रकाशनों में सरदार भगतसिंह को केवल

पगड़ी में पेश करने की जिद। असेम्बली में वह हैट लगा कर बम फेंकने गए थे।

परन्तु दिनेश शर्मा ऐसे नीरव साधक हैं जो कटिबद्ध हैं कि रामप्रसाद बिस्मिल ऐसे शहीदों को उनकी प्राप्य यशोराशि प्राप्त हो। उन्होने वर्षों खोज करके रामप्रसाद बिस्सिल की साहित्यिक कृतियों को जनता के सामने रखा है। दिनेश शर्मा न होते तो रामप्रसाद बिस्मिल का समग्र रूप सामने न आ पाता। मैं तो जानता था कि रामप्रसाद बिस्मिल क्रांतिकारी के अलावा साहित्यकार और कवि भी थे, पर मैं यह कह नहीं सकता था क्योंकि मेरे पास कोई प्रमाण नहीं था। मैंने बिस्मिल लिखित पुस्तिकाएँ देखी थीं पर इतिहास मेरे कहने को कैसे मानता, जब तक आवश्यक प्रमाण पेश न किए जाते। दिनेश शर्मा द्वारा इन कृतियों के सामने आ जाने पर अब बताया जा सकेगा कि बिस्मिल किस दर्जे के क्रांतिकारी और चिंतक थे। इसके लिए दिनेश शर्मा की जितनी प्रशंसा की जाए थोड़ी है।

10 जनवरी, 1991 — मन्मथनाथ गुप्त

14 डी, निजामुद्दीन ईस्ट,
नई दिल्ली-110013

भूमिका

भारत के अमर क्रान्तिकारियों में श्री रामप्रसाद बिस्मिल का नाम विशेष रूप से उल्लेखनीय है। ज्येष्ठ शुक्ल पक्ष 11 संवत् 1954 वि०(4 जून सन् 1897 ई०) को जन्मे बिस्मिल का क्रान्तिकारी इतिहास में अपूर्व योगदान रहा है। परन्तु यह विडम्बना ही कही जाएगी कि अपने स्वतंत्रताप्राप्ति के इस अनूठे समर्पण के लिए उन्हें जो यश और कीर्ति मिलनी चाहिए थी, नहीं मिल पाई। समय की परतों में ढका उनका जोशीला बलिदान आज भी देशवासियों को उद्वेलित करने में समर्थ है।

पराधीनता की बेड़ियों में जकड़े हुए हमारे देश पर जब ब्रिटिश सरकार का दमन-चक्र तीव्र गति से चल रहा था तब स्वतंत्रता की प्राप्ति के लिए देश के कोने-कोने में उथल-पुथल होने लगी और प्रत्येक नागरिक स्वाधीन सुबह में साँस लेने के लिए व्यग्र हो उठा। दासता से मुक्त होने के लिए युवा वर्ग के मन में क्रान्ति करवट लेने लगी। आजादी की लड़ाई में होम होने वालों के मार्ग अलग होने पर भी लक्षित ज्योति एक ही थी। आजादी के दीवानों का एक वर्ग जहाँ असहयोग एवं अहिंसा के मार्ग पर चल कर विदेशी शासक से मुक्ति चाहता था, वहीं कुछ अति-उत्साही वीरों का वर्ग नरम दल की नरम नीति पर निर्भर न रह कर क्रान्तिकारी मार्ग पर चल कर उन्हें अपने देश से भगा देना चाहता था। ऐसे समय में कुछ निर्भीक व साहसी युवकों ने विदेशी शासन को विफल करने के लिए क्रान्तिकारी दल का गठन किया, जिसे 'हिन्दुस्तान रिपब्लिकन एसोसियेशन' का नाम दिया गया। इसके संगठनकर्त्ता शचीन्द्रनाथ सान्याल थे। उन वीरों के मन की उमंग, वीरता तथा निर्भीकता उन्हें मातृभूमि के लिए कुछ कर गुजरने को प्रेरित कर रही थी। इसी जोश के ज्वार ने उन्हें क्रान्तिमार्ग की ओर उन्मुख किया। उनके द्वारा चुना गया मार्ग विदेशी सरकार तथा उसके प्रशंसकों व नरम नीति वालों की दृष्टि में अनुचित था। परंतु यह सत्य है कि उनके द्वारा चुनी गई राह के सबंध में एक सीमित वर्ग में बेशक विवाद रहा हो किंतु उनकी आहुति व उनकी ओजस्विता आज केवल कहानियों तक सीमित रह गई है। उन्होंने गुप्त सशस्त्र-क्रान्ति के लिए नाना उपादानों से धनसंग्रह किया, तिस पर भी सीमित साधनों के कारण जब अर्थाभाव अभीप्सित मार्ग में व्यवधान उत्पन्न करने लगा तब

उन्होंने सरकारी खजानों पर सशस्त्र डकैतियाँ डालीं। इन्हीं डकैतियों के कारण ब्रिटिश सरकार द्वारा उन्हें डाकुओं की संज्ञा दी गई, यद्यपि ये डकैतियाँ देशहित की भावना से डाली गई थीं। देश की तत्कालीन राजनैतिक पृष्ठभूमि पर विचार करें तो स्पष्ट हो जाता है कि आजादी की प्राप्ति के लिए नये रक्त का उबाल आ जाना कोई असंभावित बात नहीं थी। वीरभोग्या वसुंधरा के लिए मर मिटने का जो अंदाज उन मस्तानों के पास था, वह साधारण मानव के वश की बात नहीं थी। उनकी कार्यप्रणाली की पृष्ठभूमि में निहित उद्देश्य इतना शुद्ध व स्पृहणीय था कि उसमें अनीति व अनौचित्य ढूंढने का प्रश्न ही नहीं रह जाता। फाँसी के तख्ते पर हँस-हँस कर चढ़ जाने वाले उन बलिपंथियों ने अपनी दृढ़ आत्मशक्ति द्वारा सम्पूर्ण देशवासियों के हृदय में रोमांच उत्पन्न कर दिया था। 9 अगस्त सन् 1925 को सहारनपुर से लखनऊ जानेवाली ट्रेन में काकोरी-डकैती-कांड के लिए जिन चार वीरों को फाँसी के फंदे पर लटकाया गया, उनके नाम से संपूर्ण विश्व परिचित है—पं० रामप्रसाद बिस्मिल (दल के मुख्य नेता), अशफाकउल्ला खाँ, रोशनसिंह व राजेन्द्र लाहिड़ी।

इतिहास की महत्वपूर्ण तिथियाँ साक्षी हैं कि स्वदेश के लिए मर-मिटने की परंपरा हमारे यहाँ नई नहीं है। सन् 1857 में अंग्रेजों की दुर्दम्य नीति का सामना करते हुए रानी लक्ष्मीबाई तथा तात्या टोपे के बलिदान ने स्वतंत्रता-आंदोलन को एक नवीन और अत्युष्ण गति प्रदान की थी। 1857 के गदर से प्रारंभ हुई बलिदान की यह परंपरा आगे चल कर लक्ष्यप्राप्ति होने तक भिन्न-भिन्न मार्गों से स्वामी दयानंद सरस्वती, स्वामी विवेकानंद, खुदीराम बोस, अरविन्द घोष, श्यामजी कृष्णवर्मा, वासुदेव बलवन्त फड़के, विनायक दामोदर सावरकर, चापेकर बंधु (दामोदर और बालकृष्ण चापेकर) लाला हरदयाल, लाला लाजपत राय तथा मदनलाल ढींगरा आदि महान विभूतियों से पोषित होती रही। शहीद बिस्मिल एवं उनके साथियों ने इसी पृष्ठभूमि के आलोक में मृत्यु का सही अर्थ व उद्देश्य जाना।

स्वतंत्रतासंग्राम के इतिहास पर विपुल मात्रा में पुस्तकादि लिखी जाने पर भी उसका स्वरूप उचित परिप्रेक्ष्य में उभर नहीं पाया है। क्रांतिकारी वीरों को अपने ध्येय में पर्याप्त सफलता भी नहीं मिल पाई। कारण, महाराष्ट्र, बंगाल व पंजाब से आरम्भ हुए क्रांतिकारी दल आपस में भलीभाँति संगठित न थे और उस समय भारत की अर्धशिक्षित जनता क्रांति का वास्तविक अर्थ उतनी गहराई से समझने में समर्थ न थी। गुप्त सशस्त्र-क्रांति की सफलता जनता के सहयोग के बिना संभव ही नहीं थी। कांग्रेसी दल भी एक प्रकार से क्रांतिकारी आंदोलन के विकास में बाधक था। 19वीं सदी के उत्तरार्द्ध में जो समाजसुधारक प्रकाश में आये थे, उनकी विचारधारा इस समय और अधिक विकसित हो चुकी थी। इन समाजसुधारकों द्वारा स्थापित सामाजिक व नैतिक मापदंड क्रांति की उग्र नीति, हिंसा अथवा सशस्त्र आंदोलन के विरुद्ध

थे। इसलिए आजादी के दीवाने क्रांतिकारियों द्वारा जो गुप्त प्रयास किए गए उनके योगदान की जाने-अनजाने उपेक्षा की गई अन्यथा शहीद भगतसिंह व उनके साथियों ने आगे चल कर जिस क्रांति-मार्ग को प्रशस्त किया उसका निर्माण करनेवाले शहीद बिस्मिल व उनके साथी थे, जिन्हें हम आज लगभग विस्मृतप्राय कर चुके हैं।

अतः यह आवश्यक है कि इन अलबेले देशभक्तों से सम्बन्धित सामग्री प्रचुर मात्रा में प्रकाश में आए, जिससे हमारी आने वाली पीढ़ियाँ परिचित हों, तथा यह जान सकें कि स्वतंत्रता का जो वैभव हम आज भोग रहे हैं उसका बीजारोपण एवं पोषण अनेक क्रांतिकारियों, महापुरुषों एवं नेताओं द्वारा हुआ है। हमें यह स्वाधीनता हथेली पर उगी सरसों की भाँति प्राप्त नहीं हुई है। कहीं तिलक की तेजस्विता व गांधी जी की अहिंसात्मक-असहयोग नीति ने उसके लिए मार्ग खोजा है तो कहीं क्रांतिकारियों के बमों व गोली-कांडों ने उसके स्वागत में रक्त की धार बहाई है।

रचनाकार बिस्मिल

स्व० बिस्मिल एक अग्निदर्शी क्रांतिकारी होने के साथ-साथ साहित्यिक रुचि के धनी तथा सफल रचनाकार थे। एक ओर उनकी क्रांतिकारी गतिविधियों—काकोरी-षड्यन्त्र, मैनपुरी-कांड आदि ने उन्हें चर्चित बनाया तो दूसरी ओर उनके रचना-संसार ने उनके व्यक्तित्व के अछूते पक्ष को संपूर्ण जनता के सम्मुख उजागर किया। कहाँ क्रांतिकारी ज्वाला में धधकता हुआ उनका हृदय तो कहाँ कविता की कथावीथी में शब्दबद्ध होता उनका मन! परन्तु दोनों का ही अद्भुत संगम 'बिस्मिल' के व्यक्तित्व में देखने को मिलता है।

बिस्मिल की गणना हिन्दी के अच्छे लेखकों में की जा सकती है। उनकी प्रारंभिक शिक्षा उर्दू में हुई थी अतः उनकी शब्दावली में उर्दू का रंग स्पष्ट दिखलाई देता है। उन्होंने 'अज्ञात' तथा 'राम' छद्मनामों से भी अनेक रचनाएँ लिखी थीं। अपने समय की प्रतिष्ठित पत्र-पत्रिकाओं (प्रभा आदि) में उनकी रचनाएँ छपा करती थीं। उन्होंने आत्मकथा, जीवनी, उपन्यास, समीक्षा, लेख, अनुवाद, कविता आदि अनेक विधाओं में अपनी लेखनी चलाई। उनका यह बहुमुखी लेखन ही एक प्रकार से प्रस्तुत रचनावली के स्वरूप का प्रेरणास्रोत बना। इनमें से भी उनकी आत्मकथा सर्वाधिक प्रेरित करने में सहायक हुई। यह आत्मकथा अपनी बेबाकी, सच्चाई तथा जेल के भीतर जन्म लेने के कारण प्रत्येक संवेदनशील पाठक को उद्वेलित व जागरुक करने में समर्थ है।

प्रस्तुत रचनावली में बिस्मिल द्वारा लिखित आत्मकथा, जीवनी, उपन्यास, लेख, पुस्तक समीक्षा, काव्य तथा पत्र संकलित हैं।

आत्मकथा सम्बन्धी कुछ प्रश्न : कुछ समाधान

बिस्मिल की आत्मकथा पर विचार करें तो आश्चर्य होता है कि किस प्रकार उन्होंने अधिकारियों की नज़र बचाकर यह आत्मकथा जेल के भीतर लिखी होगी। फांसी के फंदे में झूलने के तीन दिन पूर्व तक वे अपनी आत्मकथा लिखते रहे थे। उन्हीं के शब्दों में—

"आज 16 दिसम्बर 1927 ई० को निम्नलिखित पंक्तियों का उल्लेख कर रहा हूँ, जबकि 19 दिसम्बर 1927 ई० पौष कृष्ण 11 संवत् 1984 वि० प्रातः 6½ बजे प्रातःकाल इस शरीर को फांसी पर लटका देने की तिथि निश्चित हो चुकी है।··· इस कोठरी में सुयोग प्राप्त हो गया कि अपनी कुछ अंतिम बातें लिख कर देशवासियों को अर्पण कर दूं। संभव है मेरे जीवन के अध्ययन से किसी आत्मा का भला हो जाये।"

हिन्दी जगत में यह अपनी तरह की अनूठी आत्मकथा है जो सिर पर मंडराती हुई मृत्यु के साए तले बैठ कर शहीद होने वाले क्रांतिकारी द्वारा बेबाक ढंग से लिखी गई है। इस कृति में अपने युग की घटनाओं का जितना सजीव विश्लेषण किया गया है, वह अन्यत्र दुर्लभ है। सन् 1927 में बिस्मिल को फांसी लगी तथा उसी वर्ष यह प्रकाशित होकर लोगों के सम्मुख आ गई। ऐसा लगता है कि 19 दिसम्बर को बिस्मिल ने आँखें मूंदी और उसके कुछ दिन पश्चात् ही यह पुस्तक छप गई। बिस्मिल की यह आत्मकथा सर्वप्रथम सन् 1927 में भजनलाल बुकसेलर द्वारा आर्ट प्रेस सिंध से "काकोरी षड्यंत्र" शीर्षक से पुस्तकाकार छापी जा चुकी थी जिससे यह धारणा निर्मूल सिद्ध हो जाती है कि बिस्मिल की आत्मकथा सर्वप्रथम गणेशशंकर विद्यार्थी द्वारा प्रताप प्रेस, कानपुर से छापी गई। विद्यार्थी जी ने यह आत्मकथा सन् 1928 में 'काकोरी के शहीद' शीर्षक से छापी थी जिसका प्रमाण देवव्रत शास्त्री की इनपंक्तियों से मिलता है—

'प्रताप कार्यालय से 'काकोरी के शहीद' और 'आयलैंड का स्वातन्त्र्य युद्ध'* नामक दो पुस्तकें इधर प्रकाशित हुई थीं। दोनों ही जब्त कर ली

* 'आयलैंड का स्वातन्त्र्य युद्ध' वीर आयरिश क्रान्तिकारी डॉन ब्रीन की आत्मकथा है जिसका मूल शीर्षक है—'My Fight for Irish Freedom'. इसका सर्वप्रथम हिन्दी-अनुवाद भगतसिंह ने 'बलवन्त' छद्मनाम से किया था, जो प्रताप कार्यालय कानपुर से सन् 1928 में प्रतापपत्रपुष्प की नवीं पुस्तक के रूप में छपा था। संभवतः यही पुस्तक सन् 1929 में कांग्रेस के लाहौर अधिवेशन में जिसके अध्यक्ष जवाहरलाल नेहरू थे, वितरित की गई थी। इसके पश्चात् इसी पुस्तक को मि० छगनलाल उर्फ छैलबिहारी लाहौर अधिवेशन से ले आए थे और उन्होंने इसे फिर सन् 1933 ई० में थोड़े-बहुत परिवर्तन के साथ छपवाया था, जिसका उल्लेख उन्होंने श्री कमलसिंह

गई और तलाशी लेकर कार्यालय में जितनी भी प्रतियां इनकी मिलीं पुलिस उठा कर ले गई।" (—'गणेशशंकर विद्यार्थी', पृ० 194, 1931)।

जब्ती का यह समाचार प्रताप पत्र में छपा था जिसका उल्लेख कलकत्ते मे प्रकाशित 'विश्वमित्र' पत्र में (10 मार्च सन् 1929 ई०) इस शीर्षक से छपा था—"काकोरी के शहीद पुस्तक की जब्ती—प्रताप प्रेस की तलाशी"।

को 17-4-67 को लिखे गए अपने एक पत्र में किया है—"मैंने अपनी एबस्काण्डर लाइफ में दो पुस्तकें प्रकाशित की थीं। 'मेरी कहानी' जो वही पुस्तक थी जो कि अमर शहीद भगतसिंह ने आयरलेंड के वीर सेनानी डॉन ब्रीन की पुस्तक "माय फाईट फार आईरिश फ्रीडम" का हिन्दी-अनुवाद करके छपवाई थी और जिसको ब्रिटिश गवर्नमेण्ट ने जब्त कर दी थी और दूसरी पुस्तक 'अत्याचारी शासन का अंत' जो एक उर्दू पुस्तक 'जालिमाना हुकूमत का खात्मा' नामी पुस्तक को हिन्दी में उल्था करके (जिसमें 'रूस हुकूमत जारशाही का किस प्रकार अंत हुआ') छपाई थी, इस दूसरी पुस्तक का टाइटिल पेज तो मैंने मेरठ में अपने एक मित्र के प्रेस (संभवत: पथिक प्रेस में) छपवाया था और पुस्तक आगरे के, सैनिक प्रेस में छपाई थी। "······उज्जैन में मैंने अपना नाम ओमप्रकाश रखा हुआ था।" (स्मृति के झरोखे से (ऐतिहासिक) लेखक डा० कमलसिंह सैनानी, पृ० 105)। उज्जैन वाली यह प्रति ही पुन: श्री राजशेखर व्यास के संपादन में निधि प्रकाशन से सन् 1989 ई० में 'मेरी कहानी' शीर्षक से छपी है जिसके विषय में उनका दावा है कि—"पंडित व्यास ने दो रातों में स्वयं जागकर उक्त पुस्तक को छपवाया और फौरन कांग्रेस के लाहौर अधिवेशन मे पहुँचा दिया। पहुँचते ही तहलका मचा। भगतसिंह की फाँसी ताजी-ताजी थी ··।" [मेरी कहानी—डॉन ब्रीन—संयोजक-संपादक—राजशेखर व्यास, संस्करण 1989, पृ० 58]। भगतसिंह को 23 मार्च सन् 1931 में फाँसी लगी तथा लाहौर अधिवेशन सन् 1929 में हुआ। राजशेखर की बात का खंडन तो सन् के भेद से ही हो जाता है। पुस्तक पं० व्यास के द्वारा छपी इसका खंडन छगनलाल के पत्र की पंक्तियाँ करती हैं। राजशेखर का कथन भ्रमोत्पादक एवं तथ्यात्मक भूलों से भरा है। यहाँ स्वतंत्र रूप से विस्तार का अवकाश नहीं है। इस विषय पर एक स्वतंत्र लेख अन्यत्र लिखेंगे। हाँ एक 'राष्ट्र यज्ञ कलेंडर' के प्रकाशन की घटना का उल्लेख पं० सूर्यनारायण व्यास ने किया है (स्व०पं० सूर्यनारायण व्यास स्मृति समारोह, उज्जैन, प्रथम पुण्यतिथि 22 जून 1977, स्मारिका, पृ० 9, 'मेरा जीवन : कुछ पथचिह्न' लेख) कि उसे लाहौर अधिवेशन में बांटा गया था। इसके बाद वह कलेंडर प्राप्त हुआ और उसके चित्र निर्माता को सर्विस से हाथ धोना पड़ा था; लेकिन इससे भी यह स्पष्ट नहीं होता है कि कलेंडर स्वयं सूर्यनारायण व्यास ने ही छापा था।

जब्ती के पश्चात् 'काकोरी के शहीद' का संयुक्त प्रांत की अपराधिक जाँच-पड़ताल शाखा [Criminal Investigation Department, United Provinces] द्वारा अंग्रेजी अनुवाद किया गया; जिसकी प्रस्तावना में भी प्रताप-प्रेस से छपी 'काकोरी के शहीद' पुस्तक का उल्लेख है।*

विद्यार्थी जी इस पुस्तक का दूसरा संस्करण भी प्रकाशित करना चाहते थे; किन्तु सन् 1931 ई० में वे स्वयं शहीद हो गए और उनकी योजना अधूरी रह गई। तत्पश्चात् बिस्मिल की आत्मकथा सन् 1958 ई० में आत्माराम एण्ड संस से बनारसीदास चतुर्वेदी के संपादन में छपी, जिसका शीर्षक था—'आत्मकथा रामप्रसाद बिस्मिल'। इसकी सारगर्भित भूमिका श्री भगवानदास माहौर ने लिखी थी तथा तत्कालीन युग की पृष्ठभूमि व परिस्थितियों को शहीद बिस्मिल के क्रान्तिकारी साथी श्री मन्मथनाथ गुप्त ने विस्तार से स्पष्ट किया था। 'काकोरी षड्यन्त्र' नामक पुस्तक में संकलित संक्षिप्त विवरण व बिस्मिल के क्रांतिकारी साथियों का परिचय 'काकोरी के शहीद' में छोड़ दिया गया था।

प्रस्तुत रचनावली में सन् 1927 में छपी आत्मकथा को यथावत् बिना भाषागत परिवर्तन के प्रस्तुत करने में हमारा ध्येय इस भ्रम का निराकरण करना भी रहा है कि आत्मकथा सन् 1928 ई० में सर्वप्रथम छपी थी। इसीलिए 'काकोरी षड्यंत्र' में संकलित अन्य सामग्री (संक्षिप्त विवरण, शहीद बिस्मिल एवं उनके क्रान्तिकारी साथियों का परिचय) हम यथावत् रचनावली में संकलित कर रहे हैं। इतना अवश्य है कि आत्मकथा के कुछ पृष्ठ सन् 1927 वाली प्रति में लुप्त हैं। अत: उनसे संबंधित सामग्री (अभियोग, अशफाक तथा परिणाम उपशीर्षक के कुछ अंश) हमने संयुक्त प्रांत की अपराधिक जांचपड़ताल शाखा की अंग्रेजी में अनूदित प्रति तथा 'आत्मकथा-रामप्रसाद 'बिस्मिल'—से साभार ग्रहण की है। इसी प्रकार 'संक्षिप्त विवरण' उपशीर्षक के अंतर्गत अंतिम पृष्ठों की कुछ सामग्री हमने 'अमर शहीद अशफाक-उल्ला खाँ' (संपादक—बनारसीदास चतुर्वेदी) नामक पुस्तक से ली है, जिसमें इस अंश को 'काकोरी के शहीद' नामक पुस्तक से, टिप्पणी सहित छापा गया है।

यह तो सर्वविदित है कि क्रान्तिकारी गतिविधियों से संबंधित सब कार्य

---

* 'The book KAKORI KE SHAHID containing the autobiography of Ram Prasad Bismil, who was hanged in the Kakori Case and also cloudatory accounts of the careers of his companions was printed at the Pratap Press, Cawnpore by Ganesh Shankar Vidyarthi.'

[Kakori Ke Shahid (Martyrs of Kakori) confidential, Tenth book of the Pratap Patra Pushpa (Leaves and Flowers) Series., Pg No 1]

गुप्त रीति से होते थे। हो सकता है पुस्तक रातोंरात छाप कर जिल्द में बाँधी गई हो, फलस्वरूप आपाधापी में पुस्तक के कुछ फर्मे भूल से जिल्द में न बँधे हों। अथवा यह भी हो सकता है कि पुस्तक के कुछ फर्मे गोरखपुर में ही छप गए हों तथा भेजते समय जल्दबाजी में छूट गए हों; क्योंकि 'भगतसिंह और उनके साथियों के दस्तावेज' नामक पुस्तक में 'शहीदेवतन श्री रामप्रसाद बिस्मिल का अंतिम संदेश' शीर्षक भगतसिंह का लेख जो बिस्मिल की आत्मकथा के 'अंतिम संदेश' उपभाग का ही संक्षिप्त रूप है, संग्रहीत है। यह लेख जनवरी सन् 1928 में 'किरती' में भगतसिंह ने 'विद्रोही' छद्म नाम से छपवाया था। लेख से पूर्व भगतसिंह द्वारा दी गई टिप्पणी ध्यान देने योग्य है—

"आपने एक लेख 'निज जीवन की एक छटा' लिखा था जो गोरखपुर के 'स्वदेश' अखबार में छपा था। उसी का संक्षेप हम पाठकों की सेवा में रख रहे हैं, ताकि वे जान सकें कि उन क्रान्तिकारी वीरों के शहादत के समय क्या विचार थे।" (पृ०58)।

इस टिप्पणी से एक बात और स्पष्ट हो जाती है कि सन् 1927 में बिस्मिल की आत्मकथा के कुछ अंश क्रमशः 'स्वदेश' पत्र में प्रकाशित हो रहे थे क्योंकि स्वयं बिस्मिल ने अपनी आत्मकथा का शीर्षक 'निज जीवन की एक छटा' रखा था।

सन् 1927 में छपी 'काकोरी षड्यंत्र' तथा सन् 1928 में छपी 'काकोरी के शहीद' दोनों में भाषागत पाठभेद भी प्राप्त होता है; जिससे यह स्पष्ट हो जाता है कि विद्यार्थी जी ने न केवल शीर्षक-परिवर्तन किया अपितु शुद्ध खड़ी बोली की दृष्टि से भाषागत परिष्कार भी किया बिस्मिल संयुक्त प्रांत के निवासी थे; अतः उनकी भाषा में उत्तरप्रदेशीय ग्रामीण शब्दावली की छाप स्पष्ट दिखाई देती है। दोनों प्रतियों के कुछ उद्धरण देखने से यह भाषागत परिवर्तन स्पष्ट हो जाएगा, यथा--

	'काकोरी षड्यन्त्र'	'काकोरी के शहीद'
1.	पर जब पिताजी ने कचहरी से आकर मुझसे 'उ' लिखवाया तो मैं न लिख सका। उन्हें मालूम हो गया कि मैं खेलने चला गया था। ('गार्हस्थ्य जीवन'—उपशीर्षक से)	पर जब पिताजी कचहरी चले गए तो मैं भी खेलने चला गया। पिताजी ने कचहरी से आकर मुझसे 'उ' लिखवाया, मैं न लिख सका।
2.	मुझमें जो कुछ धार्मिक तथा आत्मिक जीवन में दृढ़ता उत्पन्न हुई···' ('···मेरे गुरुदेव'—उपशीर्षक से)	'धार्मिक तथा आत्मिक जीवन में जो दृढ़ता मुझमें उत्पन्न हुई···'

'काकोरी षड्यन्त्र'	'काकोरी के शहीद'
3. 'बड़ी हानियाँ हो जाती हैं…।'	'भयंकर हानियाँ हो जाती हैं…।'
4. 'शीघ्र ही आ जाते हैं…।'	'शीघ्र ही फँस जाते हैं…।'
('अशांत युवक दल'—उपशीर्षक से)	
5. बड़े प्रेम से मिलते थे	तपाक से मिलते थे
('जेल'—उपशीर्षक से)	
6. 'आशाएँ बधाई थीं'	'उम्मीदें बँधाई थीं'
7. सम्मति माँगने लगे…'	मांग करने लगे…'
(चालबाजी—उपशीर्षक से)	
8. 'पूर्ण प्रीति से काम करेंगे…'	'पूरी लगन से काम करेंगे…'
9. 'घर की पूंजी…'	'निज की पूंजी…'
10. 'सहायता न देता था…'	'मदद न देता था…'
('बृहत् संगठन'—उपशीर्षक से)	
11. स्वागतकारिणी समिति के प्रधान पं० गोकरणनाथ जी तथा अन्य उदार दल (माडरेटों) वालों की संख्या अधिक थी।	'स्वागतकारिणी समिति के प्रधान पं० जगतनारायण जी थे। अन्य गणमान्य सदस्यों में पं० गोकरणनाथ जी तथा अन्य उदार दलवालों (माडरेटों) कीसंख्या अधिक थी…'
12. 'लोकमान्य जी बहुत कुछ समझावें…	'लोकमान्य जी बहुत कुछ समझाते…
13. 'पल्लू में…'	'पल्ले में…'
14. 'सुफल हो जावे…'	'सफल हो जाय…'
('स्वदेश प्रेम'—उपशीर्षक से)	
15. चला जावे…'	'चला जाय…'
16. 'वहीं आ गया…'	'वहाँ पहुँच गया…'
17. 'इतस्ततः किया…'	'आनाकानी की…'
18. 'अपनी बात श्रेष्ठ रखी'	'अपनी बात पक्की रखी'
('विश्वासघात'—उपशीर्षक से)	
19. बहुत रुग्ण हो रहे थे	बहुत बीमार थे
20. पं० गेंदालाल दीक्षित कहा करते थे—	छोड़ दिया गया है।

'काकोरी षड्यन्त्र'	'काकोरी के शहीद'
'थाती नर तन पाय के, क्यों करता है नेह । मुंह उज्ज्वल कर सौंप दे, जिसको जिसकी देह ।	
21. सरफरोशाने वतन फिर, देख लो मकतल में हैं । मुल्क पर कुर्बान हो जाने के, अरमा दिल में हैं । तेग है जालिम की यारो, और गला मजलूम का । देख लेंगे हौंसला कितना, दिले कातिल में है । सोरेमहशर बानपा है मार का है धूम का, बलवले जोशे शहादत हर रगे बिस्मिल में है ।	ये पंक्तियाँ छोड़ दी गई हैं ।
22. यह लीला संवरण करनी होगी ही । ('अंतिम समय की बातें'—उपशीर्षक से)	इहलीला संवरण करनी ही होगी ।

अनेक अन्य स्थलों में भी इसी प्रकार पाठभेद प्राप्त होता है ।

अब प्रश्न यह उठता है कि क्या जेल से आत्मकथा की दो प्रतियां आई थीं जिनमें से एक सिंध से छपी तथा दूसरी श्री गणेशशंकर विद्यार्थी के पास पहुँची ? अथवा विद्यार्थी जी को उस जीवनी की प्रतिलिपि दी गई । श्री भगवानदास माहौर लिखते हैं—

"श्री बिस्मिल ने अधिकारियों की नजर बचा कर अपनी फाँसी की कोठरी में अपनी यह आत्मकथा रजिस्टर के आकार के कागजों पर पेन्सिल से लिखी थी । इन कागजों को उन्होंने एक सहृदय जेल के वार्डन के हाथ बाहर गोरखपुर के सुप्रसिद्ध कांग्रेसी नेता 'स्वदेश' के संपादक श्री दशरथप्रसाद द्विवेदी के पास भेजा था । पूरी आत्मकथा तीन खेपों में बाहर आई थी । अन्तिम खेप तो बिस्मिल जी के फाँसी पाने के एक दिन पहले ही आई थी । दल के सदस्य श्री शिव वर्मा को ये सब पूरे कागज श्री दशरथप्रसाद द्विवेदी जी से प्राप्त हो गए थे । श्री शिव वर्मा ने बिस्मिल जी के फांसी पाने के एक दिन पूर्व उनकी माताजी के साथ एक सम्बन्धी का छद्मवेश बना कर जेल में

बिस्मिल जी से अन्तिम मुलाकात भी की थी। अन्त में आत्मकथा के ये सब कागज अमर शहीद श्री गणेशशंकर विद्यार्थी के पास पहुँचा दिए गए थे।" ('आत्मकथा -श्री रामप्रसाद बिस्मिल' की भूमिका)।

विवाद इस संदर्भ पर भी उठता है कि जेल से आत्मकथा के ये कागज दशरथप्रसाद द्विवेदी के ही हाथ पहुँचे या किसी और के द्वारा ? श्री सुरेन्द्रनाथ पांडेय (जो शिव वर्मा व भगतसिंह के प्रमुख साथी थे) लिखते हैं—

"गोरखपुर जेल की फाँसी की कोठरी से जब पं० रामप्रसाद बिस्मिल ने संदेश भेजा 'एक और कार्यशील व्यक्ति मुझसे सम्बन्ध स्थापित करने के लिए तुरंत भेजिए' तो मुनीश्वर को हम लोगों ने उपयुक्त माना। गोरखपुर पहुँच कर उन्होंने 'स्वदेश' का उपसंपादक पद संभाला और बिस्मिल जी से संपर्क स्थापित किया। पहरेदारों से मिल कर उन्होंने फाँसी की कोठरी में अवैध लेखन सामग्री जुटवाई। थोड़े दिनों में पं० रामप्रसाद बिस्मिल ने अपनी जीवनी और काकोरी षड्यंत्र का इतिहास लिखकर मुनीश्वर जी को सौंप दिया, जिसे बाद में स्वनामधन्य श्री गणेशशंकर विद्यार्थी ने संपादित करके प्रताप प्रेस कानपुर से प्रकाशित किया।" (राष्ट्रधर्म, अगस्त 1968, पृ०52, 'मुझको मिला न मिला जो हक ए शहीदां है' शीर्षक लेख)।

प्रकाशन के सम्बन्ध में अधिकांश मत यही है कि यह आत्मकथा सर्वप्रथम प्रताप प्रेस से छपी। 'हिन्दी का आत्मकथा साहित्य' नामक पुस्तक में डा० विश्वबन्धु लिखते हैं—

प्रसिद्ध क्रांतिकारी तथा कवि श्री रामप्रसाद बिस्मिल की आत्मकथा पहले-पहल सन् 1928 ई० में श्री गणेशशंकर विद्यार्थी द्वारा प्रताप प्रेस कानपुर से मुद्रित ग्रंथ 'काकोरी के शहीद' के एक अंश के रूप में प्रकाशित हुई थी तथा तत्कालीन अंग्रेज सरकार ने इसे ज़ब्त कर लिया था।" (पृ. 198)।

डा० ब्रह्मानन्द भी अपनी पुस्तक 'भारतीय स्वतन्त्रता आन्दोलन और उत्तरप्रदेश की पत्रकारिता' (पृ० 138 प्र. सं.) में लिखते हैं—

"फाँसी के पूर्व गोरखपुर कारागार में लिखित अपनी आत्मकथा की पांडुलिपि को पं० रामप्रसाद बिस्मिल ने जेल अधिकारियों की दृष्टि से बचा कर 'स्वदेश' संपादक श्री दशरथप्रसाद द्विवेदी के पास भेजा था, जिसे बाद में श्री गणेशशंकर विद्यार्थी ने प्रताप प्रेस कानपुर से 'काकोरी के शहीद' नामक पुस्तक के अग्रभाग में प्रकाशित किया था।"

श्री रामविलास शर्मा 'भारत में अंग्रेजी राज और मार्क्सवाद' नामक पुस्तक, खंड एक में लिखते हैं—

"गणेशशंकर विद्यार्थी ने एक बड़ा काम यह किया कि उन्होंने बिस्मिल की आत्मकथा प्रकाशित की। फांसी की सजा सुनने के बाद कुछ दिनों में बिस्मिल ने यह आत्मकथा लिखी थी। आत्मकथा की पांडुलिपि शिव वर्मा

लाये थे और उन्होंने उसे विद्यार्थी जी को सौंप दिया था।" (पृ० 89, प्र. सं. 1982)।

उपर्युक्त उद्धरणों में आत्मकथा सम्बन्धी तथ्यों पर श्री सुरेन्द्रनाथ पांडेय के कथन से प्रश्नचिन्ह-सा लगता है। श्री सुरेन्द्रनाथ पांडेय के कथन की पुष्टि भगतसिंह द्वारा लिखित 'किरती' की टिप्पणी से भी हो जाती है; जिसका हम पूर्वोल्लेख कर चुके हैं। इन सभी तथ्यों पर गौर से मनन करने के पश्चात् यह स्थापना होती है कि सन् 1927 में रामप्रसाद बिस्मिल की आत्मकथा के कुछ अंश 'स्वदेश' पत्र में गोरखपुर से (जिसके संपादक व उपसंपादक क्रमशः दशरथप्रसाद द्विवेदी तथा मुनीश्वर जी थे) छप रहे थे तथा सन् 1927 में ही यह आत्मकथा पुस्तकाकार रूप में आर्ट प्रेस सिंध से प्रकाशित हो गई; जिसे बाद में सन् 1928 में विद्यार्थी जी ने भाषागत संशोधन के साथ प्रताप प्रेस से पुनर्मुद्रित किया।

उपर्युक्त सभी तथ्यों पर वैचारिक दृष्टि डालने पर तत्कालीन परिस्थितियों का ध्यान कर आश्चर्य होता है कि सिंध (जो आज पाकिस्तान में है) तक आत्मकथा के कागज कैसे पहुँचे होंगे। वस्तुतः तद्युगीन जनमानस के साहस और सूझबूझ की दाद देनी पड़ती है। इश्क का जलवा जब सिर चढ़ कर बोलता है तो आकाश समुद्र सब लांघने की शक्ति रखता है। शायद बिस्मिल और उनके क्रांतिकारियों के गीत ही उन कर्मचारियों का हौसला बुलंद रखते थे जो उनके कागजों को चोरी-छिपे बाहर भेजने में मदद कर रहे थे—

'देशवालो दामने हिम्मत कभी छोड़ो नहीं,
इम्तहाने इश्क की हम पहली ही मंजिल में हैं।
आ ही पहुँचेगी किनारे किश्तीए भारत कभी,
कोई दम में देखना हम दामने साहिल में हैं॥'

यह राष्ट्र के, प्रति अपनी मातृभूमि के प्रति, आजादी को प्राप्त करने के लिए इश्क का जुनून नहीं तो क्या है? एक ओर तो बिस्मिल और उनके क्रांतिकारी साथी युवक थे, जो खुलेआम अपने प्राणों की बाजी लगा कर देश के लिए कार्य कर रहे थे तो दूसरी ओर वे भारतीय थे, जो अंग्रेजों की नौकरी करते हुए मूक रूप से ही क्रांतिकारियों की योजनाओं को सफल बनाने में अप्रत्यक्ष रूप से सहयोग दे रहे थे। निःसंदेह यातायात की ऐसी व्यवस्था कर ली गई होगी; जिससे स्थान की दूरी को नाप लिया जाता था अथवा यह भी संभव है कि उन्हीं के मित्रों में से कोई व्यक्ति जिसका प्रकाशन—क्षेत्र से संबंध रहा हो, उसके माध्यम से आत्मकथा प्रकाशित हो गई हो। जब स्व० बिस्मिल एवं उनके साथी जेल में थे; तब भगतसिंह तथा चंद्रशेखर आजाद आदि बाहर रह कर गुप्त रूप से इन लोगों को जेल से छुड़ाने की योजना बना रहे थे।

इसकी पुष्टि श्री मन्मथनाथ गुप्त द्वारा लिखित 'भारतीय क्रांतिकारी आंदोलन का इतिहास' ग्रंथ की निम्नलिखित पंक्तियों से होती है—

"सन् 1926 में सरदार भगतसिंह ने कुन्दनलाल, आजाद आदि के साथ यह कोशिश की कि हवालात से जिस समय काकोरी कैदियों को लेकर मोटर अदालत को ले जाती हो, उस समय उसे रोककर बंदियों को छुड़ा लिया जाय, किन्तु यह योजना असफल रही। कई कारण ऐसे आ गए; जिससे यह योजना छोड़ देनी पड़ी।" (पृ० 260, द्वि. सं. 1960)।

यही घटना क्रांतिकारी युवकों के नामभेद के साथ आचार्य चंद्रशेखर शास्त्री द्वारा लिखित—'भारतीय आतंकवाद का इतिहास' नामक ग्रंथ में इस रूप में उल्लिखित है—

"भगतसिंह ने 1926 ई० में लाहौर जाकर सुखदेव तथा भगवतीचरण की सहायता से काकोरी के बंदियों को छुड़ाने का प्रयत्न किया, किन्तु यह उद्योग सफल नहीं हो सका।" (पृ० 341, प्र. सं. जनवरी 1939 ई०)।

जो भी हो, इन कथनों से यह पुष्टि तो होती ही है कि बाहर रह कर क्रियाशील रहने वाले क्रांतिकारी अपने बन्दी साथियों को छुड़ाने के लिए संघर्षशील थे; जिसमें भगतसिंह की प्रमुख भूमिका थी। अतः यह भी हो सकता है कि भगतसिंह ने ही यह आत्मकथा मुनीश्वर जी के माध्यम से या 'स्वदेश' पत्र में क्रमशः छपी प्रतियों को एकत्रित करके पुस्तकाकार पंजाब से छपवा दी हो; क्योंकि 1927 ई०में ही उन्होंने पंजाब से शचीन्द्रनाथ सान्याल की पुस्तक 'बन्दी जीवन' का पंजाबी अनुवाद छपवाया था। यह तो आज उपलब्ध तथ्यों के आधार पर अनुमानित बातें हैं; जिनका स्पष्टीकरण बिस्मिल के उन हस्तलेखों द्वारा ही संभव है जिनका उल्लेख भगवानदास माहौर ने किया है। जो भी हो, यह कार्य एक मिशन की तरह हो रहा था जो तत्कालीन जनमानस में राष्ट्रचेतना को विद्युततरंग की तरह प्रवाहित कर रहा था। ये सब प्रश्न ऐसे हैं; जिन्हें क्रांतिकारी इतिहास की जानकारी के लिए आज नये सिरे से सुलझाने की आवश्यकता है। यदि आज उनकी आत्मकथा की हस्तलिखित प्रति प्राप्त हो जाए तो वह तत्कालीन परिस्थितियों का जीवित दस्तावेज मानी जा सकती है।

प्रस्तुत आत्मकथा के साथ हमने 1929 ई० में संयुक्त प्रांत की 'अपराधिक जाँचपड़ताल शाखा' (Criminal Investigation Department) की सी. आई. डी. रिपोर्ट द्वारा दी गई उन टिप्पणियों को भी उन स्थानों पर जोड़ दिया है, जहाँ-जहाँ पर वे दी गई हैं। ये टिप्पणियाँ अनूदित प्रति में अंग्रेजी में हैं जिनका हिन्दी अनुवाद हमने साथ-साथ पाद टिप्पणी के रूप में दे दिया है। ये टिप्पणियाँ इस बात की स्पष्ट सूचक हैं कि ब्रिटिश सरकार के राज्य में किस प्रकार क्रांति के स्वर को निरंकुशता से दबाने का प्रयत्न किया जाता था। सी. आई. डी. द्वारा दी गई ये टिप्पणियाँ तत्कालीन जनता या पाठकों

को दिग्भ्रमित तथा भटकाव-भरी दिशा की ओर तो ले ही जाती हैं, उसके साथ ही स्व० बिस्मिल तथा उनके क्रांतिकारी साथियों पर झूठ, क्रूरता आदि का लांछन लगा कर जैसे समूचे विश्व के क्रांतिकारी मार्ग व साहित्य का अपमान करती हैं। बिस्मिल की प्रताप प्रेस से छपी आत्मकथा का अंग्रेजी में अनुवाद करके प्रत्येक जिले के पुलिस अधीक्षक, राजपत्रित पुलिस अधिकारी तथा जिलाधीश को एक-एक प्रति अपनी-अपनी फाइल में जांच के लिए गुप्त रूप से लगाने के लिए दी गई थी। अनुवादित पुस्तक की प्रस्तावना का एक नमूना पादटिप्पणी में द्रष्टव्य है जो तत्कालीन सरकार की कूटनीति तथा क्रांतिकारियों को अपमानित करने का तीक्ष्ण उदाहरण कहा जा सकता है।* इन पंक्तियों को पढ़ने के पश्चात् यह स्पष्ट हो जाता है कि बिस्मिल जैसे वीर क्रांतिकारियों को किस प्रकार अपने मार्ग में बाधाओं, अपमानों तथा मिथ्या आरोपों को भोगना पड़ा था। इतिहास साक्षी है कि इन साहसी वीरों ने देश की खातिर स्वयं को हँसते-हँसते कुर्बान कर दिया। अपने संगठित दल तथा उसकी गतिविधियों को चलाने के लिए इन्हें अर्थाभाव का सामना भी करना पड़ता था। गाँधी जी को तो 'स्वराज्य आंदोलन' के लिए 'तिलक फंड' के रूप में काफी धन प्राप्त हो गया था; परन्तु इन लोगों का सशस्त्र गुप्त आन्दोलन तो सार्वजनिक रूप से धन एकत्र करने का प्रयास भी नहीं कर सकता था। जो सहायता लोगों से गुप्त रूप में प्राप्त होती थी, वह एक प्रकार से नगण्य थी, अतः डकैती के अतिरिक्त इनके पास कोई विकल्प नहीं बचा था। डकैती के माध्यम से धन एकत्र करने की प्रेरणा इन्हें बोल्शेविक तथा आयर्लैंड के स्वतन्त्रता आंदोलनों से मिली थी। जिसे हम पृष्ठभूमि-स्वरूप पहले भी स्पष्ट कर चुके हैं। ये केवल सरकारी खजानों पर हाथ डालते थे अतः तत्कालीन सरकार का तिलमिलाना स्वाभाविक था। ब्रिटिश सरकार तो क्रान्ति के स्वर को जहरीला फन समझ कर जड़ से कुचल ही देना चाहती थी। अतः सिर्फ धन की दृष्टि से इन डकैतियों का मूल्यांकन करना इन वीर सपूतों के प्रति अन्याय होगा। खैर, इस रोमांचक क्रांतिकथा का अंत बिस्मिल, रोशनसिंह, लाहिड़ी तथा अशफाक को फाँसी की सजा से हुआ। उस समय पंडित मोतीलाल नेहरू, बाबू पुरुषोत्तम दास टंडन, लाला लाजपतराय, गणेशशंकर विद्यार्थी आदि ने क्रांतिकारियों के प्रति अपनी पूर्ण सहानुभूति प्रदर्शित की। प्रताप में 'देश के

---

* "Ram Prasad has done his best to gloss over the atrocious murders committed by the gang and to claim in the face of the most damming evidence the role of Martyrs and political sufferes for himself and his friends. Where particularly untruthful statements have been made as important facts have been suppressed, notes have been entered by the C.I.D. for the guidance of the Readers."

नररत्न' शीर्षक से काकोरी का समाचार छपा। विद्यार्थी जी ने इन वीरों को छुड़ाने के लिए एक 'डिफेंस फंड' भी खोला था; जिसमें कानपुरवासियों ने मुक्तहस्त से दान दिया था।

अपनी आत्मकथा में लेखक ने अपने जीवन व कर्मक्षेत्र आदि के वर्णन में कहीं भी गोपनीय वृत्ति से काम नहीं लिया है। कहीं-कहीं तो लेखक की निर्भीकता व स्पष्टता साथियों के विश्वासघात, डाक्टर-वकीलों की लूट, समाज के समृद्ध वर्ग की स्वार्थपरता आदि के वर्णन में कटुता की सीमा तक पहुँच गई है; किन्तु लेखक की निष्पक्षता और तर्कशीलता को देखते हुए किसी भी बात को अनुचित या अनावश्यक इसलिए नहीं ठहराया जा सकता कि स्वयं अपनी कमजोरियों का उल्लेख भी उन्होंने अत्यन्त स्पष्ट शब्दावली में किया है।

आत्मकथा के अतिरिक्त हमने प्रस्तुत रचनावली में स्व० बिस्मिल द्वारा रचित क्रान्ति के गीत, गजल, पत्र तथा व्यक्तिपरक परिचयात्मक लेखों का भी संकलन किया है। रचनावली में स्व० बिस्मिल द्वारा लिखित पाँच लेख संकलित हैं जो इस प्रकार हैं—

1. 'मैनपुरी षड्यंत्र के नेता पं० गेंदालाल दीक्षित'—यह लेख सन् 1924 सितम्बर मास में प्रकाशित हुआ था। वस्तुतः बिस्मिल को क्रांति का प्रथम पाठ गेंदालाल दीक्षित ने ही पढ़ाया था।

2. 'देशमान्यबाबू मोतीलाल घोष'—सन् 1927 अक्टूबर में छद्मनाम 'श्रीराम' से घोषबाबू की पुण्य स्मृति में छपाया था।

3. 'स्वर्गीय देशभक्त बाबू सूफी अम्बा प्रसाद'—यह लेख सन् 1925 अप्रैल मास में सूफी जी की स्मृति में 'प्रभा' में 'अज्ञात' छद्मनाम से लिखा था। यहाँ यह उल्लेख करना अत्यंत आवश्यक है कि इस लेख को "भगतसिंह और उनके साथियों के दस्तावेज" (संपादक जगमोहन सिंह, चमनलाल, राजकमल प्रकाशन, नई दिल्ली, पटना, प्र. सं. 1986) नामक पुस्तक में भगतसिंह द्वारा लिखित लेखों में संकलित किया गया (पृ० 91-95 तक) है। लेख से पूर्व इसकी संपादकीय टिप्पणी में इसे उन्होंने 'विद्रोही' छद्मनाम से लिखा गया भगतसिंह का लेख माना है; जिसके लिए 'चाँद' के फाँसी अंक का हवाला दिया गया है। 'चाँद' का फाँसी अंक फरवरी सन् 1928 में छपा था; जबकि यह लेख सन् 1925 में ही 'प्रभा' पत्रिका में बिस्मिल द्वारा लिखा गया था। यह हिन्दी-जगत का दुर्भाग्य है कि हम लोग वर्तमान समय में रचनावली अथवा संपादकीय लेखन को केवल व्यवसाय बनाते चले जा रहे हैं तथा जाने-अनजाने, देखे-अनदेखे एक रचनाकार की रचना को दूसरे रचनाकार की रचनावली अथवा संग्रह में संग्रहीत कर देते हैं तथा शोधपरक दृष्टि या खोज का दावा करते हैं। यहाँ यह उल्लेख करना भी अन्यथा नहीं होगा कि इस प्रकार की भ्रांतियाँ निराला तथा माखनलाल चतुर्वेदी की रचनावलियों में हुई हैं। इस प्रकार की फैली हुई भ्रांतियों के लिए संपादकों का भी दोष रहा

है जो किसी भी लेखक या रचनाकार की रचना की मूल भाषा की प्रकृति को जाने-पहचाने बिना, सोचे-समझे बिना किसी दूसरे लेखक की रचना मान लेते हैं। इसके अतिरिक्त अनेक संपादक अपने संपादकीय अधिकार का दुरुपयोग करते हुए रचनाकार की मूल भाषा में ही परिवर्तन कर देते हैं; जिसका प्रमाण बिस्मिल की आत्मकथा, भगतसिंह तथा कई अन्य लेखकों की रचनाएँ हैं। वस्तुतः यह एक प्रकार से अनधिकार चेष्टा है।

प्रत्येक रचनाकार की अपनी अलग भाषा-शैली होती है; उसी के आधार पर हम उसकी भाषा का शिल्पगत अध्ययन करते हैं, यदि वह भाषा ही संपादक द्वारा बदल दी जाएगी तो वह लेखक की मौलिक शैली की पहचान तो नहीं कही जा सकती। त्रुटियों एवं विशृंखल वाक्यों को सुगठित कर देने का अधिकार तो संपादक का होता है; परंतु भाषा-शिल्प में ही परिवर्तन कर देना अतिक्रमण के अंतर्गत आता है।

4. "राज्यक्रांति का एक अंक" वस्तुतः बिस्मिल का मूल लेख न होकर बंगला में लिखित लेख का किया गया हिन्दी-अनुवाद है जो मई, सन् 1925 में 'प्रभा' में उनके 'अज्ञात' छद्मनाम से प्रकाशित करवाया था। बंगला के मूल लेखक का नामोल्लेख वहाँ नहीं है; अतः हम भी देने में असमर्थ हैं। बिस्मिल हिन्दी, उर्दू, अंग्रेजी के साथ-साथ बंगला भाषा के भी अच्छे ज्ञाता थे। अपनी आत्मकथा में एक स्थल पर वे लिखते हैं—"मैंने अपने सहपाठी तथा मित्र श्रीयुत सुशीलचंद्र की, जिनका देहान्त हो गया था, स्मृति में बंगला भाषा का अध्ययन किया।" प्रस्तुत उद्धरण से यह स्पष्ट होता है, बिस्मिल अत्यंत संवेदनशील प्राणी थे। किसी भी मित्र के प्रति इससे बड़ी श्रद्धांजलि और क्या हो सकती है उसके जीवित न रहने पर उसकी मातृभाषा सीख कर सदा के लिए उसे अपनी स्मृति में संजो लिया जाए। इसके साथ ही उन गीतों एवं गजलों को भी यहाँ संकलित किया गया है जो बिस्मिल द्वारा रचित तो नहीं हैं; परन्तु बहुत प्रिय लगने के कारण बिस्मिल उन्हें गाया करते थे और इसीलिए उन गीतों को उन्होंने अपनी काव्यपुस्तक 'मन की लहर' में संकलित-संपादित किया था। बिस्मिल की कुछ ऐसी काव्य रचनाएँ भी संकलित की गई हैं; जो तत्कालीन पत्र-पत्रिकाओं में प्रकाशित हुई थीं; किन्तु संकलनबद्ध नहीं हुई थीं।

रचनावली में संकलित बिस्मिल द्वारा लिखित उपन्यास 'बोल्शेविकों की करतूत' बंगला की मूल पुस्तक 'निहिलिस्टों का रहस्य' का ही भावानुवाद है; जिसके संघर्ष में वे आत्मकथा के पन्नों में लिखते हैं—"मैंने विचारा कि एक पुस्तक-माला निकालूं, लाभ भी होगा। कार्य भी सरल है। बंगला से हिन्दी में पुस्तकों का अनुवाद करके प्रकाशित करवाऊँगा।...बंगला पुस्तक 'निहिलिस्टों का रहस्य' का अनुवाद प्रारंभ कर दिया। ..जब पुस्तक ठीक हो गई तोसुशील-माला के नाम से पुस्तक-माला निकाली। पुस्तक का नाम 'बोल्शेविकों

की करतूत' रखा। दूसरी पुस्तक 'मन की लहर' छपवाई।" बोल्शेविक-क्रांति पर बिस्मिल द्वारा लिखी गई संभवतः यह पहली पुस्तक है जिसका उल्लेख व पुस्तक-परिचय देते हुए (प्रथमबार, दिसम्बर 1922, पृष्ठ-2) इस प्रकार लिखते हैं—"अन्य भाषाओं में तो इनके संबंध में बड़ी-बड़ी पुस्तकें रची जा चुकी हैं; किन्तु हिन्दी भाषा में अभी ऐसी कोई पुस्तक न छपी थी, अतः मैंने यथाशक्ति यत्न कर यह 'बोलशेविकों की करतूत' लिख हिन्दी-प्रेमियों की सेवा करना अपना कर्त्तव्य समझा।" यह पुस्तक बिस्मिल द्वारा हिन्दी-जगत के लिए अद्भुत देन है।

"केथोराइन या स्वाधीनता की देवी" उनके द्वारा लिखी गई जीवनी है। वस्तुतः बिस्मिल ने केथोराइन की जीवनी The Grand Mother of the Russian Revolution का अंग्रेजी भाषा में अध्ययन किया था; जिसने उन्हें इतना प्रभावित किया कि उसकी जीवनी हिन्दी में लिखे बिना न रह सके। यह पुस्तक बिस्मिल के कथनानुसार संभवतः बोल्शेविज्म पर पहली हिन्दी पुस्तक है। इसे सुशील पुस्तकमाला के अंतर्गत सन् 1920 में बिस्मिल ने स्वयं प्रकाशित किया था। कालान्तर में आर्थिक विवशताओं के कारण इस पुस्तक की शेष बची संपूर्ण प्रतियाँ हिन्दी-साहित्य प्रचार-कार्यालय को बेचने के लिए दे दी थीं; जिसका उन्हें एक भी पैसा प्राप्त न हुआ। तत्पश्चात् यहीं से सन् 1922 में प्रकाशक के स्थान पर हिन्दी साहित्य प्रचार कार्यालय का नाम दे दिया। जब कि वे प्रकाशक नहीं, वितरक थे। उस समय बिस्मिल अपनी क्रांतिकारी गतिविधियों के कारण फरार जीवन जी रहे थे; जिसका लाभ इस प्रकाशन द्वारा उठाया गया।

'बोल्शेविकों की करतूत' तथा 'केथोराइन' से हमें बिस्मिल की जागरूक पैनी, प्रबुद्ध तथा आकाश में उड़ने वाले पक्षी की-सी स्वतंत्र दृष्टि का परिचय मिलता है।

प्रस्तुत रचनावली में हमने उनकी रचनाओं को उनके छद्मनामों साहित ही (जैसी उनके समय में छपी थीं) प्रकाशित किया है। रचनाओं के शीर्षक के साथ ही उसमें दिए गए उनके छद्मनाम ज्यों के त्यों रखे हैं। यद्यपि रचनावली के प्रकाशन में ऐसी परंपरा नहीं रही है, जिससे एक लेखक की रचना का घालमेल दूसरे की रचना में होता रहा है। इस प्रयोग से शायद यह भूल भविष्य में प्रकाशन जगत में सुधर सके।

5. 'गनीमी युद्ध के नियम'—बिस्मिल के 'अज्ञात' छद्मनाम से मई, सन् 1924 में 'प्रभा' पत्रिका में प्रकाशित हुआ था। एक उनके द्वारा लिखी गई पुस्तक-समीक्षा है जो अक्टूबर, सन् 1926 में 'वैदिक संदेश' में प्रकाशित हुई थी।

बिस्मिल के क्रांतिकारी साथियों का परिचय (सन् 1927 में छपी 'काकोरी षड्यन्त्र' के उत्तर भाग में संकलित) भी यहाँ सम्बद्ध किया गया है। ये परिचय किसके द्वारा लिखे गए; इसका कोई संकेत उसमें नहीं है, अतः परिचयों को

यथातथ्य रूप में बिना किसी परिवर्तन के साथ प्रस्तुत कर दिया गया है। वस्तुतः क्रांति के उस दौर में विदेशी शासक की टेढ़ी दृष्टि का शिकार होने से बचने के लिए अधिकांश लेखक क्रान्तिकारियों से संबंधित सामग्री छद्मनाम से लिखते थे। जितना भी क्रान्तिकारियों के सम्बन्ध में लिखा गया है उस संपूर्ण साहित्य में प्रत्येक लेखक ने भिन्न-भिन्न मत या विचार लिखकर इस विषय को और अधिक उलझा दिया है। ये परिचय 'चाँद' के फाँसी-अंक में भी प्रकाशित हुए थे। उसी के सम्बन्ध में लिखे गये भिन्न-भिन्न तथ्यों से हम इस उलझन व उत्पन्न हुई भ्रामकता का अनुमान लगा सकते हैं। 'चाँद' के प्रकाशक-संपादक रामरिख सहगल फाँसी अंक के संदर्भ में लिखते हैं—"चाँद का फाँसी अंक स्वर्गीय सरदार भगतसिंह तथा उनके सहयोगियों की ही देन थी; जिसने देश में एक बार ही बिजली कौंधा दी थी। सन् 1928-29 में मुझे उनके संपर्क में आने का सौभाग्य प्राप्त हुआ था। नाम तथा वेष बदलकर ऐसे कई कर्मठ युवक उस समय मेरे निकटतम सहयोगियों में रहे हैं।" (अमर शहीद सरदार भगतसिंह नामक ग्रंथ, लेखक* जितेन्द्र सान्याल, अनुवादिका—स्नेहलता सहगल, प्र. सं. 1947, प्रकाशक के नाते शीर्षक से, पृ. 3)। उनके इस कथन में चतुरसेन का उल्लेख कहीं नहीं है। आचार्य चतुरसेन इस संबंध में अपनी आत्म-कहानी में लिखते हैं—"परंतु राजनैतिक फांसी-प्राप्त-जनों का प्रामाणिक वृत्त मुझे कहीं मिलता ही न था। इसी समय अकस्मात् मेरे पास सरदार भगतसिंह ने आकर कुछ आर्थिक सहायता चाही और मैंने वह कठिन काम उन्हें सौंपा।** उन दिनों वे सान्डर्स को मार चुके थे और पुलिस उनके पीछे थी। वे छद्मवेष में रहते थे तथा नाम बदलकर परिचय देते थे। उन दिनों सहारनपुर और दिल्ली क्रांतिकारियों का अड्डा हो रहा था। उन्होंने घर-घर घूम कर क्रांतिकारियों के 70 से ऊपर प्रामाणिक चरित्र और चित्र दिए जिसके सिर्फ शायद 700) उन्हें चाँद की ओर से मिले थे। भगतसिंह ने आरम्भ में अपना नाम बतलाया था—बलवन्तसिंह।" (मेरी आत्मकहानी, पृ० 153)। चतुरसेन जी फाँसी अंक के संपादक थे। उनका कथन रामरिख सहगल के कथन की पुष्टि करता है कि भगतसिंह ने फाँसी अंक की सामग्री जुटाने में मदद की थी किन्तु "भगतसिंह और उनके साथियों के दस्तावेज" नामक ग्रंथ में (जिसके संपादक जगमोहनसिंह व चमनलाल हैं) एक लेख है—

---

* जितेन्द्र सान्याल—क्रान्तिकारी शचीन्द्रनाथ सान्याल के छोटे भाई। इनकी यह पुस्तक 'भगतसिंह की जीवनी' जब 'भविष्य' पत्र में धारावाहिक प्रकाशित हो रही थी तब 'भविष्य' के अंक जब्त कर लिए गए थे।

** यहाँ शायद आचार्य चतुरसेन जी को स्मृतिदोष हुआ है। चाँद का फाँसी अंक नवम्बर 1928 में निकला था तथा साण्डर्स का वध दिसम्बर 1928 ई० में हुआ था।

"पंजाब में विराट विप्लव का प्रथम आयोजन—'कूका विद्रोह'—इस मेंख संपादकीय टिप्पणी इस प्रकार है—फरवरी 1928 में दिल्ली से प्रकाशित महारथी में कूका विद्रोह के इतिहास की जानकारी देने वाला भगतसिंह का यह लेख बी. एस. सिन्धु नाम से छपा था।" (पृ० 111, प्र० सं० 1986)। यह सत्य है कि यह लेख* 'महारथी' में छपा था; परन्तु यह छपा दो भागों में था। प्रथम भाग फरवरी 1928 ई० में तथा शेष भाग मार्च 1928 में छपा था। फरवरी 1928 वाले लेख में लेखक का नाम बी. एस. सिंह दिया गया है तथा मार्च-भाग में बी. एस. सिन्धु दिया गया है। ऊपर उल्लिखित पुस्तक में ही 'पंजाब का तख्ता पलट आन्दोलनों का इतिहास : तख्ता पलटने की पहली कोशिश कूका विद्रोह-2' शीर्षक से ही दूसरा लेख छपा है; जिसकी संपादकीय टिप्पणी के अनुसार यह लेख अक्टूबर 1928 ई. में 'किरती' मासिक पत्रिका में भगतसिंह ने 'युग पलटने का अग्निकुण्ड' शीर्षक के अंतर्गत 'विद्रोही' छद्मनाम से लिखा था। 'चाँद' के फांसी अंक में 'विप्लव यज्ञ की आहुतियाँ' शीर्षक के अंतर्गत 'कूका विद्रोह के बलिदान' लेख छपा है जिसमें लेखक का नाम 'निर्भय' दिया गया है। यही लेख वीरेन्द्र सन्धु ने (भगतसिंह के भतीजे) 'सरदार भगतसिंह मेरे क्रान्तिकारी साथी' नामक पुस्तक में भगतसिंह के लेखों में सम्मिलित किया है। परन्तु भूमिका में ही वीरेन्द्र सन्धु फिर लिखते हैं—

"चाँद" के फांसी अंक (नवम्बर 1928) में 'विप्लव यज्ञ की आहुतियाँ' शीर्षक से क्रान्तिकारियों के परिचय लेख छपे थे। इन लेखों पर भिन्न-भिन्न नाम दिए गए हैं। 'आतंकवाद का इतिहास' के लेखक स्वर्गीय श्री चन्द्रशेखर शास्त्री ने लिखा है कि ये जीवन-परिचय उन्हें हरिनारायण कपूर से मिले थे। बाद में मालूम हुआ कि यह शिव वर्मा का छद्म नाम था। शास्त्री जी ने ये लेख फांसी अंक के संपादक आचार्य चतुरसेन को दिये।" (पृ० 1)।

स्वयं आचार्य चतुरसेन शास्त्री अपनी आत्मकहानी में ही आगे लिखते हैं—

"एक दुबले-पतले साँवले युवक पर हठात् मेरी नजर पड़ गई। मैं सोचने लगा इसे कहीं देखा है। उसने मेरी तरफ देखा—मुझे मालूम हुआ, मुझे देखकर उसके होंठ कुछ हिले, पर दूसरे ही क्षण वह आँखों से ओझल हो गया। थोड़ी

* 'महारथी' मासिक पत्र (वीर रस प्रधान) सन् 1925 में पं० रामचन्द्र शर्मा के प्रकाशन-संपादन में आरम्भ हुआ था। कालान्तर में पत्र का नाम ही उनके नाम का संबोधन बन गया। महारथी जी पुरानी पीढ़ी के क्रान्तिकारी बिस्मिल, भाई परमानन्द, लाला हरदयाल आदि के संपर्क में रहे तथा आचार्य चतुरसेन से भगतसिंह का परिचय इन्होंने ही कराया था। भगतसिंह स्वयं अनेक बार महारथी जी के घर फरारी के दिनों में रहे थे।

देर सोचने के बाद याद आया; इस व्यक्ति ने भी चाँद के फांसी अंक के लिए राजनीतिक फांसी प्राप्त बंदियों का बहुत-सा दुष्प्राप्य मसाला दिया था।" [पृ० 157 प्र० सं० मार्च 1963] [यहाँ लेखक का संकेत बटुकेश्वरदत्त की ओर है]।

चतुरसेन जी की यह उक्ति वीरेन्द्र सन्धु के कथन का खंडन करती है कि सारे परिचय भगतसिंह द्वारा लिखे गए थे। 'चाँद' के फांसी अंक में 'अज्ञात' नामक लेखक के भी कुछ लेख प्रकाशित हैं जो शहीद बिस्मिल द्वारा लिखित हैं। फांसी अंक से पूर्व वे लेख 'स्वदेश' और 'प्रताप' में प्रकाशित हो चुके थे।

शहीद बिस्मिल के क्रांतिकारी साथी श्री मन्मथनाथ गुप्त ने एक भेंटवार्ता में स्वयं हमसे कहा कि ये परिचय श्री मुकुन्दीलाल, श्री राजकुमार सिन्हा तथा उनके द्वारा लिखे गए थे। ये सभी परस्पर विरोधी स्वीकारोक्तियाँ यह स्पष्ट कर देती हैं कि इन क्रान्तिकारी वीरों के परिचयों को केवल एक व्यक्ति द्वारा नहीं लिखा गया था; अपितु क्रान्तिकारियों का एक समूह ही इनके लेखन में छद्म नामों से सहयोग दे रहा था। श्री शिव वर्मा ने औपचारिक वार्ता में आचार्य दिनेश शर्मा से भी यह कहा था कि ये परिचय उनके तथा भगतसिंह के द्वारा लिखे गए थे। स्वयं रामप्रसाद बिस्मिल के परिचय के सम्बन्ध में ही दो भिन्न कथन इस प्रकार की भ्रामकता को उजागर करते हैं। 'श्री शिव वर्मा अभिनन्दन ग्रंथ' (7 अक्टूबर, 1985) में 'पंडित सुंदरलाल कुछ बिखरे संस्मरण' लेख में श्री शिव वर्मा लिखते हैं--

"मैंने पंडित रामप्रसाद बिस्मिल के रेखाचित्र का अंतिम प्रूफ देखकर प्रातः चाय के समय सहगल जी को दे दिया था। उन्होंने उसे मेज पर रख दिया और चाय पीने लगे। इतने में पंडित जी आ धमके। वे चाय नहीं पीते थे। उन्होंने वह रेखाचित्र उठाकर पढ़ना आरम्भ कर दिया। मुझे ध्यान आया कि उसमें मैंने एक स्थान पर लिखा है कि इन पंक्तियों के लेखक ने पहली और अंतिम बार बिस्मिल की फांसी से एक दिन पहले गोरखपुर जेल में उनके दर्शन किए थे।" (पृ० 216)। इसी पुस्तक में "कामरेड शिव वर्मा और उनका युग—मुक्ति संघर्ष का दुर्द्धर्ष चरण—1904-1947" नामक लेख के लेखक प्रकाशकश्यप लिखते हैं—

"इसी समय इलाहाबाद से प्रकाशित होनेवाली पत्रिका 'चाँद' के 'फाँसी' अंक का प्रकाशन हुआ। इसका इस्तेमाल क्रान्तिकारियों ने प्रचार हेतु करने का निश्चय किया तथा विशेषांक के 'बलिदान' अंक में प्रकाशित जीवनियों में से चार शहीदों के जीवन चरित्र को छोड़कर जिन्हें भगतसिंह ने लिखा था—शेष सभी जीवनियाँ शिव वर्मा ने कुछ तो पंजाब में और कुछ चाँद कार्यालय में बैठकर लिखी।" (पृ० 110-111) अब इसमें से कौन-से कथन को सत्य माना जाए? वस्तुतः क्रान्तिकारियों से संबंधित सारी सामग्री इतनी उलझी हुई है कि उसकी तथ्यपरक खोज करना बीहड़ वन के बीच से निकलना है।

संपूर्ण उद्धरणों को ध्यान से देखने के पश्चात् यह तो निश्चित हो जाता है कि उस समय यश और नाम की परवाह किसी देशभक्त को नहीं थी। सभी क्रान्तिकारी देशभक्ति की तीव्र लौ हृदय में प्रदीप्त किए हुए व्यक्तिगत स्वार्थ से रहित होकर अपने कार्य में संलग्न थे। ये विभिन्न छद्म नामों से लिखी गई सामग्री इसका जीता-जागता प्रमाण है। आज हम दो पंक्तियाँ लिखते हैं तो नाम और पुरस्कार की कामनाओं के जाल में पंख उलझाने लगते हैं। उस समय देश के युवकों का जत्था का जत्था क्रान्तिकारी सामग्री एकत्रित करने व लिखने में मशगूल था, पर नाम की चाह नहीं थी। इन्हीं क्रान्तिकारी वीरों का संक्षिप्त परिचय मई सन् 1927 की 'किरती' में भगतसिंह 'विद्रोही' छद्मनाम से 'काकोरी के वीरों से परिचय' शीर्षक से भी छपवा चुके थे। इस लेख के छपते ही भगतसिंह गिरफ्तार कर लिए गए थे। इसमें कोई सन्देह नहीं कि भगतसिंह का योगदान क्रान्ति के पन्नों में अपूर्व था; परन्तु कौन-सा ऐसा क्रान्तिकारी था जिसके बलिदान या योगदान को नगण्य कहा जा सकता है। वह तो युग ही ऐसा था जब देश का एक नन्हा-सा बालक भी क्रान्ति की राह पर मर-मिटने में अपनी शान समझता था। भगतसिंह के विचारों में साम्यवाद की जो झलक दिखाई देती है उसकी चिन्गारी तो उनसे पूर्व ही कट्टर आर्य समाजी शहीद रामप्रसाद बिस्मिल के हृदय में सुलग चुकी थी।

क्रान्तिकारियों के परिचय के साथ ही तत्कालीन पत्र-पत्रिकाओं में प्रकाशित स्व० बिस्मिल तथा उनकी फांसी से संबंधित समाचारों व टिप्पणियों को भी लिया गया है। सबसे अन्त में है श्री मन्मथनाथ गुप्त जी से एक सारगर्भित भेंट-वार्ता जो क्रान्तिकारी आंदोलन से संबंधित अनेक प्रश्नों के उत्तर खोजती है।

संपूर्ण सामग्री को दो खंडों में विभक्त कर दिया गया है। आरम्भ में एक ही खंड में सम्पूर्ण सामग्री को देने की योजना थी परन्तु छपते-छपते लगा कि सामग्री को यदि दो खण्डों में विभक्त कर दिया जाए तो अधिक उचित होगा। अतः खण्ड एक में—दो शब्द, काकोरी षड्यन्त्र का संक्षिप्त विवरण, बिस्मिल का विशेष परिचय, आत्मकथा, बिस्मिल के लेख व पुस्तक-समीक्षा को रखा गया है। पृष्ठभूमि-स्वरूप भूमिका तो प्रथम खंड में रहनी ही थी।

खण्ड दो में बिस्मिल की कविताएँ, उपन्यास, उनके क्रान्तिकारी साथियों का परिचय, क्रान्तिकारी आंदोलन से सम्बन्धित अन्य सामग्री तथा श्री मन्मथनाथ गुप्त से साक्षात्कार संकलित है।

शहीद बिस्मिल की जितनी भी रचनाएं अब तक प्राप्त हो सकीं, वे यहाँ संकलित हैं। जो नहीं मिल पाईं उनके प्रति संकलनकर्त्ता निराश नहीं हैं। कुछ महत्वपूर्ण रचनाओं के छूट जाने का कारण तत्सम्बन्धी पत्र-पत्रिकाओं का एक साथ या एक स्थान पर उपलब्ध न हो पाना भी रहा है।

अस्तु, किसी भी रचनाकार की रचना यत्र-तत्र बिखरी हुई। रचनाओं को खोजने में जो कठिनाइयाँ सम्मुख आती हैं, उनसे प्रबुद्ध वर्ग अपरिचित

नहीं है। इन रचनाओं को तलाशने में, पत्र-पत्रिकाओं में फुटकर रूप में बिखरी हुई सामग्री को एकत्रित करने में श्री दिनेश शर्मा (मेरे आदरणीय काकू) के जीवन के कई वर्ष लगे हैं। सम्पूर्ण सामग्री के संकलन का श्रेय भी उन्हीं को जाता है। मैं तो उनके द्वारा किए गए श्रम में एक नहीं भागीदार भर हूँ। जीवन की साठोत्तरी में प्रवेश करके भी उनकी अप्राप्य-प्राय: सामग्री की अनुसंधान-यात्रा अभी रुकी नहीं है। कभी संतुष्ट न होना और निरन्तर और सामग्री-प्राप्ति का विश्वास लगाए रखना उनका स्वभाव है। इसी के कारण, मैंने इस कार्य के दौरान, अनेक बार उनका अमर्ष भी झेला है; परन्तु उस अमर्ष के पीछे उनका तथ्यों की सही खोज के लिए मुझे जुझाना रहा है। भूमिका-लेखन में तथ्यों के दिशानिर्देश में वे निरन्तर मेरे साथ छाया की तरह रहे हैं। उनके साथ निरन्तर कार्य करके ही मैंने यह जाना है कि तथ्यात्मक लेखन इतना आसान नहीं होता और न संपादन का कार्य ही इतना सरल होता है जितना हम समझ लेते हैं। एक-एक तथ्य की प्रामाणिकता के लिए दीर्घ समय लगा है; जिसके फलस्वरूप जो कार्य आज से कई वर्ष पूर्व सामने आ जाना चाहिए था; उसमें विलम्ब हुआ है।

श्रमसाध्य प्रयत्नों से जितनी सामग्री प्राप्त हो सकी वह रचनावली के रूप में आपके सामने है। शेष सामग्री को प्रकाश में लाने की योजना में हम भविष्य में सफल होंगे ऐसा पूर्ण विश्वास है। बिस्मिल की ये रचनाएँ देश की धरोहर थीं—देश के नागरिकों के लिए समर्पित हैं। अपने ऊबड़खाबड़ प्रयास में यदि कहीं संपादन आदि की दृष्टि से कुछ भूलें रह गई हों तो वे नितान्त हमारी हैं, यह सोचकर ही सुधी पाठक सामग्री की महत्ता पर ध्यान देंगे।

दिल्ली अभिलेखागार के पुस्तकालय व उसके अधिकारियों के प्रति, मारवाड़ी पुस्तकालय दिल्ली, महावीर जैन पुस्तकालय दिल्ली, श्री देवीदत्त पालीवाल के प्रति जिनके व्यक्तिगत पुस्तकालय से इस यज्ञ की पूर्णाहुति के लिए विशेष सहयोग प्राप्त हुआ तथा शहीद बिस्मिल के क्रान्तिकारी साथी श्री मन्मथनाथ गुप्त के प्रति, जिन्होंने रचनावली की योजना के क्रियान्वयन से पूर्व हमारे मन में उठती हुई अनेक शंकाओं व जिज्ञासाओं को शांत करने का प्रयत्न किया, विद्वतप्रवर डा० महादेव साहा, प्रसिद्ध आलोचक डा० रामविलास शर्मा, डा० चन्द्रबली सिंह तथा काकू के मित्र व मेरे प्यारे अंकल श्री सुरेन्द्रबालूपुरी जी, डा० श्यामबिहारी राय, व डा० ओमप्रकाश जी के प्रति हम अपना आभार प्रकट करते हैं जिन्होंने समय-समय पर अपने महत्वपूर्ण सुझावों से हमारा मार्गदर्शन किया। साथ ही आंशिक रूप में भी प्रस्तुत रचनावली को सामने लाने में जिनका भी सहयोग प्राप्त हुआ हो, हम उन सभी का साधुवाद करते हैं।

बिस्मिल की रचनावली को प्रकाशित करने के लिए अनेक प्रतिष्ठित प्रकाशक उद्यत थे परंतु प्रकाशन के क्षेत्र में नया-नया कदम रखनेवाले श्री

वी. के. शर्मा के उत्साह को देखते हुए इसे प्रकाशित करने का भार हमने उन्हें सौंपा। वी. के. ने अपने परिश्रम से इस ग्रंथ के स्वरूप को निखारने व संवारने में योगदान दिया है।

सहचर विनोद के सहयोग का धन्यवाद करना तो औपचारिकता होगी; परन्तु नन्हें अक्षत व प्रांशु का विशेष रूप से धन्यवाद; जिन्होंने इस कार्य के दौरान काकू के आदेश पर अपनी बालसुलभ जिज्ञासाओं व चंचलता पर अंकुश लगाया।

अन्त में हम शहीद बिस्मिल के प्रति इस रचनावली (दो खण्ड) के रूप में विनम्र श्रद्धाञ्जलि अर्पित करते हैं तथा कामना करते हैं कि उपेक्षा की आंधी में दबे हुए इस क्रान्तिकार की जन्मस्थली के पुनरुद्धार की ओर हम लोगों का ध्यान जाएगा; जिसके सम्बन्ध में मेवाराम गुप्त ने लिखा है—

"आर्यसमाज की पवित्र भूमि के दर्शनों के पश्चात् मैं उस मुहल्ले को भी देखने गया; जिसका नाम नई बस्ती से बदलकर अब बिस्मिलनगर रख दिया गया है।···मैं समझता था कि जिस मुहल्ले का नाम बिस्मिलनगर रखा गया है; उसमें पंडितजी का कोई भव्य स्मारक होगा; परंतु स्मारक की बात कौन कहे अब तो उस मकान का पता ही लगाना कठिन है (इस मुहल्ले में पंडित बिस्मिल के पिता पंडित मुरलीधर ने एक छोटा-सा मकान बनवा लिया था) जो गली मुहल्ले के अंदर जाती है उसके प्रवेशद्वार पर लकड़ी तथा पतरे का एक बड़ा-सा साइनबोर्ड लगाया गया था; जिस पर देवनागरी लिपि में बड़े-बड़े अक्षरों में बिस्मिलनगर लिखा था। किंतु साइनबोर्ड टूटा हुआ एक रस्सी के सहारे भूमि का स्पर्श कर रहा था और मानो पंडित रामप्रसाद बिस्मिल के फाँसी पर लटकने की याद दिला रहा था।" (मेरी आँखों ने क्या देखा, पृ० 4)।

दिसम्बर 1991 में शहीद बिस्मिल की पुण्यतिथि को 64 वर्ष पूर्ण हो रहे हैं। इस स्मृतिपर्व के अवसर पर हम उन्हें रचनावली के रूप में विनम्र श्रद्धाञ्जलि अर्पित करते हैं।

9 मार्च, 1991 आशा जोशी

69, साक्षर अपार्टमेंट्स
ए-3 पश्चिम विहार
नई दिल्ली-110063

विषय-सूची

संक्षिप्त विवरण

अगस्त मास सन् 1925 की बात है। 11 अगस्त के एक अंग्रेजी दैनिक पत्र में, 9 अगस्त सन् 1925 की रात को लखनऊ के आगे काकोरी स्टेशन के पास चलती रेलगाड़ी में डाका पड़ने और उसमें से सरकारी खज़ाने के लूटने की खबर बड़े मोटे शीर्षकों में छपी थी। इस घटना से प्रान्त-भर में बड़ी सनसनी फैल गई। पुलिस बड़ी तत्परता से इस घटना का अनुसन्धान कर रही थी। संभवतः डेढ़ महीने तक पुलिस पता लगाती रही। अन्त में 26 सितम्बर के लगभग एकाएक पुलिस ने गिफ्तारियाँ और तलाशियाँ शुरू कर दीं। कानपुर, आगरा, इलाहाबाद, लखनऊ, बनारस, शाहजहाँपुर आदि शहरों में तलाशियाँ तथा गिरफ़्तारियाँ हुईं। न्याय तथा शान्ति-स्थापना के नाम पर अमीर, गरीब सभी के घर छाने गये।* हर जगह पुलिस का आतंक था। गिफ्तार हुए व्यक्तियों में अधिकता उन्हीं देशवासियों की थी, जो कि कांग्रेस के कार्यकर्त्ता थे अथवा जो अन्य किसी कारण से जनता के श्रद्धापात्र थे। गिरफ्तारियों के समय प्रायः सर्वत्र पुलिस की धांधागर्दी देख पड़ती थी।

आश्विन का महीना था और दुर्गा-पूजा के दिन थे। जिस समय देशवासी विजया-दशमी और दुर्गापूजन बड़े समारोह-से मना रहे थे, श्रीमती पुलिस महारानी भी कुख्याति का संचय कर रही थीं। पूजा और मेले के दिन लोग अपने परिवारवालों, मित्रों और हितेच्छुओं से विलग किये गये। बड़ा कारुणिक दृश्य था। किन्तु गिरफ्तार हुए व्यक्तियों के मुख पर भय अथवा चिन्ता के चिह्न न थे, प्रत्युत उन्हें इस आकस्मिक धड़-पकड़ पर आश्चर्य हो रहा था और उनके हृदय अपने सम्बन्धियों से इस प्रकार अलग होने के कारण विषादपूर्ण थे। इस समय पुलिस का दमनचक्र पूर्णज़ोर पर चल रहा

---

*Only persons suspected in the Kakori, Bamrauli, Bichpuri and Dwarkapur dacoities were arrested and searched. For particulars of these dacoities see note at page 11.

केवल काकोरी, बमरौली, बिचपुरी तथा द्वारकापुर डकैतियों में संदिग्ध व्यक्तियों की तलाशी तथा गिरफ्तारी की गई।

था । * जो लोग गिरफ्तार हुए उनका कहना ही क्या, उनके कुटुम्बी बुरी तरह सताये गये । ज़ब्ती के समय न केवल अभियुक्तों के सामान वरन् उनके कुटुम्बियों तक के वस्त्र तक पुलिस अपने साथ ले गई । जो लोग गिरफ्तार हुए थे वे इतने खतरनाक समझे गए कि उनके पैरों में बेड़ियाँ डाल दी गईं । आरम्भ में इन सब व्यक्तियों पर काकोरी डाके में सम्मिलित होने का अभियोग लगाया गया । सरकार तथा "स्टेट्समैन" जैसे पत्रों की राय में यह डाका एक षडयन्त्रकारी दल द्वारा डाला गया था । इस कारण मामले का अनुसन्धान बड़ी सरगर्मी के साथ होने लगा । डाका किस प्रकार पड़ा यह जानना पुलिस के लिए यदि दुस्साध्य नहीं तो एक टेढ़ी खीर अवश्य था । अनुसन्धान करने और कुछ अभियुक्तों के बयानों द्वारा जो कुछ पुलिस मालूम कर सकी उससे यह प्रकट होता है कि घटना एक वीरतापूर्ण थी । अत: इस रोचक घटना का विहंगावलोकन हम यहाँ पर करा देना चाहते हैं । पाठक, देखें कि एक पराधीन देश की दूषित और पराधीन हवा में पले हुए व्यक्तियों की भावनाओं में कितनी भीषण हिलोरें उठ सकती हैं, फिर चाहे वह उन्माद क्षणिक ही क्यों न हो, अथवा हमारे देश के आलादिमाग उनके इस कृत्य को बुद्धि की बहक अथवा पागलपन या उनका गलत रास्ते पर होना ही क्यों न समझें, किन्तु कम से कम इतना वे अवश्य समझें और मानेंगे कि उनका कार्य निस्वार्थ और वीरतापूर्ण था । सन् 1925 ई. की 9 अप्रैल की रात उस पक्ष की सबसे अँधेरी रात थी । आकाश मेघाच्छन्न था, कुछ वर्षा भी हो रही थी । दस व्यक्तियों का एक दल सहारनपुर से लखनऊ जानेवाली ट्रेन पर सवार था । कुछ थर्ड क्लास में बैठे थे और अन्य सेकण्ड क्लास में । सेकण्ड क्लास की जंजीर खीचने का प्रबन्ध था । इस प्रकार गाड़ी खड़ी की गई । गाड़ी खड़ी होने पर सब लोग उतरकर गार्ड के डिब्बे के पास पहुँचे । इसी डिब्बे में सरकारी खज़ाना एक लोहे के सन्दूक में रखा था । सन्दूक में प्राय: ताला या जंजीर नहीं लगी रहती थी । लोहे का संदूक उतारकर छेनियों से काटे जाने की व्यवस्था होने लगी, किन्तु छेनियों ने काम न दिया; तब कुल्हाड़ा चला । मुसाफिरों पर आक्रमण करना या उन्हें लूटना इस दल का अभीष्ट न था । अत: उनसे कह दिया गया कि सब गाड़ी में चढ़ जाएँ । गार्ड गाड़ी में चढ़ना चाहता था, इस पर उसे ज़मीन पर लेट जाने की आज्ञा दी गई ताकि बिना गार्ड के गाड़ी न चल सके । दो आदमी इस बात के लिए पहले से ही नियुक्त कर दिये गए थे कि वे लाइन की पगडंडी को छोड़कर घास में खड़े और गाड़ी से काफी दूर रहकर गोली चलाते रहें । दल के उन व्यक्तियों को

---

*There is no foundation for this allegation of misbehaviour on the part of the police.

पुलिस पर लगाया गया दुर्व्यवहार का यह आरोप निराधार है ।

जिनका काम गोली चलाना था, पहले से ही यह आज्ञा दे दी गई थी कि जब तक कोई व्यक्ति बन्दूक लेकर सामना करने न आवे, या मुकाबिले में गोली न चले, तब तक किसी आदमी पर फायर न होने पावे। नर हत्या करके इस घटना को भीषण रूप देना इस दल का उद्देश्य न था। हाँ ! वे दोनों व्यक्ति पाँच-पाँच मिनट बाद पाँच-पाँच फायर करते थे; यही दल के नेता का आदेश था। *सन्दूक तोड़ तीन गठरियों में थैलियाँ बाँधी गईं। रास्ते में थैलियों से रुपया निकालकर पुनः गठरी बाँधी गई और उसी समय ये लोग लखनऊ शहर में जा पहुँचे। इस प्रकार दस आदमियों ने, जिनमें अधिकांश विद्यार्थी थे, एक गाड़ी को रोककर लूट लिया। उस गाड़ी में चौदह पुरुष ऐसे थे, जिनके पास बन्दूकें या रायफलें थीं। दो सशस्त्र अंग्रेज फ़ौज़ी जवान भी थे—पर सब शांत रहे। ड्राइवर महाशय तथा एक इंजीनियर महाशय का बुरा हाल था। ये दोनों ही अंग्रेज थे। ड्राइवर महाशय इंजिन में लेट रहे थे और इंजीनियर महोदय पाखाने में जा छिपे थे। दल के नेता ने चिल्लाकर कह दिया था कि हम यात्रियों से न बोलेंगे, सरकार का माल लूटेंगे। इस कारण मुसाफ़िर भी शांत बैठे रहे। ** सब समझे बैठे थे कि कम से कम चालीस आदमियों ने ट्रेन को घेर लिया है। इस समय अंधेरा होने से लोग उनकी ठीक संख्या न जान पाये। केवल दस युवकों ने इतना बड़ा आतंक फैला दिया। साधारणतया इस बात पर अनेक मनुष्य विश्वास करने में भी संकोच करेंगे कि दस युवकों ने गाड़ी खड़ी करके लूट ली। जो कुछ भी हो, बात वास्तव में यही थी। इन दस में से अधिक

---

*This is inaccurate and exaggerated.
यह ब्यौरा सही नहीं है, तथा अतिरंजित है।

**In the three earlier dacoities the conspirators had attacked the houses of private individuals and in each case committed murder; they also cruelly illtreated women. It may be recalled too that in the Mainpuri Conspiracy case one of the incidents was a dacoity in which a maid servant was shot dead on opening the door of the house. Vide also page 45 about the commission of dacoities by Genda Lal's Shivaji Samiti.

शुरू की तीन डकैतियों में काण्डकारियों ने गृहस्थों के घरों पर आक्रमण किया था तथा प्रत्येक में हत्याएँ की थीं। उन्होंने महिलाओं के साथ निष्ठुरतापूर्ण दुर्व्यवहार भी किया था। यह भी स्मरण रखा जाए कि मैनपुरी कांड में डकैती की एक घटना में एक नौकरानी को दरवाजा खोलते ही गोली मार दी गई थी। गेंदालाल शिवाजी समिति द्वारा डकैतियों की समिति के विषय में सामग्री पृ० 45 पर भी देखें—

तो आयु में 20 और 22 वर्ष के होंगे। वे शरीर में अधिक हृष्ट-पुष्ट भी न थे।

जब गिरफ्तारियाँ शुरू हुईं, तो बहुत दिनों तक उनका ताँता चलता रहा। संयुक्त प्रान्त के अतिरिक्त अन्य प्रान्तों से भी शहीदों की छँटनी हुई, सब गिरफ्तार करके लाये गये। मामला चला। गिरफ्तार हुए व्यक्तियों की नामावली हम यहाँ दे रहे हैं।

1. श्री रामप्रसाद 'बिस्मिल' शाहजहाँपुर' 2. श्री बनारसीलाल कोकाश शाहजहाँपुर, 3. श्री हरगोविन्द शाहजहाँपुर 4. श्री प्रेमकिशन खन्ना शाहजहाँपुर, 5. श्री इन्दुभूषण मित्र शाहजहाँपुर, 6. श्री बीरभद्र तिवारी कानपुर, 7. श्री रामदुलारे त्रिवेदी कानपुर, 8. श्री गोपीमोहन कानपुर, 9. श्री राजकुमार सिन्हा कानपुर, 10. श्री शीतलासहाय इलाहाबाद, 11. श्री सुरेशचन्द्र भट्टाचार्य कानपुर, 12. श्री दामोदर स्वरूप जी सेठ बनारस, 13. श्री मन्मथनाथ गुप्त बनारस, 14. श्री रामनाथ पांडेय बनारस, 15. श्री डी० डी० भट्टाचार्य बनारस, 16. श्री चन्द्रधर जौहरी आगरा, 17. श्री चन्द्रभाल जौहरी आगरा, 18. श्री रोशनसिंह शाहजहाँपुर, 19. श्री बाबूराम वर्मा एटा, 20 श्री ज्योतिशंकर दीक्षित इलाहाबाद, 21. श्रीहरनाम सुन्दरलाल लखनऊ, 22. श्री मोहनलाल गौतम लाहौर, 23. श्री शरच्चन्द्र गुह, बंगाल, 24. श्री विष्णुशरण दुबलिस मेरठ, 25. श्री शचीन्द्रनाथ विश्वास लखनऊ, 26. श्री रामदत्त शुक्ल, 27. श्री मदनलाल, 28. श्री भैरोंसिंह, 29. श्री कालिदास बोस बहरमपुर (बंगाल), 30. श्री इन्द्रविक्रम सिंह बनारस, 31 श्री रामकृष्ण खत्री पूना, 32. श्री प्रणवेश चटर्जी जबलपुर, 33. श्री भूपेन्द्रनाथ सान्याल इलाहाबाद, 34. श्री बनबारीलाल रायबरेली, 35. श्री मुकुन्दीलाल बनारस, 36. श्री जोगेशचन्द्र चटर्जी कलकत्ता, 37. श्री गोविन्दचरण कर लखनऊ, 38. श्री रामरत्न शुक्ल, 39. श्री राजेन्द्रनाथ लाहिड़ी बनारस, 40. श्री शचीन्द्रनाथ सान्याल इलाहाबाद, 41. श्री शचीन्द्र नाथ बख्शी बनारस, 42. श्री अशफ़ाकउल्ला खाँ शाहजाहाँपुर, 43. श्री चन्द्रशेखर 'आजाद' बनारस, 44. श्री शिवचरण लाल आगरा, (बाद में फिर आप पर मुकदमा नहीं चलाया गया)।

टिप्पणी

(ब्रिटिश सरकार ने आत्मकथा के अनेक स्थलों पर सी. आई. डी. द्वारा टिप्पणियाँ लिखवाकर आत्मकथा को झूठी साबित करने का प्रयत्न किया था। 1928 में गणेशशंकर विद्यार्थी द्वारा छापी गई आत्मकथा का सन् 1929 में अंग्रेजी में अनुवाद सी. आई. डी. उत्तर प्रदेश द्वारा करवाया। भिन्न-भिन्न स्थलों पर सी. आई. डी. द्वारा दिए गए संक्षिप्त नोट्स का हिन्दी अनुवाद हम यथास्थान दे रहे हैं।

*गिरफ्तारशुदा लोगों में से वास्तविक मामला शुरू होने के पहिले निम्नलिखित सज्जन छोड़ दिए गए। शायद इन लोगों के विरुद्ध सरकार बहादुर को कोई प्रमाण न मिल सका। पुलिस का ध्येय था कि मुकदमे में जनता की सहानुभूति म रहे। अतः उसने प्रतिष्ठित व्यक्तियों को छोड़ देना ही निश्चित किया।

1. श्री शीतलासहाय, 3. श्री चन्द्रधर जौहरी, 3. श्री मदन लाल, 4. श्री रामरत्न शुक्ल, 5. श्री मोहनलाल गौतम 6. श्री चन्द्रभाल जौहरी, 7. श्री हरनाम सुन्दरलाल, 8. श्री डी० डी० भट्टाचार्य, 9. श्री रामदत्त शुक्ल, 10. श्री बाबूराम वर्मा 11. श्री गोपीमोहन, 12. श्री शरच्चन्द्र गुह, 13. श्री भैरोंसिंह, 14. श्री कालिदास बोस, 15. श्री इन्द्र विक्रमसिंह।

**बाकी अभियुक्तों पर मामला चला। सब व्यक्ति लखनऊ जेल लाये गये। जेल में पहुँचते ही खुफ़िया पुलिसवालों ने यह प्रबन्ध किया कि सब अभियुक्त एक दूसरे से अलग रखे जायें। अलग-अलग रखने से पुलिस को अनेक लाभ थे। सबको अलग रखने से पुलिस प्रत्येक आदमी से समय पर मिलकर बातें करती थी। कुछ भय दिखाती थी, कुछ इधर-उधर की बातों द्वारा भेद जानने का प्रयत्न करती थी। सारांश यह कि इस समय पुलिस सरकारी गवाह बनाने का सरतोड़ परिश्रम कर रही थी। स्वयं खुफ़िया पुलिस के कप्तान साहब, पण्डित रामप्रसाद 'बिस्मिल' से कई बार मिले, सहानुभूति दिखाई और प्रलोभन दिए, किन्तु अकृतकार्य रहे। एक बार ज़िला कलक्टर महोदय ने भी पण्डित जी से मिलकर अनेक धमकियाँ दीं और स्पष्टतया कहा कि तुम्हें फाँसी हो जायगी। किन्तु वे भी बेरंग लौटे, कुछ न पा सके। इस प्रकार की मुलाक़ातें प्रायः सभी अभियुक्तों से होती थीं। किसी को 15 हजार रुपये देने के वादे किए जाते थे, तो कोई इगलैंड भेजा जानेवाला था। यह बाजार इतना चढ़ा कि अन्त में पण्डित रामप्रसाद जी तथा अन्य अभियुक्तों ने खुफ़िया पुलिस के कप्तान साहब से न मिलने के हेतु अपनी-अपनी कोठरियों से बुलाये

---

*Thess men were discharged not because there was no evidence against them, but because the case against them was considered weak. The effect of release on public opinion was not taken into consideration.

ये व्यक्ति इसलिए रिहा नहीं किए गये कि इनके विरुद्ध कोई प्रमाण नहीं मिला अपितु इसलिए छोड़े गये कि इन पर चलाया गया मुकद्दमा ही कमजोर था। इनकी रिहाई से जनता पर पड़ प्रभाव को निर्णय के लिए ध्यान नहीं दिया गया।

**The proceedings were delayed only by the action of the accused themeselves in hunger striking etc.

कार्यवाही में विलम्ब केवल अभियुक्तों द्वारा की गई भूख हड़ताल के कारण हुआ।

जाने पर न निकलने का निश्चय कर लिया। पुलिसवाले आते और परेशान हो कर चले जाते। किन्तु अन्त में उनका कुचक्र चल ही गया। अस्तु शिनाख्तें शुरू हुईं। शिनाख्तों में बड़ी धांधागर्दी से काम लिया गया। * श्री अईनुद्दीन

---

*These statements are altogether unwarranted as shown by the following extract from the judgment of the Sessions Judge :—"I noted every allegation whether it was of tutoring witnesses or of describing the accused before identification or of planting documents on them at the time of arrest or of any other alleged improper action on the part of the police, and not merely have I found none of them proved, but I found no case which was in any way suspicious. As for the Magistrate, his actions were throughout scrupulously honest and if anything, the precautions which he took in identification favoured the accused."

The Chief Court remarked as follows in the order in appeal :—Our conclusion as to the manner in which the identification proccedings were effected is that they were conducted most carefully and absolutely honestly and that every precaution was taken to prevent dishonest and careless identification. In fact our criticism is that in a desire to protect the interests of the suspects the learned Magistrate was possibly inclined to place difficulties in the path of the honest identifying witnesses."

ये विवरण पूर्णतया अनुचित हैं जैसा कि सैशन जज द्वारा दिए गए फैसले के उद्धरण से स्पष्ट हो जाता है—"मैंने प्रत्येक आरोप पर ध्यान दिया है चाहे वह सिखाये-पढ़ाये गवाहों द्वारा या शिनाख्त से पहले अथवा गिरफ्तारी के समय उनके विरुद्ध प्राप्त हुए प्रमाणों को लागू करते समय और पुलिस पर अनुचित व्यवहार का आरोप के सम्बन्ध में हो।

उनमें से एक भी आरोप मैंने सही नहीं पाया बल्कि एक भी मामला ऐसा नहीं मिला जो संदिग्ध हो। जहाँ तक मजिस्ट्रेट की कार्यवाही का प्रश्न है वह न केवल पूरी तरह ईमानदार रही है अपितु अभियुक्तों की शिनाख्त करते समय यदि उसने कुछ कदम उठाए हैं वे अभियुक्तों के पक्ष में जाते हैं।

अपील के संदर्भ में उच्च न्यायालय की टिप्पणी इस प्रकार है—"शिनाख्त करने के लिए जिस प्रकार से कार्यवाही की गई है, उनसे हम इस निष्कर्ष पर पहुँचे हैं कि उसमें पूर्ण सावधानी बरती गई है। ताकि शिनाख्त में बेईमानी न हो सके। वस्तुतः हमारी आलोचना यह है कि अभियुक्तों के स्वार्थों की रक्षा के लिए विद्वान् मजिस्ट्रेट ने जो कार्यवाही अपनाई, उसमें ईमानदार शिनाख्त करने वालों के मार्ग में रोड़े पैदा किये गये।

साहब मुक़दमे के मजिस्ट्रेट थे। उन्होंने जी-भरके पुलिस महारानी की मदद की ! अभियुक्त गिरफ्तार करके खुली गाड़ियों में पुलिस स्टेशनों पर लाये गये, उनको किसी प्रकार भी छिपाकर नहीं रखा गया, सादी वर्दी में पुलिस-वाले उनके पास चक्कर लगाया करते थे। शिनाख्त के समय भी अभियुक्त ऐसे आदमियों के साथ खड़े किए गए थे, जो उनकी स्थिति के न थे और जिनसे उनका बिलकुल साम्य न था। पुलिस के पास प्रायः सभी अभियुक्तों की तस्वीरें मौजूद थीं। इतना सब होते हुए भी शिनाख्त की कार्यवाही सफल न हुई और पुलिस को मुँहकी खानी पड़ी। शिनाख्तें अधिकांश में ग़लत थीं। फिर भी इन लोगों पर मामला चला ही दिया गया। कोई व्यक्ति जमानत पर तक न छोड़ा गया।

हाँ, पुलिस अपने हथकण्डों में कृतकार्य हुई और बनारसी लाल तथा इन्दुभूषण मुखबिर (सरकारी गवाह) बन गए। उनको अन्य अभियुक्तों से अलग रखने का प्रवन्ध किया गया। बनारसी लाल तो हटाकर हज़रतगंज की अदालत में पुलिस की निगरानी में रखे गए और इन्दुभूषण अपने पिता की देख-रेख में छोड़ दिए गए। मामला बाक़ायदा 4 जनवरी 1926 ई० से शुरू हुआ। इस समय मुखबिरों के बयान हो रहे थे। इसके बाद सरकारी गवाहों के बयान होते रहे। इन गवाहियों में पुलिस द्वारा लगाये गये इल्जामों के तसदीक़ कराने की भरसक कोशिश की गई। उपरोक्त गिरफ्तारशुदा व्यक्तियों में जो छूट चुके थे, उनके अतिरिक्त 28 अभियुक्तों पर मामला चला था। इनमें से भी दो अभियुक्त श्री ज्योतिशंकर दीक्षित और श्री वीरभद्र तिवारी —स्पेशल मजिस्ट्रेट द्वारा छोड़ दिए गए थे। श्री ज्योतिशंकर दीक्षित बड़े खुशदिल आदमी हैं। जेल कर्मचारी तो इनकी खुशहाली देखकर कुढ़ा करते थे। आप जब छोड़े जाने लगे तो आपने अनुरोधपूर्वक मजिस्ट्रेट से कहा, "तो क्या छोड़ ही दीजिएगा, अरे, एक दिन तो और रह लेने दो।" किन्तु आप उसी समय कठघरे से बाहर कर दिये गये। उस समय आप बड़े अन्यमनस्क थे। दो मुखबिर हो गए। शेष 24 अभियुक्तों में से श्री अशफ़ाक, श्री शचीन्द्रनाथ बख्शी, और श्री चन्द्रशेखर 'आजाद' जो अभी तक गिरफ्तार न किए जा सके थे, फरार करार किए गए। अब 21 व्यक्ति सेशन सुपुर्द थे। एक-एक व्यक्ति पर कई-कई मुक़दमें लगाये गये। अभियुक्तों के साथ बड़ी सख्ती की गई। जिन डकैतियों के इल्जाम उन पर लगाये गये उनकी नकलें भी वे न ले सकते थे। अभियुक्तों के मन के मुताबिक वकीलों का प्रबन्ध न था। महीनों तक बिना मामला चलाए उन्हें जेलों में सड़ाया गया। पुलिस को मियाद-पर-मियाद मिलती थी और अभियुक्तों के साथ जेल में बड़ा नृशंस व्यवहार होने लगा। इसकी शिकायत बाहर तक पहुँची। लोगों ने अभियुक्तों के प्रति यत्र-तत्र सहानुभूति दिखाई, तो उनके भी मुचालिके लिये जाने लगे।

अभियुक्त जिस समय अदालत में लाये जाते थे, तो उनके हथकड़ियाँ पड़ी रहती थीं। अब, बेड़ियाँ पहिनाने की भी तैयारी हो रही थी। इसके विरोध में अभियुक्तों ने अनशन शुरू कर दिया। 48 घंटे बाद समझाने-बुझाने पर बड़ी मुश्किल में लोगों ने अपना अनशन तोड़ा। इस समय सेठ दामोदर स्वरूप जी की तबियत खराब होती जा रही थी। उनका कृश-गात जेल का पाशविक व्यवहार अधिक न सहन कर सका। एक दिन उनकी तबियत बहुत खराब हो गई। बीमार तो वे पहिले से ही कहे जाते थे; किन्तु जेल की दुर्व्यवस्था और असुविधाओं के कारण उनकी बीमारी भयंकर रूप धारण करती जाती थी। एक दिन सहसा उनकी नाड़ी छूट गई और लोगों को उनकी मृत्यु का भय होने लगा। फिर भी उनके साथ कोई भी रियायत न की गई। ऐसी अवस्था में भी वे कोर्ट में लाए जाते थे। एक बार सेठ जी ने वैद्यक उपचार के लिए अपनी इच्छा प्रकट की, किंतु कर्मचारियों ने बिलकुल सुनवाई नहीं की। एक ओर खाने-पीने की सभी अभियुक्तों को शिकायत थी, दूसरी ओर सेठ जी की इस रुग्णावस्था में अदालत में हाजिर होने का अधिकारियों का दुराग्रह जारी था, अभियुक्तों ने इसका विरोध किया। फलस्वरूप एक बोर्ड इसलिए बैठाया गया कि वह सेठ जी की बीमारी के विषय में सरकार को अपनी राय दे। बोर्ड ने सरकार के पक्ष में फैसला दिया और कहा कि सेठ जी कोर्ट में हाज़िर होने के लिए उपयुक्त हैं। मजबूर होकर सेठ जी कोर्ट में लाए गए। किंतु अधिक बीमार होने के कारण उनकी अवस्था अदालत में आकर और भी खराब हो गई। उन्हें गश आ गया। सेठ जी की चिकित्सा-प्रणाली तक के बदलने की इज़ाजत नहीं मिली थी, अतः अभियुक्तों ने अनशन शुरू कर दिया। सरकार ने हारकर उन्हें बरेली भेज दिया। किंतु वहाँ भी उन्हें सेहत न हुई। फिर देहरादून भेजे गये। वहाँ भी काफी समय तक रहने के बाद कोई परिवर्तन न देख पड़ा। अन्त में 1000 रु० की जमानत और 1000 रु० के मुचालिके पर वे छोड़ दिए गए। सेठ जी तब से अनेक स्थानों पर अनेक प्रकार की चिकित्साएँ करा चुके हैं, किन्तु उन्हें आज तक पूर्ण आरोग्य लाभ नहीं हुआ है। [अब समाचार है कि उन पर फिर मुक़दमा चलाया जानेवाला है।]

खाने पीने तथा जेल के कर्मचारियों के दुर्व्यवहार की शिकायतें अभी तक वैसी ही थीं। अभियुक्तों ने इस सम्बन्ध में यू० पी० सरकार के होम मेम्बर के पास इस आशय का एक आवेदन-पत्र भेजा कि उन्हें कुछ सुविधाएँ दी जायं, और जेल-कर्मचारियों के दुर्व्यवहार में कुछ नर्मी की जाय। किन्तु कोई उत्तर न मिला। जेलों के इन्सपेक्टर जनरल से भी उन्होंने शिकायत की, बरसात का पानी उनकी कोठरियों में भरा करता था, किन्तु इसकी भी कोई सुनवाई न हुई। अधिकारी तो उन्हें हर प्रकार का कष्ट देने को तुले थे और अभियुक्त

धैर्यपूर्वक सब सहन कर रहे थे। आखिर में उन्होंने अनशन प्रारम्भ कर दिया। केवल बनवारीलाल इस व्रत में शामिल नहीं हुआ। अभियुक्तों के व्रत की हालत को छिपाने का सरकार की ओर से यहाँ तक प्रयत्न किया गया कि उनका कोई सम्बन्धी उनसे मिलने नहीं पाता था। सरकार की ओर से खिलाने-पिलाने के बारे में जबर्दस्ती भी की गई। किन्तु अभियुक्त अपनी बात पर अटल रहे। अन्त में सरकार झुकी। दोनों ओर से समझौता हुआ और अनशन टूटा। यह व्रत लगभग 20 दिन तक रहा। इन दिनों अदालत का काम भी बन्द था।

जेल में तो अभियुक्तों पर पूर्व-निश्चित यन्त्रणायें थीं ही, बाहर उनके सम्बन्धियों और मित्रों के साथ जो भलमन्सी की गई वह बड़ी कारुणिक है। हर जगह पुलिस की मनमानी देखने को मिलती थी। गिरफ्तार किए जाने के बाद भी श्री शीतला सहाय, श्री भूपेन्द्रनाथ सान्याल आदि के यहाँ से पुलिस सामान उठा ले जाने में नहीं हिचकी। श्री शचीन्द्रनाथ बख्शी के फ़रार हो जाने के कारण उनके घर की सभी मन्कूला और गैर-मन्कूला जायदाद जब्त कर ली गई। उनके पिता श्री कालीचरण बख्शी के घर पर रात में छापा मारा गया और कपड़ा-लत्ता, घी-चावल और दाल तक सब पुलिस उठा ले गई। उनके परिवार के सभी व्यक्ति जाड़े में ठिठुरते रहे किन्तु पुलिस महारानी ने कुछ परवाह नहीं की। भारत की पुलिस इन बातों में बड़ी अभ्यस्त है। उसका यह दैनिक व्यापार है। ऐसी घटनाएँ केवल एक या दो जगह ही नहीं हुई, वरन सब जगहों की पुलिस एक ही साँचे की ढली है। सहारनपुर और शाहजहाँपुर में भी यही हालत थी। काशी विद्यापीठ में एक विद्यार्थी केवल इसलिए गिरफ्तार किया गया कि सेठ दामोदर स्वरूप की हाज़िरी देखते समय वह भी उक्त घटना के दिन गैरहाज़िर था। यह सब इसलिए हो रहा था कि जिस प्रकार हो सके, हर तरह की युक्तियुक्त अथवा निस्सार बातें अभियुक्तों के बारे में मालूम की जायँ और गढ़ ली जायँ। खैर, ये दिन भी बीत गए।* सेशन कोर्ट में स्पेशल जज श्री हेमिल्टन साहब की इजलास में मामला

---

*The Sessions Judge may again be quoted. He said, "The result of the cross-examination has been that it has been convincningly established that the prosecution evidence has never been manufactured or arranged against the accused. Various allegations and accusations have been made against the police and even the committing Magistrate has not gone scot free. But there is not a single prosecution witness who has aroused any suspicion in me about his honesty."

सैशन जज का फैसला फिर से उद्धृत किया जाता है—"जिरह का परिणाम यह निर्विवाद रूप से प्रमाणित करता है कि अभियोग के तथ्य न तो बनावटी हैं और न अभियुक्तों पर आरोपित हैं। पुलिस तथा मजिस्ट्रेट

शुरू हुआ। उस दिन 21 मई थी। लगातार 1 वर्ष तक मुकदमा चलता रहा। अभियुक्त वेचारों के लिए 1 साल तो टलुहापन्थी में ही जेल हो गई। सरकार की ओर से अभियुक्तों के लिए पं० हरकरणनाथ मिश्र वकील नियुक्त हुए और सरकार के पक्ष में पं० जगतनारायण मुल्ला तैनात किये गये। उन्होंने बाक़ायदा 1 साल तक 500 रु० रोजाना गवर्नमेण्ट की जेब से निकाले। पाठक देख लें कि पं० जगतनारायण मुल्ला के प्रतिरोध में अकेले मिश्र जी को अभियुक्तों की ओर से नियुक्त करना किस श्रेणी का न्याय है। कुछ भी हो, पं० जगतनारायण मुल्ला ने तो सरकार बहादुर से एक लाख से अधिक पुजवाया। ख़ैर, भाई ग़रीव के भी राम है! यहाँ पं० हरकरननाथ मिश्र के अतिरिक्त अभियुक्तों की ओर से कलकत्ते के मि० चौधरी, लखनऊ के श्री मोहनलाल सक्सेना, श्री० चन्द्रभाल गुप्त, श्री कृपाशंकर हलेजा आदि वकील थे। इन्होंने वड़ी उदारता, लगन, त्याग और तत्परता के साथ वकालत की। सेशन-कोर्ट में अभियुक्त अपनी सफाई में बहुत से गवाह पेश करना चाहते थे। किन्तु बाद में यह तय हुआ कि बहुत-से गवाह पेश करने से कोई लाभ नहीं होगा। इसलिए थोड़े ही गवाह पेश किये गये। अभियुक्तों ने अनेक मिन्नतें और प्रार्थनाएँ कीं कि, उनका मुकद्दमा हेमिल्टन साहब की अदालत से मुन्तकिल किया जाय, किन्तु कौन सुनता है? इस तरह की निरंकुशता देख अभियुक्तों को और भी निराशा हुई। श्री० रामप्रसाद 'बिस्मिल' ने 26 जून 1926 को एक दरख्वास्त इसी आशय की दी, जो गुप्त रखी गई। मालूम नहीं उसका क्या हुआ। बाकायदा नक़ल माँगने पर उसकी नकल देने से भी साफ इनकार कर दिया गया। मामला इन्हीं हुजूर की अदालत में चलता रहा।

मामला चल रहा था। बड़ी निरंकुशता जारी थी। किन्तु देशभक्ति और मर-मिटने की तमन्ना ने अभियुक्तों का जेल-जीवन भी आमोदमय बना रखा था। अभियुक्तों का कचहरी आने-जाने का दृश्य दर्शनीय होता था। वह बीर-बाँकुरे, राजहंस जैसे राजकुमार और तपस्वी जिस समय मोटर से उतरते थे, मालूम होता था मूर्तिमान सुरेश देवताओं सहित इहलोक लीला देखने के हेतु आये हैं। पं० रामप्रसाद 'बिस्मिल' के पीछे जब सब आत्मायें 'बन्देमातरम्' गाती हुई चलती थीं—उस दृश्य में एक अलौकिक छटा थी। जिसके वर्णन करने के लिए तुलसीदास जी के शब्दों में यही कहना पड़ता है कि "गिरा अनयन नयन बिनु बानी।" धन्य हैं वे आँखें जिन्होंने जी-भरके उनकी मस्तानी अदा को निरखा। उनके मोटर से उतरते ही 'वन्देमातरम्' 'भारत माता की जय' 'भारत प्रजातन्त्र की जय' आदि के घोप से कचहरी का वायुमण्डल पवित्र

पर लगाए गए अनेक आरोप एवं अभियोग बेबुनियाद थे। एक भी ऐसा प्रमाण या कार्यवाही नहीं मिली जिससे मेरे मन में कार्यवाही की निष्ठा के प्रति शंका उत्पन्न हुई हो।

हो जाता था। उनके देखने के लिए और मधुर गीत सुनने के लिए हजारों की भीड़ इकट्ठी होती थी। अधिकारियों के हृदय इस नाद को सुनकर दहल उठते थे। बेचारे क्या करते ! एक दिन कहीं ताव में आकर एक कान्स्टेबल महाराज ने एक अभियुक्त को हाथ लगाया ही था कि स्वाभिमानी मस्ताना की आँखों में खून उतर आया उनसे न रहा गया और एक ने कान्स्टेबल के थप्पड़ मारा। फिर क्या था, दूसरी आफत खड़ी हुई। एक नया मुक़दमा पुलिस ने जिलाधीश (City Magistrate) के यहाँ दायर कर दिया। किन्तु फिर आपस में समझौता हो गया।

अदालत का दृश्य तो एक खास खूबसूरती रखता था। एक ओर पंडित रामप्रसाद, श्री योगेश बाबू, श्री विष्णुशरण दुबलिस, श्री शचीन और श्री सुरेश बाबू अपनी स्वाभाविक स्वाभिमानता मिश्रित गम्भीरता से मुक़दमे को सुनते थे, तो बग़ल में ही मन्मथ, राजकुमार, रामदुलारे, रामकिशन, प्रेमकिशन इत्यादि की चुहलबाजियों के मारे कोर्ट की नाक में दम था ! उनके इस दृश्य को देखने के लिये अदालत के आसपास खुफ़िया पुलिस के दूतों की भरमार होते हुए बहुत से लोग इकट्ठे रहते थे। कचहरी में कोई प्रेस रिपोर्टर ठीक-ठीक नहीं देख पड़ता था। यदि कभी कोई अच्छा रिपोर्टर आ भी गया, तो पुलिस महारानीके मारे बिचारे की आफत थी। हाँ, India Daily Telegraph ने कुछ मनोयोग के साथ इस ओर काम किया। शाम को जब इन लोगों की मोटरलारी निकलती, तो सड़क के दोनों ओर जनता काफी तादाद में उनका, बेड़ी की झंकार में मस्ताना गाना सुनने को खड़ी रहती थी। उनके गानों का वहाँ इतना आदर हुआ कि एक पैसे से लेकर दो-दो आने में उनके एक-एक गाने की प्रति बिकती देख पड़ती थी।

कुछ शब्दों में उनके जेल की दिनचर्या भी सुन लीजिये। यह कहने की आवश्यकता नहीं कि लखनऊ जेल के समस्त क़ैदी इन शहीदाने-वतन की बड़ी श्रद्धा करते थे। जितने दिन तक ये लोग उस जेल में रहे, सब कैदियों को भी अपने-अपने दुख-दर्द भूल से गये थे। यहाँ पर ये लोग मस्ती से रहते थे, मगर कोई-कोई भावुक कैदी इनकी पवित्र आत्मा और भविष्य पर आठ-आठ आँसू रोता भी था। इन शहीदों के चरित्र-बल ने वहाँ पर ऐसा वातावरण पैदा कर दिया कि प्रत्येक कैदी की हार्दिक इच्छा अनुभव होने लगी कि वह इन्हें हर प्रकार यथाशक्ति आराम दें। इनकी हर जरूरियातों को सब क़ैदी मुहैया करने को कटिबद्ध रहते थे। श्री सुरेश और श्री राजकुमार के गाने से समस्त क़ैदी क्या, जेल के कर्मचारीगण तक मुग्ध थे। इन लोगों के साथ में ताश, हारमोनियम, इसराज इत्यादि भी थे। शाम को इनका कीर्तन जमता था, कभी कबड्डी खेलते थे, तो कभी कोई सदस्य अपनी नई शैतानी सबके सन्मुख पेश करता था। बड़े आनन्द के दिन थे। केवल हँसी खेल ही नहीं सुरेश बाबू

की मण्डली में बड़े गम्भीर विषयों पर मनन और वादविवाद, भी हुआ करता था। (Spiritualism) आध्यात्मवाद (Realism) वस्तुवाद और (Idealism) आदर्शवाद—सभी की समय-समय पर विवेचना हो जाती थी। शचीन धर्मवाद और आध्यात्म के समन्वय का प्रतिपादन करना चाहते थे, तो पंडितजी देश के लिये सबसे यह कहलाकर मानते थे कि "अब दीन है तो यह है ईमान है तो यह है।" कभी-कभी इन विचारों में प्रान्तिकता भी आ जाती थी, किन्तु पंडित जी इन सब बातों पर तुरन्त पानी फेर देते थे। इन लोगों में कुछ शाकाहारी थे, तो कुछ मच्छी-भातवाले भी। खान-पान में कभी-कभी कुछ बंगाली पर आ ही जाता था, किन्तु ज्यादती कभी नहीं हुई, उसमें भी लोग आनन्द ही अनुभव करते थे। रविवार के दिन सब अभियुक्त नियमपूर्वक रहते थे। यह सबके पूजा का दिन था। आज सब लोग विशेष प्रसन्न देख पड़ते थे। श्री राजकुमार और रामदुलारे गाना बड़ा अपूर्व जानते हैं, उनका गाना शुरू होता तो समाँ बँध जाता था। खाने के वक्त आज सबसे अच्छा खाना बनता। सुरेश बाबू इस काम के लिए आगे आते। एक बार रविवार के दिन उन्होंने 22 (बाईस) भाँति की तरकारियाँ बनायीं और सबने मिलकर आनन्दपूर्वक भोजन किया। करीब-करीब अब सभी व्यक्तियों ने जेल-जीवन में अपना कार्य-क्षेत्र स्वयं ही बना लिया था। अब यदि इन पर कभी कोई ज्यादती होती तो सुरेश तथा शचीन बाबू अपनी स्वभावोचित धैर्यशीलता से सबको समझाया करते। पण्डित जी तथा श्री दुबलिस तो अपने स्वाभिमान का सदैव खयाल रखते। नवयुवक लोग अपनी चुहलबाजियों के आवेग में कभी-कभी मारपीट भी कर बैठते थे। किन्तु इतना होते हुए भी सबमें अनुशासन था, सब अपने से बड़ों की आज्ञा शिरोधार्य करते थे। श्री प्रणवेश चटर्जी का जेल-जीवन बिलकुल निराला था। हर वक्त उनकी आँखें अलसाई हुई रहती थीं। चित्त प्रतिपल सन्ताप से भरा रहता था। मालूम होता था, आप पर बहुत बड़ा दुर्व्यवहार और ज्यादती की गयी है। आप बड़े भावुक हैं और सदैव अप्रसन्न रहते थे। ठाकुर रोशनसिंह सदैव निर्लिप्त और निर्विकार रहे। उनके रहन-सहन से यह सबको भासित होता था कि आप हमेशा कुछ सोचा करते हैं। अशफाकउल्ला खाँ का जीवन हर दिशा में आदर्श था। आप बड़े रसिक और उर्दू के बड़े अच्छे कवि थे। श्री अशफाकउल्ला और श्री शचीन बख्शी पहले बहुत दिन तक फरार रह चुके थे। अतः जब ये दोनों सज्जन दिल्ली और भागलपुर में क्रमशः पकड़े गये तो इन्हें पुलिस ने बड़ा कष्ट दिया और इनके साथ कई प्रकार की ज्यादतियाँ भी की गयीं। श्री अशफाकउल्ला बड़ी ही मस्त तबियत के आदमी थे। सभी इन्हें चाहते थे। कभी-कभी ये शेरों में ऐनुद्दीन साहब (Special Magistrate) को फटकार दिया करते थे। कहते हैं कि ऐनुद्दीन साहब का बचपन में अशफाकउल्ला खाँ के परिवार से सम्बन्ध था। इसलिए कभी-कभी

उस बात का जिक्र करते हुए श्री अशफाक उन्हें बनाते बहुत थे। वनवारी लाल ने इन दिनों अपना बयान वापस ले लिया था। अतः वह बड़ा अनुतप्त और दुखी रहता था। श्री भूपेन्द्र सान्याल कुछ कमजोर अवश्य हो गये थे। कचहरी में एक बार श्री पार्वती देवी, भाई परमानन्द और मौ० शौकतअली भी मुकदमा देखने गये। सबसे हँसोड़ श्री राजेन्द्र लाहिड़ी थे। यहाँ तक कि वे बड़े-से-बड़े कर्मचारी के सम्मुख भी मीठी चुटकियाँ लेने से बाज नहीं आते थे। एक बार जब श्री सेठ दामोदरस्वरूप जी स्ट्रेचर पर अदालत में लाये गये, तो अभियुक्तों को बड़ा भारी मानसिक आघात पहुँचा। कटघरे के अन्दर से ही एक ओर पण्डित रामप्रसाद जी शेर की तरह हिन्दी में दहाड़-दहाड़कर हेमिल्टन साहब का सत्कार कर रहे थे, दूसरी ओर से दुबलिस जी अंग्रेजी में ब्रिटिश गवर्नमेण्ट के न्याय-विधान की धज्जियाँ उड़ा रहे थे और बीच-बीच में बड़े उत्तेजनापूर्ण शब्दों में उस दिन की अदालत की कार्यवाही बन्द कर देने को उद्यत थे। हार कर उस दिन की अदालत उठी। फिर दुबारा सेठ जी उस अवस्था में अदालत में नहीं लाये गये। अभियुक्तों की विजय हुई। जेल के अन्दर अभियुक्तों ने प्रायः सभी त्योहार बड़े उत्साह से मनाये। सरस्वती पूजा, बसन्त पंचमी और होली—अभियुक्तों के ये तीनों उत्सव खासतौर से बहुत अच्छे हुए। बसन्त के दिन जब सबने मिलकर यह गाना गाया तो सबके हृदय में देशभक्ति की हिलोरें उठने लगीं :

मेरा रंग दे बसन्ती चोला

इसी रंग में रंग के शिवा ने माँ का बन्धन खोला।
यही रंग हल्दीघाटी में खुल कर के था खेला।
नव बसन्त में भारत के हित वीरों का यह मेला।

मेरा रंग दे बसन्ती चोला

इनके त्योहारों में कितनी अपूर्वता थी। बसन्त और होली का मूल्य और महत्त्व ये ही अनुभव कर सके होंगे। आनन्द का दिवस था। नौकरशाही के हाथों हमारा भविष्य अन्धकारमय तो निश्चित है ही। बहुतों का इस होली और वसन्त से अन्तिम मिलन था, जिसकी कल्पना वे स्वयं भी करने लगे थे। अतः यह रागरंग स्वाभाविक ही था। इस रागरंग ने सबमें एक अद्भुत कवित्व-शक्ति पैदा कर दी थी। उनकी रची हुई सभी कविताओं का जिक्र करना यहाँ पर असम्भव प्रतीत होता है, कारण वे सभी रचनाएँ जेल के बाहर तक न पहुँच सकीं। हाँ, कुछ गाने जो अभियुक्त कचहरी जाते समय गाया करते थे, इस प्रकार हैं :

सरफरोशी की तमन्ना[1] अब हमारे दिल में है,
देखना है जोर कितना वाजुये कातिल[2] में है।

रहबरे राहे मुहब्बत[3] रह न जाना राह में,
लज्जते सहरानवर्दी[4] दूरिये मन्जिल[5] में है।

वक्त आने दे बता देंगे तुझे ऐ आसमाँ,
हम अभी से क्या बतायें क्या हमारे दिल में है।

अब न अगले वलवले[6] हैं और न अरमानों[7] की भीड़,
एक मिट जाने की हसरत[8] अब दिले 'बिस्मिल'[9] में है।

आज मक्तल[10] में यह कातिल कह रहा है बार-बार,
क्या तमन्नाये शहादत[11] भी किसी के दिल में है।

ए शहीदे मुल्को-मिल्लत ![12] मैं तेरे ऊपर निसार,[13]
अब तेरी हिम्मत का चरचा गैर की महफिल[14] में है।

अन्य गीतों का हम यहाँ पर स्थानाभाव के कारण वर्णन करने में असमर्थ हैं। कुछ जिक्र किये देते हैं :

भारत न रह सकेगा हरगिज गुलामखाना,
आजाद होगा होगा आता है वह जमाना।

× × ×

अपने ही हाथों से सर कटाना है हमें,
मादरे-हिन्द को सर भेंट चढ़ाना है हमें।

आखिर में मुकदमे की सुनवाई खत्म हुई। 6 अप्रैल, 1927 को सेशन जज मामले का फैसला सुनाने को थे। उस दिन पुलिस का पहरा सब दिनों से कहीं अधिक कड़ा था। वहुत थोड़े व्यक्ति भीतर पहुँच पाये थे। करीब 11.30 बजे अभियुक्त अपनी मस्तानी अदा से 'सरफरोशी की तमन्ना अब हमारे दिल में है,' गाते हुए मोटर लारियों से उतरे। अदालत में घुसते ही 'वन्देमातरम्' के नाद से उन्होंने भवन को गुँजा दिया। फैसला सुनने के लिए सब शान्त भाव से खड़े हो गये। मस्तकों पर रोली का तिलक लगा था। अदालत के चारों ओर पुलिस और सवार गश्त लगा रहे थें। जनता के बाहर खड़े होने से ही जज महोदय का दिल धड़कने लगता था। उस दिन पं० जगतनारायण जी कचहरी नहीं आये। अन्य सरकारी वकील भी मुंह छिपाकर चल दिये।

1. सर कटाने की आकांक्षा 2. कातिल के हाथों में 3. प्रेम राह के सूत्रधार 4. जगह-जगह मारे फिरना 5. लक्ष्य की दूरी 6. जोश-हिम्मत 7. आकांक्षाओं, कामनाओं 8. प्रबल इच्छा 9. अधमरा, जख्मी 10. फाँसीगृह 11. धर्म या देश पर बलिदान 12. देश और समाज 13. न्यौछावर 14. दुश्मनों में।

अभियुक्तों के मुख पर किसी प्रकार का विकार न था, बल्कि उनमें मुस्कराहट थी। फैसला बहुत लम्बा था। फैसले में ब्रिटिश सरकार का तख्त उलट देने के व्यापक काण्ड का जिक्र करने के बाद प्रत्येक अभियुक्त पर लगाये गये भिन्न-भिन्न आरोपों पर विचार किया गया था और तदनुसार सबको सजायें सुनायी जाने लगीं। अभियुक्तों के सम्बन्ध में जज महोदय ने स्पष्टतया कहा कि वे अपने व्यक्तिगत लाभ के लिए इस कार्य में प्रवृत्त नहीं हुए पर किसी अभियुक्त ने न तो पश्चात्ताप ही किया और न इस बात का वचन दिया कि भविष्य में इस प्रकार के आन्दोलनों में भाग न लेंगे। सेशन जज की यह इच्छा थी कि यदि अभियुक्त ऐसी कुछ बातें कह दें, तो उनके साथ रियायत की जा सकती है। किन्तु अभियुक्तों के लिए ऐसा करना अपने ध्येय से डिग जाना था। फिर क्या था, सजाएँ सुनायी जाने लगीं। अभियुक्तों पर 121 (अ) 120 (ब) और 396 धाराएँ लगायी गयी थीं। इनके अनुसार निम्नलिखित सजायें उन्हें मिलीं :

*श्री रामप्रसाद—पहली दो धाराओं के अनुसार आजन्म कालापानी,

---

*The writer has not shown the sentences passed in the separate dacoity cases which were :
Bichpuri dacoity, Ram Prasad and Ashfaq Ullah sentenced to death. Ram Kishan Khatri sentenced to 10 year's R.I., Sachindra Nath Bakhshi to transportation for life. Bamrauli dacoity, Roshan Singh and Ashfaq Ullah sentenced to death. Sachindra Nath Bakhshi sentenced to transportation for life. In the Bamrauli dacoity one Mohan Lal was cruelly murdered and two men were wounded. In the Bichpuri dacoity one man was shot dead and one was wounded, womenfolk were molested and one woman tortured with fire. In the Dwarkapur dacoity one Ram Sarah was shot dead and four others received gun-shot wounds.

लेखक ने अलग-अलग डकैतियों के लिए दी गई सज़ा को स्पष्ट रूप से नहीं लिखा है जो इस प्रकार है—

बिचपुरी डकैती—इन दो को, रामप्रसाद बिस्मिल व अशफ़ाक को फाँसी की सजा।
रामकिशन खत्री को दस वर्ष का सश्रम कारावास।
शचीन्द्रनाथ बख्शी को आजीवन काला पानी।

बिचपुरी डकैती में एक आदमी घायल किया गया तथा स्त्रियों से मारपीट की गई और एक स्त्री के कपड़ों में आग लगा दी।

बारमौली डकैती—रोशनसिंह और अशफाकुल्लाखाँ को फाँसी की सजा।
शचीन्द्रनाथ बख्शी, आजीवन काला पानी।

तीसरी के अनुसार फाँसी।

श्री राजेन्द्र लाहिड़ी—पहली दो धाराओं के अनुसार आजन्म कालापानी और तीसरी के अनुसार फाँसी।

श्री रोशन सिंह—पहली दो धाराओं के अनुसार 5-5 वर्ष की सख्त कैद और तीसरी के अनुसार फाँसी।

श्री वनवारीलाल—(इकबाली मुलजिम) प्रत्येक धारा के अनुसार 5-5 वर्ष की सख्त कैद।

श्री भूपेन्द्रनाथ सान्याल—(इकबाली मुलजिम) प्रत्येक धारा के अनुसार 5-5 वर्ष की सख्त कैद।

श्री गोविन्दचरण कर—10 वर्ष की सख्त कैद।

श्री मुकुन्दीलाल—10 वर्ष की सख्त कैद।

श्री जोगेशचन्द्र चटर्जी—10 वर्ष की सख्त कैद।

श्री मन्मथनाथ गुप्त—14 वर्ष की सख्त कैद।

श्री प्रेमकिशन खन्ना—5 वर्ष की सख्त कैद।

श्री प्रणवेश चटर्जी—5 वर्ष की सख्त कैद।

श्री राजकुमार सिन्हा—10 वर्ष की सख्त कैद।

श्री रामदुलारे—5 वर्ष की सख्त कैद।

श्री रामकिशन खत्री—10 वर्ष की सख्त कैद।

श्री रामनाथ पाण्डेय—5 वर्ष की सख्त कैद।

श्री शचीन्द्रनाथ सान्याल—आजन्म कालापानी।

श्री सुरेशचन्द्र भट्टाचार्य—7 वर्ष की सख्त कैद।

श्री विष्णुशरण दुब्लिस—7 वर्ष की सख्त कैद।

*श्री हरगोविन्द और श्री शचीन्द्रनाथ विश्वास इसलिए छोड़ दिये गये कि

बारमौली डकैती में एक मोहनलाल नामक व्यक्ति नृशंसता से मारा गया तथा दो घायल हुए। स्त्रियों को सताया गया तथा एक स्त्री जिंदा जला दी गई।

द्वारकापुर डकैती में रामकिशन नामक एक व्यक्ति गोली से मार दिया गया तथा चार अन्य को बन्दूक की गोली के घाव लगे।

*It is not correct that there was no evidence against Hargovind and S.N. Biswas. This sufficiently shown by the fact that they were committed to sessions.

यह सत्य नहीं है कि एस. एन. विश्वास और हरगोविन्द के बिरुद्ध कोई प्रमाण नहीं थे। ये इस बात से प्रमाणित है कि ये लोग सेशन सुपुर्द कर दिए गए।

उनके खिलाफ किसी बात का प्रमाण नहीं मिला। इस प्रकार ये बेचारे डेढ़ साल तक व्यर्थ ही जेलों में सड़ाये गये। मुखबिर बनारसीलाल और इन्दु भूषण मुखबिरी के इनाम में छोड़ दिये गये। सेठ दामोदरस्वरूप बीमार थे, इसलिए उनका मामला स्थगित रहा।

फैसले में अन्य बातों के साथ-साथ एक बात यह भी कही गयी कि फाँसी की सजा चीफ कोर्ट की स्वीकृति से दी जायेगी और मामले की अपील की मियाद 7 दिन होगी। इसी मियाद के अन्दर यदि अपील करनी है तो कर दी जाय। जिस समय फैसला सुनाया जा रहा था, कोर्ट का वह दृश्य बड़ा ही अजीब था। फाँसी, कालापानी आदि लम्बी-लम्बी सजाएँ सुनायी जा रही थीं। रोशनसिंह के लिए फाँसी की आज्ञा बिलकुल अनहोनी बात थी। उन्होंने हँसकर कहा, "यह तो होना ही था।" जब श्री राजेन को फाँसी की आज्ञा मिली, तब उन्हें जज महोदय के इस निष्कर्ष पर हँसी आ गयी। वे हेमिल्टन साहब को मजाकिया धन्यवाद देने वाले थे। फिर श्री हजेला जी से आपने कहा, "हम आपके बड़े कृतज्ञ हैं पर हमने जिस दिन यह व्रत लिया, तब समझ लिया था कि यही एक दिन होने को भी है, फिर हमें किसी प्रकार का परिताप कैसा? यह मेरा पुनर्जीवन है।" फैसले सुन चुकने के बाद पहले सब छोटे सदस्य आगे बढ़े और सबने पं० रामप्रसाद जी के पैरों की धूल अपने-अपने मस्तकों पर ली। फिर उन्होंने फाँसी की सजा पाये हुए रोशनसिंह तथा राजेन्द्रनाथ लाहिड़ी के भी पैर छुए। अभियुक्तों को, जो अभी तक लगभग डेढ़ साल से एक साथ थे, अलग-अलग होने की आशंका हुई। कुछ से चिर-वियोग होना था, अतः सबमें एक विचित्र भाव हिलोरें मार रहा था। सब अभियुक्त एक-दूसरे से गले मिले और जब अदालत से चलने लगे, तब अन्तिम बार सबने मिलकर 'वन्देमातरम्' का नाद किया। कमरे के बाहर निकलते समय सबके आगे श्री रामप्रसाद थे। एक बार सुनायी पड़ा "हैफ, जिस पं कि हम तैयार थे मर जाने को।" दूसरी बार गम्भीर घोष हुआ और वायुमण्डल गूंज उठा।

"दरो दीवार[1] पर हसरत से नजर करते हैं।
खुश रहो, अहले वतन हम तो सफर करते हैं।"

उसी रात में सब अभियुक्तों को भिन्न-भिन्न 12 जेलों में ट्रान्सफर किया गया। कानपुर स्टेशन पर से जिस समय श्री योगेश, श्री रामदुलारे तथा श्री चौधरी महाशय जा रहे थे, तब उनके कुछ मित्र उनसे मिले। उन्हें फल इत्यादि खिलाये गए।

इसी बीच में फरारी मुलजिमों में से श्री अशफाकउल्ला खाँ दिल्ली में और श्री शचीन्द्रनाथ बख्शी भागलपुर में गिरफ्तार किये गये। इन पर अलग से मामला चला और श्री अशफाकउल्ला खाँ को फाँसी तथा श्री शचीन्द्रनाथ

1. घर के द्वार तथा भीतों पर

बख्शी को आजन्म कालेपानी की सजाएँ दी गयीं।

इस प्रकार मामले का अन्त हो चुकने के बाद एक ओर तो सरकार का दमन अभियुक्तों पर अधिक प्रखरता के साथ शुरू हुआ और दूसरी ओर अभियुक्तों ने इस अनीति का जोरदार विरोध शुरू किया।* ये लोग राजनीतिक कैदी थे। इनके साथ राजनीतिक कैदियों जैसा ही बर्ताव किया जाना चाहिए था, किन्तु ऐसा न करके इनको मामूली कैदी की तरह रखने की कोशिश की गयी। इनके मामूली कपड़े जबर्दस्ती छीनकर जेल की पोशाक पहनायी गयी। जेल के कर्मचारियों का व्यवहार भी इनके प्रति अच्छा न था। इनके स्वाभिमान ने इन्हें ये बातें नहीं सहने दीं और सब अभियुक्तों ने अनशन व्रत कर दिया। अभियुक्तों के बल को कम करने के अभिप्राय से ही वे भिन्न-भिन्न जेलों को भेज दिये गए थे। मगर उन्होंने अलग-अलग रहकर भी स्वाभिमान के लिए यह व्रत चालू रखा। इस अनशन के समाचार छिपाने की भी कोशिश पहले ही की तरह की गयी। सगे-सम्बन्धी तक अभियुक्तों से नहीं मिलने दिये गये। जब यह समाचार बाहर फैला तब प्रान्त के कार्यकर्ताओं में बड़ी खलबली मच गयी। कुछ कौंसिल सदस्यों ने, जो जेल विजिटर थे, जेलों में जाकर अभियुक्तों से मिलना चाहा, परन्तु उन्हें भी मिलने की इजाजत नहीं दी गयी। इस पर एक सदस्य ने तो इस पद से इस्तीफा तक दे दिया। अस्तु, मामला दिन-ब-दिन संगीन होता गया। दिन के बाद हफ्ते और हफ्ते के बाद महीने समाप्त होने लगे। अनशन करनेवालों की दशा अधिकाधिक कमजोर होने लगी, एक-एक आदमी का वजन 43-43 और 44-44 पौण्ड कम हो गया, किन्तु फिर भी उनकी बातों की कोई सुनवाई नहीं थी। स्थिति बड़ी चिन्ताजनक होती जा रही थी। जिद्दी सरकार जिद छोड़ने के लिए राजी नहीं थी और स्वाभिमानी अभियुक्त अपने व्रत पर अटल थे। इस चिन्ताजनक स्थिति को देखकर श्री गणेशशंकर विद्यार्थी ने प्रान्तीय होम मेम्बर आनरेबुल मोहम्मद अहमद सईद खाँ साहब, नवाब छतारी को एक तार और एक लम्बा पत्र भेजा, जिसमें अभियुक्तों की सम्पूर्ण दशा का वर्णन करते हुए और यह दिखाते हुए कि अभियुक्तों को राजनीतिक कैदियों का-सा विशेष व्यवहार पाने का हक है, यह कहा कि आप शीघ्र से शीघ्र दखलन्दाजी करके इस मामले का समझौता कराइए। होम मेम्बर साहब इस तार और इस लम्बे पत्र को साफ पी गये। जवाब में इतना तो जरूर लिखा कि पत्र मिल गया, मगर इसके आगे उसका क्या हुआ सो

---

*They had behaved as ordinary criminals in committing brutal dacoities and had forfeited all title to special treatment.
उनका व्यवहार सामान्य अपराधियों जैसा था और इस कारण वे कैदी रूप में विशेष व्यवहार के हकदार नहीं।

आज तक न मालूम हुआ। जिस समय मुकदमा चल रहा था उस समय भी जब अभियुक्तों ने विशेष व्यवहार पाने की बात कही थी, तब यह कहकर टाल दिया गया था कि विचाराधीन कैदियों के साथ विशेष व्यवहार का प्रश्न नहीं उठता, मामला खत्म हो जाएगा तब देखा जाएगा। मगर अब, जब मामला खत्म हो गया और सेशन जज ने भी साफ तौर से यह कह दिया कि अभियुक्तों पर डकैतियों का जो अभियोग है, वह राजनीतिक समझा जाने योग्य है, क्योंकि उन्होंने स्वार्थ के लिए डाके नहीं डाले, तब यह सलूक कि उनको बन्दर की शक्ल बनाकर जेलों में रखा गया। सब बातों में मामूली डकैतों का-सा बर्ताव किया जाने लगा और विरोध करने पर अभियुक्त काल-कोठरियों में बन्द किए जाने लगे। काकोरी के अभियुक्त शिक्षित, सभ्य और भले घरों के नवयुवक हैं। उनकी स्थिति के अनुसार उनके साथ जेल में व्यवहार किया जाना नितान्त आवश्यक था। स्वयं होम मेम्बर साहब तक हैसियत के अनुसार सुविधा देने की बात पहले स्वीकार कर चुके थे, किन्तु जब समय आया तो गोता लगा गये! बंगाल आदि प्रान्तों में ऐसे कैदियों के साथ विशेष बर्ताव करने का प्रबंध है, मगर सयुक्त-प्रान्त की एक बात ही निराली है। यहाँ इन दलीलों और अपीलों की कोई सुनवाई न हुई। इसी इधर-उधर की कोशिश में लगभग ड़ेढ़ महीना बीत गया। सरकार टस से मस न हुई। अभियुक्तों की हालत बहुत ही गिर गयी। अनेक अभियुक्त मृत्यु-शैय्या पर पड़ गये। अब शिथिलता करने का समय न था। अभियुक्तों के रिश्तेदारों में बड़ी चिन्ता थी। अभियुक्त राजकुमार सिंह की माता ने तो जब से अनशन का हाल सुना तब से खाना ही छोड़ दिया। इससे वे बहुत कमजोर हो गयीं। एक दिन तो वे बेहोश हो गयीं और कई घण्टे तक उसी अवस्था में रहीं। यह दशा देखकर श्री गणेशशंकर विद्यार्थी जेलों में अभियुक्तों से मिलकर उनको अनशन तोड़ने के लिए समझाने लगे। पहले तो कुछ जेलों के अधिकारियों ने यह समझा कि कहीं ये अभियुक्तों को और न भड़कावें, इसलिए इजाजत नहीं दी। परन्तु एकाध जगह का उदाहरण उनके सामने आया, तब इन्हें जेलों में अभियुक्तों से मिलने की इजाजत मिल गयी। फिर भी एकाध स्थान में ये नहीं जा सके। किन्तु इनके इतने ही परिश्रम ने काफी काम किया। इन्होंने बरेली, फतेहगढ़, नैनी आदि कई जेलों के अभियुक्तों से बातचीत की और उन्हें राजी कर लिया। इस प्रकार अनशन का अन्त कराकर श्री गणेशशंकर जी अभियुक्तों को स्थायी रूप से विशेष व्यवहार की सुविधा दिलाने का फिर प्रयत्न करते रहे। इसी बीच अखिल भारतीय कांग्रेस कमेटी ने यह प्रस्ताव पास किया कि काकोरी के कैदियों के साथ विशेष व्यवहार किया जाय। बाद को मद्रास के कांग्रेस अधिवेशन में भी इस आशय का एक प्रस्ताव पास हुआ। इस प्रस्ताव से इस मामले ने, जो अभी तक केवल प्रान्तीय रूप धारण किया था, सार्वदेशिक रूप धारण कर

लिया। 22 जून को यह मामला संयुक्त प्रान्तीय कौंसिल में जोरों के साथ, उठाया गया। सवालों का तांता बांध दिया गया। किन्तु सरकार की ओर से किसी बात का उचित और सन्तोषजनक उत्तर नहीं दिया गया। होम मेम्बर ने इन सवाल-जवाबों में साफ तौर से यह ऐलान कर दिया कि उनके साथ दुबारा Habitual कैदियों का-सा ही बर्ताव किया जाएगा, वे उसी श्रेणी में रखे गए हैं। इस बात से कौंसिल के स्वराजी सदस्यों को बड़ा असन्तोष हुआ। एक स्वराजी सदस्य ने यह प्रस्ताव पेश करना चाहा कि काकोरी के कैदियों के साथ विशेष बर्ताव किया जाय। परन्तु गवर्नर महोदय ने इस प्रस्ताव के पेश करने की इजाजत ही नहीं दी। उस दिन के सवाल-जवाब में यह भी मालूम हुआ कि काकोरी के मामले में सरकार दो लाख रुपये खर्च कर चुकी है। प्रान्त के कार्यकर्ताओं के पास यही एक अन्तिम अस्त्र था, जिससे वे काकोरी के अभियुक्तों के साथ विशेष व्यवहार करने के लिए सरकार पर दबाव डाल सकते थे। किन्तु गवर्नर साहब की स्वेच्छाचारिता के कारण यह अस्त्र भी निष्फल हुआ। अनशन तो किसी प्रकार टूट गया, मगर विशेष अधिकार उन्हें अभी तक नसीब न हुए। पराधीन देश के पराधीन निवासियों के लिए जो कुछ हो जाय थोड़ा है।

सेशन कोर्ट का फैसला हो चुकने के बाद अभियुक्तों ने अपील करने का निश्चय किया। इस निश्चय के अनुसार श्री बनवारीलाल, श्री भूपेन्द्रनाथ सान्याल और श्री शचीन्द्रनाथ सान्याल के अलावा अन्य अभियुक्तों ने सेशन जज के फैसले के खिलाफ अपील दायर की। उधर सरकार की ओर से सजा बढ़ाने के लिए लिखा-पढ़ी की गयी। * दोनों मामले साथ-साथ चीफ कोर्ट में चीफ

---

*The Government offered to arrange for the defence of the accused, some of whom availed themselves of the offer. It is true that the Government did approach a prominent vakil and that he refused to accept the brief on the fee offered. This gentleman is a well-known public man and his refusal of the brief can in no way be held to reflect on Government which behaved in this case with more than usual liberality.

सरकार ने अभियुक्तों को अपने बचावपक्ष के लिए वकील रखने की व्यवस्था कर देने का प्रस्ताव रखा था। कुछ अभियुक्तों ने इससे लाभ भी उठाया। यह सत्य है कि सरकार ने इस सम्बन्ध में एक प्रसिद्ध वकील से सम्पर्क किया था पर फीस के मुद्दे पर उसने अस्वीकार कर दिया। यह सज्जन एक जाने-माने (पं. गोविन्दबल्लभ पंत) नेता हैं। उनकी अस्वीकृति से सरकारी कार्यवाही पर कोई विपरीत प्रभाव नहीं पड़ा क्योंकि उसमें अतिरिक्त सावधानी रखी गई थी।

जस्टिस सर लुई स्टुअर्ट और जस्टिस मोहम्मद रजा के सामने पेश हुए। 18 जुलाई को अपील प्रारम्भ हुई। सरकार ने अपनी पैरवी के लिए तो यहाँ भी प० जगतनारायण को बुलाया किन्तु फाँसी की सजा पाये हुए अभियुक्त श्री रामप्रसाद, श्री राजेन्द्र और श्री रोशनसिंह के मामले की पैरवी के लिए क्रमश: श्री लक्ष्मीशंकर मिश्र, श्री एच० सी० दत्त और श्री जयकरणनाथ मिश्र को नियुक्त किया। अभियुक्त चाहते थे उनके लिए किसी अच्छे वकील का प्रबंध किया जाय। उन्होंने अपना यह विचार प्रकट भी किया, किन्तु सुनता कौन है। उन्हें सख्त सजा दिलाने के लिए तो सरकार ने दो लाख रुपये खर्च कर दिये और इस अपील में और भी खर्च करने को तैयार हुई, किन्तु उन फाँसी पर लटकनेवालों के लिए उसने थोड़ी-सी रकम भी खर्च करना मंजूर नहीं किया। दिखावे के लिए एक बड़े वकील से, जिसे अभियुक्त चाहते थे, कुछ बातचीत भी की गयी किन्तु मेहनताना इतना कम दिया जा रहा था कि उन सज्जन को साफ-साफ शब्दों में सरकारी आदमी से यह कहना पड़ा कि 'तुम काकोरी के कैदियो के साथ किसी किस्म का सलूक करना नहीं चाहते, किन्तु चाहते यह भी हो कि बदनामी भी न हो।" अभियुक्त रामप्रसाद ने प० लक्ष्मीशंकर मिश्र की मारफत अपने मामले की पैरवी कराने से इनकार कर दिया। उन्होंने कहा कि या तो कोई अच्छा वकील नियुक्त किया जाय या मुझे स्वयं पैरवी करने दी जाय। किन्तु चीफ कोर्ट का हुकम हुआ कि दो में से एक भी बात न मानी जाएगी और पं० लक्ष्मीशंकर ही मामले की पैरवी करेंगे, यह भी सरकारी रियायत है जो वह अपने खर्च से उनके लिए वकील दे रही है। गर्ज यह कि जिस प्रकार सरकार ने चाहा, उसी प्रकार अपील की सुनवाई हुई। दौरान अपील में अभियुक्त श्री प्रणवेश चटर्जी के भाई ने अपने भाई की ओर से एक दरख्वास्त दी, जिसमें बहुत-से अपराध स्वीकार कर लिए और अपील वापस लेते हुए अपनी गलतियों पर अफसोस किया और मामला चीफ कोर्ट के हाथों में दीन-भाव से सौंप दिया। इस अपील की सुनवाई 2 अगस्त को खत्म हो गयी। किन्तु फैसला उस दिन नहीं सुनाया गया। इसी बीच में श्री अशफाकउल्ला खाँ की अपील की भी सुनवाई हुई। श्री शचीन्द्रनाथ बख्शी ने अपील नहीं की थी। 22 अगस्त को सबका फैसला एक साथ ही सुना दिया गया। इसमें सेशन जज द्वारा दी गयी सजाओं में परिवर्तन किया गया। श्री रामप्रसाद, श्री राजेन्द्रनाथ लाहिड़ी, श्री रोशनसिंह और श्री अशफाकउल्ला खाँ की फाँसी की सजाएँ कायम रहीं। श्री जोगेश चटर्जी, श्री गोविन्दचरण कर, श्री मुकुन्दीलाल की सजाएँ बढ़ाकर दस-दस वर्ष की कैद से आजन्म कालापानी की कर दी गयीं। श्री सुरेशचन्द्र भट्टाचार्य और श्री विष्णुशरण दुबलिस की सजाएँ सात-सात वर्ष से बढ़ाकर दस-दस वर्ष की कर दी गयीं। श्री रामनाथ पाण्डेय की सजा घटाकर 5 वर्ष से 3 वर्ष कर दी गयी और श्री प्रणवेश की सजा घटाकर 5 वर्ष से 4

वर्ष की गयी। शेष अभियुक्तों की सजाएँ पूर्ववत ही बनी रहीं।

इस फैसले से प्रान्त के कार्यकर्त्ताओं में और भी असन्तोष और क्षोभ हुआ। ठा० मनजीतसिंह, एम० एल० सी० ने कौंसिल के आगामी अधिवेशन में इस आशय का प्रस्ताव पेश करने की सूचना दी कि फांसी की सजा पाये हुए लोगों की सजाएँ कम करके आजन्म कालेपानी की सजाएँ कर दी जाएँ। फाँसी 16 सितम्बर को होने वाली थी। इस बीच में कौंसिल का अधिवेशन नहीं हो रहा था। यह आशंका थी कि कहीं ऐसा न हो कि कौंसिल में प्रस्ताव पेश करने के पहले ही इनको फाँसी पर टांग दिया जाय। इसलिए ठा० मनजीतसिंह ने एसेम्बली के सदस्यों को भी एक पत्र लिखा, जिसमें सजा घटवाने का उद्योग करने की प्रार्थना की और यह भी कहा कि ऐसा प्रयत्न किया जाना चाहिए कि युक्त प्रान्तीय कौंसिल की आगामी बैठक तक उनकी फांसी रुक जाय, ताकि मैं अपना प्रस्ताव कौंसिल में पेश कर सकूं। एक ओर तो यह कोशिश की गयी और दूसरी ओर प्रान्तीय कौंसिल के मेम्बरों ने गवर्नर साहब के पास एक आवेदन-पत्र भेजकर फांसी पाये हुए अभियुक्तों पर, उनकी युवावस्था के नाम पर, दया दिखाने की प्रार्थना की। गवर्नर साहब का शासनकाल समाप्त हो चुका था। वे शीघ्र ही जाने वाले थे। इसलिए मेम्बरों को आशा थी कि शायद वे चलते-चलते इतना सलूक कर जायँ। किन्तु उनकी आशाएँ दुराशा-मात्र साबित हुईं और गवर्नर महोदय ने दया-प्रार्थना अस्वीकार कर दी। इसी प्रकार की एक दया-प्रार्थना असेम्बली और स्टेट कौंसिल के सदस्यों ने वायसराय से भी की थी, किन्तु उन्होंने भी इसी निर्दयता के साथ उसे अस्वीकार कर दिया। हाँ, इस लिखा-पढ़ी में इतना जरूर हुआ कि फाँसी की पहली तिथि 16 सितम्बर टल गयी और उस दिन अभियुक्तों को फाँसी नहीं हुई। इसके बाद फाँसी देने के लिए 11 अक्टूबर की तारीख नियत की गयी। अभियुक्तों ने सरकार के मनोभाव जान ही लिये थे, इसलिए यहाँ से कुछ होता न देखकर उन्होंने प्रिवी-कौंसिल में अपने मामले की अपील करने का विचार किया। उन्होंने अपना यह विचार सरकार पर प्रकट किया और इसलिए, उन्हें अपील का मौका देने के लिए, फांसी की दूसरी तारीख भी टल गयी। अँग्रेजी सल्तनत में न्याय कितना महँगा पड़ता है, यह किसी से छिपा नहीं है। इतने ही मामले में अभियुक्त बहुत बड़ी आर्थिक हानि उठा चुके थे। घर के लोग, सगे-सम्बन्धी, सब परेशान हो गये थे। फिर भी, इस आशा से कि शायद वहाँ न्याय हो, उन्होंने लम्बा खर्च बरदाश्त करके भी अपील करने का ही निश्चय किया। येन केन प्रकारेण धन का प्रबन्ध करके श्री पोलक महाशय को, जो इंगलैण्ड में थे, मामले के कागजात सौंपे गये। वहाँ पर एक बैरिस्टर की मारफत यह अपील प्रिवी-कौंसिल में दायर की गयी, किन्तु प्रिवी-कौंसिल के न्यायाधीशों ने इसे इस योग्य भी न समझा कि सुनवाई की जाय। उन्होंने उस पर

विचार करना अस्वीकार कर दिया ।

29 अक्टूबर को प्रान्तीय कौंसिल में भी काकोरी के कैदियों का प्रश्न आया । पं० गोविन्दबल्लभ पन्त ने सरकार को खूब आड़े हाथों लिया । बहुत देर तक प्रश्नोत्तर होते रहे । किन्तु सरकार टस से मस नहीं हुई ।

अब सारा खेल खतम हो चुका था । अपीलें की जा चुकी थीं, कौंसिल में प्रश्न छेड़े जा चुके थे, गवर्नर से दया-प्रार्थना की जा चुकी थी, वायसराय से भी सजा घटाने की प्रार्थना की जा चुकी थी, सम्राट के पास भी प्रार्थना-पत्र भेजे जा चुके थे, जो उपाय शक्ति के अन्दर थे, वे सब किये जा चुके थे । किन्तु सभी जगह केवल शून्य ही हाथ आया । 19 दिसम्बर को अभियुक्तों को फाँसी पर लटका देना निश्चित हो गया । प्रान्त-भर में बड़ी बेचैनी पैदा हो गयी । 17 दिसम्बर के प्रान्तीय कौंसिल में पं० गोविन्दबल्लभ पन्त ने फिर इस मामले को उठाया । उन्होंने प्रेसीडेण्ट से प्रार्थना की कि सब काम बन्द करके इस पर विचार किया जाय । पहले प्रेसीडेंट महाशय इस प्रार्थना को अस्वीकार किये देते थे, किन्तु 3 बजे के करीब जब मेम्बरों ने उनसे फिर प्रार्थना की, तब वे राजी हुए, किन्तु उस दिन 3 बजे के कुछ बाद ही सरकारी काम समाप्त हो जाने पर डिप्टी प्रेसीडेंट ने, जो उस समय प्रेसीडेंट का काम कर रहे थे, कौंसिल की बैठक सोमवार तक के लिए स्थगित कर दी । सोमवार को सवेरे ही फाँसी का समय था । इसलिए मेम्बरों में खलबली मच गयी । उन्होंने होम मेम्बर नवाब साहब छतारी तक के दरे-दौलत की खाक छानी, किन्तु कोई सुनवाई न हुई और प्रान्तीय कौंसिल में एक शब्द कहने का मौका दिये बिना ही प्रान्त के चार होनहार युवक फाँसी के तख्ते पर लटका दिये गये ।

अन्त में सोमवार, 19 दिसम्बर, 1927 के हत्यारे-दिन ने अपना मुँह दिखाया । श्री राजेन्द्रनाथ लाहिड़ी अपने साथियों से दो दिन पहले ही—17 दिसम्बर को ही—अपने अमूल्य प्राण-दान से गोंडा के रक्त-पिपासु फाँसी के तख्ते की तृषा बुझा चुके थे । 19 दिसम्बर को शेष तीनों वीरों ने भी मातृ-मन्दिर की बलिवेदी पर अपने-अपने बहुमूल्य शीश चढ़ा दिये । सबमें एक अवर्णनीय गम्भीरता थी—मृत्यु के साथ खेलने की एक अजीब बान थी । जननी-जन्मभूमि के बक्ष का स्तन-पान करने की उनमें अलौकिक उत्सुकता थी, अपनी इस उत्सुकता में उन्होंने एक दिन पहले ही से बाहर का दूध पीना छोड़ दिया था । उन्हें मृत्यु का भय नहीं था । साधारण लोगों की भाँति वे बेहोशी की अवस्था में घसीटकर फाँसी के तख्ते पर नहीं लाये गये थे । वे अपनी तैयारी आप ही कर रहे थे । प्रातःकाल होते ही वे अपनी अनन्त यात्रा के उद्योग में लग गये थे और मुहूर्त की प्रतीक्षा कर रहे थे । मुहूर्त की सूचना मिलते ही मुस्कराये और गम्भीर स्वर से 'बन्देमातरम्' और भारत माता की जय'—घोष किया और फिर हँसते-खेलते उस भयानक प्रेताकार फाँसी के तख्ते पर चढ़

गये। थोड़ी ही देर में उनका शरीर उस फन्दे में झूलने लगा। उनकी पवित्र प्राण-वायु उनकी प्राण-प्रिय भारत माता की वायु से मिल गयी। थोड़ी देर बाद उनके स्थूल शरीर भी माता की छाती पर लेटते हुए पाये गये। चारों ओर शान्ति छा गयी। इस प्रकार इन वीरात्माओं के जीवन-यज्ञ की पूर्णाहुति समाप्त हुई। देश-भर में शोक और विषाद की लहर फैल गयी। सभी ने अपनी-अपनी श्रद्धांजलि चढ़ाकर उनका तर्पण किया और माता के वे 'पागल पुजारी' अपनी जीवन-लीला समाप्त कर अनन्त की गोद में विलीन हो गये।

फाँसी के दिन समस्त देश-भर में बड़ा शोक मनाया गया। लोगों ने व्रत रखे और शोक तथा सहानुभूति सूचक सभाएँ हुईं। कहीं-कहीं विद्यालयों और कालेजों के छात्रों ने भी व्रत रखे। दिल्ली के इस्लामी स्कूल के सभी छात्र तथा शिक्षकों ने व्रत रखकर दुख प्रकट किया। देश-भर में सरकार के इस कृत्य की आज निन्दा हो रही थी, सभी शोकातुर थे। बड़ा अन्धकारमय दिन था।

विशेष-परिचय

श्री रामप्रसाद "बिस्मिल"

पराधीनता के इस युग में दिव्य आलोक को धारण कर न जाने वे कहाँ से आये, अपने कल्पना राज्य में स्वर्गलोक की बीथियों का निर्माण किया और अन्त में विश्व को आभा की एक झलक दिखाकर अपने प्यारे मालिक के पास चले गये; उस दिन विश्व ने विमुग्ध नेत्रों से उनकी ओर देखा, श्रद्धा और भक्ति के फूल भी चढ़ाये। उस दिन जब उस मोहिनी मूर्ति की मद-भरी आँखें सदा के लिए बन्द हो गई थीं, तो उनकी एक झलक मात्र के लिए जन-समूह पागल-सा हो उठा था। धनिकों ने रुपये लुटाये; मेवेवालों ने मेवा से सत्कार किया, माता और बहिनों ने छतों पर से फूलों की वर्षा की और जनता ने 'वन्देमातरम्' के उच्च निनाद के साथ उसका स्वागत किया, उस प्यारे के उस दिनवाले निराले वेश को देखकर मातायें रो पड़ीं, वृद्ध सिसकियाँ लेने लगे, युवकों के तरुण हृदय प्रतिहिंसा की आग से जल उठे और बालक झुक-झुककर प्रणाम करने लगे।

मैनपुरी जिले के किसी गाँव में संवत् 1954 के लगभग आप का जन्म हुआ था, किन्तु बाद में आपके पिता मुरलीधर सपरिवार शाहजहाँपुर में आकर रहने लगे और अन्त तक यही स्थान हमारे चरित्र बालक का लीला क्षेत्र रहा। अस्तु उर्दू की शिक्षा पाने के बाद माता-पिता ने स्थानीय अंग्रेजी स्कूल में भर्ती करा दिया था। उन दिनों आपका जीवन कुछ विशेष अच्छा न था, किन्तु इसी बीच में आर्य समाज के प्रसिद्ध स्वामी सोमदेव से आपका परिचय हो गया। बस यहीं से जीवन ने पलटा खाया और वे स्वामी जी के साथ-साथ आर्य समाज के भी भक्त बन गए। आप स्वामी जी को गुरूजी कहा करते थे। यह भी कहा था कि देश सेवा के भाव पहले-पहल आपको स्वामी जी से ही मिले थे। अस्तु, सन् 1915 के बिराट विप्लवायोजन में विफल हो जाने के बाद भी क्रान्तिकारी लोग एकदम निराश न हुए, बरन उन्होने मैनपुरी में केन्द्र बनाकर फिर से कार्य आरम्भ कर दिया। श्री० गेंदालाल दीक्षित की अध्यक्षता

में बहुत दिनों तक काम होते रहने के बाद अन्त को इसका भी भेद खुल गया और फिर गिरफ्तारियों का बाजार गर्म हो उठा। दल के बहुत से लोगों के पकड़े जाने पर भी मुख्य कार्यकर्ताओं में से कोई भी हाथ न आ सका। उस समय आप अंग्रेजी की दसवीं कक्षा में थे, जोरों से धर-पकड़ होते देख अपनी गिरफ्तारी का हाल सुनकर आप फ़रार हो गये।

मैनपुरी विप्लव दल के नेता श्री गेंदालाल के ग्वालियर में गिरफ्तार हो जाने पर, उन्हें जेल से छुड़ाने के विचार से आपने 19 वर्ष की अवस्था में अपने साथ के पन्द्रह और विद्यार्थियों को लेकर पहली डकैती की थी। इस पहले ही प्रयास में उन्होंने जिस दृढ़ता तथा साहस से काम लिया था, उसे देखकर यह कहना पड़ता है कि वे स्वभाव से ही मनुष्यों के नेता थे।

प्राय: सभी अनुभवी सदस्य पकड़े जा चुके थे। अस्तु स्कूल के पन्द्रह विद्यार्थियों को लेकर ही आप अपने निश्चय पर चल दिये, पिता से कहा, "मेरे एक मित्र की शादी है, वे गाड़ी ले जाना चाहते हैं। गाड़ीवान उन्हीं का रहेगा और मुझे भी उसमें जाना पड़ेगा।"

सरल स्वभाव पिता ने गाड़ी दे दी। उन्हें क्या पता कि यह कैसी शादी है। सन्ध्या समय प्रस्थान कर कुछ रात बीतने पर एक स्थान पर गाड़ी रोक दी गई। निश्चित स्थान वहाँ से 10 मील की दूरी पर था। एक आदमी को गाड़ी पर छोड़कर, शेष सभी साथी पैदल ही चल दिये। किन्तु उस दिन अंधेरे में मार्ग भूल जाने से वह गाँव न मिला। निराश हो सब-के-सब गाड़ी के पास वापस आए। दूसरे दिन थोड़े ही प्रयास के बाद वह स्थान मिल गया। अंधेरी रात में चारों ओर निस्तब्धता का राज्य था। निद्रा के मोहक जाल में सारा संसार बेसुध सोया पड़ा था, तीन लड़कों को मकान की छत पर चढ़ने की आज्ञा हुई। लाड़-प्यार से पाले गये स्कूल के उन लड़कों ने काहे को अभी ऐसे भयानक कार्य में भाग लिया था! देर करते देख कप्तान ने जोर से कहा—"यदि ऐसा ही था तो चले ही क्यों थे।" इस बार साहसकर वे लोग मकान की छत पर चढ़ गये। आज्ञा हुई—"अन्दर कूदकर दरवाजा खोल दो।" किन्तु यह काम और भी कठिन था। कप्तान ने फिर कहा—"जल्दी करो देर करने से विपद की सम्भावना है।" इसी प्रकार तीन बार करने पर भी कोई नीचे न उतर सका। वे लोग इधर-उधर देख ही रहे थे कि एक जोर की आवाज के साथ बन्दूक की गोली से एक का साफा नीचे गिरा। इस बार तीनों बिना कुछ सोचे-विचारे मकान में कूद पड़े और अन्दर से मकान का दरवाजा खोल दिया। सब लोगों को यथास्थान खड़ा कर स्वयं छत पर आदेश देने लगे। डकैती समाप्त भी न हो पाई थी कि गाँव में खबर हो गई और चारों ओर से ईंटे चलने लगी। यह देखकर लड़के घबड़ा गए। आपने पुकार कर कहा, 'तुम लोग अपना काम करते रहो, यदि कोई भी काम से हटा तो मेरी गोली का निशाना बनेगा।'

इसमें एक ने नीचे से पुकार कर कहा—"कप्तान ईंटों के कारण कुछ करते नहीं बनता।" आपने जिस ओर से ईंटें आ रही थीं, उधर जाकर कहा—ईंटें बन्द कर दो वरना गोली से मारे जाओगे। इतने में एक ईंट आँख पर आकर लगी, देखते-देखते कपड़े खून से तर हो गए। उस समय उस साहसी वीर ने आँख की कुछ परवा न कर गोली चलानी शुरू कर दिया, फायरों के बाद ईंटें बन्द हो गईं। इधर डकैती भी खत्म हो चुकी थी। अस्तु, सब लोग वापस चल दिये। पहले दिन के थके तो थे ही, आधी दूर चलकर ही प्राय: सब लोग बैठने लगे। बहुत कुछ साहस बाँधने पर उठकर चले ही थे कि एक विद्यार्थी बेहोश होकर गिर गया। कुछ देर बाद होश आने के बाद उसने कहा—मुझमें अब चलने की शक्ति नहीं है तुम लोग मेरे लिए अपने आपको संकट में क्यों फँसाते हो। मेरा सर काटकर लेते जाओ। अभी कुछ रात बाकी है, तुम लोग आसानी से पहुँच सकते हो। सर काट लेने पर मुझे कोई भी पहचान न सकेगा और इस प्रकार सब लोग बच सकोगे। साथी की इस बात से सबकी आँखों में आँसू आ गये। चोट लगने के कारण उस समय हमारे नायक की आँख से काफी खून निकल चुका था, किन्तु फिर भी और लोगों से आगे चलने को कहकर आपने उसे अपनी पीठ पर उठाया और ज्यों-त्यों कर चल दिये। जिस स्थान पर गाड़ी खड़ी थी, उसके थोड़ी दूर रह जाने पर आपने विद्यार्थी को एक पेड़ के नीचे लिटा दिया और स्वयं गाड़ी के पास जाकर जो एक आदमी उसकी निगरानी के लिए रह गया था, उसे साथी को लेने के लिए भेजा। मकान पर पिता के पूछने पर कह दिया, "बैल बिगड़ गये, गाड़ी उलट गई और मेरे चोट आ गई"। जिस समय फरार होकर आप एक स्थान से दूसरे स्थान पर भागते फिर रहे थे, उस समय की कथा भी बड़ी करुणाजनक है। उस बीच में कई बार आपको मौत का सामना करना पड़ा था। उस दिन तो पास में पैसा न रह पाने के कारण आपने घास तथा पत्तियाँ खाकर ही अपने जीवन का निर्वाह किया था। नेपाल, आगरा तथा राजपूताना आदि स्थानों में घूमते रहने के बाद एक दिन अखबार में देखा कि (Royal Proclamation) सरकारी एलान में आप पर से भी वारण्ट हटा लिया गया था। बस फिर आप घर वापस आ गए और रेशम के सूत का कारखाना खोलकर कुछ दिन तक आप घर का काम-काज देखते रहे। किन्तु जिस हृदय में एक बार आग लग चुकी, उसे फिर चैन कहाँ, अस्तु—फिर से दल का संगठन प्रारम्भ कर दिया।

"एक बार किसी स्टेशन पर जा रहे थे। कुली बक्स लेकर पीछे-पीछे चल रहा था। ठोकर खाकर गिर पड़ा। बहुत-सी कारतूसों के साथ कई एक रिवालवर बक्स में से निकलकर प्लेटफार्म पर गिर पड़े। कुली पर एक सूट-बूटधारी साहब बहादुर द्वारा बुरी तौर मार पड़ती देखकर, पास खड़े हुए दारोगा साहब को दया आ गई। कुली को क्षमा करने की प्रार्थना कर; बेचारे स्वयं ही सारा

सामान बक्स के अन्दर भरने लगे। उस दिन यदि आप तनिक भी डर जाते और इस बुद्धिमानी से काम न लेते तो निश्चय ही गिरफ्तार हो गये थे।

उनमें असाधारण शारीरिक बल था। घोड़ा चढ़ने, साइकिल चलाने और तैरने में वे पूरे पंडित थे। थकना किसे कहते हैं, सो तो वे जानते ही न थे। साठ-साठ मील बराबर चलकर भी आगे चलने की हिम्मत रखते थे। व्यायाम और प्राणायाम वे इतना करते थे कि देखनेवाले भी दंग रह जाते थे। हिन्दी और उर्दू के अतिरिक्त वे अंग्रेजी तथा बँगला भी जानते थे। उन्होंने कई किताबें भी हिन्दी में लिखीं तथा 'प्रभा' आदि मासिक पत्रों में 'अज्ञात' के नाम से इनके कई लेख भी निकले। इन्होंने मैनपुरी काण्ड के सम्बन्ध में एक पुस्तक लिखी थी, परन्तु कुछ कारणों से वह पुस्तक प्रकाशित होने के पहले ही जला दी गई। लिखने की अपेक्षा इनमें व्याख्यान देने की शक्ति और भी अधिक अच्छी थी। इनका व्याख्यान बड़ा जोशीला और प्रभावोत्पादक होता था। असहयोग के जमाने में श्री अशफाक के साथ हरदोई, शाहजहाँपुर, बरेली और पीलीभीत जिलों में घूम-घूमकर इन्होंने पचासों जगह व्याख्यान दिये थे। क्रान्तिकारी आन्दोलन एक प्रकार से इनके जीवन का आधार था। हवालात के समय अगर कोई व्यक्ति बाहर से मिलने आता तो ये अक्सर पूछ बैठते, 'क्यों जी, क्रान्तिकारी आन्दोलन जोरों पर है या नहीं ? क्रान्तिकारी कार्य उन्हें कितना प्रिय था, उसमें कितनी दिलचस्पी थी, वह इससे भी अनुमान किया जा सकता है। ये यों रोज नियमित रूप से हवन अवश्य करते थे, और कामों के कारण उनके हवन-कार्य में कभी व्यतिक्रम नहीं होने पाता। परन्तु क्रान्तिकारी कामों के सामने गायत्री और हवन तक को वे झट छोड़ देते थे। श्री रामप्रसाद जी को यों गुस्सा कम आता था, पर जब वे क्रोधित होते, तो इनका क्रोध प्रलयानल का रूप धारण कर लेता ! अभागे खुफिया के चर ही अधिकतर इनके क्रोध के शिकार होते थे। एक दफ़े तो इन्होंने एक खुफिया को इतना पीटा कि वह बेचारा बहुत दिनों तक बिछावन से उठ नहीं सका। एक बार एक दूसरे खुफिया की डण्डे से ऐसी मरम्मत की कि वह नौकरी से इस्तीफा देकर चला गया।

माताओं के लिये भी उस भावुक हृदय में कम श्रद्धा न थी। उनके तनिक भी अपमान को देखकर वह पागल-सा हो उठता था। एक समय की बात है, पेशेवर डाकुओं के एक सरदार ने आपके पास आकर अपने-आपको क्रान्तिकारी दल का सदस्य बतलाया और उसके द्वारा की जानेवाली डकैतियों में सहयोग देने की प्रार्थना की। निश्चय हुआ कि पहली डकैती में हमारे नायक केवल दर्शक की भाँति रहेंगे और उनके कार्य संचालन का ढंग देखकर उसी के अनुसार अपना निश्चय करेंगे। स्थान और दिन नियत होने पर डकैतीवाले गाँव में पहुँचे। मकान देखकर आपने कहा—"इस झोंपड़ी में क्या मिलेगा ? आप लोग

व्यर्थ ही इन लोगों को तंग करने आये हैं" । यह सुन सब लोग हँस पड़े । एक ने कहा, "आप शहर के रहनेवाले हैं, गाँव का हाल क्या जानें, यहाँ ऐसे ही मकानों में रुपया रहता है ।" खैर ! अन्दर घुसने पर सब लोग अपनी मनमानी करने लगे । मकान में उस समय पुरुष न थे । उन लोगों ने स्त्रियों को बुरी तरह तंग करना शुरू कर दिया । मना करने पर फिर वही जवाब मिला— "तुम क्या जानो" । अधिक अत्याचार देख, आपने एक से थोड़ी देर के लिये बन्दूक तथा कुछ कारतूस माँग लिये और कूदकर छत पर आ गये । वहाँ से पुकार कर कहा, "खबरदार, यदि किसी ने भी स्त्रियों की ओर आँखें उठाईं तो गोली का निशाना बनेगा ।" कुछ देर तो काम ठीक तौर से होता रहा किन्तु बाद में एक दुष्ट ने फिर किसी स्त्री का हाथ पकड़ कर रुपया पूछने के बहाने कोठरी की ओर खींचा ! इस बार नायक ने जबान से कुछ भी न कहा, उस पर फायर कर दिया । छर्रों के पैर में लगते ही वह तो रोता-चिल्लाता अलग जा गिरा और बाकी लोगों के होश बन्द हो गये । आपने ऊँची आवाज से कहा जो कुछ मिला हो उसे लेकर बाहर आओ" । कोई मिठाई की भेली सर पर लादकर और कोई घी का बर्तन हाथ में लटकाए बाहर निकला । जिसे कुछ भी न मिला । उसने फटे-पुराने कपड़े ही बाँध लिए । यह तमाशा देखकर उस सौम्य सुन्दर मूर्ति ने उस समय जो उग्र रूप धारण किया था उसका वर्णन करना मेरी लेखनी की शक्ति के परे है । बन्दूक सीधी कर सब सामान वहीं पर रखवा दिया और सरदार की ओर देखकर कहा, "पामार, यदि भविष्य में तूने फिर कभी अपनी स्वार्थसिद्धि के नाम पर क्रान्तिकारियों को कलंकित करने का साहस किया तो अच्छा न होगा, जा आज तुझे क्षमा करता हूँ ।" उस समय सरदार सहित दल के सभी लोग डरकर काँप रहे थे । इस डकैती में केवल साढ़े चौदह आने पैसे इन लोगों के हाथ लगे थे । "डकैती जैसे भीषण कार्य में सम्मिलित होने पर भी रामप्रसाद का हृदय कितना भावुक, कितना पवित्र, कितना महान था यह बात इस वक्त की घटना से स्पष्ट है ।"

एक दिन 9 अगस्त, सन् 1925 ई० को सन्ध्या के आठ बजे 8 नवम्बर को गाड़ी हरदोई से लखनऊ जा रही थी; एकाएक काकोरी तथा आलम नगर के बीच 52 नम्बर के खम्भे के पास गाड़ी खड़ी हो गई । कुछ लोगों ने पुकार कर मुसाफिरों से कह दिया कि हम केवल सरकारी खजाना लूटने आये हैं । गार्ड से चाबी लेकर तिजोरी बाहर निकाली गई । इसी बीच में एक व्यक्ति नीचे उतरा और गोली से घायल होकर गिर गया । लगभग पौन घंटा के बाद लूटनेवाले चले गये । इस बार करीब दस हजार रुपया इन लोगों के हाथ लगा । 25 सितम्बर से गिरफ्तारियाँ प्रारम्भ हो गईं और उसी में हमारे नायक भी पकड़े गये । डेढ़ साल तक अभियोग चलने के बाद आपको फाँसी की सजा हुई । बहुत कुछ प्रयत्न किया गया, किन्तु फाँसी की सजा कम न हुई

और 19 दिसम्बर सन् 1927 को गोरखपुर में आपको फाँसी की रस्सी से लटका दिया गया।

इन पंक्तियों के लेखक ने उन्हें तथा अन्तिम बार मृत्यु के केवल एक दिन पहले फाँसी की कोठरी में देखा था और उनका यह सब हाल जाना था। उस सौम्य मूर्ति की मस्तानी अदा आज भी भूली नहीं है, जब कभी किसी को उनका नाम लेते सुनता हूँ तो एकदम उस प्यारे का वही स्वरूप आँखों के सामने नाचने लगता है। लोगों को उन्हें गालियाँ देते देख, हृदय कह उठता है, "क्या वह डाकू का स्वरूप था"। अन्तस्तल में छिपकर न जाने कौन बार-बार यही प्रश्न करने लगता है—क्या वे हत्यारे की आँखें थीं। भाई दुनिया के सभ्य लोग कुछ भी क्यों न कहें किन्तु मैं तो उसी दिन से उनका पुजारी हूँ! दास हूँ!! भक्त हूँ!!!

उस दिन माँ को देखकर उस भक्त पुजारी की आँखों में आँसू आ गए। उस समय उस जननी के हृदय को पत्थर से दबाकर जो उत्तर दिया था, वह भी भूलना नहीं है। वह एक स्वर्गीय दृश्य था और उसे देखकर जेल कर्मचारी भी दंग रह गये थे। माता ने कहा—"मैं तो समझती थी तुमने अपने पर विजय पाई है, किन्तु यहाँ तो तुम्हारी कुछ और ही दशा है। जीवन-पर्यन्त देश के लिये आँसू बहाकर अब अन्तिम समय तुम मेरे लिए रोने बैठे हो। इस कायरता से अब क्या होगा तुम्हें वीर की भाँति हँसते हुए प्राण देते देखकर मैं अपने आपको धन्य समझूँगी। मुझे गर्व है कि इस गए बीते ज़माने में मेरा पुत्र देश की वेदी पर प्राण दे रहा है। मेरा काम तुम्हें पालकर बड़ा करना था, इसके बाद तुम देश की चीज थे और उसी के काम आ गए। मुझे इसमें तनिक भी दुःख नहीं है।" उत्तर में उसने कहा—"माँ, तुम तो मेरे हृदय को भलीभाँति जानती हो। क्या तुम समझती हो कि मैं तुम्हारे लिये रो रहा हूँ अथवा इसलिए रो रहा हूँ कि मुझे कल फाँसी हो जायेगी; यदि ऐसा है तो मैं कहूँगा कि तुमने जननी होकर भी मुझे समझ न पाया, मुझे अपनी मृत्यु का तनिक भी दुःख नहीं है। हाँ, यदि घी को आग के पास लाया जायेगा तो उसका पिघलना स्वाभाविक है। बस उसी प्राकृतिक सम्बन्ध से दो-चार आँसू आ गए। आपको मैं विश्वास दिलाता हूँ कि मैं अपनी मृत्यु से बहुत सन्तुष्ट हूँ।"

प्रातःकाल नित्य कर्म, सन्ध्या वन्दन आदि से निवृत हो, माता को एक पत्र लिखा जिसमें देशवासियों के नाम सन्देश भेजा और फिर फाँसी की प्रतीक्षा में बैठ गये। जब फाँसी के तख्ते पर ले जानेवाले आये तो 'वन्देमातरम्' और 'भारत माता की जय' कहते हुए तुरन्त उठकर चल दिये। चलते समय उन्होंने यह कहा:

मालिक तेरी रज़ा रहे और तू ही तू रहे,
बाकी न मैं रहूँ न मेरी आरज़ू रहे।

जब तक कि तन में जान रगों में लहू रहे,
तेरा ही ज़िक्र या, तेरी ही जुस्तजू रहे ॥

फाँसी के दरवाज़े पर पहुँचकर उन्होंने कहा—I wish the down-fall of British Empire (मैं ब्रिटिश साम्राज्य का नाश चाहता हूँ।) इसके बाद तख़्ते पर खड़े होकर प्रार्थना के बाद 'विश्वानि देव सवितुर्दुरितानि···' आदि मंत्र का जाप करते हुए (गोरखपुर के जेल में) वे फन्दे में झूल गये।

फाँसी के वक्त जेल के चारों ओर बहुत बड़ा पहरा था। गोरखपुर की जनता ने उनके शव को लेकर आदर के साथ शहर में घुमाया। बाजार में अर्थी पर इत्र तथा फूल बरसाये गये, और पैसे लुटाये गये। बड़ी धूमधाम से उनकी अन्त्येष्टि क्रिया की गई। उनकी इच्छा के अनुसार सब संस्कार वैदिक ढंग से किये गये थे।

अपनी माता के द्वारा जो सन्देशा उन्होंने देशवासियों के नाम भेजा है, उससे उत्तेजित युवक समुदाय को शांत करते हुए यह कहा कि 'यदि किसी के हृदय में, जोश, उमंग तथा उत्तेजना उत्पन्न हुई है तो उन्हें उचित है कि अति शीघ्र ग्रामों में जाकर कृषकों की दशा सुधारें, श्रम-जीवियों की उन्नति की चेष्टा करें, जहाँ तक हो सके साधारण जनसमूह को शिक्षा दें, कांग्रेस के लिए कार्य करें और यथा साध्य दलितोद्धार के लिए प्रयत्न करें। मेरी यही बिनती है कि किसी को भी घृणा तथा उपेक्षा की दृष्टि से न देखा जावे, किन्तु सब के साथ करुणा सहित प्रेमभाव का वर्ताव किया जावे।'

"मैं एक ओर बैठकर विमुग्ध नेत्रों से उस छवि का स्वाद ले रहा था कि किसी ने कहा—समय हो गया। बाहर आकर दूसरे दिन सुना कि उन्हें फांसी दे दी गई। उसी समय यह भी सुना कि तख़्ते पर खड़े होकर उस प्रेम-पुजारी ने अपने-आपको गिरधारी के चरणों में समर्पित करते हुए यह कहा था—"मैं ब्रिटिश साम्राज्य का बिनाश चाहता हूँ"। जान देना सहज है! युद्ध में वीर जान देते ही हैं और दुनिया उनका आदर करती ही हैं। लोग बुरे काम में भी जान देते है, रंडी के लिए भी जान देते है और लेते भी है। भाई को संपत्ति से वंचित करने के लिए जान ली और दी जाती है। पर एक ऐसे काम के लिए जिसमें अपना कोई स्वार्थ भी न हो दो साल के करीब जेल में सड़ कर भारत की आजादी के लिए वह वीर हँसते-हँसते फाँसी के फन्दे में झूल गया। भाई रामप्रसाद यह तुम्हारा ही काम था, सत्य धर्म का मार्ग तुमने ही जान पाया था।

वह वीर जहाँ से आया था वहीं को चला गया।

प्यारे 'बिस्मिल" की प्यारी बातें

यह चारागर उल्फत गाफ़िल नजर आता है।
बीमार का बच जाना मुशकिल नजर आता है॥

है दर्द बड़ी नयामत देता है जिसे खालिक।
जो दरदे मुहब्बत के क़ाबिल नज़र आता है॥
जिस दिल में उतर जाये उस दिल को मिटा डाले।
हर तीर तेरा ज़ालिम क़ातिल नज़र आता है॥
मजरूह न थी जब तक दिल दिल ही न था मेरा।
सदके तेरे तीरों का "बिस्मिल" नज़र आता है॥

अदालत में जज से

"जज साहब" हम जानते है कि आप हमें क्या सज़ा देंगे। हम जानते हैं कि आप हमें फाँसी की सजा देंगे, और हम जानते हैं कि यह ओंठ जो अब बोल रहे है वह कुछ दिनों बाद बन्द हो जायेंगे। हमारा बोलना, साँस लेना और काम करना यहाँ तक कि हिलना और जीना भी इस सरकार के स्वार्थ के विरुद्ध है। न्याय के नाम पर शीघ्र ही मेरा गला घूंट दिया जायेगा। मैं जानता हूँ कि मैं मरूँगा, मरने से नहीं घबराता। किन्तु क्या जनाब इससे सरकार का उद्देश्य पूर्ण हो जायगा? क्या इसी तरह हमेशा भारत माँ के वक्षस्थल पर विदेशियों का तांडव नृत्य होता रहेगा? कदापि नहीं, इतिहास इसका प्रमाण है। मैं मरूँगा किन्तु क़ब्र से फिर निकल आऊँगा और मातृ भूमि का उद्धार करूँगा।......"

एक दिन वह सहसा बोल पड़े—"उदय काल के सूर्य का सौन्दर्य डूबते हुए सूर्य की छटा को कभी नहीं पा सकता है। और—प्रेम का पंथ कितना कठिन है संसार की सारी आपत्तियाँ मानो प्रेमी ही के लिये बनी हों।"

उफ़! कैसा व्यापार है कि हम सब कुछ दे दें और हमें...कुछ नहीं। लेकिन फिर भी हम मानें नहीं—

फाँसी के कुछ दिन पहले उन्होंने अपने एक मित्र के पास एक पत्र भेजा था उसमें उन्होंने लिखा था—

19 तारीख़ को जो कुछ होनेवाला है उसके लिये मैं अच्छी तरह तैयार हूं। यह है ही क्या? केवल शरीर का बदलना मात्र है। मुझे विश्वास है कि मेरी आत्मा मातृभूमि तथा उसकी दीन सन्तति के लिए नये उत्साह और ओज के साथ काम करने के लिए शीघ्र ही फिर लौट आयेगी।

यदि देश हित मरना पड़े मुझको सहस्रों बार भी,
तो भी न मैं इस कष्ट को निज ध्यान मैं लाऊँ कभी।
हे ईश, भारतवर्ष में शत बार मेरा जन्म हो,
कारण सदा ही मृत्यु का देशोपकारक कर्म हो॥
मरते 'बिस्मिल' रोशन, लहरी, अशफ़ाक, अत्याचार से,
होंगे पैदा सेकड़ों उनके रुधिर की धार से॥

उनके प्रबल उद्योग से उद्धार होगा देश का,
तब नाश होगा सर्वथा दुख शोक के लवलेश का ।।

सबसे मेरा नमस्ते कहिये । कृपा करके इतना कष्ट और उठाइये कि मेरा अन्तिम नमस्कार पूजनीय पं० जगतनारायण मुल्ला की सेवा तक भी पहुँचा दीजिये । उन्हें हमारी क़ुर्बानी और ख़ून से सने हुए रुपये की कमाई से सुख की नींद आवे । बुढ़ापे में भगवान पं० जगतनारायण को शान्ति प्रदान करें ।

फाँसी

(1)

उमड़ आए आँखों में प्राण, श्वाँस में आई अन्तिम वायु ।
धूल में मिलने अब चली, फूल सम खिलकर मेरी आयु ।।

(2)

उठा था मन में मेरे भाव, वसूंगा मृत्व वधू के द्वार ।
और निज रक्त रंग से साज, शत्रु को दूंगा कुछ उपहार ।।

(3)

वधिक ! धिक् अधिक करे मत, देर खींच तख्ते को रस्सी डार ।
चलूं इस जीवन के उस पार, चखा दे मृत्व बधू का प्यार ।।

निज जीवन

की

एक छटा

(एकादश वर्षीय क्रान्तिकारी जीवन)

क्या ही लज्जत है कि रग रग से यह आती है सदा ।
दम न ले तलवार जब तक जान 'बिस्मिल' में रहे ।।

—रामप्रसाद 'बिस्मिल'

श्री रामप्रसाद 'बिस्मिल' का आत्म-चरित्र

तोमर घर में चम्बल नदी के किनारे पर दो ग्राम आबाद हैं, जो ग्वालिर राज्य में बहुत ही प्रसिद्ध हैं क्योंकि इन ग्रामों के निवासी बड़े उदण्ड हैं। वे राज्य की सत्ता की कोई चिन्ता नहीं करते। जमींदारी का यह हाल है कि जिस साल उनके मन में आता है राज्य को भूमि-कर देते हैं और जिस साल उनकी इच्छा होती है मालगुजारी देने से साफ़ इनकार कर जाते हैं। यदि तहसीलदार या कोई और राज्य का अधिकारी आता है तो जमींदार बीहड़ में चले जाते हैं और महीनों बीहड़ों में ही पड़े रहते हैं। उनके पशु भी वहीं रहते हैं और भोजनादि भी बीहड़ों में ही होता है। घर पर कोई ऐसा मूल्यवान पदार्थ नहीं छोड़ते जिसे नीलाम करके मालगुजारी बसूल की जा सके। एक जमींदार के सम्बन्ध में कथा प्रचलित है कि मालगुजारी न देने के कारण ही उनको कुछ भूमि माफी में मिल गई। पहले तो कई साल तक भागे रहे। एक बार धोखे से पकड़ लिए गए तो तहसील के अधिकारियों ने उन्हें बहुत सताया। कई दिन तक बिना खाना पानी बँधा रहने दिया। अन्त में जलाने की धमकी दे पैरों पर सूखी घास डालकर आग अगवा दी। किन्तु उन जमींदार महोदय ने भूमि-कर देना स्वीकार न किया और यही उत्तर दिया कि ग्वालियर महाराज के कोप में मेरे कर न देने से ही घटी न पड़ जायेगी। संसार क्या जानेगा कि अमुक व्यक्ति उद्दंडता के कारण ही अपना समय व्यतीत करता है। राज्य को लिखा गया जिसका परिणाम यह हुआ कि उतनी भूमि उन महाशय को माफ़ी में दे दी गई। इसी प्रकार एक समय इन ग्रामों के निवासियों को अद्भूत खेल सूझा। उन्होंने महाराज के रिसाले के साठ ऊँट चुराकर बीहड़ों में छुपा दिए। राज्य को लिखा गया जिस पर राज्य की ओर से आज्ञा हुई कि दोनों ग्राम तोप लगाकर उड़ा दिये जावें। न जाने किस प्रकार समझाने-बुझाने से ऊँट वापस किये गये और अधिकारियों को समझाया गया

कि इतने बड़े राज्य में थोड़े-से वीर लोगों का निवास है, इनका विध्वंस न करना ही उचित होगा। तब तोपें लौटाई गईं और ग्राम उड़ाये जाने से बचे। ये लोग अब राज्य निवासियों को तो अधिक नहीं सताते किन्तु बहुधा अंग्रेज राज्य में आकर उपद्रव कर जाते हैं और अमीरों के मकानों पर छापा मारकर रात-ही-रात बीहड़ में दाखिल हो जाते हैं। बीहड़ में पहुँच जाने पर पुलिस या फौज कोई भी उनका बाल बाँका नहीं कर सकती। ये दोनों ग्राम अंग्रेजी राज्य की सीमा से लगभग पन्द्रह मील की दूरी पर चम्बल नदी के तट पर हैं। यहीं के एक प्रसिद्ध वंश में मेरे पितामह श्रीयुत नारायणलाल जी का जन्म हुआ था। वे अपने कौटुम्बिक और अपनी भाभी के असहनीय दुर्व्यवहार के कारण मजबूर हो अपनी जन्मभूमि छोड़ इधर-उधर भटकते रहे। अन्त में अपनी धर्मपत्नी और अपने दो पुत्रों के साथ ज्येष्ट पुत्र श्रीयुत मुरलीधर जी मेरे पिता हैं। उस समय इनकी अवस्था आठ वर्ष और उनके छोटे पुत्र—मेरे चाचा (श्री कल्याणमल) की उम्र छः वर्ष की थी। इस समय यहाँ दुर्भिक्ष का भयंकर प्रकोप था।

दुर्दिन

अनेक प्रयत्न करने के पश्चात् शाहजहाँपुर में एक अत्तार महोदय की दूकान पर श्रीयुत नारायणलाल जी को 3 रु० मासिक वेतन की नौकरी मिली। 3 रु० मासिक में दुर्भिक्ष के समय चार प्राणियों का किस प्रकार निर्वाह हो सकता था? दादी जी ने बहुत प्रयत्न किया कि अपने-आप केवल एक समय आधे-पेट भोजन करके बच्चों का पेट पाला जावे किन्तु फिर भी निर्वाह न हो सका। बाजरा, कुकनी, सामा, ज्वार इत्यादि खाकर दिन काटना चाहे, किन्तु फिर भी गुजारा न हुआ। तब आधा बथुआ चना वा कोई दूसरा साग जो सबसे सस्ता हो उसको लेकर सबसे सस्ता अनाज उसमें आधा मिलाकर थोड़ा-सा नमक डालकर उसे स्वयम् खातीं, लड़कों को चना या जौ की रोटी देतीं और इसी प्रकार दादा जी भी समय व्यतीत करते थे। बड़ी कठिनता से आधे-पेट खाकर दिन तो कट जाता, किन्तु पेट में घोटू दबाकर रात काटना कठिन हो जाता। यह तो भोजन की अवस्था थी, वस्त्र तथा रहने

के स्थान का किराया कहाँ से आता ? दादी जी ने चाहा कि भले घरों में कोई मज़दूरी ही मिल जावे, किन्तु अनजान व्यक्ति का जिसकी भाषा भी अपने देश की भाषा से न मिलती हो भले घरों में सहसा कौन विश्वास कर सकता था ? कोई मज़दूरी पर अपना अनाज भी पीसने को न देता था। डर था कि दुर्भिक्ष का समय है, पीसते वक्त खा लेगी। बहुत प्रयत्न करने के बाद दो-एक महिलायें अपने घर पर अनाज पिसवाने को राज़ी हुईं, किन्तु पुरानी काम करनेवालियों को कैसे जवाब दें ? इसी प्रकार अनेकों अड़चनों के बाद पाँच-सात सेर अनाज पीसने को मिल जाता जिसकी पिसाई उस समय एक पैसा फी पंसेरी थी। बड़ी कठिनता से आधे-पेट एक समय भोजन करके तीन-चार घंटों तक पीसकर एक पैसा या डेढ़ पैसा मिलता। फिर घर पर आकर बच्चों के लिए भोजन तैयार करना पड़ता। दो तीन वर्ष तक यही अवस्था रही। बहुधा दादा जी देश को लौट चलने का विचार करते किन्तु दादी जी का यही उत्तर होता कि जिनके कारण देश छुटा, धन सामग्री सब नष्ट हुई और ये दिन देखने पड़े, अब उन्हीं के पैरों में सिर रखकर दासत्व स्वीकार करने से इसी प्रकार प्राण दे देना कहीं श्रेष्ठ है। ये दिन सदैव न रहेंगे, सब प्रकार के संकट सहे; किन्तु दादी जी देश को लौटकर न गईं।

चार-पाँच वर्ष में जाकर जब कुछ सज्जन परिचित हो गए और जान लिया कि स्त्री भले घर की है, कुसमय पड़ने से दीन-दशा को प्राप्त हुई है, तब बहुत-सी महिलायें विश्वास करने लगीं, दुर्भिक्ष भी दूर हो गया था। कभी-कभी किसी सज्जन के यहाँ से कुछ दान भी मिल जाया करता, कोई ब्राह्मण भोजन करा देते, इसी प्रकार समय व्यतीत होने लगा। कई महानुभावों ने जिनके कोई सन्तान न थी और धनादि पर्याप्त था, दादी जी को अनेकों प्रकार के प्रलोभन दिये कि वह अपना एक लड़का उन्हें दे दें और जितना धन माँगें उनकी भेंट किया जावे। किन्तु दादी जी आदर्श माता थीं, उन्होंने इस प्रकार के प्रलोभनों की किंचित्मात्र भी परवा न की और अपने बच्चों का किसी न किसी प्रकार पालन करती रहीं।

मेहनत-मज़दूरी तथा ब्राह्मणवृत्ति द्वारा कुछ धन एकत्रित हुआ। कुछ महानुभावों के कहने से पिता जी के किसी पाठशाला में शिक्षा पाने का प्रबन्ध कर दिया गया। श्रीयुत दादा जी ने भी कुछ प्रयत्न किया, उनका वेतन भी बढ़ गया और वे 7 रु० मासिक पाने लगे। इसके बाद उन्होंने नौकरी छोड़, पैसे तथा दुवन्नी, चवन्नी इत्यादि बेचने की दुकान की। पाँच-सात आने रोज़ पैदा होने लगे। जो दुर्दिन आये थे, प्रयत्न तथा साहस से दूर होने लगे। इसका सब श्रेय श्रीयुत दादी जी को ही है। जिस साहस तथा धैर्य से उन्होंने काम लिया वह वास्तव में किसी दैवी शक्ति की सहायता ही कही जावेगी। अन्यथा एक अशिक्षित ग्रामीण महिला की क्या सामर्थ्य है कि वह नितान्त

अपरिचित स्थान में जाकर मेहनत-मज़दूरी करके अपना तथा अपने बच्चों का पेट-पालन करते हुए उनको शिक्षित बनावे। और फिर ऐसी परिस्थियों में जबकि उसने कभी अपने जीवन में घर से बाहर पैर न रखा हो और जो ऐसे कट्टर देश की रहनेवाली हो कि जहाँ पर प्रत्येक हिन्दू प्रथा का पूर्णतया पालन किया जाता हो। जहाँ के निवासी अपनी प्रथाओं की रक्षा के लिए प्राणों की किंचित्मात्र भी चिन्ता नहीं करते हों। किसी ब्राह्मण, क्षत्री या वैश्य की कुलबधू का क्या साहस जो डेढ़ हाथ का घूंघट निकाले बिना एक घर से दूसरे घर चली जावे। शूद्र जाति की बधुओं के लिए भी यही नियम हैं कि वे रास्ते में बिना घूंघट निकाले न जावें। शूद्रों का पहनावा ही अलग है, ताकि उन्हें देखकर ही दूर से पहिचान लिया जावे कि यह किसी नीच जाति की स्त्री है। ये प्रथायें इतनी प्रचलित हैं कि उन्होंने अत्याचार का रूप धारण कर लिया है। एक समय किसी चमार-बधू जो अंग्रेजी राज्य से विवाह करके गई थी, कुल प्रथानुसार ज़मीदार के घर में पैर छूने के लिए गई। वह पैर में बिछवे (नूपुर) पहने हुई थी और सब पहनावा चमारों का पहने थी। ज़मींदार महोदय की निगाह उसके पैरों पर पड़ी। पूछने पर मालूम हुआ कि चमार की बहू है। ज़मींदार साहब जूता पहनकर आये और उसके पैरों पर खड़े होकर इस जोर से दबाया कि उसकी उँगलियाँ कट गईं। उन्होंने कहा कि यदि चमारों की बहुएँ बिछुवा पहनेंगी तो ऊँची जाति के घर की स्त्रियाँ क्या पहनेंगी ? निन्तात अशिक्षित तथा मूर्ख हैं, किन्तु जाति अभिमान में चूर रहते हैं। ग़रीब-से-ग़रीब अशिक्षित ब्राह्मण या क्षत्रीय चाहे वह किसी आयु का हो, यदि शूद्र जाति की बस्ती में से गुज़रे तो, चाहे कितना ही धनी या वृद्ध कोई शूद्र क्यों न हो, उसको उठ कर पालागन या जुहार करनी ही पड़ेगी। यदि ऐसा न करे तो उसी समय वह ब्राह्मण या क्षत्रीय उसे जूतों से मार सकता है और सब उस शूद्र का ही दोष बताकर उसका तिरस्कार करेंगे। यदि किसी कन्या या बहू पर व्यभिचारिणी होने का सन्देह किया जावे तो उसे बिना विचार के मार कर चम्बल में प्रवाहित कर दिया जाता है। इसी प्रकार यदि किसी विधवा पर व्यभिचार या किसी प्रकार आचरण-भ्रष्ट होने का दोष लगाया जावे तो चाहे वह गर्भवती ही क्यों न हो उसे तुरन्त ही काट कर चम्बल में पहुँचा दें और किसी को कानों-कान भी खबर न होने दें। वहाँ के मनुष्य भी सदाचारी होते हैं। वे सबकी बहू-बेटी को अपनी बहू-बेटी समझते हैं। स्त्रियों की मान-मर्यादा की रक्षा के लिए प्राण देने में कोई चिन्ता नहीं करते। इस प्रकार के देश में विवाहित होकर सब प्रकार की प्रथाओं को देखते हुए भी इतना साहस करना यह दादी जी का ही काम था।

परमात्मा की दया से दुर्दिन समाप्त हुए। पिता जी कुछ शिक्षा पा गए और एक मकान भी श्रीयुत दादा जी ने खरीद लिया। दरवाजे-दरवाजे भटकने-

वाले कुटुम्ब को शान्तिपूर्वक बैठने का स्थान मिल गया और फिर श्री पिता जी के विवाह करने का विचार हुआ। दादी जी, दादा जी तथा पिता जी के साथ अपने मायके गयीं। वहीं पिता जी का विवाह कर दिया। वहाँ दो-चार मास रहकर सब लोग वधू की विदा करा के साथ लिवा लाये।

गार्हस्थ्य जीवन

विवाह हो जाने के पश्चात् पिताजी म्युनिसिपैलिटी में 15 रु० मासिक वेतन पर नौकर हो गये। उन्होंने कोई बड़ी शिक्षा प्राप्त न की थी। पिताजी को यह नौकरी पसन्द न आई। उन्होंने एक-दो साल के बाद नौकरी छोड़कर स्वतन्त्र व्यवसाय आरम्भ करने का प्रयत्न किया और कचहरी में सरकारी स्टाम्प बेचने लगे। आपके जीवन का अधिक भाग इसी व्यवसाय में व्यतीत हुआ। साधारण श्रेणी का गृहस्थ बनकर उन्होंने इसी व्यवसाय द्वारा अपनी सन्तानों को शिक्षा दी; अपने कुटुम्ब का पालन किया और अपने मुहल्ले के गण्य-मान्य व्यक्तियों में गिने जाने लगे। आप रुपये का लेन-देन भी करते थे। आपने तीन बैल गाड़ियाँ भी बनवाई थीं जो किराये पर चला करती थीं। पिता जी को व्यायाम से प्रेम था। आपका शरीर बड़ा सुदृढ़ और सुडौल था। आप नियमपूर्वक अखाड़े में कुश्ती लड़ा करते थे।

पिता जी के गृह में एक पुत्र उत्पन्न हुआ, किन्तु वह मर गया। उसके एक साल बाद लेखक (शहीदाने-वतन श्रीयुत भाई रामप्रसाद) ने श्रीयुत पिता जी के गृह में ज्येष्ठ शुक्ल पक्ष 11 सम्बत् 1954 विक्रमी को जन्म लिया। बड़े प्रयत्नों से मानता मानकर अनेकों गंडे-तावीज तथा कवचों द्वारा श्रीयुत दादी जी ने इस शरीर की रक्षा का प्रयत्न किया। स्यात् बालकों का रोग गृह में प्रवेश कर गया था। अतएव जन्म लेने के एक या दो मास पश्चात् ही मेरे शरीर की अवस्था भी पहले बालक-जैसी होने लगी। किसी ने बताया कि सफेद खरगोश को मेरे शरीर पर से घुमाकर ज़मीन में छोड़ दिया जावे; यदि बीमारी होगी तो खरगोश तुरन्त मर जावेगा। कहते हैं कि हुआ भी ऐसा ही। एक सफेद खरगोश मेरे शरीर पर से उतारकर जैसे ही जमीन पर छोड़ा गया, वैसे ही उसने तीन-चार चक्कर काटे और मर गया, मेरे विचार में किसी अंश में यह

सम्भव भी है क्योंकि औषधि तीन प्रकार की होती हैं। 1. दैविक, 2. मानुषिक, 3. पैशाचिक। पैशाचिक ओषधियों में अनेक प्रकार के पशु या पक्षियों के मांस अथवा रुधिर का व्यवहार होता है, जिनका उपयोग वैद्यक के ग्रन्थों में पाया जाता है। इनमें से एक प्रयोग बड़ा ही कौतुहलोत्पादक तथा आश्चर्यजनक यह है कि जिस बच्चे को जमोखे (सूखा ?) की बीमारी हो गई हो यदि उसके सामने चिमगादड़ को चीर करके लाया जावे तो एक-दो मास का बालक चिमगादड़ को पकड़ करके उसका खून चूस लेगा और बीमारी जाती रहेगी। यह बड़ी उपयोगी औषधि है और एक महात्मा की बतलाई हुई है।

जब मैं सात वर्ष का हुआ तो पिता जी ने स्वयं ही मुझे हिन्दी अक्षरों का बोध कराया और एक मौलवी साहब के मकतब में उर्दू पढ़ने के लिए भेज दिया। मुझे भली-भाँति स्मरण है कि पिता जी अखाड़े में कुश्ती लड़ने जाते थे और अपने से बलिष्ठ तथा शरीर में डेढ़ गुने पट्ठे को पटक देते थे। उसी के कुछ दिनों बाद पिता जी का एक बंगाली (श्रीयुत चटर्जी) महाशय से प्रेम हो गया। चटर्जी महाशय की अंग्रेजी दवा की दुकान थी। आप बड़े भारी नशाबाज थे। एक समय में आध छटाँक-एक छटाँक चरस की चिलम उड़ाया करते थे। उन्हीं की संगति में पिता जी ने भी चरस पीना सीख लिया, जिसके कारण उनका शरीर नितान्त नष्ट हो गया। दस वर्ष में ही सम्पूर्ण शरीर सूख कर हड्डियाँ निकल आईं। चटर्जी महाशय सुरापान भी करने लगे। अतएव उनका कलेजा बढ़ गया और उसी से उनका शरीरांत हो गया। मेरे बहुत कुछ समझाने पर पिता जी ने अपनी चरस पीने की आदत को छोड़ा किन्तु बहुत दिनों के बाद।

मेरे बाद पाँच बहनों और तीन भाइयों का जन्म हुआ। दादी जी ने बहुत कहा कि कुल की प्रथा के अनुसार कन्याओं को मार डाला जावे किन्तु माता-जी ने इसका विरोध किया और कन्याओं के प्राणों की रक्षा की। मेरे कुल में यह पहला ही समय था कि कन्याओं का पोषण हुआ। पर इनमें दो बहिनों और भाइयों का देहान्त हो गया। शेष एक भाई जो इस समय (1927 ई०) दस वर्ष का है और तीन बहनें बचीं। माता जी के प्रयत्न से तीनों बहनों को अच्छी शिक्षा दी गई और उनके विवाह बड़ी धूमधाम से किये गये। इसके पूर्व हमारे कुल की कन्यायें किसी को नहीं ब्याही गईं; क्योंकि वे जीवित ही नहीं रखी जाती थीं।

दादा जी बड़े सरल प्रकृति के मनुष्य थे। जब तक आप जीवित रहे पैसे बेचने का ही व्यवसाय करते रहे। आपको गाय पालने का बड़ा शौक था। स्वयं ग्वालियर जाकर बड़ी-बड़ी गायें खरीदकर लाया करते थे। वहाँ की गायें काफी दूध देती हैं। अच्छी गाय दस-पन्द्रह सेर दूध देती हैं। ये गायें बड़ी सीधी भी होती हैं। दूध दोहन करते समय उनकी टाँगें बाँधने की आवश्यकता नहीं होती और जब जिसका जी चाहे बिना बच्चे के दूध दोहन कर सकता है।

बचपन में मैं बहुधा जाकर गाय के थन में मुँह लगाकर दूध पिया करता था। वास्तव में वहाँ की गायें दर्शनीय होती हैं।

दादा जी मुझे खूब दूध पिलाया करते थे। आपको अठारह (गोटी बघिया बग्घा) खेलने का बड़ा शौक था। सायंकाल के समय नित्य शिव-मन्दिर में जाकर दो घंटा तक परमात्मा भजन किया करते थे। आपका लगभग पचपन वर्ष की आयु में स्वर्गारोहण हुआ।

बाल्यकाल से ही पिताजी मेरी शिक्षा का अधिक ध्यान रखते थे और जरा-सी भूल करने पर बहुत पीटते थे। मुझे अब भी भलीभाँति स्मरण है कि जब मैं नागरी के अक्षर लिखना सीख रहा था तो मुझे 'उ' लिखना न आया। मैंने बहुत प्रयत्न किया। पर जब पिता जी ने कचहरी से आकर मुझसे 'उ' लिखवाया, मैं न लिख सका। उन्हें मालूम हो गया कि मैं खेलने चला गया था। इस पर उन्होंने मुझे बन्दूक के लोहे के गज़ से इतना पीटा कि गज़ टेढ़ा पड़ गया। मैं भागकर दादा जी के पास चला गया तब बचा। मैं छोटेपन से ही बहुत उद्दण्ड था। पिता जी के पर्याप्त शासन रखने पर भी बहुत उद्दण्डता करता था। एक समय किसी के बाग़ में जाकर आड़ू के वृक्षों में से सब आँड़ू तोड़ डाले। माली पीछे दौड़ा किन्तु मैं उसके हाथ न आया। माली ने सब आँड़ू पिता जी के सामने ला रखे। उस दिन पिता जी ने मुझे इतना पीटा कि मैं दो दिन तक उठ न सका। इसी प्रकार खूब पिटता था, किन्तु उद्दण्डता अवश्य करता था। शायद उस बचपन की मार से ही यह शरीर बहुत कठोर तथा सहनशील बन गया।

मेरी कुमारावस्था

जब मैं उर्दू चौथा दर्जा का पास कर के पाँचवें में आया उस समय मेरी अवस्था लगभग चौदह वर्ष की होगी। इसी बीच मुझे पिता जी की सन्दूक से रुपये-पैसे चुराने की नादत पड़ गई थी, इन पैसों से उपन्यास खरीदकर खूब पढ़ता। पुस्तक विक्रेता महाशय पिता जी की जान-पहचान के थे। उन्होंने पिता जी से मेरी शिकायत की। अब मेरी कुछ जाँच होने लगी। मैंने उस महाशय के यहाँ से किताबें खरीदना ही छोड़ दिया। मुझमें दो-एक खराब

आदतें भी पड़ गईं। मैं सिग्रेट पीने लगा। कभी-कभी भंग भी जमा लेता था। कुमारावस्था में स्वतंत्रतापूर्वक पैसे का हाथ में आ जाना और उर्दू के प्रेमरस-पूर्ण उपन्यासों तथा गज़लों की पुस्तकों ने आचरण पर भी अपना कुप्रभाव दिखाना आरम्भ कर दिया। घुन लगना आरम्भ ही हुआ था कि परमात्मा ने बड़ी सहायता की। मैं एक रोज भंग पीकर पिता जी की सन्दूकची में से रुपये निकालने गया। नशे की हालत में होश ठीक न रहने के कारण सन्दूकची खटक गई। माता जी को संदेह हुआ। उन्होंने मुझे पकड़ लिया। चाबी पकड़ी गई। मेरे सन्दूक की तलाशी ली गई, बहुत से रुपये निकले और सारा भेद खुल गया। मेरी किताबों में अनेक उपन्यासादि पाये गये जो उसी समय फाड़ डाले गये।

परमात्मा की कृपा से मेरी चोरी पकड़ ली गई नहीं तो दो चार वर्ष में न दीन का रहता न दुनिया का। इसके बाद भी मैंने बहुत घातें लगाईं किन्तु पिता जी ने सन्दूकची का ताला बदल दिया, मेरी कोई चाल न चल सकी। अब जब कभी मौका मिल जाता तो माता जी के रुपयों पर हाथ फेर देता था। इसी प्रकार की कुटेवों के कारण दो-चार बार उर्दू मिडिल की परीक्षा में उत्तीर्ण न हो सका तब मैंने अंग्रेजी पढ़ने की इच्छा प्रकट की। पिताजी मुझे अंग्रेजी पढ़ाना नहीं चाहते थे और किसी व्यवसाय में लगाना चाहते थे, किन्तु माता जी की कृपा से मैं अंग्रेजी पढ़ने भेजा गया। दूसरे वर्ष जब मैं उर्दू मिडिल की परीक्षा में फेल हुआ उसी समय पड़ोस के देव मन्दिर में, जिसकी दीवार मेरे मकान से मिली थी, एक पुजारी जी आ गये आप बड़े ही सत चरित्र व्यक्ति थे। मैं आपके पास उठने-बैठने लगा।

मैं मन्दिर में जाने-आने लगा। कुछ पूजा पाठ भी सीखने लगा। पुजारी जी के उपदेशों का बड़ा उत्तम प्रभाव हुआ। मैं अपना अधिकतर समय स्तुति पूजन तथा पढ़ने में व्यतीत करने लगा। पुजारी जी मुझे ब्रह्मचर्य पालन का खूब उपदेश देते थे। वह मेरे पथ-प्रदर्शक बने। मैंने एक दूसरे सज्जन की देखा-देखी व्यायाम करना भी आरम्भ कर दिया। अब तो मुझे भक्ति मार्ग में कुछ आनन्द प्राप्त होने लगा और चार-पाँच महीने में ही व्यायाम भी खूब करने लगा। मेरी सब बुरी आदतें तथा कुभावनायें जाती रहीं। स्कूलों की छुट्टियाँ समाप्त होने पर मैंने मिशन स्कूल के अंग्रेजी के पाँचवें दर्जे में नाम लिखा लिया। इस समय तक मेरी और सब कुटेवें तो छूट गई थीं, किन्तु सिग्रेट पीना न छूटता था। मैं सिग्रेट बहुत पीता था। एक दिन में पचास-साठ सिग्रेट पी डालता था। मुझे बड़ा दुःख होता था कि मैं इस जीवन में सिग्रेट पीने की कुटेव को न छोड़ सकूँगा। स्कूल में भर्ती होने के थोड़े दिनों बाद ही एक सहपाठी श्रीयुत् सुशीलचंद्र सेन से कुछ विशेष स्नेह हो गया। उन्हीं की दया के कारण मेरा सिग्रेट पीना भी छूट गया।

देव मन्दिर में स्तुति पूजा करने की प्रवृति को देखकर श्रीयुत मुन्शी इन्द्रजीत जी ने मुझे संध्या करने का उपदेश दिया। आप उसी मन्दिर में रहनेवाले किसी महाशय के पास आया करते थे। व्यायामादि करने के कारण मेरा शरीर बड़ा सुगठित हो गया था और रंग निखर आया था। मैंने जानना चाहा कि संध्या क्या वस्तु है? मुन्शी जी ने आर्य समाज सम्बन्धी कुछ उपदेश दिये। इसके बाद मैंने सत्यार्थ प्रकाश पढ़ा। इससे तख्ता ही पलट गया। सत्यार्थ प्रकाश के अध्ययन ने मेरे जीवन के इतिहास में एक नवीन पृष्ठ खोल दिया। मैंने उसमें उल्लिखित ब्रह्मचर्य के कठिन नियमों का पालन करना आरम्भ कर दिया। मैं एक कम्बल को तख्त पर बिछाकर सोता और प्रातः काल चार बजे से ही शैय्या त्याग कर देता। स्नान सन्ध्यादि से निवृत्त हो व्यायाम करता, किन्तु मन की वृत्तियाँ ठीक न होतीं। मैंने रात्रि के समश भोजन करना त्याग दिया। केवल थोड़ा-सा दूध ही रात को पीने लगा। सहसा ही बुरी आदतों को छोड़ा था। इस कारण कभी-कभी स्वप्न दोष हो जाता। तब किसी सज्जन के कहने से मैंने नमक खाना भी छोड़ दिया। केवल उबालकर साग या दाल से एक समय भोजन करता। मिर्च खटाई तो छूता भी न था। इस प्रकार पाँच वर्ष तक बराबर नमक न खाया। नमक के न खाने से शरीर के सब दोष दूर हो गये और मेरा स्वास्थ्य दर्शनीय हो गया। सब लोग मेरे स्वास्थ्य को आश्चर्य की दृष्टि से देखा करते।

मैं थोड़े दिनों में ही बड़ा कट्टर आर्य समाजी हो गया। आर्य समाज के अधिवेशन में जाता-आता। संन्यासी महात्माओं के उपदेशों को बड़ी श्रद्धा से सुनता। जब कोई संन्यासी आर्य समाज में आता तो उसकी हर प्रकार सेवा करता क्योंकि मेरी प्राणायाम सीखने की बड़ी उत्कट इच्छा थी। जिस संन्यासी का नाम सुनता शहर से तीन-चार मील भी उसकी सेवा के लिये जाता फिर वह संन्यासी चाहे जिस मत का अनुयायी होता। जब मैं अंग्रेजी के सातवें दर्जे में था तब सनातन धर्मी पंडित जगतप्रसाद जी शाहजहाँपुर पधारे। उन्होंने आर्य समाज का खंडन करना प्रारम्भ किया, आर्य समाजियों ने भी उनका विरोध किया और पं० अखिलानन्द जी को बुलाकर शास्त्रार्थ कराया। शास्त्रार्थ संस्कृत में हुआ। जनता पर अच्छा प्रभाव हुआ। मेरे कामों को देखकर मुहल्लेवालों ने पिता जी से मेरी शिकायत की। पिता जी ने मुझसे कहा कि आर्यसमाजी हार गये, अब तुम आर्यसमाज से अपना नाम कटा दो, मैंने पिता जी से कहा कि आर्य समाज के सिद्धान्त सार्वभौम हैं, उन्हें कौन हरा सकता है। अनेक वाद-विवाद के पश्चात् पिता जी ज़िद पकड़ गये कि यदि आर्य समाज से त्यागपत्र न दोगे तो मैं तुझे रात में सोते समय मार दूंगा। या तो आर्य समाज से त्यागपत्र दे दे या घर छोड़ दे। मैंने भी बिचारा कि पिता जी का क्रोध यदि अधिक बढ़ गया और उन्होंने मुझ पर कोई ऐसी दे

पटकी कि जिससे बुरा परिणाम हुआ तो अच्छा न होगा। अतएव घर त्याग देना ही उचित है। मैं केवल एक कमीज़ पहने खड़ा था और पैंजामा उतार कर धोती पहन रहा था। पैंजामे के नीचे लँगोट बँधा था। पिता जी ने हाथ से धोती छीन ली और कहा घर से निकल। मुझे भी क्रोध आ गया। मैं पिता जी के पैर छूकर गृह त्याग कर चला गया। कहाँ जाऊँ कुछ समझ में न आया। शहर में किसी से जान-पहचान भी न थी।, जहाँ छिप रहता। मैं जंगल की ओर चला गया। एक रात तथा एक दिन बाग़ में पेड़ पर बैठा रहा। क्षुधा लगने पर खेतों में से हरे चने तोड़ कर खाये, नदी में स्नान किया और जलपान किया। दूसरे दिन सन्ध्या समय पं० अखिलानन्द का व्याख्यान आर्यसमाज मन्दिर में था। मैं आर्य-समाज मन्दिर में गया। एक पेड़ के नीचे एकान्त में खड़ा व्याख्यान सुन रहा था कि पिता जी दो मनुष्यों को लिये हुए आ पहुँचे, और मैं पकड़ लिया गया। वह उसी समय पकड़ कर स्कूल के हेड मास्टर के पास ले गये। हेड मास्टर साहब ईसाई थे। मैंने उन्हें सब बृत्तान्त कह सुनाया। उन्होंने पिता जी को ही समझाया कि समझदार लड़के को मारना-पीटना ठीक नहीं। मुझे भी बहुत कुछ उपदेश दिया। उस दिन से पिता जी ने कभी भी मुझ पर हाथ नहीं उठाया क्योंकि मेरे घर से निकल जाने पर घर में बड़ा क्षोम रहा। एक रात एक दिन किसी ने भोजन नहीं किया, सब बड़े दु:खी हुए कि अकेला पुत्र न जाने नदी में डूब गया या रेल से कट गया ? पिता जी के हृदय को भी बड़ा भारी धक्का पहुँचा। उस दिन से वे मेरी प्रत्येक बात सहन कर लेते थे, अधिक विरोध न करते थे। मैं पढ़ने में भी बड़ा प्रयत्न करता था और अपने क्लास में प्रथम उत्तीर्ण होता था। यह अवस्था आठवें दर्जे तक रही। जब मैं आठवें दर्जे में था, उसी समय स्वामी श्री० सोमदेव जी सरस्वती आर्य-समाज शाहजहाँपुर में पधारे। उनके व्याख्यानों का जनता पर बड़ा अच्छा प्रभाव हुआ। कुछ सज्जनों के अनुरोध से स्वामी जी कुछ दिनों के लिये शाहजहाँपुर आर्य-समाज मन्दिर में ठहर गये। आपकी तबियत भी कुछ खराब थी इस कारण शाहजहाँपुर का जलवायु लाभदायक देखकर आप वहाँ ठहरे थे। मैं आपके पास जाया-आया करता था। प्राणपण से मैंने स्वामी जी महाराज की सेवा की और इसी सेवा के परिणाम स्वरूप मेरे जीवन में नवीन परिवर्तन हो गया। मैं रात को दो-तीन बजे तक और दिन-भर आपकी सेवा-सुश्रुषा में उपस्थित रहता, अनेकों प्रकार की औषधियों का प्रयोग किया। कतिपय सज्जनों ने बड़ी सहानुभूति दिखलाई किन्तु रोग का शमन न हो सका। आप मुझे अनेकों प्रकार के उपदेश दिया करते थे। उन उपदेशों को मैं श्रवण कर कार्य रूप में परिणत करने का पूरा प्रयत्न करता। वास्तव में आप ही मेरे गुरुदेव तथा पथ-प्रदर्शक थे। आपकी शिक्षाओं ने ही मेरे जीवन में आत्मिक बल का संचार किया जिनके सम्बन्ध में मैं अथक वर्णन

करूँगा।

कुछ नवयुवकों ने मिलकर आर्य समाज मन्दिर में आर्य कुमार सभा खोली थी। जिसके साप्ताहिक अधिवेशन प्रत्येक शुक्रवार को हुआ करते थे। वहीं पर धार्मिक पुस्तकों का पठन, विषय विशेष पर निबन्ध लेखन और पठन तथा वाद-विवाद होता था। कुमार सभा से ही मैंने जनता के सम्मुख बोलने का अभ्यास किया। बहुधा कुमार सभा के नवयुवक मिलकर शहर के मेलों में प्रचारार्थ जाया करते थे। बाज़ारों में व्याख्यान देकर आर्य समाज के सिद्धान्तों का प्रचार करते थे। ऐसा करते-करते मुसलमानों से मुबाहसा होने लगा। अतएव पुलिस ने झगड़े का भय देखकर बाज़ारों में व्याख्यान देना बन्द करा दिया। आर्य समाज के सदस्यों ने कुमार सभा के प्रयत्न को देखकर उस पर अपना शासन जमाना चाहा किन्तु कुमार किसी का अनुचित शासन कब माननेवाले थे। आर्य समाज के मन्दिर में ताला डाल दिया गया कि कुमार सभावाले आर्य समाज मन्दिर में अधिवेशन न करें। यह भी कहा गया कि यदि वे वहाँ अधिवेशन करेंगे तो पुलिस को लाकर उन्हें मन्दिर से निकलवा दिया जावेगा। कई महीनों तक हम लोग मैदान में अपनी सभा के अधिवेशन करते रहे, किन्तु बालक ही तो थे; कब तक इस प्रकार कार्य चला सकते थे ? कुमार सभा टूट गई। तब आर्य-समाजियों को शान्ति हुई। कुमार सभा ने अपने शहर में तो नाम पाया ही था, जब लखनऊ में कांग्रेस हुई तो भारतवर्षीय कुमार सम्मेलन का वार्षिक अधिवेशन लखनऊ में हुआ। उस अवसर पर सबसे अधिक पारितोषिक लाहौर और शाहजहाँपुर की कुमार सभाओं ने पाये थे, जिनकी प्रशंसा समाचारपत्रों में प्रकाशित हुई थी। उन्हीं दिनों एक मिशन स्कूल के विद्यार्थी से मेरा परिचय हुआ। वह कभी-कभी कुमार सभा में आ जाया करते थे। मेरे भाषण का उन पर अधिक प्रभाव हुआ। वैसे तो वह मेरे मकान के निकट ही रहते थे, किन्तु आपस में कोई मेल न था। बैठने-उठने से आपस में प्रेम बढ़ गया। आप एक ग्राम के निवासी थे। जिस ग्राम में आपका घर था, वह बड़ा प्रसिद्ध ग्राम है। वहाँ का प्रत्येक निवासी अपने घर में बिना लाइसेन्स अस्त्र-शस्त्र रखता है। बहुत से लोगों के यहाँ बन्दूकें तथा तमंचे भी रहते हैं, जो ग्राम में ही बन जाते हैं। ये सब टोपीदार होते हैं। उक्त महाशय के पास भी एक-नाली का छोटा-सा पिस्तौल था, जिसे वह अपने पास शहर में रखते थे! जब मुझसे अधिक प्रेम बढ़ा तो उन्होंने वह पिस्तौल मुझे रखने के लिए दिया। इस प्रकार के हथियार रखने की मेरी बड़ी उत्कट इच्छा थी। क्योंकि मेरे पिता के कुछ शत्रु थे जिन्होंने पिता जी पर आक्रमण ही लाठियों के प्रहार से किया था। मैं चाहता था कि यदि पिस्तौल मिल जावे तो मैं पिता जी के शत्रुओं को मार डालूं। यह एक-नाली का पिस्तौल उक्त महाशय अपने पास रखते थे किन्तु उसको चलाकर न देखा था। मैंने उसे चलाकर देखा तो वह नितान्त अक्रिय सिद्ध हुआ। मैंने उसे

ले जाकर एक कोने में डाल दिया। उक्त महाशय से इतना स्नेह बढ़ गया कि सायंकाल को मैं अपने घर से खीर की थाली ले जाकर उनके साथ-साथ उनके मकान पर ही भोजन किया करता था। वह मेरे साथ श्री० स्वामी सोमदेव जी के पास भी जाया करते थे। उनके पिता जब शहर आये तो उनको यह बड़ा बुरा मालूम हुआ। उन्होंने मुझसे अपने लड़के के पास न आने या उसे कहीं साथ न ले जाने के लिए बहुत ताड़ना की और कहा कि यदि मैं उनका कहना न मानूंगा तो वह ग्राम से आदमी लाकर मुझे पिटवायेंगे। मैंने उनके पास जाना-आना त्याग दिया, किन्तु वह महाशय मेरे यहाँ आते जाते रहे।

लगभग 18 वर्ष की उम्र तक मैं रेल पर न चढ़ा था। मैं इतना दृढ़ सत्य-वक्ता हो गया कि एक समय रेल पर चढ़कर तीसरे दर्जे का टिकट खरीदा था पर इंटर क्लास में बैठकर दूसरों के साथ-साथ चला गया। इस बात से मुझे बड़ा खेद हुआ। मैंने अपने साथियों से अनुरोध किया कि यह एक प्रकार की चोरी है; सबको मिलकर इंटर क्लास का भाड़ा स्टेशन मास्टर को दे देना चाहिए। एक समय मेरे पिता जी दीवानी में किसी पर दावा करके वकील से कह गये थे कि जो काम होवे वह मुझसे करा लें। कुछ आवश्यकता पड़ने पर वकील साहब ने मुझे बुला भेजा और कहा कि मैं पिता जी के हस्ताक्षर वकालतनामे पर कर दूं। मैंने तुरन्त उत्तर दिया कि यह तो धर्म के विरुद्ध होगा, इस प्रकार का पाप मैं कदापि नहीं कर सकता। वकील साहब ने बहुत कुछ समझाया कि एक सौ रुपये से अधिक का दावा है, मुक़दमा खारिज हो जावेगा। किन्तु मुझ पर कुछ प्रभाव न हुआ, न मैंने हस्ताक्षर किये, अपने जीवन में सर्व प्रकारेण सत्य का आचरण करता था; चाहे कुछ हो जाता, सत्य-सत्य बात कह देता था।

मेरी माता मेरे धर्म-कार्य में तथा शिक्षादि में बड़ी सहायता करती थीं। वह प्रातःकाल चार बजे ही मुझे जगा दिया करती थीं। मैं नित्य प्रति नियम पूर्वक हवन भी किया करता था। मेरी छोटी बहिन का विवाह करने के निमित्त माता जी तथा पिता जी ग्वालियर गये। मैं तथा श्री० दादी जी शाहजहाँपुर में ही रह गये, क्योंकि मेरी वार्षिक परीक्षा थी। परीक्षा समाप्त करके मैं भी बहिन के विवाह में सम्मिलित होने को गया। बारात आ चुकी थी। मुझे ग्राम के बाहर ही मालूम हो गया कि बारात में वेश्या आई है। मैं घर न गया और न बारात में सम्मिलित हुआ। मैंने विवाह में कोई भी भाग न लिया। मैंने माता जी से थोड़े रुपये माँगे। माता जी ने मुझे लगभग 125 रु० दिये जिनको लेकर मैं ग्वालियर गया। यह अवसर रिवालवर खरीदने का अच्छा हाथ लगा। मैंने सुन रक्खा था कि रियासत में बड़ी आसानी से हथियार मिल जाते हैं। बड़ी खोज की। टोपीदार बन्दूक तथा पिस्तौल तो मिलते थे किन्तु कारतूसी हथियारों का कहीं पता नहीं। बड़े प्रयत्न के बाद एक महाशय ने मुझे ठग लिया

और 75 रु० में टोपीदार पाँच फायर करनेवाला एक रिवाल्वर दिया। रियासत की बनी हुई बारूद और थोड़ी-सी टोपियाँ दे दीं। मैं इसी को लेकर बड़ा प्रसन्न हुआ। सीधा शाहजहाँपुर पहुँचा। रिवाल्वर को भरकर चलाया तो; गोली केवल पन्द्रह या बीस गज पर ही गिरी, क्योंकि बारूद अच्छी न थी। मुझे बड़ा खेद हुआ। माता जी भी जब लौटकर शाहजहाँपुर आईं तो उन्होंने मुझसे पूछा कि क्या लाये? मैंने कुछ कहकर टाल दिया। रुपये सब खर्च हो गये। स्यात एक गिन्नी बची थी, सो मैंने माता जी को लौटा दी। मुझे जब किसी बात के लिये धन की आवश्यकता होती, मैं माता जी से कहता और वह मेरी माँग पूरी कर देती थीं। मेरा स्कूल घर से एक मील दूर था। मैंने माता जी से प्रार्थना की कि मुझे साइकिल ले दें। उन्होंने लगभग एक सौ रुपये दिये। मैंने साइकिल खरीद ली। उस समय मैं अंग्रेजी के नवें दर्जे में आ गया था। किसी धार्मिक या देश सम्बन्धी पुस्तक पढ़ने की इच्छा होती तो माता जी ही से दाम ले जाता। लखनऊ कांग्रेस जाने के लिये मेरी बड़ी इच्छा थी। दादी जी तथा पिता जी बहुत कुछ विरोध करते रहे, किन्तु माता जी ने मुझे खर्च दे ही दिया। उसी समय शाहजहाँपुर में सेवा समिति का आरम्भ हुआ था। मैं बड़े उत्साह के साथ सेवा समिति में सहयोग देता था। पिता जी तथा दादी जी को मेरे इस प्रकार के कार्य अच्छे न लगते थे किन्तु माता जी मेरा उत्साह भंग न होने देती थीं जिसके कारण उन्हे बहुधा पिता जी का ताड़ना तथा दंड भी सहन करना पड़ता था। वास्तव में मेरी माता जी स्वर्गीय देवी हैं। मुझमें जो कुछ जीवन तथा साहस आया, वह मेरी माता जी तथा गुरुदेव श्री सोमदेव जी की कृपाओं का ही परिणाम है। दादी जी तथा पिता जी मेरे विवाह के लिये बहुत अनुरोध करते, किन्तु माता जी यही कहतीं कि शिक्षा पा चुकने के बाद ही विवाह करना उचित होगा। माता जी के प्रोत्साहन तथा सद्व्यवहार ने मेरे जीवन में वह दृढ़ता उत्पन्न की कि किसी आपत्ति तथा संकट के आने पर भी मैंने अपने संकल्प को न त्यागा।

मेरी माँ

ग्यारह वर्ष की उम्र में माता जी विवाह कर शाहजहाँपुर आई थीं। उस समय आप नितान्त अशिक्षित एक ग्रामीण कन्या के सदृश थीं। शाहजहाँपुर आने के थोड़े दिनों बाद श्री० दादी जी ने अपनी छोटी बहिन को बुला लिया। उन्हीं ने गृह-कार्य में माता जी को शिक्षा दी। थोड़े ही दिनों में माताजी ने सब गृह-कार्य को समझ लिया और भोजनादि का ठीक-ठीक प्रबन्ध करने लगीं।

मेरे जन्म होने के पाँच या सात वर्ष बाद आपने हिन्दी पढ़ना आरम्भ किया। पढ़ने का शौक आपको खुद ही पैदा हुआ था। मोहल्ले की संग सहेली जो घर पर आ जाती थीं, उन्हीं में जो कोई शिक्षित थीं, माता जी उनसे अक्षर-बोध करतीं। इसी प्रकार घर का सब काम कर चुकने के बाद जो कुछ समय मिल जाता उसमें पढ़ना-लिखना करतीं। परिश्रम के फल से थोड़े दिनों में ही वे देवनागरी पुस्तकों का अवलोकन करने लगीं। मेरी बहिनों को छोटी आयु में माता जी ही उन्हें शिक्षा दिया करती थीं। जबसे मैंने आर्य समाज में प्रवेश किया, तब से माता जी से खूब वार्तालाप होता। उस समय की अपेक्षा अब आपके विचार भी कुछ उदार हो गये हैं यदि मुझे ऐसी माता न मिलतीं, तो मैं भी अति साधारण मनुष्य की भाँति संसार चक्र में फँसकर जीवन निर्वाह करता। शिक्षादि के अतिरिक्त क्रांतिकारी जीवन में भी आपने मेरी वह सहायता की है जो मेजिनी को उनकी माता ने की थी। यथासमय मैं उन सारी बातों का उल्लेख करूँगा। माता जी का सबसे बड़ा आदेश मेरे लिये यही था कि किसी की प्राण हानि न हो। उनका कहना था कि अपने शत्रु को भी कभी प्राणदंड न देना। आपके इस आदेश की पूर्ति करने के लिये मुझे मजबूरन दो-एक बार अपनी प्रतिज्ञा भंग भी करनी पड़ी थी।

जन्मदात्री जननी, इस जीवन में तो तुम्हारा ऋण परिशोध करने के प्रयत्न करने का भी अवसर न मिला; इस जन्म में तो क्या यदि अनेक जन्मों में भी सारे जीवन प्रयत्न करूँ तो तुमसे उऋण नहीं हो सकता। जिस प्रेम तथा दृढ़ता के साथ तुमने इस तुच्छ जीवन का सुधार किया है, वह अवर्णनीय है मुझे जीवन की प्रत्येक घटना का स्मरण है कि तुमने किस प्रकार अपनी दैवी वाणी का उपदेश करके मेरा सुधार किया है। तुम्हारी दया से ही मैं देश सेवा में संलग्न हो सका। धार्मिक जीवन में भी तुम्हारे ही प्रोत्साहन ने सहायता दी। जो कुछ शिक्षा मैंने ग्रहण की उसका भी श्रेय तुम्हीं को है। जिस मनोहर रूप से तुम मुझे उपदेश करती थीं उसका स्मरण कर तुम्हारी स्वर्गीय मूर्ति का ध्यान आ जाता और मस्तक नत हो जाता है। तुम्हें यदि मुझे ताड़ना भी देनी हुई तो बड़े स्नेह से हर एक बात को समझा दिया। यदि मैंने धृष्टतापूर्ण उत्तर दिया तब तुमने प्रेम-भरे शब्दों में यही कहा कि तुम्हें जो अच्छा लगे वह करो, किन्तु ऐसा करना ठीक नहीं इसका परिणाम अच्छा न होगा। जीवनदात्री ! तुमने इस शरीर को जन्म देकर केवल पालन-पोषण ही नहीं किया किन्तु आत्मिक, धार्मिक तथा सामाजिक उन्नति में तुम्हीं मेरी सदैव सहायक रहीं। जन्म-जन्मान्तर परमात्मा ऐसी ही माता दें ! यही इच्छा है।

महान से महान संकट में भी तुमने मुझे अधीर न होने दिया। सदैव अपनी प्रेम भरी वाणी को सुनाते हुए मुझे सान्त्वना देती रहीं। तुम्हारी दया की छाया में मैंने अपने जीवन-भर में कोई कष्ट न अनुभव किया। इस संसार में मेरी किसी भी भोग-विलास तथा एश्वर्य की इच्छा नहीं। केवल एक तृष्णा है।

वह यह कि एक बार श्रद्धापूर्वक तुम्हारे चरणों की सेवा करके अपने जीवन को सफल बना लेता। किन्तु यह इच्छा पूर्ण होती नहीं दिखाई देती, और तुम्हें मेरी मृत्यु का दुख सम्वाद सुनाया जायेगा। माँ मुझे विश्वास है कि तुम यह समझकर धैर्य धारण करोगी कि तुम्हारा पुत्र माताओं की माता—भारतमाता की सेवा में अपने जीवन को बलि वेदी की भेंट कर गया और उसने तुम्हारी कुल को कलंकित न किया; अपनी प्रतिज्ञा में दृढ़ रहा। जब स्वाधीन भारत का इतिहास लिखा जावेगा, तो उसके किसी पृष्ठ पर उज्ज्वल अक्षरों में तुम्हारा भी नाम लिखा जावेगा। गुरु गोविन्दसिंह जी की धर्मपत्नी ने जब अपने पुत्रों की मृत्यु का सम्वाद सुना था तो बहुत हर्षित हुईं और गुरु के नाम पर धर्म-रक्षार्थ अपने पुत्रों के बलिदान पर मिठाई बाँटी थीं। जन्म-दात्री ! वर दो कि अन्तिम समय भी मेरा हृदय किसी प्रकार विचलित न हो और तुम्हारे चरण कमलों को प्रणाम कर मैं परमात्मा का स्मरण करता हुआ शरीर त्याग करूँ।

मेरे गुरुदेव

माता जी के अतिरिक्त जो कुछ जीवन तथा शिक्षा मैंने प्राप्त की वह पूज्य-पाद श्री 108 स्वामी सोमदेव जी की कृपा का परिणाम है। आपका नाम श्रीयुत ब्रजलाल चोपड़ा था। पंजाब के लाहौर शहर में आपका जन्म हुआ था। आपका कुटुम्ब प्रसिद्ध था, क्योंकि आपके दादा महाराज रणजीतसिंह के मन्त्रियों में से एक थे। आपके जन्म के कुछ समय पश्चात आपकी माता का देहान्त हो गया था। आपकी दादी ने ही आपका पालन-पोषण किया था। आप अपने पिता की अकेली सन्तान थे। जब आप बड़े हुए तो चाचियों ने दो तीन बार आपको जहर देकर मार देने का प्रयत्न किया, ताकि उनके लड़कों को ही जायदाद का अधिकार मिल जावे। आपके चाचा आप पर बड़ा स्नेह करते थे, और शिक्षादि की ओर विशेष ध्यान रखते थे। अपने चचेरे भाइयों के साथ-साथ आप भी अंग्रेजी स्कूल में पढ़ते थे। जब आपने इन्ट्रेंस की परीक्षा दी तो परीक्षाफल प्रकाशित होने पर आप यूनिवर्सिटी में प्रथम आये और चाचा के लड़के फेल हो गये। घर में बड़ा शोक मनाया गया। दिखाने के लिए भोजन तक नहीं बना। आपकी प्रशंसा तो दूर, किसी ने उस दिन भोजन करने को भी न पूछा, और बड़ी उपेक्षा की दृष्टि से देखा। आपका हृदय पहले से ही घायल था; इस घटना से आपके जीवन को और भी बड़ा आघात पहुँचा। चाचा जी के कहने सुनने पर कालेज में नाम लिखा तो लिया, किन्तु बड़े

उदासीन रहने लगे। आपके हृदय में दया बहुत थी। बहुधा अपनी किताबें तथा कपड़े दूसरे सहपाठियों को बाँट दिया करते थे। नये कपड़े बाँटकर पुराने कपड़े स्वयं पहना करते थे। एक-दो बार चाचा से दूसरे लोगों ने कहा कि श्री० ब्रजलाल को कपड़े भी आप नहीं बनवा देते, जो वह पुराने फटे कपड़े पहने फिरते हैं। चाचा को बड़ा आश्चर्य हुआ क्योंकि उन्होंने कई जोड़े कपड़े थोड़े दिनों पहिले ही बनवाए थे। आपके सन्दूकों की तलाशी ली गई। उनमें दो-चार जोड़ी पुराने कपड़े निकले, तब चाचा ने पूछा तो मालूम हुआ कि वे नये कपड़े निर्धन विद्यार्थियों को बाँट दिया करते हैं। चाचा जी ने कहा जब कपड़े बाँटने की इच्छा हो कह दिया करो, तो हम विद्यार्थियों को कपड़े बनवा दिया करेंगे, अपने कपड़े न बाँटा करो। वे बहुधा निर्धन विद्यार्थियों को अपने घर पर ही भोजन कराया करते थे। चाचियों तथा चचाजात भाइयों के व्यवहार से आपको बड़ा क्लेश होता था। इसी कारण से आपने विवाह न किया। घरेलू दुर्व्यवहार से दुःखित होकर आपने घर त्याग देने का निश्चय कर लिया और एक रात को जब सब सो रहे थे, चुपचाप उठकर घर से निकल गये। कुछ भी सामान में न लिया। बहुत दिनों तक इधर-उधर भटकते रहे। भटकते-भटकते आप हरद्वार पहुँचे। वहाँ एक सिद्ध योगी से भेंट हुई। श्री० ब्रजलाल जी को जिस वस्तु की इच्छा थी वह प्राप्त हो गई। उसी स्थान पर रहकर श्री० ब्रजलाल जी ने योग विद्या की पूर्ण शिक्षा पाई। योगीराज की कृपा से आप अट्ठारह-बीस घंटे की समाधि लगा लेने लगे। कई वर्ष तक आप वहाँ रहे। इस समय आपको योग का इतना अभ्यास हो गया था कि अपने शरीर को वे इतना हलका कर लेते थे कि पानी पर पृथ्वी के समान चले जाते थे। अब आपको देश भ्रमण तथा अध्ययन करने की इच्छा उत्पन्न हुई। अनेक स्थानों में भ्रमण करते हुए अध्ययन करते रहे। जर्मनी तथा अमेरिका से बहुत-सी पुस्तकें मँगाई, जो शास्त्रों के सम्बन्ध में थीं। जब लाला लाजपतराय को देश-निर्वासन का दण्ड मिला था, उस समय आप लाहौर में थे। वहाँ उन्होंने एक समाचार-पत्र की सम्पादकीय के लिए डिक्लेरेशन दाखिल किया। डिप्टी कमिश्नर उस समय किसी के भी समाचार-पत्र के डिक्लेरेशन को स्वीकार न करता था। जब आप से भेंट हुई, तो वह बड़ा प्रभावित हुआ, और उसने डिक्लेरेशन मंजूर कर लिया। अखबार का पहला ही अग्रलेख 'अंग्रेजों को चेतावनी' के नाम से निकाला। लेख इतना उत्तेजनापूर्ण था कि थोड़ी देर में ही समाचार-पत्र की सब प्रतियाँ बिक गईं और जनता के अनुरोध पर उसी अंक का दूसरा संस्करण प्रकाशित करना पड़ा। डिप्टी कमिश्नर के पास रिपोर्ट हुई। उसने आपको दर्शनार्थ बुलाया। वह बड़ा क्रोधित था। लेख को पढ़कर काँपता और क्रोध में आकर मेज पर हाथ दे मारता था। किन्तु अन्तिम शब्दों को पढ़कर वह चुप हो जाता। उस लेख के शब्द यों थे कि 'यदि अंग्रेज अब भी न समझेंगे तो वह

दिन दूर नहीं कि सन् 57 के दृश्य फिर दिखाई दें और अंग्रेज़ों के बच्चों का क़तल किया जावे, उनकी रमणियों की बेइज्जती हो इत्यादि। किन्तु यह सब स्वप्न है।' 'यह सब स्वप्न है', इन्हीं शब्दों को पढ़कर डिप्टी कमिश्नर कहता कि हम तुम्हारा कुछ नहीं कर सकते।

स्वामी सोमदेव भ्रमण करते हुए बम्बई पहुँचे। वहाँ पर आपके उपदेशों को सुनकर जनता पर बड़ा प्रभाव पड़ा। एक व्यक्ति, जो श्रीयुत अबुलकलाम आज़ाद के बड़े भाई थे, आपके व्याख्यान सुनकर मोहित हो गये। वह आपको अपने घर लिवा ले गये। इस समय तक आप गेरुआ कपड़ा न पहिनते थे। केवल एक लुंगी और कुरता पहनते थे और साफा बाँधते थे। श्रीयुत अबुलकलाम आज़ाद के पूर्वज अरब के निवासी थे। आपके पिता के बम्बई में बहुत से मुरीद थे और कथा की तरह कुछ धार्मिक ग्रन्थ पढ़ने पर हजारों रुपये चढ़ावे में आया करते थे। वह सज्जन इतने मोहित हो गये कि उन्होंने धार्मिक कथाओं का पाठ करने के लिए जाना छोड़ दिया। वह दिन-रात आपके पास ही बैठे रहते। जब आप उनसे कहीं जाने को कहते तो वह रोने लगते और कहते कि मैं तो आपके आत्मिक ज्ञान के उपदेशों पर मोहित हूँ। मुझे संसार में किसी वस्तु की भी इच्छा नहीं। आपने एक दिन क्रोधित होकर उनके धीरे से एक चपत मार दी जिससे वह दिन भर रोते रहे। उनको घरवालों तथा शिष्यों ने बहुत कुछ समझाया, किन्तु वह धार्मिक कथा कहने न जाते। यह देखकर उनके मुरीदों को बड़ा क्रोध आया कि हमारे धर्मगुरु एक काफिर के चक्कर में फँस गये हैं। एक दिन सन्ध्या को स्वामी जी अकेले समुद्र के तट पर भ्रमण करने गये थे कि कई मुरीद मकान पर बन्दूक लेकर स्वामी जी को मार डालने के लिये आये। यह समाचार जानकर उन्होंने स्वामी जी के प्राणों का भय देख स्वामी जी से बम्बई छोड़ देने की प्रार्थना की। प्रातःकाल एक स्टेशन पर स्वामी जी को तार मिला कि आपके प्रेमी श्रीयुत अबुलक़लाम आज़ाद के भाई साहब ने आत्महत्या कर ली। तार पाकर आपको बड़ा क्लेश हुआ। जिस समय आपको इन बातों का स्मरण हो आता था, तो बड़े दुःखी होते थे। एक दिन सन्ध्या के समय मैं आपके निकट बैठा हुआ था। अँधेरा काफी हो गया था। स्वामी जी ने बड़ी गहरी ठण्डी साँस ली, मैंने चेहरे की ओर देखा तो आँखों से आँसू बह रहे थे। मुझे बड़ा आश्चर्य हुआ। मैंने कई घंटे प्रार्थना की तब आपने उपरोक्त विवरण सुनाया।

अंग्रेजी की योग्यता आपकी बड़ी उच्च कोटि की थी। शास्त्र विषयक आपका ज्ञान बड़ा गम्भीर था। आप बड़े निर्भीक वक्ता थे। आपकी योग्यता को देखकर एक बार मद्रास की कांग्रेस कमेटी ने अखिल भारतवर्षीय कांग्रेस का प्रतिनिधि चुनकर भेजा था। आगरा की आर्यमित्र सभा के वार्षिकोत्सव पर आपके व्याख्यानों को श्रवण कर राजा महेन्द्र प्रताप जी बड़े मुग्ध हुए थे। राजा साहब ने आपके पैर छूये और अपनी कोठी पर लिवा ले गये। उस

समय से राजा साहब बहुधा आपके उपदेश सुना करते और आपको अपना गुरु मानते थे। इतना साफ निर्भीक बोलनेवाला मैंने आज तक नहीं देखा। सन् 1913 ई० में मैंने आपका पहला व्याख्यान शाहजहाँपुर में सुना था। आर्य समाज के वार्षिकोत्सव पर आप पधारे थे। उस समय आप बरेली में निवास करते थे। आपका शरीर बहुत ही कृश था क्योंकि आपको एक अद्भुत रोग हो गया था। आप जब शौच जाते थे, तब आप के खून गिरता था। कभी दो छटाँक और कभी-कभी तो एक सेर तक खून गिर जाता था। आपको बवासीर नहीं थी। ऐसा कहते थे कि किसी प्रकार योग की क्रिया बिगड़ जाने से पेट की आंत में कुछ विकार उत्पन्न हो गया। आँत सड़ गई। पेट चिरवा कर आँत कटवानी पड़ी और तभी से वह रोग हो गया था, बड़े-बड़े वैद्य डाकटरों की औषधि की किन्तु कुछ लाभ न हुआ। इतने कमज़ोर होने पर भी जब व्याख्यान देते तब इतने ज़ोर से बोलते कि तीन चार फरलांग से आपका व्याख्यान साफ़ सुनाई देता था। दो-तीन वर्ष तक आपको हर साल आर्य-समाज के वार्षिकोत्सव पर बुलाया जाता। सन् 1915 ई० में कतिपय सज्जनों की प्रार्थना पर आप आर्य समाज मन्दिर शाहजहाँपुर में ही निवास करने लगे। इसी समय से मैंने आपकी सेवा-सुश्रूषा में समय व्यतीत करना आरम्भ कर दिया।

स्वामी जी मुझे धार्मिक तथा राजनैतिक उपदेश देते थे और इस प्रकार की पुस्तकें पढ़ने का भी आदेश करते थे। राजनीति में भी आपका ज्ञान उच्च कोटि का था। लाला हरदयाल से आपसे बहुत परामर्श होता था। एक बार महात्मा मुन्शीराम जी (स्वर्गीय स्वामी श्रद्धानन्द जी) को आपने पुलिस के प्रकोप से बचाया। आचार्य रामदेव जी तथा श्रीयुत कृष्ण जी से आपका बड़ा स्नेह था। राजनीति में आप मुझसे अधिक खुलते न थे। आप मुझसे बहुधा कहा करते थे कि इन्ट्रेन्स पास कर लेने के बाद योरप यात्रा अवश्य करना। इटली जाकर महात्मा मेजिनी की जन्मभूमि के दर्शन अवश्य करना। सन् 1916 ई० में लाहौर काण्ड का मामला चला। मैं समाचार पत्रों में उसका सब वृतान्त बड़े चाव से पढ़ा करता था। श्रीयुत भाई परमानन्द जी में मेरी बड़ी श्रद्धा थी क्योंकि उनकी लिखी हुई 'तवारीख हिन्द' पढ़कर मेरे हृदय पर बड़ा प्रभाव पड़ा था। लाहौर काण्ड का फ़ैसला अखबारों में छपा। श्री भाई परमामन्द जी को फाँसी की सज़ा पढ़कर मेरे शरीर में आग लग गई। मैंने विचारा कि अंग्रेज़ बड़े अत्याचारी हैं, इनके राज्य में न्याय नहीं, जो इतने बड़े महानुभाव को फाँसी की सज़ा का हुक्म दे दिया। मैंने प्रतिज्ञा की कि इसका बदला अवश्य लूँगा। जीवन-भर अंग्रेज़ी राज्य को विध्वंस करने का प्रयत्न करता रहूँगा। इस प्रकार की प्रतिज्ञा कर चुकने के पश्चात् मैं स्वामी जी के पास आया। सब समाचार सुनाये और अखबार दिया। अखबार पढ़कर स्वामी जी भी बड़े दुःखित हुए, तब मैंने अपनी प्रतिज्ञा के

सम्बन्ध में कहा। स्वामी जी कहने लगे कि प्रतिज्ञा करना सरल है, किन्तु उस पर दृढ़ रहना कठिन है। मैंने स्वामी जी को प्रणाम कर उत्तर दिया कि यदि श्री चरणों की कृपा बनी रहेगी तो प्रतिज्ञा-पूर्ति में किसी प्रकार की त्रुटि नहीं करूँगा। उस दिन से स्वामी जी कुछ-कुछ खुले। वे बहुत-सी बातें बताया करते थे। उस ही दिन से मेरे क्रान्तिकारी जीवन का सूत्रपात हुआ। यद्यपि आप आर्य-समाज के सिद्धान्तों को सर्व प्रकारेण मानते थे, किन्तु परमहंस रामकृष्ण, स्वामी विवेकानन्द, स्वामी रामतीर्थ तथा महात्मा कबीरदास के उपदेशों का अधिकतर वर्णन किया करते थे।

मुझमें जो कुछ धार्मिक तथा आत्मिक जीवन में दृढ़ता उत्पन्न हुई, वह स्वामी जी महाराज के सदुपदेशों का परिणाम है। आपकी दया से ही मैं ब्रह्मचर्य पालन में सफलीभूत हुआ। आपने मेरे भविष्य जीवन के सम्बन्ध में जो-जो बातें कहीं थीं। वह अक्षरशः सत्य हुईं। आप कहा करते थे कि दुःख है, कि यह शरीर न रहेगा। और तेरे जीवन में बड़ा विचित्र-विचित्र समस्यायें आवेंगी, जिनको सुलझानेवाला कोई न मिलेगा। यदि यह शरीर नष्ट न हुआ, जो असम्भव है, तो तेरा जीवन भी संसार में एक आदर्श जीवन होगा। मेरा दुर्भाग्य था कि जब आपके अन्तिम दिन बहुत निकट आ गए, तब आपने मुझे योगाभ्यास सम्बन्धी कुछ क्रियाएँ बताने की इच्छा प्रकट की; किन्तु आप इतने दुर्बल हो गए थे कि ज़रा-सा परिश्रम करने या दस-बीस कदम चलने पर ही आप को बेहोशी आ जाती थी। आप फिर कभी इस योग्य न हो सके कि कुछ देर बैठकर कुछ क्रियायें मुझे बता सकते। आपने कहा था—मेरा योग भ्रष्ट हो गया। प्रयत्न करूँगा, मरण-समय पास रहना, मुझसे पूछ लेना कि मैं कहाँ जन्म लूंगा। सम्भव है कि मैं बता सकूं।' नित्य प्रति सेर आध सेर खून गिर जाने पर भी आप कभी भी क्षोभित न होते थे। आपकी आवाज़ भी कभी कमज़ोर न हुई। जैसे अद्वितीय आप वक्ता थे; वैसे ही आप लेखक भी थे। आपके कुछ लेख तथा पुस्तकें आपके एक भक्त के पास थीं जो यों ही नष्ट हो गईं। कुछ लेख तथा पुस्तकें श्री० स्वामी अनुभवानन्द जी शान्ति ले गए थे। कुछ लेख आपने प्रकाशित भी कराये थे। लगभग 48 वर्ष की उम्र में आपने इहलोक त्याग किया। इस स्थान पर मैं महात्मा कबीरदास जी के कुछ अमृत वचनों का उल्लेख करता हूँ, जो मुझे बड़े प्रिय तथा शिक्षाप्रद मालूम हुए :—

'कबीरा' यह शरीर सराय है इसमें भाड़ा दे के बस।
जब भटियारी खुश रहेगी तब जीवन का रस ॥ 1 ॥

"'कबीरा' क्षुधा है कूकरी करत भजन में भंग।
याको टुकरा डारि के सुमिरन करो निशङ्क ॥ 2 ॥

नींद निवासी मीच की उठ 'कबीरा' जाग।
और रसायन त्याग के नाम रसायन चाख ॥ 3 ॥

चलना है रहना नहीं चलना बिसवे बीस ।
'कबीरा' ऐसे सुहाग पर कौन बँधावे सीस ॥ 4 ॥

अपने अपने चोर को सब कोई डारे मारि ।
मेरा चोर जो मोहि मिले सबसे डारूँ बारि ॥ 5 ॥

कहा सुना की है नहीं देखा देखी बात ।
दूल्हा दुल्हिन मिलि गये सूनी परी बरात ॥ 6 ॥

नेनन की करि कोठरी पुतरी पलँग बिछाय ।
पलकन की चिक डारि के पीतम लेहु रिझाय ॥ 7 ॥

प्रेम पियाला जो पिये सीस दक्षिना देय ।
लोभी साथ न दे सके नाम प्रेम का लेय ॥ 8 ॥

सीस उतारे मुंह धरै तापै राखे पाँव ।
दास 'कबीरा' यूँ कहे ऐसा होय तो आव ॥ 9 ॥

निन्दक नियरे राखिये आँगन कुटी बनाय ।
बिन पानी साबुन बिना उज्ज्वल करे सुभाय ॥ 10 ॥

ब्रह्मचर्य व्रत का पालन

वर्तमान समय में इस देश की कुछ ऐसी दुर्दशा हो रही है कि जितने धनी तथा गणमान्य व्यक्ति हैं उनमें 99 प्रतिशत ऐसे हैं जो अपनी सन्तान रूपी अमूल्य धन राशि को अपने नौकर तथा नौकरानियों के हाथ में सौंप देते हैं। उनकी जैसी इच्छा हो वे उन्हें बनावें। मध्यम श्रेणी के व्यक्ति भी अपने व्यवसाय तथा नौकरी इत्यादि में फँसे रहने के कारण सन्तान की ओर अधिक ध्यान नहीं दे सकते। सस्ता काम चलाऊ नौकर या नौकरानी रखते हैं और उन्हीं पर बाल-बच्चों का भार सौंप देते हैं। ये नौकर बच्चों को तो नष्ट करते ही हैं, यदि कुछ भगवान की दया हो गई, और बच्चे नौकर-नौकरानियों के हाथ से बच गए, तो मौहल्ले की गन्दगी से बचना बड़ा कठिन है। बाकी रहे-सहे स्कूल में पहुँच कर पारंगत हो जाते हैं। कालेज पहुँचते-पहुँचते आजकल के नवयुवकों के सोलहों संस्कार हो जाते हैं। कालेज में पहुँचकर ये लोग समाचार पत्रों में दिए हुए औषधियों के विज्ञापन देख-देख कर दवाइयों को मँगा-मँगा-कर धन नष्ट करना आरम्भ करते हैं। 95 प्रति सैकड़ा की आँखें खराब हो जाती हैं। कुछ को शारीरिक दुर्बलता तथा कुछ को फैशन के विचार से ऐनक लगाने की बुरी आदत पड़ जाती है। सौन्दर्योपासना तो उनकी रग-रग में

कूट-कूटकर भर जाती है। स्यात् कोई ही विद्यार्थी ऐसा हो जिसकी प्रेम कथायें प्रचलित न हों। ऐसी अजीब-अजीब बातें सुनने में आती हैं कि जिनका उल्लेख करने से ग्लानि होती है। यदि कोई विद्यार्थी सचरित्र बनने का प्रयत्न भी करता है और स्कूल या कालेज जीवन में उसे कुछ अच्छी शिक्षा भी मिल जाती है तो परिस्थितियाँ, जिनमें उसे निर्वाह करना पड़ता है, उसे सुधरने नहीं देतीं। वे विचारते हैं कि थोड़ा-सा इस जीवन का आनन्द ले लें, यदि कुछ खराबी पैदा हो गई तो दवाई खाकर या पौष्टिक पदार्थों का सेवन करके दूर कर लेंगे। यह उनकी बड़ी भारी भूल है। अंग्रेजी की कहावत है 'Only for once and for ever' तात्पर्य यह है कि यदि एक समय कोई बात पैदा हुई, मानो सदा के लिए रास्ता खुल गया। दवाइयाँ कोई लाभ नहीं पहुँचातीं। अंडों, जूस, मछली के तेल, माँस आदि पदार्थ भी व्यर्थ सिद्ध होते हैं। सबसे आवश्यक बात चरित्र सुधारना ही होती है। विद्यार्थियों तथा उनके अध्यापकों को उचित है कि वे देश की दुर्दशा पर दया करके अपने चरित्र को सुधारने का प्रयत्न करें। संसार में ब्रह्मचर्य ही सारी शक्तियों का मूल है। बिना ब्रह्मचर्य व्रत पालन किए मनुष्य जीवन नितान्त शुष्क तथा नीरस प्रतीत होता है। विद्या, बल तथा बुद्धि सब ब्रह्मचर्य के प्रताप से ही प्राप्त होते हैं। संसार में जितने बड़े आदमी हुए हैं, उनमें से अधिकतर ब्रह्मचर्य व्रत के प्रताप से ही बड़े बने और सैकड़ों हज़ारों वर्ष के बाद भी उनका यश गान करके मनुष्य अपने-आपको कृतार्थ करते हैं। ब्रह्मचर्य की महिमा यदि जानना हो तो परशुराम, राम, लक्ष्मण, कृष्ण, भीष्म, ईसा, मेज़िनी, बंदा, रामकृष्ण दयानन्द तथा राममूर्ति की जीवनियों का अध्ययन करें।

जिन विद्यार्थियों को बाल्यावस्था में किसी कुटेव की बान पड़ जाती है, या जो बुरी संगत में पड़कर अपना आचरण बिगाड़ लेते हैं और फिर अच्छी शिक्षा पाने पर आचरण सुधारने का प्रयत्न करते हैं, परन्तु सफल मनोरथ नहीं होते, उन्हें निराश न होना चाहिए। मनुष्य जीवन अभ्यासों का एक समूह है। मनुष्य के मन में भिन्न-भिन्न प्रकार के अनेक विचार तथा भाव उत्पन्न होते रहते हैं उनमें से जो उसे रुचिकर होते हैं, वे प्रथम कार्य रूप में परिणत होते हैं। क्रिया के बार-बार होने से उसमें से ऐच्छिक भाव निकल जाता है और उसमें तात्कालिक प्रेरणा उत्पन्न हो जाती है। इन तात्कालिक प्रेरक क्रियाओं को, जो पुनरावृत्ति का फल है अभ्यास कहते हैं, मानवी चरित्र इन्हीं अभ्यासों द्वारा बनता है। अभ्यास से तात्पर्य आदत, स्वभाववान है। अभ्यास अच्छे और बुरे दोनों प्रकार के होते हैं। यदि हमारे मन में निरन्तर अच्छे विचार उत्पन्न हों, तो उनका फल अच्छे अभ्यास होंगे, और यदि मन बुरे विचारों में लिप्त रहे, तो निश्चय रूपेण अभ्यास बुरे होंगे। मन इच्छाओं का केन्द्र है। उन्हीं की पूर्ति के लिए मनुष्य को प्रयत्न करना पड़ता है। अभ्यासों के बनने में पैत्रिक संस्कार, अर्थात माता-पिता के अभ्यासों

के अनुसार अनुकरण ही बच्चों के अभ्यास का सहायक होता है। दूसरे जैसी परिस्थितियों में निवास होता है, वैसे ही अभ्यास भी पड़ते हैं। तीसरे प्रयत्न से भी अभ्यासों का निर्माण होता है। यह शक्ति इतनी प्रबल हो सकती है कि इसके द्वारा मनुष्य पैत्रिक संस्कार तथा परिस्थितियों को भी जीत सकता है। हमारे जीवन का प्रत्येक कार्य जब अभ्यासों के आधीन है। यदि अभ्यासों द्वारा हमें कार्य में सुगमता प्रतीत न होती, तो हमारा जीवन बड़ा दुःखमय प्रतीत होता। लिखने का अभ्यास, वस्त्र पहिनना, पठन-पाठन इत्यादि इसके प्रत्यक्ष उदाहरण हैं। यदि हमें प्रारम्भिक समय की भाँति सदैव सावधानी से काम लेना हो तो कितनी कठिनता प्रतीत हो। इसी प्रकार बालक का खड़ा होना और चलना भी है कि उस समय वह क्या कष्ट अनुभव करता है; किन्तु एक मनुष्य मीलों चला जाता है। बहुत लोग तो चलते-चलते नींद भी ले लेते हैं। जेल में बाहरी दीवार पर घड़ी में चाबी लगानेवाले जिन्हें बराबर छः घंटे चलना होता है, वे बहुधा चलते-चलते सो लिया करते हैं।

मानसिक भावों को शुद्ध रखते हुए अन्तःकरण को उच्च विचारों में बल-पूर्वक संलग्न करने का अभ्यास करने से अवश्य सफलता होगी। प्रत्येक विद्यार्थी या नवयुवक को जो कि ब्रह्मचर्य-व्रत के पालन की इच्छा रखता है, उचित है, कि अपनी दिनचर्या अवश्य निश्चित करे। खान पानादि का विशेष ध्यान रखे। महात्माओं के जीवन चरित्र तथा चरित्र संगठन सम्बन्धी पुस्तकों का अवलोकन करे। प्रेमालाप तथा उपन्यासों में समय नष्ट न करे। खाली समय अकेला न बैठे। जिस समय कोई बुरे विचार उत्पन्न हों तुरन्त शीतल जल पान कर घूमने लगे, या किसी अपने से बड़े के पास जाकर बातचीत करने लगे। अश्लील (इश्क़ भरी) ग़ज़लें, शेरें तथा गानों को न पढ़े और न सुने। स्त्रियों के दर्शन से बचता रहे। माता तथा बहिन से भी एकान्त में न मिले। सुन्दर सहपाठियों या अन्य विद्यार्थियों से स्पर्श तथा आलिंगन की भी आदत न डाले।

विद्यार्थी प्रातःकाल सूर्य उदय होने से एक घन्टा पहिले शय्या त्याग कर शौचादि से निवृत हो व्यायाम करे, या वायु सेवनार्थ बाहर मैदान में जावे। सूर्य उदय होने के पाँच-दस मिनट पूर्व स्नान से निवृत्त होकर यथा विश्वास परमात्मा का ध्यान करे। सदैव कुंए के ताजे जल से स्नान करे। यदि कुंए का जल प्राप्त न हो तो जाड़ों में जल को थोड़ा-सा गुनगुना कर ले और गर्मियों में शीतल जल से स्नान करे। स्नान करने के पश्चात् एक खुरखुरे तौलिया अंगौछा से खूब शरीर मले। उपासना के पश्चात थोड़ा-सा जलपान करे। कोई फल शुष्क मेवा दुग्ध अथवा सबसे उत्तम यह है कि गेहूँ की दलिया रंधवाकर यथा रुचि मीठा या नमक डाल कर खावे। फिर अध्ययन करे और दश बजे से ग्यारह बजे के मध्य में भोजन कर लेवे। भोजनों में मांस, मछली, चर्परे खट्टे, गरिष्ट, बासी तथा उत्तेजक पदार्थों का त्याग करे। प्याज, लहसुन, लाल मिर्च, आम की खटाई और अधिक मसालेदार भोजन कभी न खाये। सात्विक

भोजन करे। शुष्क भोजनों का भी त्याग करे। जहाँ तक हो सके सब्जी अर्थात् साग अधिक खावे। भोजन खूब चबा कर करे। अधिक गरम या अधिक ठण्डा भोजन भी वर्जित है। स्कूल अथवा कालेज़ से आकर थोड़ा-सा आराम करके एक घंटा लिखने का काम करके खेलने के लिये जावे। मैदान में थोड़ा-सा घूमे भी। घूमने के लिये चौक बाजार की गन्दी हवा में जाना ठीक नहीं। स्वच्छ वायु का सेवन करे। सन्ध्या समय भी शौच अवश्य जावे। थोड़ा-सा ध्यान करके हलका-सा भोजन कर ले। यदि हो सके तो रात्रि के समय केवल दुग्ध पीने का अभ्यास डाले, या फल खा लिया करे। स्वप्न दोषादिक व्याधियाँ केवल पेट के भारी होने से ही होती हैं। जिस दिन भोजन भली-भाँति नहीं पचता, उस दिन विकार हो जाता है, या मानसिक भावनाओं की अशुद्धता से निद्रा ठीक न आकर स्वप्नावस्था में वीर्यपात हो जाता है, रात्रि के समय साढ़े दस बजे तक पठन-पाठन करे, पुनः सो जावे। सोना सदैव खुली हवा में चाहिये। बहुत मुलायम चिकने बिस्तर पर न सोवे। जहाँ तक हो सके, लकड़ी के तख्त पर कम्बल या गाढ़े की चद्दर बिछा कर सोवे। अधिक पाठ करना हो तो साढ़े नौ या दस पर सो जावे। प्रातःकाल 3½ या 4 बजे उठकर कुल्ला करके शीतल जलपान करे और शौच से निवृत हो पठन-पाठन करे। सूर्योदय के निकट फिर नित्य की भाँति व्यायाम या भ्रमण करे। सब व्यायामों में दण्ड बैठक सर्वोत्तम है जहाँ जी चाहा व्यायाम कर लिया। यदि हो सके तो प्रोफ़ेसर राममूर्ति की विधि से दंड तथा बैठक करे। प्रोफेसर साहब की रीति विद्यार्थियों के लिये बड़ी लाभदायक है। थोड़े समय में ही पर्याप्त परिश्रम हो जाता है। दंड बैठक के अलावा शीर्षासन और पद्मआसन का भी अभ्यास करना चाहिये और अपने कमरे में वीरों और महात्माओं के चित्र रखना चाहिये।

द्वितीय खण्ड

स्वदेश-प्रेम

पूज्यपाद श्री स्वामी सोमदेव का देहान्त हो जाने के पश्चात जबसे अंग्रेजी के नवें दर्जे में आया कुछ स्वदेश सम्बन्धी पुस्तकों का अवलोकन आरम्भ हुआ। शाहजहाँपुर में सेवा समिति की नींव पं० श्रीराम बाजपेयी जी ने डाली, उसमें भी बड़े उत्साह से कार्य किया। दूसरों की सेवा का भाव हृदय में उदय हुआ। कुछ समझ में आने लगा कि वास्तव में देशवासी बड़े दुःखी हैं। उसी वर्ष मेरे पड़ोसी तथा मित्र जिनसे मेरा स्नेह अधिक था, इन्ट्रेंस की परीक्षा पास करके कालेज में शिक्षा पाने को चले गये। कालेज के स्वतन्त्र वायु में उनके हृदय में भी स्वदेश के भाव उत्पन्न हुए। उसी साल लखनऊ में अखिल भारतवर्षीय कांग्रेस का उत्सव हुआ। मैं भी उसमें सम्मिलित हुआ, कतिपय सज्जनों से भेंट हुई। कुछ देश दशा का अनुमान हुआ, और निश्चय हुआ कि देश के लिये कुछ विशेष कार्य किया जावे। देश में जो कुछ भी हो रहा है, उसका उतरदायी सरकार ही है। भारतवासियों के दुःख तथा दुर्दशा की जिम्मेदारी गवर्नमेंट पर ही है, अतएव सरकार को पलटने का प्रयत्न करना चाहिये। मैंने भी इस प्रकार के विचारों में योग दिया। कांग्रेस में महात्मा तिलक के पधारने की खबर थी, इस कारण से गरम दल के अधिक व्यक्ति आये हुये थे, कांग्रेस के सभापति का स्वागत बड़ी धूमधाम से हुआ। उसके दूसरे दिन लोकमान्य बाल गंगाधर तिलक की स्पेशल गाड़ी के आने का समाचार मिला। लखनऊ स्टेशन पर बहुत बड़ा जमाव था। स्वागतकारिणी समिति के सदस्यों से मालूम हुआ कि लोकमान्य का स्वागत केवल स्टेशन पर ही किया जावेगा, और शहर में सवारी न निकाली जावेगी। जिसका कारण यह था कि स्वागत कारिणी समिति के प्रधान पं० गोकरणनाथ जी तथा अन्य उदार दल (माडरेटों) वालों की संख्या अधिक थी। माडरेटों को भय था कि यदि लोकमान्य की सवारी शहर में निकाली गई, तो कांग्रेस के प्रधान से भी अधिक सम्मान होगा। जिसे वह उचित न समझते थे। अतः उन सबने प्रबन्ध किया कि जैसे ही लोकमान्य पधारें, उन्हें मोटर में बिठा कर शहर के बाहर-

बाहर निकाल ले जावें। इन सब बातों को सुनकर नवयुवकों को बड़ा खेद हुआ। कालेज के एक एम०ए० के विद्यार्थी ने इस प्रबन्ध का विरोध करते हुए कहा कि लोकमान्य का स्वागत् अवश्य होना चाहिये। मैंने भी इस विद्यार्थी के कथन में सहयोग दिया। इसी प्रकार कई नवयुवकों ने निश्चय किया कि जैसे ही लोकमान्य स्पेशल मे उतरें उन्हें घेर कर गाड़ी में बिठा लिया जावे और सवारी निकाली जावे। स्पेशल आने पर लोकमान्य सबसे पहिले उतरे। स्वागतकारिणी के सदस्यों ने कांग्रेस के स्वयंसेवकों का घेरा बनाकर लोकमान्य को मोटर में जा बिठाया। मैं तथा एक एम०ए० का विद्यार्थी मोटर के आगे लेट गये। सब कुछ समझाया गया, मगर किसी की एक न सुनी। हम लोगों की देखा-देखी और कई नवयुवक भी मोटर के सामने आकर बैठ गये। उस समय मेरे उत्साह का यह हाल था कि मुँह से बात न निकलती थी, केवल रोता था और कहता था कि 'मोटर मेरे ऊपर से निकाल ले जाओ।' स्वागत कारिणी के सदस्यों से कांग्रेस के प्रधान को ले जानेवाली गाड़ी माँगी ; उन्होंने देना स्वीकार न किया। एक नवयुवक ने मोटर का टायर काट दिया। लोकमान्य जी बहुत कुछ समझावें किन्तु सुनता कौन ? एक किराये की गाड़ी के घोड़े खोलकर लोकमान्य के पैरों पर शिर रख आपको उसमें बिठाया, और सबने मिलकर हाथों से गाड़ी खींचना शुरू की। इस प्रकार लोकमान्य का इस धूमधाम से स्वागत हुआ कि किसी नेता की इतनी जोरों से सवारी न निकाली गई। लोगों के उत्साह का हाल था कि कहते थे कि एक बार गाड़ी में हाथ लगा लेने दो, जीवन सुफल हो जावे। लोकमान्य पर फूलों की जो वर्षा की जाती थी उसमें से जो फूल नीचे गिर जाते थे उसे उठाकर लोग पल्लू बाँध लेते थे। जिस स्थान पर लोकमान्य के पैर पड़ते, वहाँ की धूल सबके मत्थों पर दिखाई देती। कोई उस धूल को भी अपने रूमाल में बाँध लेते थे। इस स्वागत मे माडरेटों की बड़ी भद्द हुई।

क्रान्तिकारी आन्दोलन

कांग्रेस के अवसर पर लखनऊ में ही मालूम हुआ कि एक गुप्त समिति है, जिसका मुख्य उद्देश्य क्रान्तिकारी आन्दोलन में भाग लेना है। यहीं से क्रांतिकारी गुप्त समिति की चर्चा सुनकर थोड़े समय व्यतीत होने पर, मैं भी क्रान्तिकारी समिति के कार्य में योग देने लगा। अपने एक मित्र द्वारा क्रान्तिकारी समिति का सदस्य हो गया। थोड़े ही दिन में मैं कार्यकारिणी का सदस्य बना लिया गया। समिति में धन की बहुत कमी थी, उधर हथियारों की भी

जरूरत थी। जब घर वापस आया। तब विचार हुआ कि एक पुस्तक प्रकाशित की जावे और उसमें जो लाभ हो उससे हथियार खरीदे जावें। पुस्तक प्रकाशित कराने के लिये धन कहाँ से आवे ? विचार करते-करते मुझे एक चाल सूझी ; मैंने अपनी माता जी से कहा ? मैं कुछ रोज़गार करना चाहता हूँ। उसमें अच्छा लाभ होगा। यदि आप रुपये दे सकें तो बड़ा अच्छा हो। उन्होंने 200 रु० दिये। 'अमेरिका को स्वाधीनता कैसे मिली' नामक पुस्तक लिखी जा चुकी थी। प्रकाशित होने का प्रबन्ध हो गया। थोड़े रुपये की जरूरत और पड़ी, मैंने माता जी से 200 रु० और लिये। पुस्तक की बिक्री हो जाने पर माता जी के रुपये पहले निपटा दिये। लगभग 200 रु० और भी बचे। पुस्तकें अभी बिकने के लिये बहुत बाकी थीं। उसी समय 'देशवासियों के नाम संदेश' नामक एक पर्चा छपवाया गया क्योंकि पं० गेंदालाल जी, ब्रह्मचारी जी के दल सहित ग्वालियर में गिरफ़्तार हो गये थे। अब सब विद्यार्थियों ने अधिक उत्साह के साथ काम करने की प्रतिज्ञा की। पर्चे कई जिलों में लगाये गये, और बाँटे भी गये। पर्चे तथा 'अमेरिका को स्वाधीनता कैसे मिली' पुस्तक, दोनों संयुक्त प्रान्त की सरकार ने जब्त कर ली।

हथियारों की खरीद

अधिकतर लोगों का विचार है कि देशी राज्यों में हथियार (रिवाल्वर, पिस्तौल तथा राइफ़लें इत्यादि) सब कोई रखता है, और बंदूक इत्यादि पर लाइसेन्स नहीं होता। अतएव इस प्रकार के अस्त्र बड़ी सुगमता से प्राप्त हो सकते हैं। देशी राज्यों में हथियारों पर कोई लाइसेन्स नहीं, यह बात बिलकुल ठीक है, और हर-एक को बन्दूक इत्यादि रखने की आजादी है। किन्तु कारतूसी हथियार बहुत कम लोगों के पास रहते हैं, जिसका कारण यह है कि कारतूस या बिलायती बारूद खरीदने पर पुलिस में सूचना देनी होती है। राज्य में तो कोई ऐसी दुकान नहीं होती जिस पर कारतूस या कारतूसी हथियार मिल सकें। यहाँ तक कि विलायती बारूद और बन्दूक की टोपी भी नहीं मिलती। क्योंकि ये सब चीजें बाहर से मँगानी पड़ती हैं। जितनी चीजें इस प्रकार की बाहर से मँगाई जाती हैं, उनके लिये रेज़ीडेंट (गवर्नमेंट का प्रतिनिधि जो रियासतों में रहता है) की आज्ञा लेनी पड़ती है। बिना रेजीडेन्ट की मंजूरी के हथियारों सम्बन्धी कोई चीज़ बाहर से रियासत में नहीं आ सकती। इस कारण इस खटखट से बचने के लिये रियासत में ही टोपीदार बन्दूकें बनती हैं, और देशी बारूद भी वहीं के लोग शोरा, गन्धक तथा कोयला

मिलाकर बना लेते हैं। बन्दूक की टोपी चुरा-छिपाकर मँगा लेते हैं। नहीं तो टोपी के स्थान पर भी मनसल और पुटास अलग-अलग पीसकर दोनों को मिलाकर उसी से काम चलाते हैं। हथियार रखने की आज़ादी होने पर भी ग्रामों में किसी एक-दो धनी या ज़मींदार के यहाँ टोपीदार बन्दूक या टोपीदार छोटे पिस्तौल होते हैं, जिनमें ये लोग रियासत की बनी हुई बारूद काम में लाते हैं। यह बारूद बरसात में सील खा जाती है और काम नहीं देती। एक बार मैं अकेला रिवाल्वर ख़रीदने गया। उस समय समझता था कि हथियारों की दुकान होगी, सीधे जाकर दाम देंगे और रिवाल्वर लेकर चले आवेंगे। प्रत्येक दूकान देखी, कहीं किसी पर बन्दूक इत्यादि का विज्ञापन या कोई दूसरा निशान न पाया। फिर एक ताँगा पर सवार होकर, सब शहर घूमा। ताँगेवाले ने पूछा क्या चाहिये। मैंने उससे डरते-डरते अपना उद्देश्य कहा। उसी ने दो-तीन दिन घूम-फिरकर एक टोपीदार रिवाल्वर ख़रीदवा दिया था, और देशी बनी हुई बारूद एक दूकान से दिला दी। मैं कुछ जानता तो था नहीं, एकदम दो सेर बारूद ख़रीदी। जो घर पर सन्दुक में रखे-रखे बरसात में सील खाकर पानी हो गई। मुझे बड़ा दुःख हुआ। दूसरी बार जब मैं क्रान्तिकारी समिति का सदस्य हो चुका था, तब, दूसरे सहयोगियों की सम्मति से, दो सौ रुपया लेकर हथियार ख़रीदने गया। इस बार मैंने बहुत प्रयत्न किया तो एक कबाड़ी जैसी दूकान पर कुछ तलवारें, खंजर, कटार तथा दो-चार टोपीदार बन्दूकें रखी देखीं। मैंने बड़ा साहस करके उससे पूछा कि क्या आप ये चीजें बेचते हैं, उसने जब हाँ में उत्तर दिया तो मैंने दो चार चीजें देखीं। दाम पूछे। इसी प्रकार वार्तालाप करके पूछा, कि क्या आप करतूसी हथियार नहीं बेचते या और कहीं नहीं बिकते? तब उसने सब विवरण सुनाया। उस समय उसके पास टोपीदार एक-नाली के छोटे-छोटे दो पिस्तौल थे। मैंने वे दोनों ख़रीद लिये। एक कटार भी ख़रीदा। उसने वादा किया कि यदि आप फिर आवें तो कुछ कारतूसी हथियार जुटाने का प्रयत्न किया जावे। लालच बुरी बला है, वाली कहावत के अनुसार तथा इसलिये भी कि हम लोगों को कोई दूसरा ऐसा ज़रिया भी न था, जहाँ से हथियार मिल सकते, मैं कुछ दिनों बाद फिर गया। इस समय उसी ने एक बड़ा सुन्दर कारतूसी रिवाल्वर दिया। कुछ पुराने कारतूस दिये। रिवाल्वर था तो पुराना, किन्तु बड़ा ही उत्तम था। दाम उसके नये के बराबर देने पड़े। अब उसे विश्वास हो गया कि यह हथियारों के ख़रीदार हैं। उसने प्राणपण से चेष्टा की और कई रिवाल्वर तथा दो-तीन रायफलें जुटाई। उसे भी अच्छा लाभ हो जाता था। प्रत्येक वस्तु पर वह बीस-तीस रुपये मुनाफ़ा ले लेता था। बाज़-बाज़ चीज़ पर दुना नफ़ा खा लेता था। इसके बाद हमारी संस्था के दो-तीन सदस्य मिल कर गये। दूकानदार ने भी हमारी उत्कट इच्छा को देखकर इधर-उधर से पुराने हथियारों की ख़रीद करके उनकी मरम्मत की और नया-सा करके हमारे हाथ बेचना शुरू किया।

खूब ठगा; हम लोग कुछ जानते थे नहीं । इसी प्रकार अभ्यास करने मे कुछ नया पुराना समझने लगे । एक दूसरे सिकलीगर से भेंट हुई । वह स्वयं कुछ नहीं जानता था, किन्तु उसने वचन दिया कि वह कुछ रईसों से हमारी भेंट करा देगा । उसने एक रईस मे मुलाकात कराई जिनके पास एक रिवाल्वर था । रिवाल्वर खरीदने की हमने इच्छा प्रकट की । उन महाशय ने उस रिवाल्वर के डेढ़ सौ रुपये माँगे । रिवालवर नया था । बड़े कहने-सुनने पर सौ कारतूस उन्होंने दिये और 155 रु० लिये; 150 रु० उन्होंने स्वयं लिये 5 रु० सिकलीगर को कमीशन के तौर देने पड़े । रिवाल्वर चमकता हुआ नया था, समझे अधिक दामों का होगा । खरीद लिया । विचार हुआ कि इस प्रकार ठगे जाने से काम न चलेगा । किसी प्रकार कुछ जानने का प्रयत्न किया जावे । बड़ी कोशिश के बाद कलकत्ता, बम्बई से बन्दूक विक्रेताओं की लिस्टें मँगा कर देखीं । देखकर आँखें खुल गईं । जितने रिवालवर या बन्दूकें हमने खरीदी थीं, दो-एक को छोड़ सब के दूने-दाम दिये थे । 155 रु० के रिवालवर के दाम केवल 30 रु० ही थे और 10 रु. के सौ कारतूस, इस प्रकार कुल सामान 40 रु० का था, जिसके बदले 155 रु० देने पड़े । बड़ा खेद हुआ । करें तो क्या करें और कोई दूसरा जरिया भी तो न था ।

कुछ समय पश्चात् कारखानों की लिस्टें लेकर तीन-चार सदस्य मिलकर गये । खूब जांच तथा खोज की । किसी प्रकार रियासत की पुलिस को पता चल गया । एक खुफिया पुलिसवाला मुझे मिला, उसने कई हथियार दिलाने का वादा किया और वह मुझे पुलिस इंस्पेक्टर के घर पर ले गया । दैवात् उस समय पुलिस इंस्पेक्टर घर पर मौजूद न थे । उनके द्वार पर एक पुलिस का सिपाही बैठा था, जिसे मैं भलीभाँति जानता था । मुहल्ले में खुफिया पुलिस-वाले की आँख बचाकर पूछा, कि अमुक घर किसका है ? मालूम हुआ पुलिस इंस्पेक्टर का । मैं इतस्ततः कर के जैसे-तैसे निकल आया, और अति शीघ्र अपने ठहरने का स्थान बदला । उस समय हम लोगों के पास दो राइफलें, चार रिवाल्वर तथा दो पिस्तौलें खरीदे हुए मौजूद थे । किसी प्रकार उस खुफिया पुलिसवाले को एक कारीगर से जहाँ पर कि हम लोग अपने हथियारों की मरम्मत कराते थे, मालूम हुआ कि हममें से एक व्यक्ति उसी दिन जानेवाला था । उसने चारों ओर स्टेशन पर तार दिलवाये । रेल गाड़ियों की तलाशी ली गई । पर, पुलिस की असावधानी के कारण हम बाल-बाल बच गये ।

रुपये की चपत बुरी होती है । एक पुलिस सुपरिटेंडेन्ट के पास एक राइफल थी । मालूम हुआ वे बेचते हैं । हम लोग पहुँचे । अपने आपका रियासत का रहनेवाला बतलाया । उन्होंने निश्चय करने के लिये बहुत से प्रश्न पूछे, क्योंकि हम लोग लड़के तो थे ही । पुलिस सुपरिन्टेन्डेन्ट पेन्शनयाफ्ता, जाति के मुसलमान थे । हमारी बातों पर पूर्ण विश्वास न हुआ । कहा अपने थानेदार से लिखा लाओ कि वह तुम्हें जानता है । मैं गया जिस स्थान का रहनेवाला बताया

था। वहाँ के थानेदार का नाम मालूम किया, और एक दो जमींदारों का नाम मालूम कर के एक पत्र लिखा कि मैं उस स्थान के रहनेवाले अमुक जमींदार का पुत्र हूँ, और वे लोग मुझे भलीभाँति जानते हैं। उसी पत्र पर जमींदारों के हिन्दी में और पुलिस के दारोगा के अंग्रेजी में हस्ताक्षर बना करके पत्र ले जाकर पुलिस कप्तान साहब को दिया। बड़े गौर से देखने के बाद वे बोले मैं थाने में दरियाफ्त कर लूं। तुम्हें भी थाने चलकर इत्तिला देनी होगी कि रायफलें खरीद रहे हैं। हम लोगों ने कहा कि हमने आपके इत्मीनान के लिए इतनी मुसीबत झेली, दस-बारह रुपये खर्च किये, अगर अब भी इत्मीनान न हो तो मजबूरी है। हम पुलिस में न जावेंगे। राइफल के दाम लिस्ट में 180 रु० लिखे थे, वह 250 रु० माँगते थे, साथ में दो सौ कारतूस भी दे रहे थे। जो लगभग 50 रु० का होता। इस प्रकार पुरानी राइफल के नई के समान दाम माँगते थे। हम लोग भी 250 रु० देते थे। पुलिस कप्तान ने भी विचारा पूरे दाम मिल रहे हैं। स्वयं वृद्ध हो चुके थे। कोई पुत्र भी न था। अतएव 250 रु० लेकर राइफल दे दी! पुलिस में कुछ पूछने न गये। उन्हीं दिनों राज्य के उच्च पदाधिकारी के नौकर को मिलाकर उनके यहाँ से रिवाल्वर चोरी कराया। जिसके दाम लिस्ट में 75 रु० थे, उसे 100 रु० में खरीदा। एक माउज़र पिस्तौल भी चोरी कराया जिसके दाम लिस्ट में उस समय 200 रु० दिये थे। हमें माउज़र पिस्तौल की प्राप्ति की बड़ी उत्कट इच्छा थी। बड़े भारी प्रयत्न के बाद यह माउज़र पिस्तौल मिला, जिसका मूल्य 300 रु० देना पड़ा। कारतूस एक भी नहीं मिला। हमारे पुराने मित्र कबाड़ी महोदय के पास माउज़र पिस्तौल के पचास कारतूस पड़े थे। उन्होंने बड़ा काम दिया। हममें से किसी ने भी पहले माउज़र पिस्तौल देखा भी न था। कुछ न समझ सके कि कैसे प्रयोग किया जाता है। बड़े कठिन परिश्रम से उसका प्रयोग समझ में आया।

हमने तीन राइफलें, एक बारह बोर की दोनाली कारतूसी बन्दूक, दो टोपीदार बन्दूकें, तीन टोपीदार रिवाल्वर और पाँच कारतूसी रिवाल्वर, खरीदे। प्रत्येक हथियार के साथ पचास या सौ कारतूस भी ले लिये। इन सबमें लगभग चार हज़ार रुपए व्यय हुए। कुछ कटार तथा तलवारें इत्यादि।

मैनपुरी काण्ड

इधर तो हम लोग अपने कार्य में व्यस्त थे, उधर मैनपुरी के एक सदस्य पर लीडरी का भूत सवार हुआ। उन्होंने अपना पृथक् संगठन किया। कुछ अस्त्र-शस्त्र भी एकत्रित किये। धन की कमी की पूर्ति के लिए एक सदस्य से कहा कि अपने किसी कुटुम्बी के यहाँ डाका डलवाओ। उस सदस्य ने कोई

उत्तर न दिया। उसे आज्ञापत्र दिया गया और मार देने की धमकी दी गई। वह पुलिस के पास गया। मामला खुला। मैनपुरी में धर-पकड़ शुरू हो गई। हम लोगों को भी समाचारपत्र मिला। देहली में कांग्रेस होनेवाली थी। विचार किया गया कि 'अमेरिका को स्वाधीनता कैसे मिली' नामक पुस्तक, जो यू०पी० सरकार ने ज़ब्त कर ली थी, कांग्रेस के अवसर पर बेच दी जावे। कांग्रेस के उत्सव पर शाहजहांपुर की सेवा समिति के साथ अपनी एंबुलेंस की टोली लेकर गया था। एंबुलेंस वालों को प्रत्येक स्थान पर बिना रोके जाने की आज्ञा थी। कांग्रेस-पंडाल के बाहर खुले रूप में नवयुवक यह कहकर पुस्तक बेंच रहे थे 'यू० पी० में ज़ब्त किताब-अमेरिका को स्वाधीनता कैसे मिली' खुफिया पुलिस वालों ने कांग्रेस का कैम्प घेर लिया। सामने ही आर्य समाज का कैम्प था। वहाँ पर पुस्तक विक्रेताओं की पुलिस ने तलाशी लेनी आरम्भ कर दी। मैंने कांग्रेस कैम्प पर अपने स्वयंसेवक इसलिए छोड़ दिए कि वे बिना स्वागतकारिणी समिति के मन्त्री या प्रधान की आज्ञा पाये किसी पुलिस वाले को कैम्प में न घुसने दें। आर्य समाज के कैम्प में गया। सब पुस्तकें एक टेंट में जमा थीं। मैंने अपने ओवर-कोट में सब पुस्तकें लपेटीं; जो लगभग दो सौ के होंगी और उसे कन्धे पर डालकर पुलिसवालों के सामने से निकला। मैं वर्दी पहने था, टोप लगाए हुए था, एम्बुलेन्स का बड़ा-सा लाल बिल्ला मेरे हाथ पर लगा हुआ था, किसी ने कोई सन्देह भी न किया और पुस्तकें बच गईं।

देहली कांग्रेस से लौटकर शाहजहाँपुर आये। वहाँ भी पकड़-धकड़ शुरू हुई। हम लोग वहाँ से चलकर दूसरे शहर के एक मकान में ठहरे हुए थे। रात्रि के समय मकान मालिक ने बाहर से मकान में ताला डाल दिया। ग्यारह बजे के लगभग हमारा एक साथी बाहर से आया। उसने बाहर से ताला पड़ा देख पुकारा। हम लोगों को भी सन्देह हुआ। सब-के-सब दीवार पर से उतर-कर मकान छोड़कर चल दिये। अँधेरी रात थी। थोड़ी दूर गये थे कि हठात् आवाज आई 'खड़े हो जाओ!' कौन जाता है?' हम लोग सात-आठ आदमी थे। समझे कि घिर गये। क़दम उठाना ही चाहते थे, कि फिर आवाज़ आई 'खड़े हो जाओ' नहीं तो 'गोली मारते हैं।' हम लोग खड़े हो गये। थोड़ी देर में एक पुलिस के दारोग़ा बन्दूक हमारी तरफ़ किये हुए रिवाल्वर कंधे में लटकाए कई सिपाहियों को लिये हुए आ पहुँचे। पूछा—'कौन हो, कहाँ जाते हो?' हम लोगों ने कहा—'विद्यार्थी हैं, स्टेशन जा रहे हैं।' 'कहाँ जाओगे?' 'लखनऊ'। उस समय दो बजे थे। लखनऊ की गाड़ी पांच बजे जाती थी। दारोग़ा जी को शक हुआ। लालटेन आई। हम लोगों के चेहरे रोशनी में देखकर शक जाता रहा। कहने लगे "रात के समय लालटेन लेकर चला कीजिये। ग़लती हुई मुआफ़ कीजिये।" हम लोग भी सलाम झाड़कर चलते बने। एक बाग में फूंस की मड़ैय्या पड़ी थी। उसमें जा बैठे। पानी बरसने लगा। मूसलाधार पानी गिरा। सब कपड़े भीग गये। जमीन पर भी पानी

भर गया। जनवरी का महीना था। खूब जाड़ा पड़ रहा था। रात-भर भींगते और ठिठुरते रहे। बड़ा कष्ट हुआ। प्रातःकाल धर्मशाला में जाकर कपड़े सुखाये। दूसरे दिन शाहजहाँपुर आकर बन्दूकें ज़मीन में गाड़कर प्रयाग पहुँचे।

विश्वासघात

प्रयाग की एक धर्मशाला में दो-तीन दिन निवास करके विचार किया गया कि एक व्यक्ति बहुत दुर्बलात्मा है यदि वह पकड़ा गया तो सब भेद खुल जावेगा। अतः उसे मार दिया जावे। मैंने कहा मनुष्य-हत्या ठीक नहीं। पर अन्त में निश्चय हुआ कि कल चला जावे और उसकी हत्या कर दी जावे। मैं चुप हो गया। हम लोग चार सदस्य साथ थे। हम चारों तीसरे पहर झाँसी का किला देखने गये। जब लौटे तब सन्ध्या हो चुकी थी। उसी समय गंगा पार करके यमुना तट पर गये। शौचादि से निवृत्त होकर मैं संध्या समय उपासना करने के लिये रेती पर बैठ गया। एक महाशय ने कहा—'यमुना के निकट बैठो।' मैं तट से दूर एक ऊँचे स्थान पर बैठा था। मैं वहीं बैठा रहा। वह तीनों भी मेरे पास ही आकर बैठ गये। मैं आँखें बन्द किये ध्यान कर रहा था। थोड़ी देर में खट से आवाज़ हुई। समझा कि साथियों में से कोई कुछ कर रहा होगा। तुरन्त ही एक फ़ायर हुआ। गोली सन से मेरे कान के पास से निकल गई। मैं समझ गया कि मेरे ऊपर ही फ़ायर हो रहे हैं। मैंने भी रिवाल्वर निकाला। तब तक दूसरा फ़ायर हुआ। मैं रिवाल्वर निकालता हुआ आगे को बढा। पीछे फिर कर देखा, वह महाशय माउज़र हाथ में लिये मेरे ऊपर गोली चला रहे हैं। कुछ दिन पहिले मुझसे उनसे कुछ झगड़ा हो चुका था, किन्तु बाद में समझौता हो गया था। फिर भी उन्होंने यह कार्य किया। मैं भी सामना करने को प्रस्तुत हुआ। तीसरा फायर करके वे भाग खड़े हुये। उनके साथ प्रयाग में ठहरे हुए दो सदस्य और भी थे। वे तीनों भाग गये। मुझे देर इसलिये हुई कि मेरा रिवालवर चमड़े के खोल में रखा था। यदि आधा मिनट और उनमें कोई भी खड़ा रह जाता तो मेरी गोली का निशाना बन जाता। जब सब भाग गये, तब मैं गोली चलाना व्यर्थ जान, वहाँ से चला आया। मैं बाल-बाल बच गया। मुझसे दो गज के फ़ासले पर से माउजर पिस्तौल से गोलियाँ चलाईं गईं और उस अवस्था में जबकि मैं बैठा हुआ था। मेरी समझ में नहीं आया कि मैं बच कैसे गया? पहला कारतूस फूटा नहीं। तीन फायर हुए। मैं गद्गद् होकर परमात्मा का स्मरण

करने लगा। आनन्दोल्लास में मुझे मूर्छा आ गई। मेरे हाथ से रिवालवर तथा खोल दोनों गिर गये। यदि उस समय कोई निकट होता तो मुझे भली-भाँति मार सकता था। मेरी यह अवस्था लगभग एक मिनट तक रही होगी कि मुझसे किसी ने कहा, 'उठ'! मैं उठा। रिवालवर उठा लिया। खोल उठाने का स्मरण ही न रहा। 22 जनवरी की घटना है। मैं केवल एक कोट और एक तहमद पहने था। बाल बढ़ रहे थे। नंगे सिर, पैर में जूता भी नहीं। ऐसी हालत में कहाँ जाऊँ? अनेकों विचार उठ रहे थे।

इन्हीं विचारों में निमग्न यमुना तट पर बड़ी देर तक घूमता रहा। ध्यान आया कि धर्मशाला चलकर ताला तोड़ सामान निकालूँ। फिर बिचारा धर्मशाला जाने से गोली चलेगी, व्यर्थ में ख़ून होगा। अभी ठीक नहीं। अकेले बदला लेना ठीक नहीं। और कुछ साथियों को लेकर फिर बदला लिया जावेगा। मेरे एक साधारण मित्र प्रयाग में रहते थे। उनके पास जाकर बड़ी मुश्किल से एक-चादर ली, और रेल से लखनऊ आया। लखनऊ आकर बाल बनवाये। धोती, जूता ख़रीदे, क्योंकि रुपये मेरे पास थे। रुपये न भी होते तो मैं सदैव जो चालीस-पचास रुपये की सोने की अँगूठी पहने रहता था, उसे काम में ला सकता। वहाँ से आकर अन्य सदस्यों से मिलकर सब विवरण कह सुनाया। कुछ दिन जंगल में रहा। इच्छा थी कि संन्यासी हो जाऊँ। संसार कुछ नहीं। बाद को फिर माता जी के पास गया। उनसे सब कह सुनाया। उन्होंने मुझे ग्वालियर जाने का आदेश किया। थोड़े दिनों में माता-पिता सभी दादी जी के भाई के यहाँ आ गये। मैं भी वहीं आ गया।

मैं प्रत्येक समय यही विचार किया करता कि मुझे बदला अवश्य लेना चाहिये, एक दिन प्रतिज्ञा करके रिवालवर लेकर शत्रु की हत्या करने की इच्छा से मैं गया भी, किन्तु सफलता न हुई। इसी प्रकार की उधेड़-बुन में मुझे ज्वर आने लगा। कई महीने तक बीमार रहा। माता जी मेरे विचारों को समझ गईं। माता जी ने बड़ी सान्त्वना दीं। कहने लगीं कि, प्रतिज्ञा करो कि तुम अपनी हत्या की चेष्टा करनेवालों को जान से न मारोगे। मैंने प्रतिज्ञा करने में इतस्ततः किया, तो वे कहने लगीं कि मैं मातृ ऋण के बदले में प्रतिज्ञा कराती हूँ, क्या उत्तर है? मैंने कहा—"मैं उनसे बदला लेने की प्रतिज्ञा कर चुका हूँ।" माता जी ने मुझे बाध्य कर मेरी प्रतिज्ञा भंग कराई। अपनी बात श्रेष्ठ रखीं। मुझे भी सिर नीचा करना पड़ा। उस दिन से मेरा ज्वर कम होने लगा और मैं अच्छा हो गया।

पलायनावस्था

मैं ग्राम में ग्रामवासियों की भाँति उसी प्रकार के वस्त्र पहिनकर निवास करने लगा। खेती भी करने लगा। देखनेवाले अधिक से अधिक इतना समझ

सकते थे कि मैं शहर में रहा हूँ, सम्भव है कुछ पढ़ा भी होऊँ। खेती के कामों में मैंने विशेष ध्यान दिया। शरीर तो हृष्ट-पुष्ट था ही, थोड़े ही दिनों में अच्छा-खासा किसान बन गया। उस कठोर भूमि में खेती करना कोई सरल कार्य नहीं। बबूल, नीम के अतिरिक्त कोई एक-दो आम के बृक्ष कहीं भले ही दिखलाई दे जावें, बाक़ी वह नितान्त मरुभूमि है। खेत में जाता था। थोड़ी देर में ही झरबेरी के काँटों से पैर भर जाते। पहले-पहल बड़ा कष्ट प्रतीत हुआ। कुछ समय पश्चात अभ्यास हो गया। जितना खेत उस देश का एक बलिष्ट पुरुष दिन-भर में जोत सकता था, उतना मैं भी जोत लेता था। मेरा चेहरा बिल्कुल काला पड़ गया। थोड़े दिनों के लिये मैं शाहजहाँपुर की ओर घूमने आया तो कुछ लोग मुझे पहचान न सके। मैं रात को शाहजहाँपुर पहुँचा। गाड़ी छूट गई। दिन के समय पैदल जा रहा था, एक पुलिसवाले ने पहचान लिया। वह और पुलिसवालों को लेने के लिये गया। मैं भागा, पहले दिन का ही थका हुआ था। लगभग बीस मील पहले दिन पैदल चला था। उस दिन भी 35 मील पैदल चलना पड़ा।

मेरे माता-पिता ने सहायता की। मेरा समय अच्छे प्रकार व्यतीत हो गया। माता जी की पूंजी तो मैंने नष्ट कर दी। पिता जी से, सरकार की ओर से कहा गया कि लड़के की गिरफ्तारी के वारंट की पूर्ति के लिए लड़के का हिस्सा, जो उसके दादा की जायदाद होगी, नीलाम किया जावेगा। पिता जी घबड़ाकर दो हजार रुपये का मकान आठ सौ में तथा और दूसरी चीजें भी थोड़े दामों में बेंचकर शाहजहाँपुर छोड़ कर भाग गये। दो बहिनों का विवाह हुआ, जो कुछ रहा बचा था, वह भी व्यय हो गया। माता-पिता की हालत फिर निर्धनों की-सी हो गई। समिति के जो दूसरे सदस्य भागे हुए थे, उनकी बहुत बुरी दशा हुई। महीनों चनों पर ही समय काटना पड़ा। दो-चार रुपये जो मित्रों तथा सहायकों से मिल जाते थे, उन्हीं पर गुजर होता था। पहनने को कपड़े तक न थे। विवश हो रिवालवर तथा बन्दूकें बेंची, तब दिन कटे। किसी से कुछ कह भी न सकते थे, गिरफ्तारी के भय के कारण कोई व्यवसाय या नौकरी न कर सकते थे।

उसी अवस्था में मुझे व्यवसाय करने का विचार हुआ। मैंने अपने सह-पाठी तथा मित्र श्रीयुत सुशीलचन्द्र की, जिनका देहान्त हो गया था, स्मृति में बंगला भाषा का अध्ययन किया। मेरे छोटे भाई का जब जन्म हुआ तो मैंने उसका नाम भी सुशीलचन्द्र रखा। मैंने विचारा कि एक पुस्तक माला निकालूँ, लाभ भी होगा। कार्य भी सरल है। बंगला से हिन्दी में पुस्तकों का अनुवाद करके प्रकाशित कराऊँगा। कुछ भी अनुभव नहीं था। बंगला पुस्तक 'निहि-लिस्ट रहस्य' का अनुवाद प्रारम्भ कर दिया। जिस प्रकार अनुवाद किया, उसका स्मरण कर कई बार हँसी आ जाती थी। कई बैल, गाय तथा भैंस लेकर ऊसर में चराने के लिये जाया करता था। खाली बैठा रहना पड़ता था।

अतएव कॉपी पेंसिल ले जाया करता और पुस्तक का अनुवाद किया करता था। पशु जब कहीं दूर निकल जाते ; सब अनुवाद छोड़, लाठी लेकर उन्हें हकारने जाया करता था। कुछ समय के लिये एक साधु की कुटी पर जाकर रहा। वहाँ अधिक समय अनुवाद करने में व्यतीत करता था। भोजन के लिये आटा ले जाता था ; चार-पाँच दिन के लिये इकट्ठा आटा रखता था। भोजन स्वयं बना लेता था। जब पुस्तक ठीक हो गई तो 'सुशील माला' के नाम से पुस्तक माला निकाली। पुस्तक का नाम 'बोल्शेविकों की करतूत' रखा। दूसरी पुस्तक 'मन की लहर' छपवाई। इस व्यवसाय में लगभग पाँच सौ रुपये की हानि हुई। जब राजकीय घोषणा हुई और राजनैतिक क़ैदी छोड़े गये, तब शाहजहाँपुर आ कर कोई व्यवसाय करने का विचार हुआ, ताकि माता-पिता की कुछ सेवा हो सके। विचार किया करता था कि इस जीवन में अब फिर कभी आजादी से शाहजहाँपुर में विचरण न कर सकूँगा। पर परमात्मा की लीला अपार है। वे दिन आये। मैं पुनः शाहजहाँपुर का निवासी हुआ।

पं० गेंदालाल दीक्षित

आप का जन्म यमुना तट पर बटेश्वर के निकट 'मई' ग्राम में हुआ था। आपने मैट्रिक्यूलेशन (दसवाँ) दर्जे अँग्रेजी का पास किया था। आप जब औरैया जिला इटावा में डी० ए० वी० स्कूल में टीचर थे, तब आपने शिवाजी समिति की स्थापना की थी। जिसका उद्देश्य था शिवाजी की भाँति दल बनाकर उससे लूट मार करवाना। उसमें से चौथ लेकर हथियार खरीदना और उस दल में बाँटना। इसी की सफलता के लिये आप रियासत से हथियार ला रहे थे, जो कुछ नवयुवकों की असावधानी के कारण आगरा में स्टेशन के निकट पकड़ लिये गये थे। आप बड़े वीर तथा उत्साही थे। शान्त बैठना जानते ही न थे। नवयुवकों को सदैव कुछ न कुछ उपदेश करते रहते थे। एक-एक सप्ताह तक बूट तथा वर्दी न उतारते थे। जब आप ब्रह्मचारी जी के पास सहायता लेने गये, तो दुर्भाग्यवश गिरफ्तार कर लिये गये। ब्रह्मचारी के दल ने अंग्रेजी राज्य में कई डाके डाले थे। डाके डालकर ये लोग चम्बल के बीहड़ों में छिप जाते थे। सरकार राज्य की ओर से ग्वालियर महाराज को लिखा गया। इस दल के पकड़ने का प्रबन्ध किया गया। सरकार ने तो हिंदुस्तानी फ़ौज भी भेजी थी, जो आगरा जिला में चम्बल के किनारे बहुत दिनों तक पड़ी रही। पुलिस सवार तैनात किये, किन्तु ये लोग भयभीत न हुये। विश्वासघात से पकड़े गये। इन्हीं में से एक आदमी पुलिस ने मिला

लिया। डाका डालने के लिये दूर एक स्थान निश्चय किया गया। जहाँ तक जाने के लिये एक पड़ाव देना पड़ता था। चलते-चलते सब थक गये। पड़ाव दिया गया। जो आदमी पुलिस से मिला हुआ था उसने भोजन लाने को कहा, क्योंकि उसके किसी सम्बन्धी का मकान निकट था। वह पूड़ी पकवाकर लाया। सब पूड़ी खाने लग गय। ब्रह्मचारी जी जो सदैव अपने हाथ से बनाकर भोजन करते थे या आलू अथवा घुइयाँ भूनकर खा लेते थे, उन्होंने भी उस दिन पूड़ी खाना स्वीकार किया ; सब भूखे तो थे ही खाने लगे। ब्रह्मचारी जी ने भी एक पूड़ी खाई। उनकी ज़बान ऐंठने लगी और जो अधिक खा गये थे, वे गिर गये। पूड़ी लानेवाला पानी लेने के बहाने चल दिया। पूड़ियों में विष मिला हुआ था। ब्रह्मचारी जी ने बन्दूक उठाकर पूड़ी लानेवाले पर गोली चलाई। ब्रह्मचारी की गोली का चलना था कि चारों ओर से गोली चलने लगी। पुलिस छिपी हुई थी। गोली चलने से ब्रह्मचारी जी के कई गोली लगी। तमाम शरीर घायल हो गया। पं० गेंदालाल जी की आँख में एक छर्रा लगा। बाईं आँख जाती रही। कुछ आदमी ज़हर के कारण मरे, कुछ गोली से मारे गये। सब पकड़ करके ग्वालियर के किले में बन्द कर दिये गये। किले में हम लोग जब पंण्डित जी से मिले तब चिट्ठी भेजकर उन्होंने हमको सब हाल बताया। एक दिन हम लोगों पर भी किले में सन्देह हो गया था, बड़ी कठिनता से एक अधिकारी की सहायता से हम लोग निकल सके।

जब मैनपुरी काण्ड का अभियोग चला, पंडित गेंदालाल जी को सरकार ने ग्वालियर राज्य से मँगाया। ग्वालियर के क़िले का जलवायु बड़ा ही हानिकारक था। पण्डित जी को क्षय रोग हो गया था। मैनपुरी स्टेशन से जेल जाते समय ग्यारह बार रास्ते में बैठ-बैठकर जेल पहुँचे। पुलिस ने जब हाल पूछा तो उन्होंने कहा बालकों को क्यों गिरफ्तार किया है ? मैं हाल बताऊँगा। पुलिस को विश्वास हो गया। आपको जेल से निकालकर दूसरे सरकारी गवाहों के निकट रख दिया। वहाँ पर सब विवरण जान रात्रि के समय एक और सरकारी गवाह को लेकर पंण्डित जी भाग खड़े हुये। भागकर एक गाँव में एक कोठरी में ठहरे। साथी कुछ काम के लिये बाज़ार गया और फिर लौट कर न आया। बाहर से कोठरी की जंजीर बन्द कर गया था। पंडित जी उसी कोठरी में तीन दिन बिना अन्न-जल के बन्द रहे। समझे कि साथी किसी आपत्ति में फँस गया होगा, अन्त में किसी प्रकार से जंजीर खुलवाई। रुपये वह सब साथ ही ले गया था। पास एक पैसा भी न था। कोटा से पैदल आगरा आये। किसी प्रकार अपने घर पहुँचे। बहुत रुग्ण हो रहे थे। पिता ने यह समझकर कि घरवालों पर आपत्ति न आवे पुलिस को सूचना देनी चाही। पंडित जी ने पिता से बड़ी विनय-प्रार्थना की और दो-तीन दिन में घर छोड़ दिया। हम लोगों की बहुत खोज की। किसी का कुछ अनुसंधान न पा देहली में एक प्याऊ पर पानी पिलाने की नौकरी कर ली।

अवस्था दिनों-दिन बिगड़ रही थी । रोग भीषण रूप धारण कर रहा था। छोटे भाई तथा पत्नी को बुलाया। भाई किंकर्तव्यविमूढ़ ! क्या कर सकता था ? सरकारी अस्पताल में भर्ती कराने ले गया। पंडित जी की धर्मपत्नी को दूसरे स्थान में भेजकर जब वह अस्पताल आया, तो जो देखा उसे लिखते हुए लेखनी कम्पायमान होती है ! पंडित जी शरीर त्याग चुके थे ! केवल उनका मृत शरीर मात्र ही पड़ा हुआ था। स्वदेश की कार्य-सिद्धि में पं० गेंदालाल दीक्षित ने जिस निःसहाय अवस्था में अन्तिम बलिदान दिया, उसकी स्वप्न में भी आशा न थी। पण्डित जी की प्रबल इच्छा थी कि उनकी गोली लगकर मृत्यु हो । भारतवर्ष की एक महानात्मा बिलीन हो गई और देश में किसी ने जाना भी नहीं। आपकी विस्तृत जीवनी "प्रभा" मासिक पत्रिका में प्रकाशित हो चुकी है। मैनपुरी काण्ड के मुख्य नेता आप ही समझे गये। इस काण्ड में विशेषताऐं ये हुई कि नेताओं में से केवल दो व्यक्ति पुलिस के हाथ आये जिनमें पंडित "गेंदालाल दीक्षित" एक सरकारी गवाह को लेकर भाग गये। तथा श्रीयुत शिवकृष्ण जेल से भाग गये और फिर हाथ ना आये। छः मास पश्चात जिन्हें सजा हुई थी वे भी राजकीय घोषणा से मुक्त कर दिये गये। खुफिया पुलिस विभाग का क्रोध पूर्णतया शान्त न हो सका और उनकी बदनामी भी इस केस में बहुत हुई।

पं० गेंदालाल जी दीक्षित कहा करते थे--

थाती नर तन पाय के, क्यों करता है नेह।
मुंह उज्ज्वल कर सौंप दे, जिसको जिसकी देह ॥

तृतीय खण्ड

स्वतन्त्र जीवन

राजकीय घोषणा के पश्चात् जब मैं शाहजहाँपुर आया तो शहर की अद्भुत दशा देखी। कोई पास तक खड़े होने का साहस न करता था। जिसके पास मैं जाकर खड़ा हो जाता था, वह नमस्ते कर चल देता था। पुलिसवालों का बड़ा प्रकोप था। प्रत्येक समय छाया की भाँति पीछे-पीछे छिपा करती थी। इस प्रकार का जीवन कब तक व्यतीत किया जावे। मैंने कपड़ा बुनने का काम सीखना आरम्भ किया। जुलाहे बड़ा कष्ट देते थे। कोई काम सिखाना न चाहता था। बड़ी कठिनता से मैंने कुछ काम सीखा। उसी समय एक कारखाने में मैनेजरी का स्थान खाली हुआ। मैंने उस स्थान के लिए प्रयत्न किया। मुझसे 500 रुपये की ज़मानत माँगी गई। मेरी बड़ी शोचनीय दशा थी। तीन-दिवस तक भोजन प्राप्त नहीं होता था। क्योंकि मैंने प्रतिज्ञा की थी कि किसी से कुछ सहायता न लूँगा। पिता जी से बिना कुछ कहे मैं चला आया था। मैं पाँच सौ रुपये कहाँ से लाता? मैंने दो-एक मित्रों से केवल दो सौ रुपये की ज़मानत देने की प्रार्थना की। उन्होंने साफ इनकार कर दिया। मेरे हृदय पर वज्रपात हुआ। संसार अन्धकारमय दिखाई देता था! पर बाद को एक मित्र की कृपा से नौकरी मिल गई। अब अवस्था सुधरी। मैं भी सभ्य पुरुषों की भाँति समय व्यतीत करने लगा। मेरे पास भी चार पैसे हो गये। वे ही मित्र जिनसे मैंने दो सौ रुपये ज़मानत देने की प्रार्थना की थी, अब मेरे पास अपने चार-चार हज़ार रुपयों की थैली, अपनी बन्दूक, लाइसेंस इत्यादि सब डाल जाते थे कि मेरे यहाँ उनकी वस्तुएँ सुरक्षित रहेंगी। समय के इस फेर को देखकर मुझे हँसी आती थी।

इस प्रकार कुछ काल व्यतीत हुआ। दो-चार ऐसे पुरुषों से भेंट हुई, जिनको पहले मैं बड़ी श्रद्धा की दृष्टि से देखता था। उन लोगों ने मेरी पलायनावस्था के सम्बन्ध में कुछ समाचार सुने थे। मुझसे मिलकर बड़े प्रसन्न हुए। मेरी लिखी हुई पुस्तकें भी देखीं। इस समय मैं एक तीसरी पुस्तक 'कैथोराइन' लिख चुका था। मुझे पुस्तकों के व्यवसाय में बहुत घाटा हो चुका था। मैंने माला का प्रकाशन स्थगित कर दिया। 'कैथोराइन' एक पुस्तक

प्रकाशक को दे दी। उन्होंने बड़ी कृपा कर उस पुस्तक को थोड़े हेर-फेर के साथ प्रकाशित करा दिया। 'कैथेराइन' को देखकर मेरे इष्ट मित्रों को बड़ा स्नेह हुआ। उन्होंने मुझे पुस्तक लिखते रहने के लिए बड़ा उत्साहित किया। मैंने 'स्वदेशी रंग' नामक एक और पुस्तक लिखकर एक पुस्तक प्रकाशक को दी। वह भी प्रकाशित हो गई।

बड़े परिश्रम के साथ मैंने एक पुस्तक 'क्रान्तिकारी जीवन' लिखी। 'क्रान्तिकारी जीवन' को कई पुस्तक प्रकाशकों ने देखा, पर किसी का साहस न हो सका कि उसको प्रकाशित करे। आगरा, कानपुर, कलकत्ता इत्यादि कई स्थानों में घूमकर पुस्तक मेरे पास लौट आई। कई मासिक पत्रिकाओं में 'राम' तथा 'अज्ञात' नाम से मेरे लेख प्रकाशित हुआ करते थे। लोग बड़े चाव से उन लेखों का पाठ करते थे। मैंने किसी स्थान पर लेखन शैली का नियमपूर्वक अध्ययन न किया था। बैठे-बैठे खाली समय में कुछ लिखा करता और प्रकाशनार्थ भेज दिया करता था। अधिकतर बंगला तथा अंग्रेजी की पुस्तकों से अनुवाद करने का ही विचार था। थोड़े समय के पश्चात श्रीयुत अरविन्द घोष की बंगला पुस्तक 'योगिक साधन' का अनुवाद किया। दो एक पुस्तक प्रकाशकों को दिखाया, पर वे अति अल्प पारितोषिक देकर पुस्तक लेना चाहते थे। आज कल के समय में हिन्दी के लेखकों तथा अनुवादकों की अधिकता के कारण पुस्तक प्रकाशकों को भी बड़ा मान हो गया है। बड़ी कठिनता से बनारस के एक प्रकाशक ने 'योगिक साधन' प्रकाशित करने का वचन दिया। पर थोड़े दिनों में वह स्वयं ही अपने साहित्य मन्दिर में ताला डालकर कहीं पधार गये। पुस्तक का अब तक कोई पता न लगा। पुस्तक अति उत्तम थी। प्रकाशित हो जाने से हिन्दी साहित्य सेवियों को अच्छा लाभ होता। मेरे पास जो 'बोल्शेविकों करतूत' तथा 'मन की लहर' की प्रतियाँ बची थीं, वे मैंने लागत से भी कम मूल्य पर कलकत्ता के एक व्यक्ति श्रीयुत दीनानाथ सगतिया को दे दी। बहुत थोड़ी पुस्तकें मैंने बेची थीं। दीनानाथ महाशय पुस्तकें हड़प कर गये, मैंने नोटिस दिया। नालिश की लगभग 400 रुपये की डिग्री भी हुई किन्तु दीनानाथ महाशय का कहीं अनुसन्धान न मिला। वे कलकत्ता छोड़कर पटना गये। पटना से भी कई ग़रीबों का रुपया मारकर कहीं अन्तर्ध्यान हो गये। अनुभवहीनता से इस प्रकार ठोकरें खानी पड़ीं। कोई पथ-प्रदर्शक तथा सहायक नहीं, जिससे परामर्श करता। व्यर्थ के उद्योग-धन्धों तथा स्वतन्त्र कार्यों में शक्ति का व्यय करता रहा।

पुनर्संगठन

जिन महानुभावों को मैं पूजनीय दृष्टि से देखता था, उन्होंने अपनी इच्छा प्रकट की कि मैं क्रांतिकारी दल का पुनः संगठन करूँ। गत जीवन के अनुभव

से मेरा हृदय अत्यन्त दुखित था। मेरा साहस न देखकर, इन लोगों ने बहुत उत्साहित किया और कहा कि हम आपसे केवल निरीक्षण का कार्य लेंगे। बाकी सब कार्य स्वयं ही करेंगे। कुछ मनुष्य हमने पहले जुटा लिये हैं, धन की कमी न होगी, आदि। मान्य पुरुषों की प्रवृत्ति देख मैंने भी स्वीकृति दे दी। *मेरे पास जो अस्त्र-शस्त्र थे मैंने दिये। जो दल उन्होंने एकत्रित किया था, उसके नेता से मुझे मिलाया। उसकी वीरता की बड़ी प्रशंसा की। वह एक अशिक्षित ग्रामीण पुरुष था। मेरी समझ में आ गया कि बदमाशों का या स्वार्थी जनों का कोई संगठन है। मुझसे उस दल के नेता ने दल का कार्य निरीक्षण करने की प्रार्थना की। दल में कई फौज से आये हुए लड़ाई पर से वापिस किये गये व्यक्ति भी थे। मुझे इस प्रकार के व्यक्तियों से कभी कोई काम न पड़ा था। मैं दो-एक महानुभावों को साथ ले इन लोगों का कार्य देखने के लिये गया।

थोड़े दिनों बाद इस दल के नेता महाशय एक वेश्या को भी ले आये। उसे रिवालवर दिखाया कि यदि कहीं गई तो गोली से मारी जायगी। यह समाचार सुन उसी दल के दूसरे सदस्य ने बड़ा क्रोध प्रकाशित किया और मेरे पास खबर भेजने का प्रबन्ध किया। उसी समय एक दूसरा आदमी पकड़ा गया, जो नेता महाशय को जानता था। नेता महाशय रिवालवर तथा कुछ सोने के आभूषणों सहित गिरफ्तार हो गये। उनकी वीरता की बड़ी प्रशंसा सुनी थी, जो इस प्रकार प्रकट हुई कि कई आदमियों के नाम पुलिस को बताये और इकबाल कर दिया। लगभग तीस-चालीस आदमी पकड़े गये।

---

*Ram Prasad who have been in hiding for fear of prosecution in the Mainpuri conspiracy case presented himself before the District authorities at Shahjahanpur on December 6, 1920, and unconditionally signed an undertaking to be of good behaviour, to abstain from seditious conspiracy and to furnish any information about seditions activities which he should in any manner become possessed. Nevertheless, he was reported in February 1921 to be an active conspirator, and this report is shown to be accurate by his admission here and at page 51.

रामप्रसाद अभियोग के भय से कुछ तथ्यों को छिपा रहे थे। वे मैनपुरी षड्यंत्र केस में शाहजहाँपुर के जिला अधिकारी के समक्ष हाजिर हुए तथा उन्होंने 6 दिसम्बर 1920 को यह लिखित स्वीकारोक्ति दी कि वे राजद्रोहात्मक षड्यंत्रों से अलग रहेंगे। तथा इस संबंध में जो सामग्री मिलेगी वह पुलिस को पहुँचायेंगे। तिस पर भी फरवरी 1921 में उन पर सप्रमाण आरोप लगाया गया कि वे एक सजग राजद्रोही व षड्यंत्रकारी थे जैसा कि पृ० 51 में भी उनकी लेखनी से स्पष्ट है।

एक दूसरा व्यक्ति था जो बहुत वीर था। पुलिस उसके पीछे पड़ी हुई थी। एक दिन पुलिस कप्तान ने सवार तथा तीस-चालीस बन्दूकवाले सिपाही लेकर उसके घर में उसे घेर लिया। उसने छत पर चढ़कर दोनाली कारतूसी बन्दूक से लगभग तीन सौ फायर किये बन्दूक गरम होकर गल गई। पुलिस-वाले समझे कि घर में कई आदमी हैं। सब पुलिसवाले छिपकर आड़ में मे सुबह होने की प्रतीक्षा करने लगे। उसने मौका पाया। मकान के पीछे से कूद पड़ा, एक सिपाही ने देख लिया। उसने सिपाही की नाक पर रिवालवर का कुन्दा मारा। सिपाही चिल्लाया। सिपाही के चिल्लाते ही मकान में से फायर हुआ। पुलिस वाले समझे मकान ही में है। सिपाही को धोखा हुआ होगा। बस, वह जंगल में निकल गया। अपनी स्त्री को एक टोपीदार बन्दूक दे आया था कि यदि चिल्लाहट हो तो फायर कर देना। ऐसा ही हुआ और वह निकल गया। जंगल में जाकर एक-दूसरे दल से मिला। जंगल में भी एक समय पुलिस कप्तान से सामना हो गया। गोली चली। उसके भी पैर में छर्रे लगे थे। अब यह बड़े साहसी हो गये थे। समझ गये थे कि पुलिसवाले किस प्रकार समय पर आड़ में छिप जाते हैं। इन लोगों का दल छिन्न-भिन्न हो गया था। अतः उन्होंने मेरे पास आश्रय लेना चाहा। मैंने बड़ी कठिनता से अपना पीछा छुड़ाया। तत्पश्चात् जंगल में जाकर ये दूसरे दल से मिल गये। वहाँ पर दुरा-चार के कारण जंगल के दल के नेता ने इन्हें गोली से मार दिया। उस नेता को भी समय पाकर उसके साथी ने गोली से मार दिया। इस प्रकार सब दल छिन्न-भिन्न हो गया। जो पकड़े गये उन पर कई डकैतियाँ-केश चलीं; किसी को तीस साल, किसी को पचास साल, किसी को बीस साल की सजा हुई। एक बेचारा जिसका किसी डकैती से कोई सम्बन्ध न था, केवल शत्रुता के कारण फँसा दिया गया। उसे फाँसी हो गई। और जो सब प्रकार डकैतियों में सम्मिलित था, जिसके पास डकैती का माल तथा कुछ हथियार पाए गये, पुलिस से गोली भी चली। उसे पहले फाँसी की सजा की आज्ञा हुई, पर पैरवी अच्छी हुई, अतएव हाईकोर्ट से फाँसी की सजा माफ हो गई, केवल पाँच वर्ष की सजा रह गई। जेलवालों से मिलकर उसने डकैतियों में शिनाख्त न होने दी थी। इस प्रकार इस दल की समाप्ति हुई। दैव योग से हमारे अस्त्र बच गये। केवल एक ही रिवालवर पकड़ा गया।

नोट बनाना

इसी बीच मेरे एक मित्र की एक नोट बनानेवाले महाशय से भेंट हुई। उन्होंने बड़ी-बड़ी आशाएँ बाँधीं। बड़ी लम्बी-लम्बी स्कीम बाँधने के पश्चात् मुझसे कहा कि एक नोट बनानेवाले से भेंट हुई है। बड़ा दक्ष पुरुष है।

मुझे भी बना हुआ नोट देखने की बड़ी उत्कट इच्छा थी। मैंने उन सज्जन के दर्शन की इच्छा प्रकट की। जब उक्त नोट बनानेवाले महाशय मुझे मिले तो बड़ी कौतुहलोत्पादक बातें कीं। मैंने कहा कि मैं स्थान तथा आर्थिक सहायता दूंगा, नोट बनाओ। जिस प्रकार उन्होंने मुझसे कहा, मैंने सब प्रबन्ध कर दिया, किन्तु मैंने कह दिया था कि नोट बनाते समय मैं वहाँ उपस्थित रहूँगा। मुझे बताना कुछ मत, पर मैं नोट बनाने की रीति अवश्य देखना चाहता हूँ। पहले-पहल उन्होंने दस रुपये का नोट बनाने का निश्चय किया। मुझसे एक दस रुपये का नया साफ नोट मँगाया। नौ रुपये दवा खरीदने के बहाने से ले गये। रात्रि में नोट बनाने का प्रबन्ध हुआ। दो शीशे लाये। कुछ कागज भी लाये। दो तीन शीशियों में कुछ दवाई थी। दवाइयों को मिला एक प्लेट में सादे कागज पानी में भिगोये। मैं जो साफ नोट लाया था। उस पर एक सादा काग़ज़ लगाकर दोनों को दूसरी दवा डालकर धोया। फिर सादे काग़ज़ों में में लपेट एक पुड़िया-सी बनाई और अपने एक साथी को दी कि उसे आग पर गरम कर लावे। आग वहाँ से कुछ दूर पर जलती थी। कुछ समय तक वह आग पर गरम करता रहा और पुड़िया लाकर वापस कर दी। नोट बनानेवाले ने पुड़िया खोलकर दोनों शीशों में दबाकर, शीशों को दवा में धोया और फीते से शीशों को बाँधकर रख दिया और कहा कि दो घण्टे में नोट बन जावेगा। शीशे रख दिये। बातचीत होने लगी। कहने लगा। इस प्रयोग में बड़ा व्यय होता है। छोटे-छोटे नोट बनाने से कोई लाभ नहीं। बड़े नोट बनाना चाहिए। जिसमें पर्याप्त धन की प्राप्ति हो। इस प्रकार मुझे भी सिखा देने का बचन दिया। मुझे कुछ कार्य था। मैं जाने लगा तो वह भी चला गया। दो घन्टे बाद आने का निश्चय हुआ।

मैं बिचारने लगा कि किस प्रकार एक नोट के ऊपर दूसरा सादा कागज रखने से नोट बन जावेगा। मैंने प्रेस का काम सीखा था। थोड़ी बहुत फोटो-ग्राफी भी जानता था। साइन्स (विज्ञान) का भी अध्ययन किया था, कुछ समझ में न आया कि नोट सीधा कैसे छपेगा। सबसे बड़ी बात यह थी कि नम्बर कैसे छपेंगे। मुझे बड़ा भारी संदेह हुआ। दो घन्टे बाद जब मैं गया तो रिवालवर भरकर जेब में डाल ले गया। यथासमय वह महाशय आये। उन्होंने शीशे खोलकर काग़ज़ निकालकर उन्हें फिर एक दवा में धोया। अब दोनों कागज खोले। एक मेरा लाया हुआ नोट और दूसरा और एक दस रुपये का साफ नोट उसी के ऊपर से उतारकर सुखाया। कहा कितना साफ नोट है। मैंने हाथ में लेकर देखा। दोनों नोटों के नम्बर मिलाये। नम्बर नितान्त भिन्न थे। मैंने जेब से रिवालवर निकाल नोट बनानेवाले महाशय की छाती पर रखकर कहा, 'बदमाश! इस तरह ठगता फिरता है?' वह काँपकर गिर पड़ा। मैंने उसको उसकी मूर्खता समझाई कि यह ढोंग ग्रामवासियों के सामने चल सकता है, अनजान पढ़े-लिखे भी धोके में आ सकते हैं। किन्तु तू

मुझे धोका देने आया है ? अन्त में मैंने उससे प्रतिज्ञापत्र लिखवाकर, उस पर उसके हाथ की दसों अंगुलियों के निशान लगवाये कि वह ऐसा काम फिर न करेगा। दसों अंगुलियों के निशान देने से उसने कुछ ढील की। मैंने रिवालवर उठाया कि गोली चलती है, उसने तुरन्त दसों अंगुलियों के निशान बना दिये। बुरी तरह काँप रहा था। मेरे उन्नीस रुपये खर्च हो चुके थे। मैंने दोनों नोट रख लिये और शीशे, दवाएँ इत्यादि सब छीन लीं कि मित्रों को तमाशा दिखाऊँगा। तत्पश्चात् उन महाशय को विदा किया। उसने किया यह था कि जब अपने साथी को आग पर गरम करने के लिए कागज की पुड़िया दी थी, उसी समय उस साथी ने सादे कागज़ की पुड़िया बदलकर दूसरी पुड़िया ले आया जिसमें दोनों नोट थे। इस प्रकार नोट बन गया। इस प्रकार का एक बड़ा भारी दल है जो सारे भारतवर्ष में ठगी का काम करके हज़ारों रुपये पैदा करता है। मैं एक सज्जन को जानता हूँ जिन्होंने इसी प्रकार पचास हज़ार से अधिक रुपये पैदा कर लिए। होता यह है कि ये लोग अपने एजेन्ट रखते हैं। वे एजेन्ट साधारण पुरुषों के पास जाकर नोट बनाने की कथा कहते हैं। आता धन किसे बुरा लगता है। वे नोट बनवाते हैं। इस प्रकार पहले दस का नोट बना दिया; वह बाज़ार में बेच आये। सौ रुपये बनाकर दिया वह भी बाज़ार में चलाया और चल क्यों न जावे ? इस प्रकार के सब नोट असली होते हैं। वे तो केवल चाल से रख दिये जाते हैं। इसके बाद कहा कि हजार या पाँच सौ का नोट लाओ जो कुछ धन भी मिले। जैसे-तैसे करके बेचारा एक हज़ार का नोट लाया। सादा कागज़ रखकर शीशे में बाँध दिया। हज़ार का नोट जेब में रखा और अपना रास्ता लिया। नोट के मालिक रास्ता देखते हैं, वहाँ नोट बनानेवालों का पता नहीं। अन्त में विवश हो शीशों को खोला जाता है, तो दो सादे कागज़ के अलावा कुछ नहीं मिलता। वे अपने सिर पर हाथ मारकर रह जाते हैं। इस डर से कि यदि पुलिस को मालूम हो गया तो और लेने के देने पड़ेंगे, किसी से कुछ कह भी नहीं सकते। कलेजा मसोस कर रह जाते हैं। पुलिस ने इस प्रकार के कुछ अभियुक्तों को गिरफ्तार भी किया; किन्तु ये लोग पुलिस को नियमपूर्वक चौथ देते हैं और इस कारण बचे रहते हैं।

चालबाजी

कई महानुभावों ने गुप्त समिति के नियमादि बनाकर मुझे दिखाये। उनमें एक नियम यह भी था कि जो व्यक्ति समिति का कार्य करें, उन्हें समिति की ओर से कुछ मासिक दिया जावे। मैंने इस नियम को अनिवार्य रूप में मानना

अस्वीकार किया। मैं यहाँ तक सहमत था कि जो व्यक्ति सर्व प्रकारेण समिति के कार्य में अपना समय व्यतीत करें, उनको केवल गुजारा मात्र समिति की ओर से दिया जा सकता है। जो लोग किसी व्यवसाय को करते हैं, उन्हें किसी प्रकार का मासिक देना उचित न होगा। जिन्हें समिति के कोष में से कुछ दिया जावे, उनको भी कुछ व्यवसाय करने का प्रबन्ध करना उचित है, ताकि वह लोग सर्वथा समिति की सहायता पर निर्भर रहकर निरे भाड़े के टट्टू न बन जावें। भाड़े के टट्टुओं से समिति का कार्य लेना, जिसमें कतिपय मनुष्यों के प्राणों का उत्तरदायित्व हो और थोड़ा-सा भेद खुलने से ही बड़ा भयंकर परिणाम हो सकता है, उचित नहीं है। तत्पश्चात् उन महानुभावों की सम्मति हुई कि एक निश्चित कोष समिति के सदस्यों के देने के निमित्त स्थापित किया जावे। जिसकी आय का ब्योरा इस प्रकार हो कि डकैतियों से जितना धन प्राप्त हो उसका आधा समिति के कार्यों में व्यय किया जावे और आधा समिति के सदस्यों को बराबर बाँट दिया जावे। इस प्रकार के परामर्श से मैं सहमत न हो सका। और मैंने इस प्रकार की गुप्त समिति में, कि जिसका एक उद्देश्य पेटपूर्ति हो, योग देने से इनकार कर दिया। जब मेरी इस प्रकार की दृष्टि देखी तो उन महानुभावों ने आपस में षड्यन्त्र रचा।

जब मैंने उन महानुभावों के परामर्श तथा नियमादि को स्वीकार न किया तो वे चुप हो गये। मैं भी कुछ समझ न सका कि जो लोग मुझमें इतनी श्रद्धा रखते थे, जिन्होंने कई प्रकार की आशाएँ बाँधकर मुझसे क्रान्तिकारी दल का पुनर्संगठन करने की प्रार्थनाएँ की थीं, अनेकों प्रकार की आशायें बँधाई थीं, सब कार्य स्वयं करने के वचन दिये थे, वे लोग ही मुझपर इस प्रकार के नियम बनाने की सम्मति माँगने लगे। मुझे बड़ा आश्चर्य हुआ। प्रथम प्रयत्न में जिस समय मैनपुरी काण्ड के सदस्यों के सहित कार्य करता था उस समय हममें से कोई भी अपने व्यक्तिगत प्राइवेट खर्च में समिति का धन व्यय करना पूर्ण पाप समझता था। जहाँ तक हो सकता अपने खर्च में से माता-पिता से कुछ लाकर प्रत्येक सदस्य समिति के कार्यों में धन व्यय किया करता था। इस कारण मेरा साहस इस प्रकार के नियमों में सहमत होने को न हो सका। मैंने विचार किया कि यदि कोई समय आया, और किसी प्रकार अधिक धन प्राप्त हुआ, तो कुछ ऐसे स्वार्थी सदस्य हो सकते हैं, जो अधिक धन लेने की इच्छा करें और आपस में वैमनस्य बढ़े। परिणाम बड़े भयंकर हो सकते हैं। अतः इस प्रकार के कार्य में योग देना मैंने उचित न समझा।

मेरी यह अवस्था देख इन लोगों ने आपस में षड्यन्त्र रचा, कि जिस प्रकार मैं कहूँ वे नियम स्वीकार कर लें और विश्वास दिलाकर जितने अस्त्र-शस्त्र मेरे पास थे, उनको मुझसे लेकर सब पर अपना आधिपत्य जमा लें। यदि मैं अस्त्र-शस्त्र माँगूँ तो मुझसे युद्ध किया जावे और आ पड़े तो मुझे कहीं ले जाकर जान से मार दिया जावे। तीन सज्जनों ने इस प्रकार का षड्यन्त्र रचा

और मुझसे चालबाजी करनी चाही। दैवात् उनमें से एक सदस्य के मन में कुछ दया आई। उसने आकर मुझसे सब भेद कह दिया। मुझे सुनकर बड़ा खेद हुआ कि जिन व्यक्तियों को मैं पिता तुल्य मानकर श्रद्धा करता हूँ, वे ही मेरे नाश करने का इस प्रकार नीचता का कार्य करने को उद्यत हैं। मैं संभल गया। मैं उन लोगों से सतर्क रहने लगा कि पुनः प्रयाग की-सी घटना न घटे। जिन महाशय ने मुझसे भेद कहा था, उनकी उत्कट इच्छा थी कि वे एक रिवालवर रखें और इस इच्छा-पूर्ति के लिए उन्होंने मेरा विश्वासपात्र बनने के कारण मुझसे भेद कहा। मुझसे एक रिवालवर माँगा कि मैं उन्हें कुछ समय के लिये रिवालवर दूं। यदि मैं उन्हें रिवालवर दे दूं तो वह उसे हजम कर जावें। मैं कर ही क्या सकता था। और अब रिवालवर इत्यादि पाना कोई सरल कार्य न था। बाद को बड़ी कठिनता से इन चालबाजियों से अपना पीछा छुड़ाया।

अब सब ओर से चित्त को हटाकर बड़े मनोयोग से नौकरी में समय व्यतीत करने लगा। कुछ रुपया इकट्ठा करने के विचार से, कुछ कमीशन इत्यादि का प्रबन्ध कर लेता था। इस प्रकार थोड़ा-सा पिताजी का भार बँटाया। सबसे छोटी बहिन का विवाह नहीं हुआ था। पिताजी के सामर्थ्य के बाहर था कि उस बहिन का विवाह किसी भले घर में कर सकते। मैंने रुपया जमा करके बहिन का विवाह एक अच्छे जमींदार के यहाँ कर दिया। पिताजी का भार उतर गया। अब केवल माता-पिता, दादी तथा छोटे भाई थे, जिनके भोजनों का प्रबन्ध होना अधिक कठिन व्यापार न था। अब माताजी की उत्कट इच्छा हुई कि मैं भी विवाह कर लूं। कई अच्छे-अच्छे विवाह-सम्बन्ध सुयोग एकत्रित हुए। किन्तु मैं विचारता था कि जब तक पर्याप्त धन पास न हो, विवाह-बन्धन में फँसना ठीक नहीं। मैंने स्वतन्त्र कार्य आरम्भ किया, नौकरी छोड़ दी। एक मित्र ने सहायता दी। मैंने एक निजी रेशमी कपड़ा बुनने का कारखाना खोल दिया। बड़े मनोयोग तथा परिश्रम से कार्य किया। परमात्मा की दया से अच्छी सफलता हुई। एक-डेढ़ साल में ही मेरा कारखाना चमक गया। तीन-चार हजार की पूंजी से कार्य आरम्भ किया था। एक साल बाद सब खर्च निकाल कर लगभग दो हजार रुपये लाभ हुए। मेरा उत्साह और भी बढ़ा। मैंने एक-दो व्यवसाय और प्रारम्भ किये। उसी समय मालूम हुआ कि संयुक्त प्रान्त के क्रान्तिकारी दल का पुनर्संगठन हो रहा है। कार्यारम्भ हो गया है। मैंने भी योग देने का वचन दिया। किन्तु उस समय मैं अपने व्यवसाय में बुरी तरह फँसा हुआ था। मैंने छः मास का समय लिया कि छः मास में मैं अपने व्यवसाय को अपने साझी को सौंप दूंगा और अपने-आपको उसमें से निकाल लूंगा, तब स्वतन्त्रतापूर्वक क्रान्तिकारी कार्य में योग दे सकूंगा। छः मास तक मैंने अपने कारखाने का सब काम साफ करके अपने साझी को सब काम समझा दिया। तत्पश्चात् अपने वचनानुसार कार्य में योग देने का उद्योग किया।

चतुर्थ खण्ड

बृहत् संगठन

यद्यपि में अपना निश्चय कर चुका था, कि अब इस प्रकार के कार्यों में कोई भाग न लूंगा। किन्तु मुझे पुनः क्रान्तिकारी आन्दोलन में हाथ डालना पड़ा, जिसका कारण यह था कि मेरी तृष्णा न बुझी थी, मेरे दिल के अरमान न निकले थे। असहयोग आन्दोलन शिथिल हो चुका था। पूर्ण आशा थी कि जितने देश के नवयुवक उस आन्दोलन में भाग लेते थे, उनमें अधिकतर क्रान्तिकारी आन्दोलन में सहायता देंगे और पूर्ण प्रीति से कार्य करेंगे। जब कार्य आरम्भ हो गया और असहयोगियों को टटोला तो वे आन्दोलन से कहीं अधिक शिक्षित हो चुके थे। उनकी आशाओं पर पानी फिर चुका था। घर की पूँजी समाप्त हो चुकी थी। घर में व्रत हो रहे थे। आगे की भी कोई विशेष आशा न थी। कांग्रेस में भी स्वराज्य दल का ज़ोर हो गया था। जिनके पास कुछ धन तथा इष्ट मित्रों का संगठन था, वे कौन्सिलों तथा एसेम्बली के सदस्य बन गये। ऐसी अवस्था में यदि क्रान्तिकारी संगठन कर्त्ताओं के पास पर्याप्त धन होता तो वे असहयोगियों को हाथ में लेकर उनसे काम ले सकते थे। कितना भी सच्चा काम करनेवाला हो किन्तु पेट तो सबके हैं। दिन-भर में थोड़ा-सा अन्न क्षुधा निवृति के लिये मिलना परमावश्यक है। फिर शरीर ढकने की भी आवश्यकता होती है। अतएव कुछ प्रबन्ध ही ऐसा होना चाहिये जो नित्य की आवश्यकतायें पूरी हो जावें। जितने धनी-मानी स्वदेश प्रेमी थे उन्होंने असहयोग आन्दोलन में पूर्ण सहायता दी थी। फिर भी कुछ ऐसे कृपालु सज्जन थे जो थोड़ी-बहुत आर्थिक सहायता देते। किन्तु प्रान्त-भर के प्रत्येक जिले में संगठन करने का विचार था। पुलिस की दृष्टि बचाने के लिये भी पूर्ण प्रयत्न करना पड़ता था। ऐसी परिस्थिति में साधारण नियमों को काम में लाते हुये कार्य करना बड़ा कठिन था। अनेकों उद्योग के पश्चात कुछ सफलता न होती थी। दो-चार ज़िलों में संगठनकर्त्ता नियत किये गये थे, जिनको कुछ मासिक गुज़ारा दिया जाता था। पाँच-दस मास तक तो इस प्रकार कार्य चलता रहा। बाद को जो सहायक कुछ आर्थिक सहायता देते थे, उन्होंने हाथ खींच लिया। अब हम लोगों की अवस्था बहुत ख़राब हो गई।

सब कार्य-भार मेरे ऊपर ही आ चुका था। कोई भी किसी प्रकार की सहायता न देता था। जहाँ-तहाँ से पृथक-पृथक ज़िलों में कार्य करनेवाले मासिक व्यय की माँग कर रहे थे। कई मेरे पास आये। मैंने कुछ रुपया कर्ज़ लेकर उन लोगों को एक मास का खर्च दिया। कइयों पर कुछ कर्ज़ भी हो चुका था। मैं कर्ज़ न निपटा सका। एक केन्द्र के कार्यकर्त्ता को जब पर्याप्त धन न मिल सका तो वे कार्य छोड़कर चले गये। मेरे पास क्या प्रबन्ध था। जो मैं सबकी उदरपूर्ति कर सकता? अद्‌भुत समस्या थी। किसी तरह उन लोगों को समझाया।

थोड़े दिनों में क्रान्तिकारी पर्चे आये। सारे देश में निश्चित तिथि पर पर्चे बाँटे गये। रंगून, बम्बई, लाहौर, अमृतसर, कलकत्ता तथा बँगाल के मुख्य-मुख्य शहरों तथा संयुक्त प्रान्त के सभी मुख्य-मुख्य ज़िलों में पर्याप्त संख्या में पर्चों का वितरण हुआ। भारत सरकार बड़ी सशंक हुई कि इतनी बड़ी सुसंगठित समिति है जो एक ही दिन सकल भारतवर्ष में पर्चे बट गये! उसी के बाद मैंने कार्यकारिणी की बैठक करके जो केन्द्र खाली हो गया था, उसके लिये एक महाशय को नियुक्त किया। केन्द्रीय में कुछ परिवर्तन भी हुआ क्योंकि सरकार के पास संयुक्त प्रान्त के सम्बन्ध में बहुत-सी सूचनायें पहुँच गई थीं। भविष्य की कार्य-कारिणी का निर्णय किया गया।

कार्यकर्ताओं की दुर्दशा

इस समय समिति के सदस्यों की बड़ी दुर्दशा थी। चने मिलना भी कठिन था। सब पर कुछ न कुछ क़र्ज़ हो गया था। किसी के पास साबुत कपड़े तक न थे। कुछ विद्यार्थी बनकर धर्म क्षेत्रों तक में भोजन कर आते थे। चार-पाँच ने अपने-अपने केन्द्र त्याग दिये। पाँच-सौ से अधिक रुपये मैं कर्ज़ लेकर व्यय कर चुका था। यह दुर्दशा देख मुझे बड़ा कष्ट होने लगा। मुझसे भी भर-पेट भोजन न किया जाता था। सहायता के लिये कुछ सहानुभूति रखनेवालों का द्वार खटखटाया, किन्तु कोरा उत्तर मिला। किंकर्तव्यविमूढ़ कुछ समझ में न आता था। कोमल हृदय नवयुवक मेरे चारों ओर बैठकर कहा करते, "पंडित जी अब क्या करें?' मैं उनके सूखे-सूखे मुख देख बहुधा रो पड़ता कि स्वदेश-सेवा का व्रत लेने के कारण फ़कीरों से भी बुरी दशा हो रही है। एक-एक कुर्ता तथा धोती भी ऐसी नहीं थी जो साबुत होती। लँगोट पहनकर दिन व्यतीत करते थे। अंगौछे पहनकर नहाते थे, एक समय क्षेत्र में भोजन करते थे, एक समय दो-दो पैसे के सत्तू खाते थे! मैं पन्द्रह वर्ष से एक समय दूध

पीता था। इन लोगों की यह दशा देखकर मुझे दूध पीने का साहस न होता था। मैं भी सबके साथ बैठ कर सत्तू खा लेता था। मैंने विचार किया कि इतने नवयुवकों के जीवन को नष्ट करके उन्हें कहाँ भेजा जावे ? जब समिति का सदस्य बनाया था, तो लोगों ने बड़ी-बड़ी आशायें बंधाई थीं। कइयों का पढ़ना लिखना छुड़ाकर काम में लगा दिया था। पहले से मुझे यह हालत मालूम होती तो मैं कदापि इस प्रकार की समिति में योग न देता, बुरा फँसा। क्या करूँ कुछ समझ ही में न आता था। अन्त में धैर्य धारण कर दृढ़तापूर्वक कार्य करने का निश्चय किया।

इसी बीच में बंगाल आर्डिनेन्स निकला और गिरफ्तारियाँ हुईं। इन का गिरफ्तारियों ने यहाँ तक असर डाला कि कार्यकर्त्ताओं में निष्क्रियता के भाव आ गये। क्या प्रबन्ध किया जावे कुछ निर्णय नहीं कर सके। मैंने प्रयत्न किया कि किसी तरह एक सौ रुपया मासिक का कहीं से प्रबन्ध हो जाय। प्रत्येक केन्द्र के प्रतिनिधि से सर्व प्रकारेण प्रार्थना की थी कि समिति के सदस्यों से कुछ सहायता लें, मासिक चन्दा बसूल करें, पर किसी ने कुछ न सुनी। व्यक्तिगत कुछ सज्जनों से प्रार्थना की कि वे अपने वेतन में से कुछ मासिक दे दिया करें, किसी ने कुछ ध्यान न दिया। सदस्य रोज मेरे द्वार खड़े रहते थे। पत्रों की भरमार रहती थी कि कुछ धन का प्रबन्ध कीजिये, भूखों मर रहे हैं। दो-एक को व्यवसाय में लगाने का भी प्रबन्ध किया। दो-चार जिलों में काम बन्द कर दिया। वहाँ के कार्यकर्त्ताओं से स्पष्ट शब्दों में कह दिया कि हम मासिक शुल्क नहीं दे सकते। यदि कोई दूसरा निर्वाह का मार्ग हो, और उस ही पर निर्भर रहकर कार्य कर सकते हो तो करो। हमसे जिस समय हो सकेगा देंगे किन्तु मासिक वेतन देने के लिये हम बाध्य नहीं। कोई बीस रुपये कर्ज के माँगता था, कोई पचास का बिल भेजता था, कईयों ने असंतुष्ट होकर कार्य छोड़ दिया। मैंने भी समझ लिया ठीक ही है, पर इतना करने पर भी गुजर न हो सका।

अशांति युवक दल

कुछ महानुभावों की प्रकृति होती है कि वे अपनी कुछ शान जमाना या अपने-आपको बड़ा दिखाना अपना कर्तव्य समझते हैं, जिससे बहुत बड़ी हानियाँ हो जाती हैं। सरल प्रकृति के मनुष्य ऐसे मनुष्यों में विश्वास करके उनमें आशातीत साहस, योग्यता तथा कार्य-दक्षता की आशा करके उन पर श्रद्धा रखते हैं। किन्तु समय आने पर यह निराशा के रूप में परिणत हो जाती है। इस

प्रकार के मनुष्यों की किन्हीं कारणों वश यदि प्रतिष्ठा हो गई, अथवा अनुकूल परिस्थितियों के उपस्थित हो जाने से उन्होंने किसी उच्च कार्य में योग दे दिया, तब तो फिर वे अपने-आपको बड़ा भारी कार्यकर्ता जाहिर करते हैं। जनसाधारण भी अन्धविश्वास से उनकी बातों पर विश्वास कर लेते हैं, विशेषकर नवयुवक तो इस प्रकार के मनुष्यों के जाल में शीघ्र ही आ जाते हैं। ऐसे ही लोग नेतागिरी की धुन में अपनी डेढ़ चावल की खिचड़ी अलग पकाया करते हैं। इसी कारण पृथक-पृथक दलों का निर्माण होता है। इस प्रकार के मनुष्य प्रत्येक समाज तथा प्रत्येक जाति में पाये जाते हैं। इनसे क्रान्तिकारी दल भी मुक्त नहीं रह सकता। नवयुवकों का चंचल स्वभाव होता है, वह शान्त रहकर सगठित कार्य करना बड़ा दुष्कर समझते हैं। उनके हृदय में उत्साह की उमंगें उठती हैं, वे समझते हैं दो-चार अस्त्र हाथ आये कि हमने गवरमेंन्ट को नाकों चने चबवा दिये। मैं भी जब क्रान्तिकारी दल में योग देने का विचार कर रहा था, उस समय मेरी उत्कट इच्छा थी कि यदि एक रिवालवर मिल जावे तो दस-बीस अंग्रेजों को मार दूं। इसी प्रकार के भाव मैंने कई नवयुवकों में देखे। उनकी बड़ी प्रबल हार्दिक इच्छा होती है, कि किसी प्रकार एक रिवालवर या पिस्तौल उनके हाथ लगता तो वे उसे अपने पास रखते। मैंने उनसे, पास रखने का लाभ पूछा, तो कोई सन्तोषजनक उत्तर नहीं। कई युवकों को मैंने इस शौक़ के पूरा करने में सैकड़ों रुपये बरबाद करते भी देखा है। किसी क्रान्तिकारी आन्दोलन के सदस्य नहीं, कोई विशेष कार्य भी नहीं, महज शौक़िया रिवालवर पास रखेंगे। ऐसे ही थोड़े से युवकों का एक दल एक महोदय ने भी एकत्रित किया। ये सब बड़े सच्चरित्र, स्वदेशाभिमानी और सच्चे कार्यकर्ता थे। इस दल ने विदेश से अस्त्र प्राप्त करने का बड़ा उत्तम सूत्र प्राप्त किया था, जिससे यथारुचि पर्याप्त अस्त्र मिल सकते थे, उन अस्त्रों के दाम भी अधिक न थे। अस्त्र भी पर्याप्त संख्या में बिलकुल नये मिलते थे। यहाँ तक प्रबन्ध हो गया था कि यदि हम लोग मूल्य का उचित प्रबन्ध कर देंगे, और यथासमय मूल्य निपटा दिया करेंगे, तो हमको माल उधार भी मिल जाया करेगा और हमें जब जिस प्रकार के जितनी संख्या में अस्त्रों की आवश्यकता होगी, मिल जाया करेंगे। यही नहीं समय आने पर हम विशेष प्रकार की मशीनवाली बन्दूकें भी बनवा सकेंगे। इस समय समिति की आर्थिक अवस्था बड़ी ख़राब थी। इस सूत्र के हाथ लग जाने और इससे लाभ उठाने की इच्छा होने पर भी बिना रुपये के कुछ होता दिखलाई न पड़ता था। *रुपये का प्रबन्ध करना नितान्त आवश्यक था। किन्तु

*The author is discreetly silent about the dacoities committed by the gang on private houses.

यहाँ लेखक उन डकैतियों के संबंध में जानबूझ कर मौन है जो उनके गिरोह द्वारा घरों में डाली गई थीं।

वह हो कैसे ? दान कोई देता न था, क़र्ज़ भी मिलता न था, और कोई उपाय न देख डाका डालना तय हुआ किन्तु किसी व्यक्तिविशेष की सम्पत्ति (Private Property) पर डाक डालना हमें अभीष्ट न था। सोचा, यदि लूटना है तो सरकारी माल क्यों न लूटा जावे। इसी उधेड़-बुन में एक दिन रेल में जा रहा था गार्ड के डब्बे के पास की गाड़ी में बैठा था। स्टेशन मास्टर एक थैली लाया, और गार्ड के डब्बे में डाल गया। कुछ खटपट की आवाज़ हुई मैंने उतर कर देखा कि एक लोहे का सन्दूक रखा है। विचार किया कि इसी में थैली डाली होगी। अगले स्टेशन पर उसमें थैली डालते भी देखा। अनुमान किया कि लोहे का सन्दूक गार्ड के डब्बे में जंजीर से बँधा रहता होगा, ताला पड़ा रहता होगा, आवश्यकता पड़ने पर ताला खोलकर उतार लेते होंगे। इसके थोड़े दिनों बाद लखनऊ स्टेशन पर जाने का अवसर प्राप्त हुआ। देखा कि एक गाड़ी में से कुली लोहे के, आमदनी डालनेवाले सन्दूक उतार रहे हैं। निरीक्षण करने से मालूम हुआ कि उसमें जन्जीर ताला कुछ नहीं पड़ता, यों ही रखे जाते हैं। उसी समय निश्चय किया कि इसी पर हाथ मारूँगा।

रेलवे डकैती

उसी समय से धुन सवार हुई तुरन्त स्थान पर जा टाइम टेबुल देखकर अनुमान किया कि सहारनपुर से गाड़ी चलती है, लखनऊ तक अवश्य दस हज़ार रुपये रोज़ की आमदनी आती होगी। सब बातें ठीक करके कार्यकर्ताओं का संग्रह किया। दस नवयुवकों को लेकर विचार किया कि किसी छोटे स्टेशन पर जब गाड़ी खड़ी हो, स्टेशन के तार घर पर अधिकार कर लें, और गाड़ी का भी सन्दूक उतारकर तोड़ डालें, जो कुछ मिले उसे लेकर चल दें। परन्तु इस कार्य में मनुष्यों की अधिक संख्या की आवश्यकता थी। इस कारण यही निश्चय किया गया कि गाड़ी की जंजीर खीचकर, चलती गाड़ी को खड़ा करके तब लूटा जावे। सम्भव है कि तीसरे दर्जे की जंजीर खींचने से गाड़ी न खड़ी हो, क्योंकि तीसरे दर्जे में बहुधा प्रबन्ध ठीक नहीं रहता है। इस कारण से दूसरे दर्जे का जंजीर खींचने का प्रबन्ध किया। सब लोग उसी ट्रेन में सवार थे। गाड़ी खड़ी होने पर सब उतरकर गार्ड के डब्बे के पास पहुँच गये। लोहे का सन्दूक उतारकर छेनियों से काटना चाहा, छेनियों ने काम न दिया तब कुल्हाड़ा चला।

मुसाफिरों से कह दिया कि सब गाड़ी में चढ़ जाओ। गाड़ी का गार्ड

गाड़ी में चढ़ना चाहता था, पर उसे ज़मीन पर लेट जाने की आज्ञा दी, ताकि बिना गार्ड के गाड़ी न जा सके। दो आदमियों को नियुक्त किया कि वे लाइन की पगडण्डी को छोड़कर घास में खड़े होकर गाड़ी से हटे हुए गोली चलाते रहें। एक सज्जन गार्ड के डब्बे से उतरे। उनके पास भी माउज़र पिस्तौल था। विचारा कि ऐसा शुभअवसर जाने कब हाथ आवे। माउज़र पिस्तौल काहे को चलाने को मिलेगा? उमंग जो आई सीधा करके दागने लगे। मैंने जो देखा तो डाँटा, क्योंकि गोली चलाने की ड्यूटी (काम) ही न थी। फिर यदि कोई रेलवे मुसाफिर कौतूहल वश बाहर को सिर निकाले तो उसके गोली ज़रूर लग जावे। हुआ भी ऐसा ही, जो व्यक्ति रेल से उतरकर अपनी स्त्री के पास जा रहा था, मेरा विचार है कि इन्हीं महाशय की गोली उसके लग गई, क्योंकि जिस समय यह महाशय सन्दूक नीचे डालकर गार्ड के डब्बे से उतर रहे थे, केवल दो तीन फ़ायर हुए थे। रेल के मुसाफिर ट्रेन में चढ़ चुके थे। अनुमान होता है, उसी समय स्त्री ने कोलाहल किया होगा और उसका पति उसके पास जा रहा था जो उक्त महाशय की उमंग का शिका हो गया। मैंने यथा-शक्ति पूर्ण प्रबन्ध किया था कि जब तक कोई बन्दूक लेकर सामना करने न आवे, या मुकाबले में गोली न चले तब तक किसी आदमी पर फायर न होने पावे। मैं नर-हत्या करा के डकैती को भीषण रूप देना नहीं चाहता था। फिर भी मेरा कहा न मानकर अपना काम छोड़ गोली चला देने का यह परिणाम हुआ। गोली चलाने की जिनको मैंने ड्यूटी दी थी वे बड़े दक्ष तथा अनुभवी मनुष्य थे, उनसे भूल होना असम्भव है। उन लोगों को मैंने देखा कि वे अपने स्थान से पाँच मिनट बाद पाँच फ़ायर करते थे, यही मेरा आदेश था।

सन्दूक तोड़ तीन गठरियों में थैलियाँ बाँधी। सबसे कई बार कहा—देख लो कोई सामान रह तो नहीं गया? इस पर भी एक महाशय चद्दर डाल आये। रास्ते में थैलियों से रुपया निकालकर गठरी बाँधी और उसी समय लखनऊ शहर में जा पहुँचे। किसी ने पूछा भी नहीं, कौन हो, कहाँ से आये हो?* इस प्रकार दस आदमियों ने एक गाड़ी को रोककर लूट लिया। उस गाड़ी में चौदह मनुष्य ऐसे थे जिनके पास बन्दूक या रायफलें थीं। दो अंग्रेज सशस्त्र फौजी जवान भी थे, पर सब शान्त रहे। ड्राइवर महाशय तथा एक इंजीनियर महाशय दोनों का बुरा हाल था। वे दोनों अंग्रेज थे। ड्राइवर महाशय इन्जन में लेट रहे। इंजीनियर महाशय पाखाने में जा छिपे। हमने यह कह दिया था कि मुसाफिरों से न बोलेंगे, सरकार का माल लूटेंगे। इस कारण से मुसाफिर भी शाँतिपूर्वक बैठे रहे। समझे तीस-चालीस आदमियों ने गाड़ी को चारों ओर से घेर लिया है। केवल दस युवकों ने इतना बड़ा आतंक फैला दिया। साधारणतया इस बात पर बहुत से मनुष्य विश्वास करने में भी सँकोच

---

*Gross exaggeration.
अत्यंत अतिशोयक्ति।

करेंगे कि दस नवयुवकों ने गाड़ी खड़ी करके लूट ली। जो भी हो बात वास्तव में यही थी।* इन दस कार्यकर्ताओं में अधिकतर तो ऐसे थे जो आयु में सिर्फ लगभग बाईस वर्ष के होंगे, और जो शरीर से बड़े पुष्ट भी न थे। इस सफलता को देखकर मेरा साहस बहुत बढ़ गया। मेरा जो विचार था, वह अक्षरशः सत्य सिद्ध हुआ। पुलिसवालों की वीरता का मुझे अन्दाज़ा था। इस घटना से भविष्य के कार्य की बहुत बड़ी आशा बँध गई। नवयुवकों का भी उत्साह बढ़ गया। जितना क़र्ज़ा था निपटा दिया। अस्त्रों की खरीद के लिए लगभग एक हज़ार रुपये भेज दिये। प्रत्येक केन्द्र के कार्यकर्ता को यथा स्थान भेजकर दूसरे प्रान्तों में भी कार्य विस्तार करने का निर्णय करके कुछ प्रबन्ध किया। एक युवक दल ने बम बनाने का प्रबन्ध किया, मुझसे भी सहायता चाही। मैंने आर्थिक सहायता देकर अपना एक सदस्य भेजने का वचन दिया। किन्तु कुछ त्रुटियाँ हुईं, जिससे सम्पूर्ण दल अस्त-व्यस्त हो गया।

मैं इस विषय में कुछ भी न जान सका कि दूसरे देश के क्रान्तिकारियों ने प्रारम्भिक अवस्था में हम लोगों की भाँति प्रयत्न किया या नहीं। यदि पर्याप्त अनुभव होता तो इतनी साधारण भूलें न करते। त्रुटियों के होते हुए भी कुछ भी न बिगड़ता और न कुछ भेद खुलता; न इस अवस्था को पहुँचते। क्योंकि मैंने जो संगठन किया था उसमें किसी ओर से मुझे कोई कमजोरी न दिखाई देती थी। कोई भी किसी प्रकार की कमज़ोरी न समझ सकता था। इसी कारण आँख बन्द किये बैठे रहे। किन्तु आस्तीन में साँप छिपा हुआ था! ऐसा गहरा मुँह मारी कि चारोंखाने चित्त कर दिया!

जिन्हें हम हार समझे थे गला अपना सजाने को।
वही अब नाग बन बैठे हमारे काट खाने को॥

नवयुवकों में आपस की होड़ के कारण बहुधा वितंडा तथा कलह भी हो जाती थी, जो भयंकर रूप धारण कर लेती। मेरे पास जब मामला आता तो मैं प्रेमपूर्वक समिति की दशा का अवलोकन कराके, सबको शान्त कर देता। कभी नेतृत्व को लेकर वादाविवाद चल जाता। एक केन्द्र के निरीक्षक से वहाँ के कार्यकर्ता अत्यन्त असन्तुष्ट थे। क्योंकि निरीक्षक से अनुभवहीनता के कारण कुछ भूलें हो गईं थीं। यह अवस्था देखा मुझे बड़ा खेद तथा आश्चर्य हुआ क्योंकि नेतागीरी का भूत सबसे भयानक होता है। जिस समय से यह भूत खोपड़ी पर सवार होता है, उसी समय से सब काम चौपट हो जाता है। केवल एक-दूसरे के दोष देखने में समय व्यतीत होता है और वैमनस्य बढ़कर बड़े भयंकर परिणामों का उत्पादक होता है। इस प्रकार के समाचार सुन मैंने सबको एकत्रित कर खूब फटकारा। सब अपनी त्रुटि समझकर पछताये और प्रीतिपूर्वक

*There were more than twenty five.
वहाँ पचीस से अधिक थे।

आपस में मिलकर कार्य करने लगे। पर ऐसी अवस्था हो गई थी कि दलबन्दी की नौबत आ गई थी। एक प्रकार से तो दलबन्दी हो ही गई थी पर मुझ पर सबकी श्रद्धा थी और मेरे वक्तव्य को सब मान लेते थे। सब कुछ होने पर भी मुझे किसी ओर से किसी प्रकार का सन्देह न था। किन्तु परमात्मा को ऐसा ही स्वीकार था जो इस अवस्था का दर्शन करना पड़ा।

गिरफ्तारी

काकोरी डकैती के होने के बाद से ही पुलिस बहुत सचेत हुई। बड़े जोरों के साथ जाँच आरम्भ हो गई। शाहजहाँपुर में कुछ पुलिस के विशेष सदस्य मुझसे भी मिले। चारों ओर शहर में यही चर्चा थी कि रेलवे डकैती किसने कर ली? उन्हीं दिनों शहर में दो-एक डकैती के नोट निकल आये, अब तो पुलिस का अनुसन्धान और भी बढ़ने लगा। कई मित्रों ने मुझसे भी कहा कि सतर्क रहो। दो-एक सज्जन ने निश्चित रूपेण समाचार दिया कि मेरी गिरफ्तारी जरूर हो जावेगी। मेरी कुछ समझ में न आया। मैंने विचार किया कि यदि गिफ्तारी हो भी गई तो पुलिस को मेरे विरुद्ध कुछ भी प्रमाण न मिल सकेगा। अपनी बुद्धिमता पर कुछ अधिक विश्वास था। अपनी बुद्धि के सामने दूसरों की बुद्धि को तुच्छ समझता था। कुछ यह भी विचार था कि देश की सहानुभूति की परीक्षा की जावे। जिस देश पर हम अपना बलिदान देने को उपस्थित हैं, उस देश के वासी हमारे साथ कितनी सहानुभूति रखते हैं? कुछ जेल का अनुभव भी प्राप्त करना था। वास्तव में मैं काम करते-करते श्रान्त हो गया था। भविष्य के कार्यों में अधिक नर-हत्या का ध्यान करके मैं हतबुद्धि-सा हो गया था। मैंने किसी के कहने की कोई भी चिन्ता न की।

रात्रि के समय ग्यारह बजे के लगभग एक मित्र के यहाँ से अपने घर पर गया। रास्ते में खुफिया पुलिस के सिपाहियों से भेंट हुई। कुछ विशेष रूप से उस समय भी वे मेरी देखभाल कर रहे थे। मैंने कोई चिन्ता न की और घर पर जाकर सो गया। प्रातः काल चार बजने पर जगा, शौचादि से निवृत होने पर बाहर द्वार पर बन्दूक के कुन्दों का शब्द सुनाई दिया। मैं समझ गया कि पुलिस आ गई है। में तुरन्त ही द्वार खोलकर बाहर गया। एक पुलिस अफ़सर ने बढ़कर हाथ पकड़ लिया। में गिरफ़्तार हो गया। में केवल एक अँगोछा पहने हुए था। पुलिसवालों को अधिक भय न था। पूछा यदि घर में कोई अस्त्र हों, तो दे दीजिये। मैंने कहा कोई आपत्तिजनक वस्तु घर में नहीं है। उन्होंने बड़ी सज्जमता की। मेरे हथकड़ी इत्यादि कुछ न डाली। मकान की

तलाशी लेते समय एक पत्र मिल गया, जो मेरी जेब में था। कुछ होनहार, कि तीन चार-पत्र मैंने लिखे थे। डाकखाने में डालने को भेजे, तब तक डाक निकल चुकी थी। मैंने वह सब अपने पास ही रख लिये। विचार हुआ कि डाक के बम्बे में डाल दूं। फिर विचार किया जैसे बम्बे में रहेंगे वैसे जेब में पड़े हैं। मैं उन पत्रों को वापस घर ले आया। उन्हीं में एक पत्र आपत्तिजनक था, जो पुलिस के हाथ लग गया। गिरफ़्तार होकर पुलिस कोतवाली पहुँचा। वहाँ पर एक खुफ़िया पुलिस के अफ़सर से भेंट हुई। उस समय उन्होंने कुछ ऐसी बातें की, जिन्हें मैं या एक व्यक्ति और जानता था। कोई तीसरा व्यक्ति इस प्रकार से ब्योरावार नहीं जान सकता था। मुझे बड़ा आश्चर्य हुआ। किन्तु सन्देह इस कारण न हो सका कि मैं दूसरे व्यक्ति के कार्यों पर अपने शरीर के समान ही विश्वास रखता था। शाहजहाँपुर में जिन-जिन व्यक्तियों की गिरफ़्तारी हुई, वह भी बड़ी आश्चर्यजनक प्रतीत होती थी, जिन पर कोई सन्देह भी न करता था, पुलिस उन्हें कैसे जान गई? दूसरे स्थानों पर क्या हुआ, कुछ भी न मालूम हो सका। जेल पहुँच जाने पर मैं थोड़ा-बहुत अनुमान कर सका, कि सम्भवतः दूसरे स्थानों में भी गिरफ़्तारियाँ हुई होंगी, गिरफ़्तारियों के समाचार सुन शहर के सभी मित्र भयभीत हो गये। किसी से इतना भी न हो सका कि जेल में हम लोगों के पास समाचार भेजने का प्रबन्ध कर देता।

जेल

जेल में पहुँचते ही खुफ़िया पुलिसवालों ने यह प्रबन्ध कराया कि हम सब एक दूसरे से अलग रखे गये, किन्तु फिर भी एक दूसरे से बातचीत हो जाती थी। यदि साधारण क़ैदियों के साथ रखते तब तो बातचीत का पूर्ण प्रबन्ध हो जाता, इस कारण से सबको अलग-अलग तनहाई की कोठरियों में बन्द किया। यही प्रबन्ध दूसरे ज़िले की जेलों में भी किया गया था, जहाँ-जहाँ पर इस सम्बन्ध में गिरफ़्तारियाँ हुई थीं। अलग-अलग रखने से पुलिस को यह सुविधा होती है कि प्रत्येक से पृथक-पृथक मिलकर बातचीत करते हैं। कुछ भय दिखाते हैं, कुछ इधर-उधर की बातें करके भेद जानने का प्रयत्न करते हैं। अनुभवी लोग तो पुलिसवालों से मिलने से इनकार ही कर देते है। क्योंकि उनसे मिलकर हानि के अतिरिक्त लाभ कुछ नहीं होता। कुछ व्यक्ति ऐसे होते है जो समाचार जानने के लिए कुछ बातचीत करते हैं। पुलिसवालों से मिलना ही क्या है वे तो चालबाज़ी से बात निकालने की रोटी ही खाते हैं। उनका जीवन इसी

प्रकार की बातों में व्यतीत होता है। नवयुवक दुनियादारी क्या जानें, न वे इस प्रकार की बातें बना सकते हैं।

जब किसी प्रकार कुछ समाचार ही न मिलते तब तो बहुत जी घबड़ाता। यही पता नहीं चलता कि पुलिस क्या कर रही है, भाग्य का क्या निर्णय होगा? जितना समय व्यतीत होता जाता था उतनी ही चिन्ता बढ़ती जाती थी। जेल अधिकारियों से मिलकर पुलिस यह भी प्रबन्ध करा देती है कि मुलाकात करनेवालों से घर के सम्बन्ध में बातचीत करें, मुक़दमे के सम्बन्ध में कोई बातचीत न करें। सुविधा के लिये सबसे प्रथम यह परमावश्यक है कि एक विश्वासपात्र वकील किया जावे जो यथासमय आकर बातचीत कर सके। वकील के लिये किसी प्रकार की रुकावट नहीं हो सकती। वकील के साथ जो अभियुक्त की बातें होती हैं, उनको कोई दूसरा नहीं सुन सकता। क्योंकि इस प्रकार का क़ानून है, इस प्रकार का अनुभव बाद में हुआ। गिरफ्तारी के बाद शाहजहाँपुर के वकीलों से मिलना भी चाहा, किन्तु शाहजहाँपुर में ऐसे दब्बू वकील रहते हैं जो सरकार के विरूद्ध मुक़दमे में सहायता देने में हिचकते है।

मुझसे खुफिया पुलिस के कप्तान साहब मिले। थोड़ी-सी बातें करके अपनी इच्छा प्रकट की कि मुझे सरकारी गवाह बनाने की इच्छा रखते हैं। थोड़े दिनों में एक मित्र ने भयभीत होकर, कि कहीं यह भी न पकड़ा जावे, बनारसीलाल से भेंट की और समझा-बुझाकर उसे सरकारी गवाह बना दिया। बनारसीलाल बहुत घबराता था कि कौन सहायता देगा, सज़ा जरूर हो जावेगी। यदि किसी वकील से मिल लिया होता तो उसका धैर्य न टूटता। पं० हरकरननाथ शाहजहाँपुर आये, जिस समय वह अभियुक्त श्रीयुत प्रेमकृष्ण खन्ना से लिले, उस समय अभियुक्त ने पं० हरकरननाथ से बहुत-कुछ कहा कि मुझसे तथा दूसरे अभियुक्तों से मिल लें। यदि वह कहा मान जाते और मिल लेते तो बनारसीलाल को साहस हो जाता और वह डटा रहता। उसी रात्रि को पहले एक इन्स्पेक्टर पुलिस बनारसीलाल से मिले। फिर जब मैं सो गया तब बनारसीलाल को निकाल कर ले गये। प्रातःकाल पाँच बजे के क़रीब, जब बनारसीलाल की कोठरी में से कुछ शब्द न सुनाई दिया, तो बनारसीलाल को पुकारा। पहरे पर जो क़ैदी था, उससे मालूम हुआ, बनारसीलाल बयान दे चुके। बनारसीलाल के सम्बन्ध में सब मित्रों ने कहा था कि इससे अवश्य धोखा होगा, पर मेरी बुद्धि में कुछ न समाया था। प्रत्येक जानकार ने बनारसीदास के संबंध में यही भविष्यवाणी की थी कि वह आपत्ति पड़ने पर अटल न रह सकेगा। इस कारण सबने उसे किसी प्रकार के गुप्त कार्य में लेने की मनाही की थी। अब तो जो होना था सो हो ही गया।

*थोड़े दिनों के बाद ज़िला कलेक्टर मिले। कहने लगे फाँसी हो जावेगी।

*This is not true.
यह सत्य नहीं हैं।

बचना हो तो बयान दे दो। मैंने कुछ उत्तर न दिया। तत्पश्चात् खुफ़िया पुलिस के कप्तान साहब मिले, बहुत-सी बातें कीं। कई क़ाग़ज़ दिखलाये। मैंने कुछ-कुछ अन्दाज़ा लगाया कि कितनी दूर तक वे लोग पहुँच गये हैं। मैंने कुछ बातें बनाईं ताकि पुलिस का ध्यान दूसरी ओर चला जावे, परन्तु उन्हें तो विश्वसनीय सूत्र हाथ लग चुका था, वे बनावटी बातों पर क्यों विश्वास करते ? अन्त में उन्होंने अपनी यह इच्छा प्रकट की कि यदि मैं बंगाल का सम्बन्ध बताकर कुछ बोलशेविक सम्बन्ध के विषय में अपना बयान दे दूं, तो वह मुझे थोड़ी-सी सज़ा करा देंगे, और सजा के थोड़े दिनों बाद ही जेल से निकाल कर इंग्लैंड भेज देंगे। और पन्द्रह हजार रुपये पारितोषिक सरकार से दिला देंगे। मैं मन-ही-मन बहुत हँसता था। अन्त में एक दिन फिर मुझसे जेल में मिलने को गुप्तचर विभाग के कप्तान साहब आये। मैंने अपनी कोठरी में से निकलने से ही इनकार कर दिया। वह कोठरी पर आकर बहुत-सी बातें करते रहे, अन्त में परेशान होकर चले गये।

*शिनाखतें कराई गईं पुलिस को जितने आदमी मिल सके उतने आदमी लेकर शिनाख़त कराई। भाग्यवश श्री अईनुद्दीन साहब मुक़दमे के मजिस्ट्रेट मुकर्रर हुए, जी-भरके पुलिस की मदद की। शिनाख़तों में अभियुक्तों को साधारण मजिस्ट्रेटों की भाँति भी सुविधाएँ न दीं। दिखाने के लिये कागज़ी कार्रवाई खूब साफ़ रखी। ज़बान के बड़े मीठे थे। प्रत्येक अभियुक्त से बड़े प्रेम से मिलते थे। बड़ी मीठी-मीठी बातें करते थे। सब समझते थे कि हमसे सहानुभूति रखते हैं। कोई न समझ सका कि अन्दर-ही-अन्दर घाव कर रहे हैं। इतना चालाक अफ़सर शायद ही कोई दूसरा हो। जब तक मुक़दमा उनकी अदालत में रहा किसी को कोई शिकायत का मौक़ा ही न दिया। अगर कभी कोई बात भी हो जाती तो ऐसे ढंग से उसे टालने की कोशिश करता कि किसी को बुरा ही न लगता। बहुधा ऐसा भी हुआ कि खुली अदालत में अभियुक्तों से क्षमा माँगने में संकोच न किया। किन्तु कागज़ी कार्रवाई में इतना होशियार था कि जो कुछ लिखा सदैव अभियुक्तों के विरुद्ध। जब मामला सेशन सुपुर्द किया और आशापत्र में युक्तियाँ दीं, तब सबकी आँखें खुलीं कि कितना गहरा घाव मार दिया।

मुक़दमा अदालत में न आया था, उसी समय रायबरेली में बनवारीलाल की गिरफ्तारी हुई। मुझे हाल मालूम हुआ। मैंने पण्डित हरकरननाथ से कहा कि सब काम छोड़कर सीधे रायबरेली जावें और बनवारीलाल से मिलें, किन्तु उन्होंने मेरी बातों पर कुछ भी ध्यान न दिया। मुझे बनवारीलाल पर पहले से

*As shown elsewhere this charge against the magistrate is untrue.
जैसाकि अन्यत्र यह स्पष्ट किया जा चुका है कि मजिस्टेट पर लगाया गया आरोप असत्य है।

ही सन्देह था, क्योंकि उसका रहन-सहन इस प्रकार का था कि जो ठीक न था। जब दूसरे सदस्यों के साथ रहता, तब उनसे कहा करता कि मैं जिला-संगठन-कर्ता हूँ, मेरी गणना अधिकारियों में है। मेरी आज्ञा पालन किया करो। मेरे जूठे बर्तन मला करो। कुछ विलासिता-प्रिय भी था। प्रत्येक समय शीशा, कंघा तथा साबुन साथ रखता था। मुझे इससे भय था, किन्तु हमारे दल के एक खास आदमी का वह विश्वासपात्र रह चुका था। उन्होंने सैकड़ों रुपये देकर उसकी सहायता की थी। इसी कारण हम लोग भी अन्त तक उसे मासिक सहायता देते रहे थे। मैंने बहुत कुछ हाथ-पैर मारे। पर कुछ भी न चली, और जिसका मैं भय करता था वही हुआ। भाड़े का टट्टू अधिक बोझ न सँभाल सका, उसने बयान दे ही दिये। जब तक यह गिरफ्तार न हुआ था कुछ सदस्यों ने इसके पास जो अस्त्र थे वे माँगे। पर इसने न दिये। जिला अफ़सर की शान में रहा। गिरफ्तार होते ही सब शान मिट्टी में मिल गई। बनवारीलाल के बयान दे देने से पुलिस का मुक़दमा मजबूती पकड़ गया। यदि वह अपना बयान न देता तो मुकदमा बहुत कमजोर था। सब लोग चारों ओर से एकत्रित करके लखनऊ जिला जेल में रखे गये। थोड़े समय तक अलग-अलग रहे, किन्तु अदालत में मुक़दमा आने से पहले ही एकत्रित कर दिये गये।

मुक़दमे में रुपये की जरूरत थी। अभियुक्तों के पास क्या था? उनके लिये धन-संग्रह करना कितना दुस्कर था; न जाने किस प्रकार निर्वाह करते थे। अधिकतर अभियुक्तों का कोई सम्बन्धी पैरवी भी न कर सकता था। जिस किसी के कोई था भी वह बाल-बच्चों तथा घर को संभालता था, इतने समय तक घर बार छोड़कर मुक़दमा करता। यदि चार अच्छे पैरवी करने वाले होते, तो पुलिस का तीन चौथाई मुकदमा टूट जाता। लखनऊ ऐसे जनाने शहर में मुकदमा हुआ, जहाँ अदालत में कोई भी शहर का आदमी न आता था। इतना भी तो न हुआ कि एक अच्छा प्रेस रिपोर्टर ही रहता, मुकदमे की सारी कार्यवाही को, जो कुछ अदालत में होता था, प्रेस में भेजता रहता। इण्डियन डेली टेलीग्राफवालों ने कृपा की। यदि कोई अच्छा रिपोर्टर आ भी गया, और जो कुछ अदालत की कार्यवाही ठीक-ठीक प्रकाशित हुई तो पुलिसवालों ने जज साहब से मिलकर तुरन्त उस रिपोर्टर को निकलवा दिया। जनता की कोई सहानुभूति न थी। जो पुलिस के जी में आया करती रही। इन सारी बातों को देखकर जज का साहस बढ़ गया। उसने जैसा जी चाहा सबकुछ किया। अभियुक्त चिल्लाये—हाय! हाय! पर कुछ भी सुनवाई न हुई। और बातें तो दूर, श्रीयुत दामोदर स्वरूप सेठ को पुलिस ने जेल में सड़ा डाला। लगभग एक वर्ष तक आप जेल में तड़पते रहे। एक सौ पाउण्ड से केवल 66 पाउण्ड वजन रह गया। कई बार जेल में मरणासन्न हो गये। नित्य बेहोशी आ जाती थी। लगभग दस मास तक कुछ भी भोजन न कर सके। जो कुछ छटाँक-दो-छटाँक दूध किसी प्रकार पेट में पहुँच जाता था, उससे इस प्रकार की विकट वेदना

होती थी कि कोई आपके पास खड़े होकर उस छटपटाने के दृश्य को देख न सकता था। एक मेडिकल बोर्ड बनाया गया, जिसमें तीन डाक्टर थे। उन (बुद्धू) की कुछ समझ में न आया, तो कह दिया गया कि सेठजी को कोई बीमारी ही नहीं है। जब से काकोरी काण्ड के अभियुक्त जेल में एक साथ रहने लगे, तभी से उनमें एक अद्भुत परिवर्तन का समावेश हुआ, जिसका अवलोकन कर मेरे आश्चर्य की सीमा न रही। जेल में सबसे बड़ी बात तो यह थी कि प्रत्येक आदमी अपनी नेतागिरी की दुहाई देता था। कोई भी बड़े-छोटे का भेद न रहा। बड़े अनुभवी पुरुषों की बातों की अवहेलना होने लगी। डिसप्लिन (अनुशासन) का नाम भी न रहा। बहुधा उल्टे जवाब मिलने लगे। छोटी-सी-छोटी बातों पर मतभेद हो जाता। इस प्रकार का मतभेद कभी-कभी वैमनस्य तक का रूप धारण कर लेता। आपस में झगड़ा भी हो जाता। खैर! जहाँ चार बर्तन रहते हैं वहाँ खटकाते ही हैं। ये लोग तो मनुष्य देहधारी थे। परन्तु लीडरी की धुन ने पार्टीबन्दी का ख्याल पैदा कर दिया। जो नवयुवक जेल के बाहर अपने से बड़ों की आज्ञा को वेद-वाक्य के समान मानते थे वे ही उन लोगों का तिरस्कार तक करने लगे। इसी प्रकार आपस का वाद-विवाद कभी-कभी भयंकर रूप धारण कर लिया करता। प्रान्तीय प्रश्न छिड़ जाता। बंगाली तथा संयुक्त-प्रान्तवासियों के कार्य की आलोचना होने लगती। इसमें कोई संदेह नहीं कि बंगाल ने क्रान्तिकारी आन्दोलन में दूसरे प्रान्तों से अधिक कार्य किया है; किन्तु बंगालियों की हालत यह है कि जिस किसी कार्यालय या दफ्तर में एक भी बंगाली पहुँच जावेगा थोड़े ही दिनों में ही उस स्थान पर बंगाली ही बंगाली दिखाई देंगे। जिस शहर में बंगाली रहते हैं उनकी बस्ती अलग ही बसती है। बोली भी अलग। खान-पान भी अलग। यही सब जेल में अनुभव हुआ।

जिन महानुभावों को मैं त्याग की मूर्ति समझता था, उनके अन्दर बंगालीपने का भाव देखा। मैंने जेल से बाहर कभी स्वप्न में भी यह विचार न किया था कि क्रान्तिकारी दल के सदस्यों में भी प्रान्तीय भावों का समावेश होगा। मैं तो यही समझता रहा कि क्रान्तिकारी तो समस्त भारतवर्ष को स्वतन्त्र करने का प्रयत्न कर रहे हैं, उन्हें किसी प्रान्त विशेष से क्या सम्बन्ध। परन्तु साक्षात् अनुभव कर लिया कि प्रत्येक बंगाली के दिमाग में कविवर रवीन्द्रनाथ का गीत "आमार सोनार बाँगला, आमि तोमा के भालो वासी" (मेरे सोने का बंगाल मैं तुझसे मुहब्बत करता हूँ) ठूँस-ठूँस कर भरा था, जिसका उनके नैमित्तिक जीवन में पग-पग पर प्रकाश होता था। अनेक प्रयत्न करने पर भी जेल के बाहर इस प्रकार का अनुभव कदापि न प्राप्त हो सकता था।

बड़ी भयंकर-से-भयंकर आपत्ति में भी मेरे मुँह से आह न निकली, प्रिय सहोदर का देहान्त होने पर भी आँख से आँसू न गिरा, किन्तु इस दल के कुछ व्यक्ति ऐसे थे जिनकी आज्ञा को मैं संसार में सबसे श्रेष्ठ मानता था, जिनकी

ज़रा-सी कड़ी दृष्टि भी मैं सहन न कर सकता था, जिनके कटु वचनों के कारण मेरे हृदय पर चोट लगती थी और अश्रुओं का स्रोत उबल पड़ता था। मेरी इस अवस्था को देखकर दो-चार मित्रों को जो मेरी प्रकृति को जानते थे बड़ा आश्चर्य होता था। लिखते हुए हृदय कम्पित होता है कि उन्हीं सज्जनों में बंगाली तथा अबंगाली का भाव इस प्रकार भरा था, कि बंगालियों की बड़ी-से-बड़ी भूल, हठधर्मी तथा भीरुता की अवहेलना की गई। यह देखकर पुरुषों का साहस बढ़ता था, नित्य नई चालें चली जाती थीं। आपस में ही एक-दूसरे के विरुद्ध षड्यन्त्र रचे जाते थे। बंगालियों का न्याय-अन्याय सब सहन कर लिया जाता था। इन सारी बातों ने मेरे हृदय को टूक-टूक कर डाला। सब कृत्यों को देख मैं मन-ही-मन घुटा करता।

एक बार विचार हुआ कि सरकार से समझौता कर लिया जावे। बैरिस्टर साहब ने खुफ़िया पुलिस के कप्तान से परामर्श आरम्भ किया। किन्तु यह सोचकर कि इससे क्रान्तिकारी दल की निष्ठा न मिट जावे, यह विचार छोड़ दिया गया, युवकवृन्द की सम्मति हुई कि अनशन व्रत करके सरकार से हवालाती की हालत में ही माँगें पूरी करा ली जावें क्योंकि लम्बी-लम्बी सजाएँ होंगी। संयुक्त प्रान्त के जेलों में साधारण कैदियों का भोजन खाते हुए सजा काटकर जेल से जिन्दा निकलना कोई सरल कार्य नहीं। जितने राजनैतिक कैदी काण्डों के सम्बन्ध में सजा पाकर इस प्रान्त के जेलों में रखे गये उनमें से पाँच-छः महात्माओं ने इस प्रान्त के जेलों के व्यवहार के कारण ही जेलों में प्राण त्याग किये।

इस विचार के अनुसार काकोरी के लगभग सब हवालातियों ने अनशन व्रत आरम्भ कर दिया। दूसरे ही दिन सब पृथक कर दिये गये। कुछ व्यक्ति डिस्ट्रिक्ट जेल में रखे गये, कुछ सेंट्रल जेल भेजे गये। अनशन करते पन्द्रह दिवस व्यतीत हो गये, सरकार के कान पर जूँ रेंगी। उधर सरकार का काफी नुकसान हो रहा था। जज साहब तथा दूसरे कचहरी के कार्यकर्ताओं को घर बैठे का वेतन देना पड़ता था। सरकार को स्वयं चिन्ता थी कि किसी प्रकार अनशन छूटे। जेल अधिकारियों ने पहले आठ आने रोज तै किये। मैंने उस समझौते को अस्वीकार कर दिया और बड़ी कठिनता से दस आने रोज पर ले आया। उस अनशन व्रत में पन्द्रह दिवस तक मैंने जल पीकर निर्वाह किया था। सोलहवें दिन नाक से दूध पिलाया गया था। श्रीयुत रोशनसिंह जी ने भी इसी प्रकार मेरा साथ दिया था। वे पन्द्रह दिन तक बराबर चलते-फिरते रहे थे। स्नानादि करके अपने नैमित्तिक कर्म भी कर लिया करते थे। दस दिन तक तो मेरे मुँह को देखकर अनजान पुरुष यह अनुमान भी नहीं कर सकता था कि मैं अन्न नहीं खाता।

समझौते के जिन खुफिया पुलिस के अधिकारियों से मुख्य नेता महोदय का वार्तालाप बहुधा एकान्त में हुआ करता था, समझौते की बात खतम हो जाने

पर भी आप उन लोगों से मिलते रहे। मैंने कुछ विशेष ध्यान न दिया। यदा-कदा दो-एक बात से पता चलता है कि समझौते के अतिरिक्त कुछ दूसरी भी बातें होती हैं। मैंने इच्छा प्रकट की कि मैं भी एक समय सी० आई० डी० के कप्तान से मिलूँ, क्योंकि मुझसे पुलिस बहुत असन्तुष्ट थी। मुझे पुलिस से न मिलने दिया गया। परिणामस्वरूप सी० आई० डी० वाले मेरे पूरे दुश्मन हो गये। सब मेरे व्यवहार की ही शिकायत किया करते। पुलिस अधिकारियों से बातचीत करके मुख्य नेता महाशय को कुछ आशा बंध गई। आपका जेल से निकलने का उत्साह जाता रहा। जेल से निकलने के उद्योग में जो उत्साह था, वह बहुत ढीला हो गया। नवयुवकों की श्रद्धा को मुझसे हटाने के लिए अनेकों प्रकार की बातें की जाने लगीं। मुख्य नेता महोदय ने स्वयं कुछ कार्यकर्ताओं से मेरे सम्बन्ध में कहा कि ये कुछ रुपये खा गये। मैंने एक-एक पैसे का हिसाब रखा था। जैसे ही मैंने इस प्रकार की बातें सुनी, मैंने कार्यकारिणी के सदस्यों के सामने रखकर हिसाब देना चाहा, और अपने विरुद्ध आक्षेप करने वाले को दण्ड देने का प्रस्ताव उपस्थित किया। अब तो बँगालियों का साहस न हुआ कि मुझसे हिसाब समझें। मेरे आचरण पर भी आक्षेप किये गये।

जिस दिन सफाई की बहस मैंने समाप्त की, सरकारी वकील ने उठकर मुक्त कण्ठ से मेरी बहस की प्रशंसा की कि सैकड़ों वकीलों मे अच्छी बहस की। मैंने नमस्ते कर उत्तर दिया कि आपके चरणों की कृपा है। क्योंकि इस मुकद्दमे के पहले मैंने किसी अदालत में समय न व्यतीत किया था, सरकारी तथा सफाई के वकीलों की जिरह को सुनकर मैंने भी साहस किया था। इसके बाद सबसे पहले मुख्य नेता महाशय के विषय में सरकारी वकील ने बहस करना शुरू की। खूब ही आड़े हाथों लिया। अब तो मुख्य नेता महाशय का बुरा हाल था। क्योंकि उन्हें आशा थी कि सम्भव है सबूत की कमी से वे छूट जावें या अधिक से अधिक पाँच या दस वर्ष की सजा हो जावे। आखिर चैन न पड़ा। सी० आई० डी० अफ़सरों को बुलाकर जेल में उनसे एकान्त में डेढ़ घण्टे तक बातें हुईं। युवक मण्डल को इसका पता चला। सब मिलकर मेरे पास आये। कहने लगे इस समय सी०आई०डी० अफसर से क्यों मुलाक़ात की जा रही है? मेरी जिज्ञासा पर उत्तर मिला कि सजा होने के बाद जेल में क्या व्यवहार होगा, इस सम्बन्ध में बातचीत कर रहे हैं। मुझे सन्तोष न हुआ। दो या तीन दिन बाद मुख्य नेता महाशय एकान्त में बैठकर कई घंटा तक कुछ लिखते रहे। लिखकर काग़ज जेल में रख भोजन करने गये। मेरी अन्तरात्मा ने कहा, उठ देख तो क्या हो रहा है?' मैंने जेब से कागज़ निकालकर पढ़े। पढ़कर शोक तथा आश्चर्य की सीमा न रही। पुलिस द्वारा सरकार को क्षमा-प्रार्थना भेजी जा रही थी। भविष्य के लिए किसी प्रकार के हिंसात्मक आन्दोलन या कार्य में भाग न लेने की प्रतिज्ञा की गई थी। (Undertaking) दी गई थी। मैंने मुख्य कार्यकर्त्ताओं से सब विवरण कहकर इस सबका कारण पूछा कि क्या

हम लोग इस योग्य भी नहीं रहे जो हमसे किसी प्रकार का परामर्श किया जावे ? तब तक उत्तर मिला कि व्यक्तिगत बात थी। मैंने बड़े जोर के साथ विरोध किया कि कदापि व्यक्तिगत बात नहीं हो सकती। खूब फटकार बतलाई। मेरी बातों को सुन चारों ओर खलबली पड़ी। मुझे बड़ा क्रोध आया कि कितनी धूर्तता से काम लिया गया। मुझे चारों ओर से चढ़ाकर लड़ने के लिये प्रस्तुत किया गया। मेरे विरुद्ध षडयन्त्र रचे गये। मेरे ऊपर अनुचित आपेक्ष किये। नवयुवकों के जीवनों का भार लेकर लीडरी की शान झाड़ी गई और थोड़ी-सी आपत्ति पड़ने पर इस प्रकार बीस वर्ष के युवकों को बड़ी-बड़ी सजायें दिला, जेल में सड़ने को डालकर स्वयं बँधेज दे निकल जाने का प्रयत्न किया गया। धिक्कार है ऐसे जीवन को, किन्तु सोच समझकर चुप रहा।

अभियोग

काकोरी में रेलवे ट्रेन लुट जाने के बाद ही पुलिस का विशेष विभाग घटना का पता लगाने के लिए तैनात किया गया। एक विशेष व्यक्ति मि० हार्टन इस विभाग के निरीक्षक थे। उन्होंने घटनास्थल तथा रेलवे पुलिस की रिपोर्टों को देखकर अनुमान किया कि सम्भव है कि यह कार्य क्रांतिकारियों का हो। प्रान्त के क्रान्तिकारियों की जाँच शुरू हुई। उसी समय शाहजहाँपुर में रेलवे डकैती के तीन नोट मिले। चोरी गये नोटों की संख्या सौ से अधिक थी जिनका मूल्य लगभग एक हजार रुपये के होगा। इनमें से लगभग सात सौ या आठ सौ रुपये के मूल्य के नोट सीधे सरकार के ख़जाने में पहुँच गये। अतः सरकार नोटों के मामले को चुपचाप पी गई। ये नोट लिस्ट प्रकाशित होने से पूर्व ही सरकारी खजाने में पहुँच चुके थे। पुलिस का लिस्ट प्रकाशित करना व्यर्थ हुआ। सरकारी खजाने में से ही जनता के पास कुछ नोट लिस्ट प्रकाशित होने के पूर्व ही पहुँच गये थे, इस कारण वे जनता के पास निकल आये।

उन्हीं दिनों में ज़िला, खुफिया पुलिस को मालूम हुआ कि मैं 8, 9 तथा 10 अगस्त सन् 1925 ई० को शाहजहाँपुर में नहीं था। मेरी अधिक जाँच होने लगी। इसी जाँच-पड़ताल में पुलिस को मालूम हुआ कि गवर्नमेंट स्कूल शाहजहाँपुर के इन्दुभूषण मित्र नामी एक विद्यार्थी के पास मेरे क्रान्तिकारी दल सम्बन्धी पत्र आते हैं जो वह मुझे दे आता है। स्कूल के हेड मास्टर द्वारा इन्दुभूषण के पास आये हुए पत्रों की नकल कराके हार्टन साहब के पास भेजी जाती रही। इन्हीं पत्रों से हार्टन साहब को मालूम हुआ कि मेरठ में प्रान्त की क्रान्तिकारी समिति की बैठक होने वाली है। उन्होंने एक सब-इन्स्पेक्टर को

मेरठ अनाथालय में जहाँ पर मीटिंग होने का पता चला था, भेजा। उन्हीं दिनों हार्टन साहब को किसी विशेष सूत्र द्वारा मालूम हुआ कि शीघ्र ही कनखल में डाका डालने का प्रबन्ध क्रान्तिकारी समिति के सदस्य कर रहे हैं और सम्भव है कि किसी बड़े शहर में डाकखाने की आमदनी भी लूटी जावे। हार्टन साहब को एक सूत्र से एक पत्र मिला जो मेरे हाथ का लिखा था। इस पत्र में सितम्बर में होने वाले श्राद्ध का जिक्र था जिसकी 13 तारीख निश्चित की गई थी। पत्र में था कि दादा का श्राद्ध नं० 1 पर 13 सितम्बर को होगा अवश्य पधारिये। मैं अनाथालय में मिलूंगा। पत्र पर 'रुद्र' के हस्ताक्षर थे।

आगामी डकैतियों को रोकने के लिये हार्टन साहब ने प्रान्त-भर में 26 सितम्बर सन 1925 ई० को लगभग तीस मनुष्यों को गिरफ्तार किया। उन्हीं दिनों में इन्दुभूषण के पास आये हुए पत्र से पता लगा कि कुछ वस्तुयें बनारस में किसी विद्यार्थी की कोठरी में बन्द हैं। अनुमान किया गया कि सम्भव है कि वे हथियार हों। अनुसंधान करने से हिंदू विश्वविद्यालय के एक विद्यार्थी की कोठरी से दो रायफलें निकलीं। उस विद्यार्थी को कानपुर में गिरफ्तार किया गया। इन्दुभूषण ने मेरी गिरफ्तारी की सूचना एक पत्र द्वारा बनारस को भेजी। जिसके पास पत्र भेजा था उसे पुलिस गिरफ्तार कर चुकी थी, क्योंकि उसी श्री० रामनाथ पांडेय के पते का पत्र मेरी गिरफ्तारी के समय मेरे मकान से पाया गया था। रामनाथ पांडेय के पत्र पुलिस के पास पहुँचे थे। अतः इन्दुभूषण का पत्र देख इन्दुभूषण को गिरफ्तार किया। इन्दुभूषण ने दूसरे दिन अपना बयान दे दिया। गिरफ्तार किये हुये व्यक्तियों में से कुछ से मिल-मिलाकर बनारसी लाल ने भी जो शाहजाँपुर के जेल में था, अपना बयान दे दिया और वह सरकारी गवाह बना लिया गया। यह कुछ अधिक जानता था। इसके बयान से क्रान्तिकारी पत्र के पार्सलों का पता चला। बनारस के डाकखाने से जिन-जिनके पास पार्सल भेजे गये थे उनको पुलिस ने गिरफ्तार किया। कानपुर में गोपीनाथ ने जिसके नाम पार्सल गया था, गिरफ्तार होते ही पुलिस को बयान दे दिया और वह सरकारी गवाह बना लिया गया। इसी प्रकार रायबरेली में स्कूल के विद्यार्थी कुंवर बहादुर के पास पार्सल आया था, उसने भी गिरफ्तार होते ही बयान दे दिया और सरकारी गवाह बना लिया गया। इसके पास मनीआर्डर भी आया करते थे, क्योंकि यह बनवारीलाल का पोस्ट बक्स (डाक पाने वाला) था। इसने बनवारीलाल के एक रिश्तेदार का पता बताया, जहां तक तलाशी लेने से बनवारीलाल का एक ट्रंक मिला। इस ट्रंक में एक कारतूसी पिस्तौल, एक कारतूसी फौजी रिवालवर तथा कुछ कारतूस पुलिस के हाथ लगे। श्री बनवारीलाल की खोज हुई। बनवारीलाल भी पकड़ लिये गए। गिरफ्तारी के थोड़े दिनों बाद ही पुलिसवाले मिले, उल्टा-सीधा सुझाया और बनवारीलाल ने भी अपना बयान दे दिया तथा इकबाली मुलजिम बनाये गये श्रीयुत बनवारीलाल ने काकोरी

डकैती में अपना सम्मिलित होना बताया था। उधर कलकत्ते में दक्षिणेश्वर में एक मकान में बम बनाने का सामान, एक बना हुआ बम, 7 रिवालवर, पिस्तौल तथा कुछ राजद्रोही साहित्य पकड़ा गया। इसी मकान में श्रीयुत राजेन्द्रनाथ लाहिड़ी बी० ए०, जो इस मुकदमे में फरार थे, गिरफ्तार हुए।

इन्दूभूषण के गिरफ्तार हो जाने के बाद उसके हेडमास्टर को एक पत्र मध्य प्रान्त से मिला, जिसे उसने हार्टन साहब के पास वैसा ही भेज दिया। इस पत्र से एक व्यक्ति 'मोहनलाल खत्री' का चान्दा में पता चला। वहाँ से पुलिस ने खोज लगाकर पूना में श्रीयुत रामकृष्ण खत्री को गिरफ्तार करके लखनऊ भेजा। बनारस में भेजे हुए पार्सलों के सम्बन्ध में से जबलपुर में श्रीयुत प्रणवेशकुमार चटर्जी को गिरफ्तार करके भेजा गया। कलकत्ता से श्रीयुत शचीन्द्रनाथ सान्याल जिन्हें बनारस काण्ड से आजन्म कालेपानी की सजा हुई थी और जिन्हें बाँकुरा में 'क्रान्तिकारी' पर्चे बाँटने के कारण दो वर्ष की सज़ा हुई थी, इस मुकदमे में लखनऊ भेजे गये। श्रीयुत योगेशचन्द्र चटर्जी बंगाल आर्डीनेंस के कैदी हजारी बाग जेल से भेजे गये। आप अक्टूबर सन् 1924 ई० में कलकत्ते में गिरफ्तार हुए थे। आपके पास दो कागज पाये गए थे, जिनमें संयुक्त प्रान्त के सब जिलों का नाम था, और लिखा था कि बाईस जिलों में समिति का कार्य हो रहा है। ये कागज इस काण्ड के सम्बन्ध के समझे गए। श्रीयुत् राजेन्द्रनाथ लाहिरी दक्षिणेश्वर बम केस में दस वर्ष के दीपान्तर की सजा पाने के बाद इस मुकदमे में लखनऊ भेजे गये। अब लगभग छत्तीस मनुष्य गिरफ्तार हुए थे। आट्ठाईस पर मजिस्ट्रेट की अदालत में मुकदमा चला। तीन व्यक्ति श्रीयुत 1. शचीन्द्रनाथ बख्शी, 2. श्रीयुत चन्द्रशेखर आजाद 3. श्रीयुत अशफ़ाकउल्ला खाँ फरार रहे। बाकी सब मुकदमे अदालत में आने से पहले ही छोड़ दिये गए। अट्ठाईस में से दो पर से मजिस्ट्रेट की अदालत में मुकदमा उठा लिया गया। दो को सरकारी गवाह बनाकर उन्हें माफी दी गई। अन्त में मजिस्ट्रेट ने इक्कीस व्यक्तियों को सेशन सुपुर्द किया। सेशन में मुकदमा आने पर श्रीयुत दामोदरस्वरूप सेठ बहुत बीमार हो गये। अदालत न आ सकते थे, अतः अन्त में बीस व्यक्ति रह गये। बीस में से दो व्यक्ति श्रीयुत शचीन्द्रनाथ विश्वास तथा श्रीयुत हरगोविन्द सेशन की अदालत से मुक्त हुए। बाकी अट्ठारह को सजाएँ हुईं।

श्री बनवारीलाल इकबाली मुलज़िम हो गये। वे रायबरेली जिला कांग्रेस कमेटी के मन्त्री भी रह चुके हैं। उन्होंने असहयोग आन्दोलन में छः मास का कारावास भी भोगा था। इस पर भी पुलिस की धमकी से प्राण संकट में पड़ गये! आप ही हमारी समिति के ऐसे सदस्य थे कि जिन पर समिति का सबसे अधिक धन व्यय किया गया। प्रत्येक मास आपको पर्याप्त धन भेजा जाता था। मर्यादा की रक्षा के लिए हम लोग यथाशक्ति बनवारीलाल को मासिक शुल्क दिया करते थे। अपने पेट काटकर इनको मासिक व्यय दिया

गया। फिर भी इन्होंने अपने सहायकों की गर्दन पर छुरी चलाई ! अधिक से अधिक दस वर्ष की सजा हो जाती। जिस प्रकार सबूत इनके विरुद्ध था, वैसे ही, इसी प्रकार के दूसरे अभियुक्तों पर था, जिन्हें दस-दस वर्ष की सजा हुई। यही नहीं पुलिस के बहकाने से सेशन में बयान देते समय जो नई बातें इन्होंने जोड़ीं, उनमें मेरे सम्बन्ध में कहा कि रामप्रसाद डकैतियों के रुपये से अपने परिवार का निर्वाह करता है ! इस बात को सुनकर मुझे हँसी भी आई, पर हृदय पर बड़ा आघात लगा, कि जिनकी उदरपूर्ति के लिये प्राणों को संकट में डाला, दिन को दिन और रात को रात न समझा, बुरी तरह से मार खाई, माता-पिता का कुछ भी ख्याल न किया, वही इस प्रकार आक्षेप करें !

समिति के सदस्यों ने इस प्रकार का व्यवहार किया। बाहर जो साधारण जीवन के सहयोगी थे, उन्होंने भी अद्‌भुत रूप धारण किया। एक ठाकुर साहब के पास काकोरी डकैती का नोट मिल गया था। वह कहीं शहर में पा गये थे। जब गिरफ्तारी हुई, मजिस्ट्रेट के यहाँ जमानत नामंजूर हुई, जज साहब ने चार हजार की जमानत माँगी। कोई जमानती न मिलता था। आपके वृद्ध भाई मेरे पास आये। पैरों पर सिर रखकर रोने लगे। मैंने जमानत कराने का प्रयत्न किया। मेरे माता-पिता कचहरी जाकर खुले रूप से पैरवी करने को मना करते रहे कि पुलिस खिलाफ है, रिपोर्ट हो जायगी, पर मैंने एक न सुनी। कचहरी जाकर, कोशिश करके जमानत दाखिल कराई। जेल से उन्हें स्वयं जाकर छुड़ाया। पर जब मैंने उक्त महाशय का नाम उक्त घटना की गवाही देने के लिए सूचित किया, तब पुलिस ने उन्हें धमकाया और उन्होंने पुलिस को तीन बार लिखकर दे दिया कि हम रामप्रसाद को जानते भी नहीं ! हिन्दू-मुसलिम झगड़े में जिनके घरों की रक्षा की थी, जिनके बाल-बच्चे मेरे सहारे मुहल्ले में निर्भयता से निवास करते रहे, उन्होंने ही मेरे खिलाफ झूठी गवाहियाँ बनवाकर भेजीं ! कुछ मित्रों के भरोसे पर उनका नाम गवाही में दिया कि ज़रूर गवाही देंगे, संसार लौट जावे पर वे नहीं डिग सकते। पर वचन दे चुकने पर भी जब पुलिस का दबाव पड़ा, वे भी गवाही देने से इनकार कर गये ! जिनको अपना हृदय, सहोदर तथा मित्र समझकर हर तरह की सेवा करने को तैयार रहता था, जिस प्रकार की आवश्यकता होती यथाशक्ति उसको पूर्ण करने की प्राणपण से चेष्टा करता था, उनसे इतना भी न हुआ कि कभी जेल पर आकर दर्शन दे जाते, फाँसी की कोठरी में ही आकर संतोषदायक दो बातें कर जाते ! एक दो सज्जनों ने इतनी कृपा तथा साहस किया कि दस मिनट के लिये अदालत में दूर खड़े होकर दर्शन दे गये। यह सब इसलिए कि पुलिस का आतंक छाया हुआ था कि कहीं गिरफ्तार न कर लिये जावें। इस पर भी जिसने जो कुछ किया मैं उसी को अपना सौभाग्य समझता हूँ, और उनका आभारी हूँ—

वह फूल चढ़ाते हैं, तुर्बत भी दबी जाती।
माशूक के थोड़े से भी एहसान बहुत हैं ॥

परमात्मा से यही प्रार्थना है कि सब प्रसन्न तथा सुखी रहें। मैंने तो सब बातों को जानकर ही इस मार्ग में पैर रखा था। मुकदमे के पहले संसार का कोई अनुभव ही न था। न कभी जेल देखा, न किसी अदालत का कोई तजर्बा था। जेल में जाकर मालूम हुआ कि किसी नई दुनिया में पहुँच गया। मुकदमे से पहले मैं यह भी न जानता था, कि कोई लेखन-कला-विज्ञान भी है, इसका भी कोई दक्ष (Hand-writing expert) भी होता है, जो लेखन शैली को देखकर लेखकों का निर्णय कर सकता है। यह भी नहीं पता था कि लेख किस प्रकार मिलाये जाते हैं, एक मनुष्य के लेख में क्या भेद होता है, क्यों भेद होता है, लेखन-कला का दक्ष हस्ताक्षर को प्रमाणित कर सकता है, तथा लेखक के वास्तविक लेख में तथा बनावटी लेख में भेद कर सकता है, इस प्रकार का कोई भी अनुभव तथा ज्ञान न रखते हुए भी एक प्रान्त की क्रान्तिकारी समिति का सम्पूर्ण भार लेकर उसका संचालन कर रहा था ! बात यह है कि क्रान्तिकारी कार्य की शिक्षा देने के लिये कोई पाठशाला तो है ही नहीं। यही हो सकता था कि पुराने अनुभवी क्रान्तिकारियों से कुछ सीखा जाय। न जाने कितने व्यक्ति बंगाल तथा पंजाब के काण्डों में गिरफ्तार हुए, पर किसी ने भी यह उद्योग न किया कि एक इस प्रकार की पुस्तक लिखी जाय, जिससे नवागन्तुकों को कुछ अनुभव की बातें मालूम होतीं।

लोगों को इस बात की बड़ी उत्कण्ठा होगी कि क्या यह पुलिस का भाग्य ही था, जो सब बना बनाया मामला हाथ आ गया। क्या पुलिसवाले परोक्ष ज्ञानी होते हैं ? कैसे गुप्त बातों का पता चला लेते हैं ? कहना पड़ता है कि यह इस देश का दुर्भाग्य ! सरकार का सौभाग्य !! बंगाल पुलिस के सम्बन्ध में तो अधिक कहा नहीं जा सकता, क्योंकि मेरा कुछ विशेषानुभव नहीं। इस प्रान्त की खुफ़िया पुलिसवाले तो महान भोंदू होते हैं, जिन्हें साधारण ज्ञान भी नहीं होता। साधारण पुलिस से खुफ़िया में आते हैं। साधारण पुलिस की दरोगाई करते हैं, मजे में लम्बी-लम्बी घूस खासकर बड़े-बड़े पेट बढ़ा आराम करते हैं। उनकी बला तकलीफ़ उठाय ! यदि कोई एक दो चालाक हुए भी तो थोड़े दिन बड़े ओहदे की फिराक में काम दिखाया, दौड़-धूप की, कुछ पद-वृद्धि हो गई और सब काम बन्द ! इस प्रान्त में कोई बाकायदा पुलिस का गुप्तचर विभाग नहीं, जिसको नियमित रूप से शिक्षा दी जाती हो। फिर काम करते-करते अनुभव हो ही जाता है। मैनपुरी काण्ड तथा इस काण्ड से इसका पूरा पता लग गया, कि थोड़ी-सी कुशलता से कार्य करने पर पुलिस के लिए पता पाना बड़ा कठिन है। वास्तव में उनके कुछ भाग्य ही अच्छे होते हैं। जब से इस मुकदमे की जाँच शुरू हुई, पुलिस ने इस प्रान्त के संदिग्ध क्रान्तिकारी व्यक्तियों पर दृष्टि डाली, उनसे मिली, बातचीत की। एक दो को कुछ

धमकी दी। 'चोर की दाढ़ी में तिनका', वाली जनश्रुति के अनुसार एक महाशय से पुलिस को सारा भेद मालूम हो गया। हम सबके सब चक्कर में थे कि इतनी जल्दी पुलिस ने मामले का पता कैसे लगा लिया! उक्त महाशय की ओर तो ध्यान भी न जा सकता था। पर गिरफ्तारी के समय मुझसे तथा पुलिस के अफसर से जो बातें हुईं, उनमें पुलिस अफसर ने वे सब बातें मुझसे कही जिनको मेरे तथा उक्त महाशय के अतिरिक्त कोई भी दूसरा जान ही न सकता था। और भी बड़े पक्के तथा बुद्धिगम्य प्रमाण मिल गये, कि जिन बातों को उक्त महाशय जान सके थे, वे ही पुलिस जान सकी। जो बातें आप को मालूम न थीं, वे पुलिस को किसी प्रकार न मालूम हो सकीं। उन बातों से यह निश्चय हो गया कि यह काम उन्हीं महाशय का है। यदि ये महाशय पुलिस के हाथ न आते और भेद न खोल देते, तो पुलिस सिर पटक कर रह जाती, कुछ भी पता न चलता। बिना दृढ़ प्रमाणों के भयंकर से भयंकर व्यक्ति पर भी हाथ रखने का साहस नहीं होता, क्योंकि जनता में आन्दोलन फैलने से बदनामी हो जाती है। सरकार पर जवाबदेही आती है। अधिक से अधिक दो चार मनुष्य पकड़े जाते, और अन्त में उन्हें भी छोड़ना पड़ता। परन्तु जब पुलिस को वास्तविक सूत्र हाथ आ गया, उसने अपनी सत्यता को प्रमाणित करने के लिए लिखा हुआ प्रमाण पुलिस को दे दिया, उस अवस्था में यदि पुलिस गिरफ्तारियाँ न करती, तो फिर कब करती? जो भी हुआ, परमात्मा उनका भी भला करे। अपना तो जीवन भर यही उसूल रहा—

सताये तुझ को जो कोई बेवफा 'बिस्मिल।
तो मुँह से कुछ न कहना आह! कर लेना॥
हम शहीदाने वफ़ा का दीनों ईमां और है।
सिजदे करते हैं हमेशा पाँव पर जल्लाद के॥

मैंने इस अभियोग में जो भाग लिया अथवा जिनकी जिन्दगी जिम्मेदारी मेरे सिर पर थी, उनमें से ज्यादा हिस्सा श्रीयुत अशफ़ाकउल्ला खाँ वारसी का है। मैं अपनी कलम से उनके लिए भी अन्तिम समय में दो शब्द लिख देना अपना कर्तव्य समझता हूँ।

असफ़ाक

मुझे भली भाँति याद है, जब कि मैं बादशाही एलान के बाद शाहजहाँपुर आया था, तो तुमसे स्कूल में भेंट हुई थी। तुम्हारी मुझ से मिलने की बड़ी हार्दिक इच्छा थी। तुमने मुझसे मैनपुरी काण्ड के सम्बन्ध में कुछ बातचीत करनी चाहीं थी। मैंने वह समझकर कि एक स्कूल का मुसलमान विद्यार्थी

मुझसे इस प्रकार की बातचीत क्यों करता है, तुम्हारी बातों का उत्तर उपेक्षा की दृष्टि से दे दिया था। तुम्हें उस समय बड़ा खेद हुआ था। तुम्हारे मुख से हार्दिक भावों का प्रकाश हो रहा था। तुमने अपने इरादे को यों ही नहीं छोड़ दिया, अपने निश्चय पर डटे रहे। जिस प्रकार हो सका कांग्रेस में बातचीत की। अपने इष्ट मित्रों द्वारा इस बात का विश्वास दिलाने की कोशिश की कि तुम बनावटी आदमी नहीं, तुम्हारे दिल में मुल्क की खिदमत करने की ख्वाहिश थी। अन्त में तुम्हारी विजय हुई। तुम्हारी कोशिशों ने मेरे दिल में जगह पैदा कर ली। तुम्हारे बड़े भाई मेरे उर्दू मिडिल के सहपाठी तथा मित्र थे, यह जानकर मुझे बड़ी प्रसन्नता हुई। थोड़े दिनों में ही तुम मेरे छोटे भाई के समान हो गये थे, किन्तु छोटे भाई बनकर तुम्हें सन्तोष न हुआ। तुम समानता के अधिकार चाहते थे, तुम मित्र की श्रेणी में अपनी गणना चाहते थे। वही हुआ। तुम सच्चे मित्र बन गये। सबको आश्चर्य था कि एक कट्टर आर्य-समाजी और मुसलमान का मेल कैसा ? मैं मुसलमानों की शुद्धि करता था। आर्य-समाज मन्दिर में मेरा निवास था, किन्तु तुम इन बातों की किंचितमात्र चिन्ता न करते थे। मेरे कुछ साथी तुम्हारे मुसलमान होने के कारण कुछ घृणा की दृष्टि से देखते थे, किन्तु तुम अपने निश्चय में दृढ़ थे। मेरे पास आर्य-समाज मन्दिर में आते-जाते थे। हिन्दू-मुसलिम झगड़ा होने पर, तुम्हारे मुहल्ले के सब कोई तुम्हें खुल्लमखुल्ला गालियाँ देते थे, काफ़िर के नाम से पुकारते थे, पर तुम कभी भी उनके विचारों से सहमत न हुए। सदैव हिन्दू-मुसलिम ऐक्य के पक्षपाती रहे। तुम एक सच्चे मुसलमान तथा सच्चे स्वदेश-भक्त थे। तुम्हें यदि जीवन में कोई विचार था, तो यही कि मुसलमानों को खुदा अक्ल देता, कि वे हिन्दुओं के साथ मिल करके हिन्दोस्तान की भलाई करते। जब मैं हिन्दी में कोई लेख या पुस्तक लिखता तो तुम सदैव यही अनुरोध करते कि उर्दू में क्यों नहीं लिखते, जो मुसलमान भी पढ़ सकें ? तुमने स्वदेशभक्ति के भावों को भली भाँति समझने के लिए ही हिन्दी का अच्छा अध्ययन किया। अपने घर पर जब माता जी तथा भ्राता जी से बातचीत करते थे, तो तुम्हारे मुँह से हिन्दी शब्द निकल जाते थे, जिससे सबको बड़ा आश्चर्य होता था।

तुम्हारी इस प्रकार की प्रवृत्ति देखकर बहुतों को सन्देह होता था, कि कही इस्लाम-धर्म त्याग कर शुद्धि न करा लो। पर तुम्हारा हृदय तो किसी प्रकार अशुद्ध न था, फिर तुम शुद्धि किस वस्तु की कराते ? तुम्हारी इस प्रकार की प्रगति ने मेरे हृदय पर पूर्ण विजय पा ली। बहुधा मित्र मण्डली में बात छिड़ती कि कहीं मुसलमान पर विश्वास करके धोखा न खाना। तुम्हारी जीत हुई, मुझमें तुममें कोई भेद न था। बहुधा मैंने तुमने एक थाली में भोजन किए। मेरे हृदय से यह विचार ही जाता रहा कि हिन्दू-मुसलमान में कोई भेद है। तुम मुझ पर अटल विश्वास तथा अगाध प्रीति रखते थे। हाँ !

तुम मेरा नाम लेकर नहीं पुकार सकते थे। तुम तो मुझे सदैव 'राम' कहा करते थे। एक समय जब तुम्हें हृदय-कम्प (Palpitation of heart) का दौरा हुआ, तुम अचेत थे, तुम्हारे मुँह से बारम्बार 'राम' 'हाय राम' शब्द निकल रहे थे। पास खड़े हुए भाई बांधवों को आश्चर्य था कि 'राम' 'राम' कहता है। कहते कि 'अल्लाह' 'अल्लाह' कहो, पर तुम्हारी 'राम-राम' की रट थी! उसी समय किसी मित्र का आगमन हुआ, जो 'राम' के भेद को जानते थे! तुरत मैं बुलाया गया। मुझसे मिलने पर तुम्हें शान्ति हुई, तब सब लोग 'राम! राम!' के भेस को समझे!

अन्त में इस प्रेम, प्रीति तथा मित्रता का परिणाम क्या हुआ? मेरे विचारों के रंग में तुम भी रंग गये। तुम भी एक कट्टर क्रान्तिकारी बन गए। अब तो तुम्हारा दिन रात प्रयत्न यही था, कि जिस प्रकार हो मुसलमान नवयुवकों में भी क्रान्तिकारी भावों का प्रवेश हो। वे भी क्रान्तिकारी आन्दोलन में योग दें। जितने तुम्हारे बन्धु तथा मित्र थे सब पर तुमने अपने विचारों का प्रभाव डालने का प्रयत्न किया। बहुधा क्रान्तिकारी सदस्यों को भी बड़ा आश्चर्य होता कि मैंने कैसे एक मुसलमान को क्रान्तिकारी दल का प्रतिष्ठित सदस्य बना लिया। मेरे साथ तुमने जो कार्य किये, वे सराहनीय हैं। तुमने कभी भी मेरी आज्ञा की अवहेलना न की। एक आज्ञाकारी भक्त के समान मेरी आज्ञा पालन में तत्पर रहते थे। तुम्हारा हृदय बड़ा विशाल था। तुम्हारे भाव बड़े उच्च थे।

मुझे यदि शान्ति है तो यही कि तुमने संसार में मेरा मुख उज्ज्वल कर दिया। भारत के इतिहास में यह घटना भी उल्लेखनीय हो गई, कि अशफ़ाक-उल्ला ने क्रान्तिकारी आन्दोलन में योग दिया। अपने भाई बन्धु तथा सम्बन्धियों के समझाने पर कुछ भी ध्यान न दिया। गिरफ्तार हो जाने पर भी अपने विचारों में दृढ़ रहे! जैसे तुम शारीरिक बलशाली थे, वैसे ही मानसिक वीर तथा आत्मा से उच्च सिद्ध हुए। इन सबके परिणामस्वरूप अदालत में तुमको मेरा सहकारी (लेफ्टीनेण्ट) ठहराया गया, और जज ने मुकदमे का फ़ैसला लिखते समय तुम्हारे गले में जयमाल (फाँसी की रस्सी) पहना दी। प्यारे भाई, तुम्हें यह समझ कर सन्तोष होगा कि जिसने अपने माता-पिता की धन-सम्पत्ति को देश-सेवा में अर्पण करके उन्हें भिखारी बना दिया, जिसने अपने सहोदर के भावी भाग्य को भी देश सेवा की भेंट कर दिया, जिसने अपना तन-मन-धन-सर्वस्व मातृ-सेवा में अर्पण करके अपना अन्तिम बलिदान भी दे दिया, उसने अपने प्रिय सखा अशफ़ाक को भी उसी मातृ-भूमि की भेंट चढ़ा दिया।

'असग़र' हरीम इश्क में हस्ती ही जुर्म है।
रखना कभी न पाँव यहाँ सर लिये हुए॥

फाँसी की कोठरी

अन्तिम समय निकट है। दो फाँसी सजाएं सिर पर झूल रही हैं। पुलिस को साधारण जीवन में और समाचार पत्रों तथा पत्रिकाओं में खूब जी भर के कोसा है। खुली अदालत में जज साहब, खुफ़िया पुलिस के अफसर, मजिस्ट्रेट, सरकारी वकील तथा सरकार को खूब आड़े हाथों लिया है। हर एक के दिल में मेरी बातें चुभ रही हैं। कोई दोस्त आशना, अथवा यार-मददगार नहीं, जिसका सहारा हो। एक परम पिता परमात्मा की याद है। गीता पाठ करते हुए संतोष है कि—

> जो कुछ किया सो तैं किया, मैं कुछ कीन्हा नाहिं।
> जहाँ कहीं कुछ मैं किया, तुम ही थे मुझ माँहि॥
> ब्रह्मण्याधाय कर्माणि संगं त्यक्त्वा करोति यः।
> लिप्यते न स पापेभ्योः पद्मपत्रमिवाम्भसः॥

भगवत्गीता ।5।10

'जो फल की इच्छा को त्याग करके कर्मों को ब्रह्म में अर्पण करके कर्म करता है, वह पाप से लिप्त नहीं होता। जिस प्रकार जल में रहकर भी कमल-पत्र जल में नहीं होता।' जीवनपर्यन्त जो कुछ किया, स्वदेश की भलाई समझ कर किया। यदि शरीर की पालना की तो इसी विचार से, कि सुदृढ़ शरीर से भले प्रकार स्वदेश-सेवा हो सके। बड़े प्रयत्नों से यह शुभ दिन प्राप्त हुआ। संयुक्त प्रान्त में इस तुच्छ शरीर का ही सौभाग्य होगा, जो सन् 1857 ई० के गदर की घटनाओं के पश्चात् क्रान्तिकारी आन्दोलन के सम्बन्ध में इस प्रान्त के निवासी का पहला बलिदान मातृ-वेदी पर होगा।

सरकार की इच्छा है कि मुझे घोट-घोट कर मारे। इसी कारण इस गरमी ऋतु में साढ़े तीन महीने तक फाँसी की कोठरी में भूँजा गया। यह कोठरी पक्षी के पिंजरे से भी खराब है। गोरखपुर जेल की फाँसी की कोठरी मैदान में बनी है। किसी प्रकार की छाया निकट नहीं। प्रातःकाल आठ बजे से रात्रि के आठ बजे तक सूर्य देवता की कृपा से तथा चारों ओर रेतीली ज़मीन होने से अग्नि-वर्षणा होता रहता है। नौ फीट लम्बी तथा नौ फीट चौड़ी कोठरी में केवल छः फीट लम्बा और दो फीट चौड़ा द्वार है। पीछे की ओर ज़मीन के आठ या नौ फीट की ऊँचाई पर, एक-दो फीट लम्बी एक फीट चौड़ी खिड़की है। इसी कोठरी में भोजन, स्नान, मल-मूत्र त्याग तथा शयनादि होता है। मच्छर अपनी मधुर ध्वनि रात भर सुनाया करते हैं। बड़े प्रयत्न से रात्रि में तीन या चार घंटे निद्रा आती है, किसी-किसी दिन एक दो घंटे ही सोकर निर्वाह करना पड़ता है। मिट्टी के पात्रों में भोजन दिया जाता है। ओढ़ने बिछाने के दो कम्बल मिले हैं। बड़े त्याग का जीवन है। साधना

के सब साधन एकत्रित हैं। प्रत्येक क्षण शिक्षा दे रहा है—अन्तिम समय के लिए तैयार हो जाओ, परमात्मा का भजन करो।

मुझे तो इस कोठरी में बड़ा आनन्द आ रहा है। मेरी इच्छा थी कि किसी साधु की गुफा पर कुछ दिन निवास करके योगाभ्यास किया जाता। अन्तिम समय वह इच्छा भी पूर्ण हो गई। साधु की गुफा न मिली तो क्या, साधना की गुफा तो मिल ही गई। इसी कोठरी में यह सुयोग प्राप्त हो गया, कि अपनी कुछ अन्तिम बात लिखकर देशवासियों को अर्पण कर दूं। सम्भव है कि मेरे जीवन के अध्ययन से किसी आत्मा का भला हो जाय। बड़ी कठिनता से यह शुभ अवसर प्राप्त हुआ।

महसूस हो रहे हैं बादे फ़ना के झोंके।
खुलने लगे हैं मुझ पर इसरार ज़िन्दगी के॥
बारे अलम उठाया रंगे निशात देखा।
आये नहीं हैं यूं ही अन्दाज़ बेहिसी के॥

वफ़ा पर दिल को सदके जान को नज़रे जफ़ा कर दे।
मुहब्बत में यह लाज़िम है कि जो कुछ हो फ़िदा कर दे॥

अब तो यही इच्छा है—

बहे बहरे फ़ना में जल्द यारब लाश 'बिस्मिल' की।
कि भूखी मछलियाँ हैं किन्तु जौहरे शमशीर कातिल की॥
समझकर फूंकना इसको ज़रा ऐ दागे नाकामी।
बहुत से घर भी हैं आबाद इस उजड़े हुए दिल से॥

परिणाम

ग्यारह वर्ष पर्यन्त यथाशक्ति प्राणपण से चेष्टा करने पर भी हम अपने उद्देश्य में कहाँ तक सफल हुए? क्या लाभ हुआ? इसका विचार करने से कुछ अधिक प्रयोजन सिद्ध न होगा, क्योंकि हमने लाभ-हानि अथवा जय-पराजय के विचार से क्रान्तिकारी दल में योग नहीं दिया था। हमने जो कुछ किया वह अपना कर्त्तव्य समझ कर किया। कर्त्तव्य-निर्णय में हमने कहाँ तक बुद्धिमता से काम लिया, इसका विवेचन करना उचित जान पड़ता है। राजनैतिक दृष्टि से हमारे कार्यों का इतना ही मूल्य है कि कतिपय होनहार नवयुवकों के जीवन को कष्टमय बनाकर नीरस कर दिया, और उन्हीं में से

कुछ ने व्यर्थ में जानें गँवाईं। कुछ धन भी खर्च किया। हिन्दूशास्त्र के अनुसार किसी की अकाल मृत्यु नहीं होती, जिसका जिस विधि से जो काल होता है, वह उसी विधि समय पर ही प्राण त्याग करता है। केवल निमित्त मात्र कारण उपस्थित हो जाते हैं। लाखों भारतवासी महामारी, हैजा, ताऊन इत्यादि अनेक प्रकार के रोगों में मर जाते हैं। करोड़ों दुर्भिक्ष में अन्न बिना प्राण त्यागते हैं, तो उसका उत्तरदायित्व किस पर है? रह गया धन का व्यय, सो इतना धन तो भले आदमियों के विवाहोत्सवों में व्यय हो जाता है। गण्यमान व्यक्तियों की तो केवल विलासिता की सामग्री का मासिक व्यय इतना होगा, जितना कि हमने एक काण्ड के निर्माण में व्यय किया। हम लोगों को डाकू बता कर फाँसी और काले पानी की सज़ाएँ दी गई हैं। किन्तु हम समझते हैं कि वकील और डाक्टर हमसे कहीं बड़े डाकू हैं। वकील डाक्टर दिन दहाड़े बड़े-बड़े तालुकेदारों की जायदादें लूट कर खा गए। वकीलों के चाटे हुए अवध के ताल्लुकेदारों को ढूंढ़े रास्ता भी नहीं दिखाई देता, और वकीलों की ऊँची अट्टालिकाएँ उन पर खिलखिला कर हँस रही है। इसी प्रकार लखनऊ में डाक्टरों के ऊँचे-ऊँचे महल बन गये। किन्तु राज्य में दिन के डाकुओं की प्रतिष्ठा है। अन्यथा रात के साधारण डाकुओं की प्रतिष्ठा है। अन्यथा रात के साधारण डाकुओं में और दिन के इन डाकुओं (वकीलों तथा डाक्टरों) में कोई भेद नहीं। दोनों अपने-अपने मतलब के लिए बुद्धि की कुशलता से प्रजा का धन लूटते हैं।

ऐतिहासिक दृष्टि से हम लोगों के कार्य का बहुत बड़ा मूल्य है। जिस प्रकार भी हो, यह तो मानना ही पड़ेगा कि इस गिरी हुई अवस्था में भी, भारतवासी युवकों के हृदय में स्वाधीन होने के भाव विराजमान हैं। वे स्वतन्त्र होने की यथाशक्ति चेष्टा भी करते हैं। यदि परिस्थितियाँ अनुकूल होतीं तो यही इने-गिने नवयुवक अपने प्रयत्नों से संसार को चकित कर देते। उस समय भारतवासियों को भी फ्रांसीसियों की भाँति कहने का सौभाग्य प्राप्त होता जो कि उस जाति के नवयुवकों ने फ्रांसीसी प्रजातन्त्र की स्थापना करते हुए कहा था: (The monument so raised, may serve as a lesson to the oppressors and an instance to the oppressed.) 'स्वाधीनता का जो स्मारक निर्माण किया गया है वह अत्याचारियों के लिए शिक्षा का कार्य करे और अत्याचार पीड़ितों के लिए उदाहरण बने।'

गाजी मुस्तफा कमालपाशा जिस समय तुर्की से भागे थे उस समय केवल इक्कीस युवक आपके साथ थे। कोई साज़ो-सामान न था, मौत का वारंट पीछे-पीछे घूम रहा था। पर समय ने ऐसा पलटा खाया कि उसी कमाल ने अपने कमाल से संसार को आश्चर्यान्वित कर दिया। वही कातिल कमालपाशा टर्की का भाग्य निर्माता बन गया। महामना लेनिन को एक दिन शराब के पीपों में छिपकर भागना पड़ा था, नहीं तो मृत्यु में कुछ देर न थी। वही महात्मा

लेनिन रूस के भाग्य-विधाता बने। श्री शिवाजी डाकू और लुटेरे समझे जाते थे, पर समय आया जब कि हिन्दू जाति ने उन्हें अपना शिरमौर बना, गौ ब्राह्मण-रक्षक छत्रपति शिवाजी बना दिया! भारत सरकार को भी अपने स्वार्थ के लिए छत्रपति के स्मारक निर्माण कराने पड़े। क्लाइव एक उद्दण्ड विद्यार्थी था, जो अपने जीवन से निराश हो चुका था। समय के फेर ने उसी उद्दण्ड विद्यार्थी को अंग्रेज जाति का राज्य-स्थापनकर्त्ता लार्ड क्लाइव बना दिया। श्री सनयात सेन चीन के अराजकवादी पलातक (भागे हुए) थे। समय ने ही उसी पलातक को चीनी प्रजातन्त्र का सभापति बना दिया। सफलता ही मनुष्य के भाग्य का निर्माण करती है। असफल होने पर उसी को बर्बर, डाकू, अराजक, राजद्रोही तथा हत्यारे के नामों से विभूषित किया जाता है। सफलता उन्हीं सब नामों को बदल कर दयालु, प्रजापालक, न्यायकारी, प्रजातन्त्रवादी तथा महात्मा बना देती है!

भारतवर्ष के इतिहास में हमारे प्रयत्नों का उल्लेख करना ही पड़ेगा, किन्तु इसमें भी कोई सन्देह नहीं है कि भारतवर्ष की राजनैतिक, धार्मिक तथा सामाजिक किसी प्रकार की परिस्थिति इस समय क्रान्तिकारी आन्दोलन के पक्ष में नहीं है। इसका कारण यही है कि भारतवासियों में शिक्षा का अभाव है। वे साधारण से साधारण सामाजिक उन्नति करने में भी असमर्थ हैं। फिर राजनैतिक क्रान्ति की बात कौन कहे? राजनैतिक क्रान्ति के लिए सर्वप्रथम क्रान्तिकारियों का संगठन ऐसा होना चाहिए कि अनेक विघ्न तथा बाधाओं के उपस्थित होने पर भी संगठन में किसी प्रकार त्रुटि न आये। सब कार्य यथा-वत् चलते रहें। कार्यकर्त्ता इतने योग्य तथा पर्याप्त संख्या में होने चाहिएँ कि एक की अनुपस्थिति में दूसरा स्थान-पूर्ति के लिए सदा उद्यत रहे। भारतवर्ष में कई बार कितने ही काण्डों का भण्डा फूट गया और सब किया-कराया काम चौपट हो गया। जब क्रान्तिकारी दलों की यह अवस्था है तो फिर क्रान्ति के लिए उद्योग कौन करे? देशवासी इतने शिक्षित हों कि वे वर्तमान सरकार की नीति को समझ कर अपने हानि-लाभ को जानने में समर्थ हो सकें। वे यह भी पूर्णतया समझते हों कि वर्तमान सरकार को हटाना आवश्यक है या नहीं। साथ ही साथ उनमें इतनी बुद्धि भी होनी चाहिए कि किस रीति से सरकार को हटाया जा सकता है। क्रान्तिकारी दल क्या है? वह क्या करना चाहता है? क्यों करना चाहता है? इन सारी बातों को जनता की अधिक संख्या समझ सके, क्रान्तिकारियों के साथ जनता की पूर्ण सहानुभूति हो, तब कहीं क्रान्तिकारी दल को देश में पैर रखने का स्थान मिल सकता है। यह तो क्रांतिकारी दल की स्थापना की प्रारम्भिक बातें हैं। रह गई क्रान्ति, सो वह तो बहुत दूर की बात है।

क्रान्ति का नाम ही बड़ा भयंकर है। प्रत्येक प्रकार की क्रान्ति विपक्षियों को भयभीत कर देती हैं। जहाँ पर रात्रि होती है तो दिन का आगमन

जान निशिचरों को दुःख होता है। ठंडे जलवायु में रहनेवाले पशु-पक्षी गरमी के आने पर उस देश को भी त्याग देते हैं। फिर राजनैतिक क्रान्ति तो बड़ी भयावनी होती है। मनुष्य अभ्यासों का समूह है। अभ्यासों के अनुसार ही उसकी प्रकृति भी बन जाती है। उसके विपरीत जिस समय कोई बाधा उपस्थित होती है, तो उनको भय प्रतीत होता है, इसके अतिरिक्त प्रत्येक सरकार के सहायक अमीर और जमींदार होते हैं। ये लोग कभी नहीं चाहते कि उनके ऐशो-आराम में किसी प्रकार की बाधा पड़े। इसलिए वे हमेशा क्रान्तिकारी आन्दोलन को नष्ट करने का प्रयत्न करते हैं। यदि किसी प्रकार दूसरे देशों की सहायता लेकर समय पाकर क्रान्तिकारी दल क्रान्ति के उद्योग में सफल हो जावे, देश में क्रान्ति हो जावे, तो भी योग्य नेता न होने से अराजकता फैलकर व्यर्थ की नर-हत्या होती है, और उस प्रयत्न में अनेकों सुयोग्य वीरों तथा विद्वानों का नाश हो जाता है। जिसका ज्वलन्त उदाहरण सन् 1857 ई० का ग़दर है। यदि फ्रांस तथा अमेरिका की भाँति क्रान्ति द्वारा राजतंत्र को पलटकर प्रजातंत्र भी कर लिया जावे तो बड़े-बड़े धनी पुरुष अपने धन-बल से सब प्रकार के अधिकारों को दबा बैठते हैं। कार्यकारिणी समितियों में बड़े-बड़े अधिकार धनियों को प्राप्त हो जाते हैं। देश के शासन में धनिकों का मत ही उच्च आदर पाता है। धन-बल से देश के समाचार पत्रों, कल-कारखानों तथा खानों पर उनका ही अधिकार होता है। मजबूरन जनता की अधिक संख्या धनियों का समर्थन करने को बाध्य हो जाती है। जो दिमाग़ वाले होते हैं, वे भी समय पाकर बुद्धिबल से जनता की खरी कमाई से प्राप्त किये अधिकारों को हड़प बैठते हैं। स्वार्थ के वशीभूत श्रमजीवियों तथा कृषकों को उन्नति का अवसर नहीं देते। अन्त में ये लोग भी धनिकों के पक्षपाती होकर राजतंत्र के स्थान में धनिकतंत्र की स्थापना करते हैं। रूसी क्रान्ति के पश्चात् यही हुआ था। रूस के क्रान्तिकारी इस बात को पहले से ही जानते थे। अतएव उन्होंने राज्यसत्ता के विरुद्ध युद्ध करके राजतंत्र की समाप्ति की। इसके बाद जैसे ही धनी तथा बुद्धिमानों ने अड़ंगा लगाना चाहा कि उसी समय उनसे भी युद्ध करके उन्होंने वास्तविक प्रजातंत्र की स्थापना की।

अब विचारने की बात यह है कि भारतवर्ष में क्रान्तिकारी आन्दोलन के समर्थक कौन से साधन मौजूद है? गत पृष्ठों में मैंने अपने अनुभवों का उल्लेख करके दिखला दिया है कि समिति के सदस्यों को उदर-पूर्ति तक के लिये कितना कष्ट उठाना पड़ा। प्राणपण से चेष्टा करने पर भी असहयोग आन्दोलन के पश्चात कुछ थोड़े से ही गिने-चुने युवक युक्त प्रान्त में ऐसे मिल सके, जो क्रान्तिकारी आन्दोलन का समर्थन करके सहायता देने को उद्यत हुए। इन गिने-चुने व्यक्तियों में भी हार्दिक सहानुभूति रखनेवाले, अपनी जान पर खेल जानेवाले कितने थे उसका कथन ही क्या है? कैसी बड़ी-बड़ी आशायें बँधाकर इन व्यक्तियों को क्रान्तिकारी समिति का सदस्य बनाया गया था, और इस अवस्था

में, जबकि असहयोगियों ने सरकार की ओर से घृणा उत्पन्न कराने में कोई कसर न छोड़ी थी, खुले रूप में राज्यद्रोही बातों का पूर्ण प्रचार किया गया था। इस पर भी बोलशेविक सहायता की आशायें बँधा-बँधाकर तथा क्रान्तिकारियों के ऊँचे ऊँचे आदर्शों तथा बलिदानों का उदाहरण दे देकर प्रोत्साहन किया जाता था। नवयुवकों के हृदय में क्रान्तिकारियों के प्रति बड़ा प्रेम तथा श्रद्धा होती है। उनकी अस्त्र-शस्त्र रखने की स्वाभाविक इच्छा तथा रिवाल्वर या पिस्तौल से प्राकृतिक प्रेम उन्हें क्रान्तिकारी दल से सहानुभूति उत्पन्न करा देता है। मैंने अपने क्रान्तिकारी जीवन में एक भी युवक ऐसा न देखा जो एक रिवालवर या पिस्तौल पास रखने की इच्छा न रखता हो। जिस समय उन्हें रिवालवर के दर्शन होते हैं, वे समझते है कि इष्टदेव के दर्शन प्राप्त हुए, आधा जीवन सफल हो गया। उसी समय वे समझते है कि क्रान्तिकारी दल के पास इस प्रकार के सहस्त्रों अस्त्र होंगे, तभी तो इतनी बड़ी सरकार से युद्ध करने का प्रयत्न कर रहे हैं। सोचते है कि धन की भी कोई कमी न होगी। अब क्या, अब तो समिति के व्यय से देश भ्रमण का अवसर भी प्राप्त होगा, बड़े-बड़े त्यागी महात्माओं के दर्शन होंगे, सरकारी गुप्तचर विभाग का भी हाल मालूम हो सकेगा, सरकार द्वारा ज़ब्त किताबें कुछ तो पहले ही पढ़ा दी जाती हैं, रही-सही को भी आशा रहती है कि वड़ा उच्च साहित्य देखने को मिलेगा, जो यों कभी प्राप्त नहीं हो सकता। साथ-ही-साथ खयाल होता है कि क्रान्तिकारियों ने देश के राजा-महाराजाओं को तो अपने पक्ष में कर ही लिया होगा। अब क्या थोड़े दिन की ही कसर है उलट दिया सरकार का राज्य! बम बनाना सीख ही जायेंगे। अमर बूटी प्राप्त हो जावेगी, इत्यादि। परन्तु जैसे ही एक युवक क्रान्तिकारी दल का सदस्य बनकर हार्दिक प्रेम से समिति के कार्यों में योग देता है; थोड़े दिनों में ही उसे विशेप सदस्य होने के अधिकार प्राप्त होते हैं, वह ऐकटिव (कार्यशील) मेम्बर बनता है, उसे संस्था का कुछ असली भेद मालूम होता है, तब समझ में आता है कि कैसे भीषण कार्य में उसने हस्तक्षेप किया है। फिर तो वही दशा हो जाती है, जो 'नकटा पंथ' के सदस्यों की थी। जब चारों ओर से असफलता तथा अविश्वास की घटायें दिखाई देती हैं, तब यही विचार होता है कि ऐसे दुर्गम पथ में ये परिणाम तो होते ही हैं। दूसरे देश के क्रान्तिकारियों के मार्ग में भी ऐसी ही बाधायें उपस्थित हुई होंगी। वीर वही कहलाता है, जो अपने लक्ष्य को नहीं छोड़ता, इसी प्रकार की बातों से मन को शान्त किया जाता है। भारत के जन-साधारण की तो कोई बात ही नहीं। अधिकांश शिक्षित समुदाय भी यह नहीं जानता कि क्रान्तिकारी दल क्या पदार्थ है। फिर उनसे सहानुभूति कौन रखे? बिना देशवासियों की सहानुभूति के अथवा बिना जनता की आवाज के सरकार भी किसी बात की कुछ चिन्ता नहीं करती। दो चार पढ़े-लिखे एक-दो अग्रेजी अखबार में दबे हुए शब्दों में यदि दो-एक लेख लिख दें, तो वे अरण्य रोदन

के समान कुछ भी प्रभाव नहीं रखते ! उनकी ध्वनि व्यर्थ में ही आकाश में विलीन हो जाती है। तमाम बातों को देखकर अब तो मैं इस निर्णय पर पहुँचा हूँ कि अच्छा हुआ जो मैं गिरफ़्तार हो गया और भागा नहीं। भागने की मुझे सुविधायें थीं। गिरफ्तारी से पहले ही मुझे अपनी गिरफ़्तारी का पूरा पता चल गया था। गिरफ्तारी के पूर्व भी यदि इच्छा करता तो पुलिस वालों को मेरी हवा भी न मिलती, किन्तु मुझे अपनी शक्ति की परीक्षा करनी थी। गिरफ़्तारी के बाद सड़क पर आध घण्टे तक बिना किसी बन्धन के घूमता रहा। पुलिस वाले शान्ति पूर्वक बैठे हुये थे। जब पुलिस कोतवाली में पहुँचा, दो पहर के समय पुलिस कोतवाली के दफ़्तर में बिना किसी बन्धन के खुला हुआ बैठा था। केवल एक सिपाही निगरानी के लिए पास बैठा हुआ था, जो रात-भर का जगा था। सब पुलिस अफ़सर भी रात-भर के जगे थे, क्योंकि गिरफ़्तारियों में लगे रहे थे। सब आराम करने चले गये थे। निगरानी वाला सिपाही भी घोर निद्रा में सो गया। दफ़्तर में केवल एक मुन्शी लिखा पढ़ी कर रहे थे। यह श्रीयुत रोशनसिंह अभियुक्त के फूफ़ीजात भाई थे। यदि मैं चाहता तो धीरे से उठकर चल देता। पर मैंने विचारा कि मुन्शी जी महाशय बुरे फसेंगे। मैंने मुन्शी जी को बुलाकर कहा कि यदि भावी आपत्ति के लिये तैयार हो तो मैं जाऊँ। वे मुझे पहले से जानते थे। पैरों पड़ गये कि गिरफ़्तार हो जाऊँगा, बाल बच्चे भूखों मर जावेंगे। मुझे दया आ गई। एक घण्टा बाद श्री अशफ़ाकउल्ला खाँ के मकान की तलाशी लेकर पुलिसवाले लौटे। श्रीमान अशफ़ाकउल्ला खाँ के भाई की करतूसी बन्दूक और कारतूसों की भरी हुई पेटी लाकर उन्हीं मुन्शी जी के पास रख दी गई, और मैं पास ही कुर्सी पर खुला हुआ बैठा था। केवल एक सिपाही खाली हाथ पास में खड़ा था। इच्छा हुई कि बन्दूक उठाकर कारतूसों की पेटी गले में डाल लूं, फिर कौन सामने आयगा। पर फिर सोचा कि मुन्शी जी पर आपत्ति आवेगी, विश्वासघात करना ठीक नहीं। उसी समय खुफिया पुलिस के डिप्टी सुपरिन्टेन्डेन्ट सामने छत पर आये। उन्होंने देखा कि मेरे एक ओर कारतूस तथा बन्दूक पड़ी है, दूसरी ओर श्रीयुत प्रेमकृष्ण का माउजर पिस्तौल तथा कारतूस रखे हैं, क्योंकि सब चीजें मुशी जी के पास आकर जमा होती थीं। मैं बिना किसी बन्धन के बीच में खुला हुआ बैठा हूँ। डि० सु० को तुरन्त सन्देह हुआ, उन्होंने बन्दूक तथा पिस्तौल वहाँ से हटवा कर मालखाने में बन्द करा दिये। सायंकाल को पुलिस की हवालात में बन्द किया गया। निश्चय किया कि अब भाग चलूं। पाखाने के बहाने से बाहर निकाला गया। एक सिपाही कोतवाली से बाहर दूसरे स्थान में शौच के निमित्त लिवा गया। दूसरे सिपाहियों ने उससे बहुत कुछ कहा कि रस्सी डाल लो। उसने कहा मुझे विश्वास है यह भागेंगे नहीं। पाखाना नितान्त निर्जन स्थान में था। मुझे पाखाने में भेजकर वह सिपाही खड़े होकर सामने कुश्ती देखने लगा। मैंने दीवार पर पैर रखा और चढ़कर

देखा कि सिपाही महोदय कुश्ती देखने में मस्त हैं। हाथ बढ़ाते ही दीवार के ऊपर और एक क्षण में बाहर हो जाता, फिर मुझे कौन पाता ?* किन्तु तुरन्त विचार आया कि जिस सिपाही ने विश्वास करके तुम्हें इतनी स्वतन्त्रता दी, उसके साथ विश्वासघात करके भागकर उसको जेल में डालोगे ? क्या यह अच्छा होगा ? उसके बाल-बच्चे क्या कहेंगे ? इस भाव ने हृदय पर एक ठोकर लगाई। एक ठंडी सांस भरी, दीवार से उतर कर बाहर आया और सिपाही महोदय को साथ लेकर कोतवाली की हवालात में आकर बन्द हो गया।

लखनऊ जेल में काकोरी के अभियुक्तों को बड़ी भारी आज़ादी थी। राय साहब पं० चम्पालाल जेलर की कृपा से कभी यह भी न समझ सके कि हम लोग जेल में हैं या किसी रिश्तेदार के यहाँ मेहमानी कर रहे हैं। जैसे माता-पिता से छोटे-छोटे लड़के बातचीत पर बिगड़ जाते हैं, यही हमारा हाल था। हम लोग जेलवालों से बात-बात पर ऐंठ जाते। पं० चम्पालाल जी का ऐसा हृदय था कि वे हम लोगों से अपनी सन्तान से अधिक प्रेम करते थे। हममें से किसी को ज़रा-सा कष्ट होता था; तो उन्हें बड़ा दुःख होता था। हमारे ज़रा से कष्ट को भी वह स्वयं न देख सकते थे। और हम लोग ही क्यों, उनके जेल में किसी कैदी या सिपाही जमादार या मुन्शी किसी को भी कोई कष्ट नहीं ! सब बड़े प्रसन्न रहते हैं। इसके अतिरिक्त मेरी दिनचर्या तथा नियमों का पालन देखकर पहरे के सिपाही अपने गुरु से भी अधिक मेरा सम्मान करते थे। मैं यथा नियम जाड़ा गर्मी तथा बरसात प्रातःकाल तीन बजे से उठकर सन्ध्यादि से निवृत्त हो नित्य हवन भी करता था। प्रत्येक पहरे का सिपाही देवता के समान मेरा पूजन करता था। यदि किसी के बाल-बच्चे को कष्ट होता था, तो वह हवन की विभूति ले जाता था और कोई जल मांगता था। उनके विश्वास के कारण उन्हें आराम भी होता था तथा उनकी और भी श्रद्धा बढ़ जाती थी। परिणामस्वरूप जेल के प्रत्येक विभाग तथा स्थान का हाल मुझे मालूम रहता। मैंने जेल से निकल जाने का पूरा प्रबन्ध कर लिया। जिस समय चाहता चुपचाप निकल जाता। एक रात्रि को तैयार होकर उठ खड़ा हुआ। बैरेक के नम्बरदार तो मेरे सहारे पहरा देते थे। जब जी में आता सोते जब इच्छा होती बैठ जाते, क्योंकि वे जानते थे कि यदि सिपाही या जमादार सुपरिंटेंडेंट जेल के सामने पेश करना चाहेंगे तो मैं बचा लूंगा। सिपाही तो कोई चिन्ता ही न करते थे। चारों ओर शान्ति थी। केवल इतना प्रयत्न करना था कि लोहे की कटी हुई सलाखों को उठाकर बाहर हो जाऊँ। चार महीने पहले से लोहे की सलाखें काट ली थीं। काटकर उन्हें ऐसे ढंग से जमा दी थीं कि सलाखें धोई गईं, रंगत लगवाई गई, तीसरे दिन झाड़ी जातीं, आठवें

---

*Harmless fiction.
निरी कल्पना है।

दिन हथौड़े से ठोंकी जाती और जेल के अधिकारी नित्य प्रति सायंकाल घूम-कर सब ओर दृष्टि डाल जाते थे, पर किसी को कोई पता न चला। जैसे ही मैं जेल से भागने का विचार करके उठा था, ध्यान आया कि जिन पं० चम्पालाल की कृपा से सब प्रकार के आनन्द भोगने की जेल में स्वतन्त्रता प्राप्त हुई, उनके बुढ़ापे में जबकि थोड़ा-सा समय ही उनकी पेंशन के लिये बाक़ी है, क्या उन्हीं के साथ विश्वासघात करके निकल भागूं? सोचा जीवन भर किसी के साथ विश्वासघात न किया, अब भी विश्वासघात न करूँगा। उस समय मुझे यह भलीभाँति मालूम हो चुका था कि मुझे फाँसी की सजा होगी, पर उप-रोक्त बात सोचकर भागना स्थगित ही कर दिया। उपरोक्त सब बातें चाहे प्रलाप ही क्यों न मालूम हो किन्तु सब अक्षरश: सत्य हैं, सबके प्रमाण विद्य-मान हैं।

मैं इस समय इस परिणाम पर पहुँचा हूँ कि यदि हम लोगों ने प्राणपण से जनता को शिक्षित बनाने में पूर्ण प्रयत्न किया होता, तो हमारा उद्योग क्रान्ति-कारी आन्दोलन से कहीं अधिक लाभदायक होता, जिसका परिणाम स्थायी होता। अति उत्तम होगा कि भारत की भावी सन्तान तथा नवयुवक वृन्द क्रान्तिकारी संगठन करने की अपेक्षा जनता की प्रवृत्ति को देश सेवा की ओर लगाने का प्रयत्न करें और श्रमजीवियों तथा कृषकों का संगठन करके उनको ज़मींदारों तथा रईसों के अत्याचारों से बचावें। भारतवर्ष के रईस तथा जमीं-दार सरकार के पक्षपाती हैं। मध्य श्रेणी के लोग किसी-न-किसी प्रकार इन्हीं तीनों के आश्रित है। कोई तो नौकर पेशा है और जो कोई व्यवसाय भी करते हैं उन्हें भी इन्हीं के मुंह की ओर ताकना पड़ता है। रह गये श्रमजीवी तथा कृषक—सो उनको उदर-पूर्ति के उद्योग से ही समय नहीं मिलता; जो धर्म, समाज तथा राजनीति की ओर कुछ ध्यान दे सकें। मद्यपानादि दुर्व्यसनों के कारण उनका आचरण भी ठीक नहीं रह सकता। व्यभिचार, सन्तान-वृद्धि, अल्पायु में मृत्यु तथा अनेक प्रकार के रोगों से जीवन-भर उनकी मुक्ति नहीं हो सकती। कृषकों में उद्योग का तो नाम भी नहीं पाया जाता। यदि एक किसान को जमींदार की मजदूरी करने या हल चलाने की नौकरी करने पर ग्राम में आज से बीस वर्ष पूर्व दो आने रोज या चार रुपये मासिक मिलते थे, तो आज भी वही वेतन बँधा चला आ रहा है। बीस वर्ष पूर्व वह अकेला था, अब उसकी स्त्री तथा चार सन्तान भी है। पर उसी वेतन में उसे निर्वाह करना पड़ता है। उसे उसी पर सन्तोष करना पड़ता है। सारे दिन जेठ की लू तथा धूप में गन्ने के खेत में पानी देते-देते उसको रतौंधी आने लगती है। अँधेरा होते ही आँख से दिखाई नहीं देता, पर उसके उपलक्ष में आध सेर सड़े हुए शीरे का शरबत या आध सेर चना तथा छ: पैसे रोज मजदूरी मिलती है, जिसमें ही उसे अपने परिवार का पेट पालना पड़ता है!

जिसके हृदय में भारतवर्ष की सेवा के भाव उपस्थित हों, या जो भारत-

भूमि को स्वतन्त्र देखने या स्वाधीन बनाने की इच्छा रखता हो, उसको उचित है कि ग्रामीण संगठन करके कृषकों की दशा सुधार कर, उनके हृदय से भाग्य-निर्भरता को हटाकर उद्योगी बनने की शिक्षा दे। कल, कारखाने, रेलवे, जहाज तथा खानों में जहाँ कहीं श्रमजीवी हों, उनकी दशा को सुधारने के लिये श्रमजीवियों के संघ की स्थापना की जावे ताकि उनको उनकी अवस्था का ज्ञान हो सके और कारखानों के मालिक मनमाने अत्याचार न कर सकें और अछूतों को, जिनकी संख्या इस देश में लगभग छः करोड़ है, पर्याप्त शिक्षा प्राप्त कराने का प्रबन्ध हो, उनको सामाजिक अधिकारों में समानता हो। जिस देश में छः करोड़ मनुष्य अछूत समझे जाते हों, उस देशवासियों को स्वाधीन बनने का अधिकार ही क्या है? इसी के साथ ही साथ स्त्रियों की दशा भी इतनी सुधारी जावे कि वे अपने-आपको मनुष्य जाति का अंग समझने लगें। वे पैर की जूती तथा घर की गुड़ियाँ न समझी जावें। इतने कार्य हो जाने के बाद जब भारत की जनता का अधिकांश शिक्षित हो जावेगा, वे अपनी भलाई-बुराई समझने के योग्य हो जाएँगे, उस समय प्रत्येक आन्दोलन, जिसका शिक्षित जनता समर्थन करेगी, अवश्य सफल होगा। संसार की बड़ी-से-बड़ी शक्ति भी उसके दबाने में समर्थ न हो सकेगी। रूस में जब तक किसान संगठन नहीं हुआ, रूस सरकार की ओर से देशसेवकों पर मनमाने अत्याचार होते रहे। जिस समय से 'कैथोराइन' ने ग्रामीण-संगठन का कार्य अपने हाथ में लिया, स्थान-स्थान पर कृषक-सुधारक संघों की स्थापना की, घूम-घूमकर रूस के युवक तथा युवतियों ने जारशाही के विरुद्ध प्रचार आरम्भ किया। फिर किसानों को अपनी वास्तविक अवस्था का ज्ञान होने लगा। वे अपने मित्र तथा शत्रु को समझने लगे, उसी समय से जारशाही की नींव हिलने लगी। श्रमजीवियों के संघ भी स्थापित हुए। रूस में हड़तालों का आरम्भ हुआ। उसी समय से जनता की प्रकृति को देखकर मदान्धों के नेत्र खुल गये।

भारतवर्ष में सबसे बड़ी कमी यही है कि इस देश के युवकों में शहरी जीवन व्यतीत करने की बान पड़ गई है। युवक-वृन्द साफ़-सुथरे कपड़े पहनने, पक्की सड़कों पर चलने, मीठा, खट्टा तथा चटपटा भोजन करने, विदेशी सामग्री से सुसज्जित बाजारों में घूमने; मेज-कुर्सी पर बैठने तथा विलासिता में फँसे रहने के आदी हो गये हैं। ग्रामीण-जीवन को वे नितान्त नीरस तथा शुष्क समझते हैं। उनकी समझ में ग्रामों में अर्ध-सभ्य या जंगली लोग निवास करते हैं। यदि कभी किसी अंग्रेजी स्कूल या कालेज में पढ़नेवाला विद्यार्थी किसी कार्यवश अपने किसी सम्बन्धी के यहाँ ग्राम में पहुँच जाता है, तो उसे वहाँ दो-चार दिन काटना बड़ा कठिन हो जाता है। वे या तो कोई उपन्यास साथ ले जाते हैं, जिसे अलग बैठे पढ़ा करते हैं, या पड़े-पड़े सोया करते हैं। किसी ग्रामवासी से बातचीत करने से उनका दिमाग थक जाता है, या उनसे बातचीत करना अपनी शान के खिलाफ़ समझते हैं। ग्रामवासी जमींदार या रईस

जो अपने लड़कों को अंग्रेजी पढ़ाते हैं, उनकी यही इच्छा रहती है कि जिस प्रकार हो सके उनके लड़के कोई सरकारी नौकरी पा जाएँ। ग्रामीण बालक जिस समय शहर में पहुँचकर शहरी शान को देखते हैं, इतनी बुरी तरह से उन पर फ़ैशन का भूत सवार होता है कि उनके समान फैशन बनाने की चिन्ता किसी को भी नहीं रहती। थोड़े दिनों में उनके आचरण पर भी इसका प्रभाव पड़ता है और वे स्कूल के गन्दे लड़कों के हाथ में पड़कर बड़ी बुरी-बुरी कुटेवों के घर बन जाते हैं। उनसे जीवनपर्यन्त अपना ही सुधार नहीं हो पाता, फिर वे ग्रामवासियों का सुधार क्या खाक कर सकेंगे ?

असहयोग आन्दोलन में कार्यकताओं की इतनी अधिक संख्या होने पर भी सब-के-सब शहर के प्लेटफार्मों पर लेक्चरबाजी करना ही अपना कर्त्तव्य समझते थे। ऐसे बहुत थोड़े कार्यकर्ता थे, जिन्होंने ग्रामों में कुछ कार्य किया। उनमें भी अधिकतर ऐसे थे जो केवल हुल्लड़ कराने में ही देशोद्धार समझते थे। परिणाम यह हुआ कि आन्दोलन में थोड़ी-सी शिथिलता आते ही सब कार्य अस्त-व्यस्त हो गया। इसी कारण महामना देशबन्धु चितरंजन दास ने अन्तिम समय ग्राम संगठन ही अपने जीवन का ध्येय बनाया था। मेरे विचार से ग्राम-संगठन का सबसे सुगम रीति यही हो सकती है कि युवकों में शहरी जीवन छोड़कर ग्रामीण जीवन से प्रीति उत्पन्न हो। जो युवक मिडिल, इंट्रेन्स, एफ०ए०, बी०ए० पास करने में हजारों रुपये नष्ट करके दस, पन्द्रह, बीस या तीस रुपये की नौकरी के लिए ठोकरें खाते फिरते हैं, उन्हें नौकरी का आसरा छोड़कर कोई उद्योग जैसे-बढ़ईगीरी, लुहारगीरी, दर्जी का काम, धोबी का काम, जूते बनाना, कपड़ा बुनना, मकान बनाना, राजगीरी का इत्यादि सीख लेना चाहिये। यदि जरा साफ़-सुथरे रहना हो तो वैद्यक सीखे। किसी बड़े ग्राम या क़स्बे में जाकर काम शुरू करें। उपरोक्त कामों में से कोई काम भी ऐसा नहीं है, जिसमें चार या पाँच घंटा मेहनत करके तीस रुपये मासिक की आय न हो जावे। ग्राम में तीस रुपये मासिक शहर के साठ रुपये से अधिक है। क्योंकि ग्राम में लक़ड़ी या कंडा का मूल्य बहुत कम होता है और यदि किसी ज़मीदार की कृपा हो गई तो एक सूखा हुआ वृक्ष कटवा दिया तो छः महीने के लिए ईंधन की झुट्टी हो गई। शुद्ध घी, दूध सस्ते दामों में मिल जाता है और यदि स्वयं एक या दो गाय या भैंस पाल ली, तब तो आम के आम गुठलियों के दाम ही मिल गये। चारा सस्ता मिलता है। घी दूध बाल-बच्चे खाते हैं। कंडों का ईंधन होता है। और यदि किसी की कृपा हो गई तो फ़सल पर एक दो भुस की गाड़ी बिना मूल्य ही मिल जाती है। अधिकतर काम-काजियों को गाँव में चारा लकड़ी के लिये पैसा खर्च नहीं करना पड़ता। हज़ारों अच्छे-अच्छे ग्राम हैं, जिनमें वैद्य, दर्जी, धोबी निवास ही नहीं करते। उन ग्रामों के लोगों को दस, बीस कोस दूर दौड़ना पड़ता है। वे इतने दुःखी होते हैं कि जिसका अनुमान करना बड़ा कठिन है। विवाह आदि अवसरों पर

यथासमय कपड़े नहीं मिलते। काष्टादिक औषधियाँ बड़े-बड़े क़स्बों में नहीं मिलतीं। यदि मामूली अत्तार बनकर ही कस्बे में बैठ जावे; और दो चार किताबें देखकर ही औषधि दिया करे तो भी तीस, चालीस रुपये मासिक की आय तो कहीं गई ही नहीं है। इस प्रकार उदर-निर्वाह तथा परिवार का प्रबन्ध हो जाता है। ग्रामों की अधिक जनसंख्या से परिचय हो जाता है। परिचय ही नहीं, जिसका एक समय आवश्यकता पर कार्य निकल गया, वह अभारी हो जाता है। उसकी आँख नीची रहती है। ज़रूरत पड़ने पर तुरन्त सहायक होता है। ग्राम में कौन ऐसा पुरुष है जिसका लुहार, बढ़ई, धोबी, दर्जी, कुम्हार या वैद्य से काम नहीं पड़ता। मेरा पूर्ण अनुभव है कि इन लोगों की भले-भले ग्रामवासी खुशामद करते रहते हैं।

रोज़ाना काम पड़ते रहने से और सम्बन्ध होने से यदि थोड़ी-सी चेष्टा की जावे और ग्रामवासियों को थोड़ा-सा उपदेश देकर उनकी दशा सुधारने का प्रयत्न किया जावे तो बड़ी जल्दी काम बने। थोड़े से समय में ही वे सच्चे स्वदेश भक्त खद्दरधारी बन जावें, यदि उनमें एक दो शिक्षित हों तो उत्साहित करके उसके पास एक समाचार-पत्र मँगाने का प्रबन्ध कर दिया जावे। देश की दशा का भी उन्हें कुछ-कुछ ज्ञान होता रहे। इसी तरह सरल-सरल पुस्तकों की कथायें सुनाकर उनमें से कुप्रथाओं को भी छुड़ाया जा सकता है। कभी-कभी स्वयं रामायण या भागवत की कथा भी सुनाया करें। यदि नियमित रूप से भागवत की कथा कहें तो पर्याप्त धन भी चढ़ावे में आ सकता है, जिससे एक पुस्तकालय स्थापित कर दें। कथा कहने के अवसर पर बीच-बीच में चाहे कितनी राजनीति का समावेश कर जावें, कोई खुफिया पुलिस का रिपोर्टर नहीं बैठा जो रिपोर्ट करे। वैसे यदि कोई खद्दरधारी ग्राम में पहुँचकर उपदेश करना चाहे तो तुरन्त ही जमींदार पुलिस में खबर कर दे और यदि क़स्बे के वैद्य, लड़के पढ़ानेवाले, कथा कहनेवाले पण्डित कोई बात कहें तो सब चुप-चाप सुनकर उस पर अमल करने की कोशिश करते हैं और उन्हें कोई पुछता भी नहीं। इस प्रकार अनेक-सुविधायें मिल सकती हैं, जिनके सहारे ग्रामीणों की सामाजिक दशा सुधारी जा सकती है। रात्रि पाठशालायें खोलकर निर्धन तथा अछूत जातियों के बालकों को शिक्षा दे सकते हैं। श्रमजीवी संघ स्थापित करने में शहरी जीवन तो व्यतीत हो सकता है किन्तु इसके लिये उनके साथ अधिक समय रहकर व्यतीत करना पड़ेगा। जिस समय वे अपने-अपने काम से छुट्टी पाकर आराम करते हैं, उस समय उनके साथ वार्तालाप करके मनोहर उपदेशों द्वारा उनको उनकी दशा का दिग्दर्शन कराने का अवसर मिल सकता है। इन लोगों के पास समय बहुत कम होता है, इस कारण से अति उत्तम हो यदि चित्ताकर्षक साधनों द्वारा कोई उपदेश करने की रीति से, जैसे मैजिक लालटेन द्वारा तस्वीरें दिखाकर या किसी दूसरे उपाय से उनको एक स्थान पर एकत्रित किया (जैसे गाना बजाना वगैरा) जा सके, तथा रात्रि पाठशालायें

खोलकर उन्हें तथा उनके बच्चे को शिक्षा देने का भी प्रबन्ध किया जावे। जितने युवक उच्च शिक्षा प्राप्त करके व्यर्थ में धन व्यय करने की इच्छा रखते हैं, उनको उचित है कि अधिक से अधिक अंग्रेजी के दसवें दर्जे तक की योग्यता प्राप्त करके किसी कलाकौशल के सीखने का प्रयत्न करें और उस कलाकौशल द्वारा ही वह अपना जीवन व्यतीत करें।

जो धनी-मानी स्वदेश सेवार्थ बड़े-बड़े विद्यालयों तथा पाठशालाओं की स्थापना करते हैं, उनको उचित है कि विद्यापीठों के साथ-साथ उद्योगपीठ, शिल्पविद्यालय तथा कलाकौशल भवनों की स्थापना भी करें। इन विद्यालयों के विद्यार्थियों को नेतागीरी के लोभ से बचाया जावे। विद्यार्थियों का जीवन सादा हो और विचार उच्च हो। इन्हीं विद्यालयों में एक एक उपदेशक विभाग भी हो, जिसमें विद्यार्थी प्रचार करने का ढंग सीख सकें। जिन युवकों के हृदय में स्वदेश सेवा के भाव हों उनको कष्ट सहन करने की आदत डालकर सुसंगठित रूप से ऐसा कार्य करना चाहिये, जिसका परिणाम स्थायी हो। केथोराइन ने इसी प्रकार कार्य किया था। उदर-पूर्ति के निमित केथोराइन के अनुयायी ग्रामों में जाकर कपड़े सीते या जूते बनाते और रात्रि के समय किसानों को उपदेश देते थे। जिस समय से मैंने केथोराइन की जीवनी (The grand mother of the Russian Revolution) का अंग्रेजी भाषा में अध्ययन किया, मुझ पर उसका बहुत प्रभाव हुआ। मैंने तुरन्त उसकी जीवनी 'केथोराइन' नाम से हिन्दी में प्रकाशित कराई। मैं भी उसी प्रकार काम करना चाहता था, पर बीच ही में क्रान्तिकारी दल में फँस गया। मेरा तो अब यह दृढ़ निश्चय हो गया है कि अभी पचास वर्ष तक क्रान्तिकारी दल को भारतवर्ष में सफलता नहीं हो सकती, क्योंकि यहाँ की स्थिति उसके उपयुक्त नहीं। अतएव क्रान्तिकारी दल का संगठन करके व्यर्थ में नवयुवकों के जीवन को नष्ट करना और शक्ति का दुरुपयोग करना बड़ी भारी भूल है। इससे लाभ के स्थान में हानि की सम्भावना बहुत अधिक है। नवयुवकों को मेरा अन्तिम सन्देश यही है कि वे रिवालवर या पिस्तौल को अपने पास रखने की इच्छा को त्याग कर सच्चे देशसेवक बनें। पूर्ण स्वाधीनता उनका ध्येय हो और वे वास्तविक साम्यवादी बनने का प्रयत्न करते रहें। फल की इच्छा छोड़कर सच्चे प्रेम से कार्य करें; परमात्मा सदैव उनका भला ही करेगा।

यदि देश हित मरना पड़े मुझको सहस्रों बार भी।
तो भी न मैं इस कष्ट को निज ध्यान में लाऊँ कभी।।
हे ईश भारतवर्ष में शत बार मेरा जन्म हो।
कारण सदा ही मृत्यु का देशोपकारक कर्म हो।।

अन्तिम समय की बातें

सर फरोशी ने वतन फिर देख लो मक़तल में है।
मुल्क़ पर कुर्बान हो जाने के अरमाँ दिल में हैं॥
तेरा है जालिम की यारों और गला मज़लूम का।
देख लेंगे हौसला कितना दिले क़ातिल में है॥
सोरे महशर बावपा है मार का है धूम का।
बलबले जोशे शहादत हर रगे "बिस्मिल" में है॥

आज 16 दिसम्बर 1927 ई० को निम्नलिखित पंक्तियों का उल्लेख कर रहा हूँ, जबकि 19 दिसम्बर 1927 ई० सोमवार (पौष कृष्ण 11 सम्बत् 1984) को 6॥ बजे प्रातःकाल इस शरीर को फाँसी पर लटका देने की तिथि निश्चित हो चुकी है। अतएव नियत समय पर यह लीला संवरण करनी होगी ही। यह सब सर्व शक्तिमान प्रभु की लीला है। सब कार्य उसके इच्छानुसार ही होते हैं। यह परम पिता परमात्मा के नियमों का परिणाम है कि किस प्रकार किसको शरीर त्यागना होता है। मृत्यु के सकल उपक्रम निमित्त मात्र है। जब तक कर्म क्षय नहीं होता, आत्मा को जन्म-मरण के बन्धन में पड़ना ही होता है, यह शास्त्रों का निश्चय है। यद्यपि यह, वह परब्रह्म ही जानता है कि किन कर्मों के परिणाम स्वरूप कौन-सा शरीर इस आत्मा को ग्रहण करना होगा, किन्तु अपने लिये यह मेरा दृढ़ निश्चय है कि मैं उत्तम शरीर धारण कर नवीन शक्तियों सहित अति शीघ्र ही पुनः भारतवर्ष में ही किसी निकटवर्ती सम्बन्धी या इष्ट मित्र के गृह में जन्म ग्रहण करूँगा, क्योंकि मेरा जन्म जन्मान्तर यही उद्देश्य रहेगा कि मनुष्यमात्र को सभी प्राकृतिक पदार्थों पर समानाधिकार प्राप्त हो। कोई किसी पर हुकूमत न करे। सारे संसार में जनतन्त्र की स्थापना हो। वर्तमान समय में भारतवर्ष की बड़ी शोचनीय अवस्था है। अतएव लगातार कई जन्म इसी देश में ग्रहण करने होंगे और जब तक कि भारतवर्ष के नर-नारी पूर्णतया सर्व रूपेण स्वतन्त्र न हो जावेंगे, परमात्मा से मेरी यही प्रार्थना होगी कि वह मुझे इसी देश में जन्म दे; ताकि मैं उसकी पवित्र वाणी 'वेद वाणी' का अनुपम घोष मनुष्यमात्र के कानों तक पहुँचाने में समर्थ हो सकूं। सम्भव है कि मैं मार्ग-निर्धारण में भूल करूँ, पर इसमें मेरा कोई विशेष दोष नहीं, क्योंकि मैं भी तो अल्पज्ञ जीव मात्र ही हूँ। भूल न करना केवल सर्वज्ञ से ही सम्भव है। हमें परिस्थियों के अनुसार ही सब कार्य करने पड़े और करने होंगे। परमात्मा अगले जन्म में सुबुद्धि प्रदान करे कि मैं जिस मार्ग का अनुसरण करूँ, वह त्रुटि-रहित ही हो।

अब मैं उन बातों का भी उल्लेख कर देना उचित समझता हूँ जो काकोरी काण्ड के अभियुक्तों के सम्बन्ध में सेशन जज के फ़ैसला सुनाने के पश्चात् घटित

हुईं। 6 अप्रैल सन् 1927 ई० को सेशन जज ने फ़ैसला सुनाया था। 18 जुलाई सन् 1927 ई० को अवध चीफ़ कोर्ट में अपील हुई। इसमें कुछ की सज़ायें बढ़ीं और एकाध को कम भी हुईं। अपील होने की तारीख़ से पहले मैंने संयुक्त प्रान्त के गवर्नर की सेवा में एक मेमोरियल भेजा था, जिसमें प्रतिज्ञा की थी कि अब भविष्य में क्रान्तिकारी दल से कोई सम्बन्ध न रखूंगा। इस मेमोरियल का जिक्र मैंने अपनी अन्तिम दया-प्रार्थना पत्र में जो मैंने चीफ़कोर्ट के जजों को दिया था, उसमें कर दिया था; किन्तु चीफ़ कोर्ट के जजों ने मेरी किसी प्रकार की प्रार्थना न स्वीकार की। मैंने स्वयं ही जेल से अपने मुक़दमे की बहस लिखकर भेजी, जो छापी गई। जब यह बहस चीफ़ कोर्ट के जजों ने सुनी, तो उन्हें बड़ा सन्देह हुआ कि वह बहस मेरी लिखी हुई न थी। इन तमाम बातों का यह नतीजा निकला कि चीफ़ कोर्ट अवध से मुझे महा भयंकर षड्यन्त्रकारी की पदवी दी गई। मेरे पश्चाताप पर जजों को विश्वास न हुआ और उन्होंने अपनी धारणा का प्रकाश इस प्रकार किया कि यदि यह (रामप्रसाद) छूट गया तो फिर वही कार्य करेगा। बुद्धि की प्रखरता तथा समझ पर कुछ प्रकाश डालते हुए मैं,'निर्दयी हत्यारे' के नाम से विभूषित किया गया। लेखनी उनके हाथ में थी, जो चाहे सो लिखते, किन्तु काकोरी काण्ड का चीफ़ कोर्ट का आद्योपान्त फ़ैसला पढ़ने से भली-भाँति विदित होता है कि मुझे मृत्युदण्ड किस ख्याल से दिया गया! यह निश्चय किया गया कि रामप्रसाद ने सेशन जज के विरुद्ध अपशब्द कहे हैं, खुफिया विभाग के कार्यकर्ताओं पर लांछन लगाये हैं; अर्थात् अभियोग के समय जो अन्याय होता था, उसके विरुद्ध आवाज़ उठाई है, अतएव रामप्रसाद सबसे बड़ा गुस्ताख मुलज़िम है। अब माफी चाहे वह किसी भी रूप में माँगे, नहीं दी जा सकती।

चीफ़ कोर्ट से अपील खारिज हो जाने के बाद यथानियम प्रान्तीय गवर्नर तथा फिर वाइसराय के पास दया-प्रार्थना की गई। रामप्रसाद 'बिस्मिल', राजेन्द्रनाथ लहरी, रोसनसिंह तथा अशफ़ाक उल्ला ख़ाँ के मृत्युदण्ड को बदलकर अन्य दूसरी सज़ा देने की सिफ़ारिश करते हुए संयुक्तप्रांत की कौंसिल के लगभग सभी निर्वाचित हुए मेम्बरों ने हस्ताक्षर करके निवेदन पत्र दिया। मेरे पिता ने ढाई सौ रईस, आनरेरी मजिस्ट्रेट तथा ज़मींदारों के हस्ताक्षर से एक अलग प्रार्थना पत्र भेजा, किन्तु श्रीमान् सर विलियम मेरिस की सरकार ने एक भी न सुनी। उसी समय लेजिसलेटिव एसेम्बली तथा कौंसिल आफ स्टेट के 78 सदस्यों ने भी हस्ताक्षर करके वाइसराय के पास प्रार्थना-पत्र भेजा कि 'काकोरी काण्ड' के मृत्युदण्ड पाये हुओं को मृत्युदण्ड की सज़ा बदलकर दूसरी सज़ा कर दी जावे, क्योंकि दौरा जज ने सिफ़ारिश की है कि यदि यह लोग पश्चाताप करें तो सरकार दण्ड कम कर दे। चारों अभियुक्तों नें पश्चाताप प्रकट कर दिया है। किन्तु वाइसराय महोदय ने भी एक न सुनी।

इस विषय में माननीय पं० मदनमोहन मालवीय जी ने तथा

एसेम्बली के कुछ सदस्यों ने वाइसराय से मिलकर भी प्रयत्न किया था कि मृत्युदण्ड न दिया जावे। इतना होने पर सबको आशा थी कि वाइसराय महोदय अवश्यमेव मृत्युदण्ड की आज्ञा रद्द कर देंगे। इसी हालत में चुपचाप विजयादशमी से दो दिन पहले जेलों को तार भेज दिये गये, कि दया नहीं होगी। सबकी फाँसी की तारीख़ मुक़र्रर हो गई। जब मुझे सुपरिंटेंडेंट जेल ने तार सुनाया, मैंने भी कह दिया कि आप अपना कार्य कीजिये। किन्तु सुपरिंटेंडेंट जेल के अधिक कहने पर कि एक तार दया-प्रार्थना का सम्राट के पास भेज दो, क्योंकि यह उन्होंने एक नियम-सा बना रक्खा है कि प्रत्येक फाँसी के क़ैदी की ओर से जिसकी दया-भिक्षा की अर्ज़ी वाइसराय के यहाँ से ख़ारिज हो जाती है, वह एक तार सम्राट के नाम से प्रान्तीय सरकार के पास अवश्य भेजते हैं। कोई दूसरा जेल सुपरिंटेंडेंट ऐसा नहीं करता। उपरोक्त तार लिखते समय मेरा कुछ विचार हुआ कि प्रीवी कौंसिल इंगलैंड में अपील की जावे। मैंने श्रीयुत मोहनलाल सक्सेना वकील लखनऊ को सूचना दी। बाहर किसी को वाइसराय की अपील खारिज होने की बात पर विश्वास भी न हुआ। जैसे-तैसे करके श्रीयुत मोहनलाल द्वारा प्रीवी कौंसिल में अपील कराई गई। नतीजा तो पहले से ही मालूम था। वहाँ से भी अपील ख़ारिज हुई। यह जानते हुए कि अंग्रेज सरकार कुछ भी न सुनेगी, मैंने सरकार को प्रतिज्ञा-पत्र क्यों लिखा? क्यों अपीलों पर अपीलें तथा दया प्रार्थनाएँ कीं? इस प्रकार के प्रश्न उठते हैं, मेरी समझ में सदैव यही आया है कि राजनीति एक शतरंज के खेल के समान है। शतरंज के खेलनेवाले भलीभाँति जानते हैं कि आवश्यकता होने पर किस प्रकार अपने मोहरे भी मरवा देना पड़ते हैं। बंगाल आर्डिनेंस के कैदियों के छोड़ने या उन पर खुली अदालत में मुकदमा चलाने के प्रस्ताव जब एसेम्बली में पेश किये गये, तो सरकार की ओर से बड़े जोरदार शब्दों में कहा गया कि, सरकार के पास पूरा सबूत मौजूद है। खुली अदालत में अभियोग चलाने से गवाहों पर आपत्ति आ सकती है। यदि आर्डिनेंस के कैदी लेखबद्ध प्रतिज्ञा पत्र दाखिल कर दें कि वे भविष्य में क्रान्तिकारी आन्दोलन से कोई सम्बन्ध न रखेंगे, तो सरकार उन्हें रिहाई देने के विषय में विचार कर सकती है। बंगाल में दक्षिणेश्वर तथा सोवा बाज़ार बम-केस आर्डिनेंस के बाद चले। खुफिया विभाग के डिप्टी सुपरिटेंडेंट के कत्ल का मुकदमा भी खुली अदालत में हुआ, और भी कुछ हथियारों के मुकदमें खुली अदालत में चलाये गये किन्तु कोई एक भी दुर्घटना या हत्या की सूचना पुलिस न दे सकी। काकोरी षड्यन्त्र-केस पूरे डेढ़ साल तक खुली अदालतों में चलता रहा। सबूत की ओर से लगभग तीन सौ गवाह पेश किये गये। कई मुखबिर तथा इकबाली खुली तौर से घूमते रहे, पर कहीं कोई दुर्घटना या किसी को धमकी देनें की पुलिस ने कोई सूचना न दी। सरकार की इन बातों की पोल खोलने की गरज से ही मैंने लेखबद्ध बंधेज सरकार को दिया। सरकार के

कथनानुसार जिस प्रकार बंगाल आर्डिनेंस के कैदियों के सम्बन्ध में सरकार के पास पूरा सबूत था और सरकार उनमें से अनेकों को भयंकर षड्यन्त्रकारी दल का सदस्य तथा हत्याओं का जिम्मेदार समझती तथा कहती थी, तो इसी प्रकार काकोरी के काण्डकारियों के लेखबद्ध प्रतिज्ञा करने पर कोई ग़ौर क्यों न किया ? बात यह है कि जबरा मारे, रोने न देवे । मुझे तो भलीभाँति मालूम था कि संयुक्त प्रान्त में जितने राजनैतिक अभियोग चलाये जाते हैं, उनके फैसले खुफ़िया पुलिस के इच्छानुसार लिखे जाते हैं । बरेली पुलिस कांस्टेबिलों की हत्या के अभियोग में नितान्त निर्दोष नवयुवकों को फँसाया गया और सी० आई० डी० वालों ने अपनी डायरी दिखलाकर फैसला लिखाया। काकोरी काण्ड में भी अन्त में ऐसा ही हुआ । सरकार की सब चालों को जानते हुए भी मैंने सब कार्य उसकी लम्बी-लम्बी बातों की पोल खोलने के लिये ही किये । काकोरी के मृत्युदण्ड पाये हुओं की दया प्रार्थना न स्वीकार करने का कोई विशेष कारण सरकार के पास नहीं । सरकार ने बंगाल आर्डिनेंस के कैदियों के सम्बन्ध में जो कुछ कहा था, सो काकोरी वालों ने किया । मृत्युदण्ड को रद्द कर देने से देश में किसी प्रकार की शांति भंग होने अथवा किसी विप्लव हो जाने की सम्भावना न थी । विशेषतया जबकि देश-भर के सब प्रकार के हिन्दू-मुसलमान एसेम्बली के सदस्यों ने इसकी सिफारिश की थी । काण्डकारियों की इतनी बड़ी सिफारिश इसमे पहले कभी नहीं हुई । किन्तु सरकार तो अपना पासा सीधा रखना चाहती है। उसे अपने बल पर विश्वास है । सर विलियम मेरिस ने ही स्वयं शाहजहाँपुर तथा इलाहाबाद के हिन्दू-मुस्लिम दंगे के अभियुक्तों के मृत्युदण्ड रद्द किये हैं, जिनको कि इलाहाबाद हाईकोर्ट से मृत्युदण्ड ही देना उचित समझा गया था और उन लोगों पर दिन दहाड़े हत्या करने के सीधे सबूत मौजूद थे । ये सजाएँ ऐसे समय माफ़ की गई थीं, जबकि नित्य नये हिन्दू-मुस्लिम दंगे बढ़ते ही जाते हैं । यदि काकोरी के क़ैदियों को मृत्युदण्ड माफ़ करके, दूसरी सजा देने से दूसरों का उत्साह बढ़ता तो क्या इसी प्रकार मजहबी दंगों के सम्बन्ध में भी नहीं हो सकता था ? मगर वहाँ तो मामला कुछ और ही है; जो अब भारतवासियों के नरम-से-नरम दल के नेताओं के भी शाही कमीशन मुकर्रर होने और उसमें एक भी भारतवासी के न चुने जाने; पार्लमेंट में भारत सचिव लार्ड बर्कनहेड के तथा अन्य मजदूर दल के नेताओं के भाषणों से भलीभाँति समझ में आया है कि किस प्रकार भारतवर्ष को गुलामी की जंजीरों में जकड़े रहने की चालें चली जा रही हैं ।

मुझे प्राण त्यागते समय निराश हो जाना नहीं पड़ रहा है कि हम लोगों के बलिदान व्यर्थ गये । मेरा तो विश्वास है कि हम लोगों की छिपी हुई आहों का ही यह नतीजा हुआ कि लार्ड बर्कनहेड के दिमाग़ में परमात्मा ने एक विचार उपस्थित किया कि हिन्दुस्तान के हिन्दू-मुस्लिम झगड़ों का लाभ उठाओ

और भारतवर्ष की जंजीरें और कस दो। गये थे रोजा छोड़ने, नमाज़ गले पड़ गई। भारतवर्ष के प्रत्येक विख्यात राजनैतिक दल ने और हिन्दुओं के तों लगभग सभी तथा मुसलमानों के भी अधिकारी नेताओं ने एक स्वर होकर रायल कमीशन की नियुक्ति तथा उसके सदस्यों के विरुद्ध घोर विरोध किया है, और अगली कांग्रेस (मद्रास) पर सब राजनैतिक दल के नेता तथा हिन्दू-मुसलमान एक होने जा रहे हैं। वाइसराय ने जब हम काकोरी के मृत्युदण्डवालों की दया-प्रार्थना अस्वीकार की थी, उसी समय मैंने श्रीयुत मोहनलाल जी को पत्र लिखा था कि हिन्दुस्तानी नेताओं को तथा हिन्दू-मुसलमानों को अग्रिम कांग्रेस पर एकत्रित हो हम लोगों की याद मनाना चाहिए। सरकार ने अशफ़ाकउल्ला को रामप्रसाद का दाहिना हाथ करार दिया। अशफ़ाक उल्ला कट्टर मुसलमान होकर पक्के आर्यसमाजी रामप्रसाद का क्रान्तिकारी दल के सम्बन्ध में यदि दाहिना हाथ बन सकते हैं, तब क्या भारतवर्ष की स्वतन्त्रता के नाम पर हिन्दू-मुसलमान अपने निजी छोटे-छोटे फायदों का ख्याल न करके आपस में एक नहीं हो सकते ?

परमात्मा ने मेरी पुकार सुन ली और मेरी इच्छा पूरी होती दिखाई देती है। मैं तो अपना कार्य कर चुका। मैंने मुसलमानों में से एक नवयुवक निकाल कर भारतवासियों को दिखला दिया, जो सब परीक्षाओं में पूर्णतया उत्तीर्ण हुआ। अब किसी को यह कहने का साहस न होना चाहिए कि मुसलमानों पर विश्वास न करना चाहिए। पहला तजर्बा था जो पूरी तौर से कामयाब हुआ। अब देशवासियों से यही प्रार्थना है कि यदि वे हम लोगों के फाँसी पर चढ़ने से जरा भी दुःखित हुए हों, तो उन्हें यही शिक्षा लेनी चाहिए कि हिन्दू-मुसलमान तथा सब राजनैतिक दल एक होकर कांग्रेस को अपना प्रतिनिधि मानें। जो कांग्रेस तय करे, उसे सब पूरी तौर से मानें और उस पर अमल करें। ऐसा करने के बाद वह दिन बहुत दूर न होगा जब कि अँग्रेजी सरकार को भारतवासियों की मांग के सामने शिर झुकाना पड़े, और यदि ऐसा करेंगे तब तो स्वराज्य कुछ दूर नहीं। क्योंकि फिर तो भारतवासियों को काम करने का पूरा मौका मिल जावेगा। हिन्दू-मुस्लिम एकता ही हम लोगों की यादगार तथा अन्तिम इच्छा है, चाहे वह कितनी कठिनता से क्यों न हो। जो मैं कह रहा हूँ वही श्रीमान् अशफ़ाक उल्ला खाँ वारसी का भी मत है, क्योंकि अपील के समय हम दोनों लखनऊ जेल में फांसी की कोठरियों में आमने-सामने कई दिन तक रहे थे। आपस में हर तरह की बातें हुई थीं। गिरफ़्तारी के बाद से हम लोगों की सजा पड़ने तक श्रीमान् अशफ़ाक उल्ला खाँ की बड़ी भारी उत्कट इच्छा यही थी, कि वह एक बार मुझसे मिल लेते, जो परमात्मा ने पूरी कर दीं।

श्रीमान् अशफ़ाक उल्ला खाँ तो अँग्रेज सरकार से दया-प्रार्थना करने पर राजी ही न थे। उनका तो अटल विश्वास यही था कि खुदाबन्द करीम के अलावा किसी दूसरे से दया की प्रार्थना न करना चाहिए, परन्तु मेरे विशेष

आग्रह से ही उन्होंने सरकार से दया प्रार्थना की थी। इसका दोसी मैं ही हूँ, जो मैंने अपने प्रेम के पवित्र अधिकारों का उपयोग करके श्रीमान् अशफ़ाक उल्ला खाँ को उनके दृढ़ निश्चय से विचलित किया। मैंने एक पत्र द्वारा अपनी भूल स्वीकार करते हुए भ्रातृ द्वितीया के अवसर पर गोरखपुर जेल से श्रीमान् अशफ़ाक को पत्र लिखकर क्षमा प्रार्थना की थी। परमात्मा जाने कि वह पत्र उनके हाथों तक पहुँचा भी या नहीं। खैर! परमात्मा की ऐसी ही इच्छा थी कि हम लोगों को फाँसी दी जावे, भारतवासियों के जले हुए दिलों पर नमक पड़े, वे बिलबिला उठें और हमारी आत्माएँ उनके कार्य को देखकर सुखी हों। जब हम नवीन शरीर धारण करके देश सेवा में योग देने को उद्यत हों, उस समय तक भारतवर्ष की राजनैतिक स्थिति पूर्णतया सुधरी हुई हो। जनसाधारण का अधिक भाग सुशिक्षित हो जावे। ग्रामीण लोग भी अपने कर्त्तव्य समझने लग जावें।

प्रीवी कौंसिल में अपील भिजवा कर मैंने जो व्यर्थ का अपव्यय करवाया उसका भी एक विशेष अर्थ था। सब अपीलों का तात्पर्य यह था कि मृत्युदण्ड उपयुक्त दण्ड नहीं। क्योंकि न जाने किस की गोली से आदमी मारा गया। अगर डकैती डालने की जिम्नेवारी के खयाल से मृत्युदण्ड दिया गया तो चीफ कोर्ट के फैसले के अनुसार भी मैं ही डकैतियों का जिम्मेदार तथा नेता था, और प्रान्त का नेता भी मैं ही था। अतएव मृत्युदण्ड तो अकेला मुझे ही मिलना चाहिए था। अन्य तीन को फांसी नहीं देना चाहिए था। इसके अतिरिक्त दूसरी सजाएँ सब स्वीकार होतीं। पर ऐसा क्यों होने लगा? मैं विलायती न्यायालय की भी परीक्षा करके स्वदेशवासियों के लिए उदाहरण छोड़ना चाहता था, कि यदि कोई राजनैतिक अभियोग चले तो वे कभी भूल करके भी किसी अँग्रेजी अदालत का विश्वास न करें। तबियत आये तो जोरदार बयान दें। अन्यथा मेरी तो यही राय है कि अँग्रेजी अदालत के सामने न तो कभी कोई बयान दें और न कोई सफाई पेश करें। काकोरी काण्ड के अभियोग से शिक्षा प्राप्त कर लें। इस अभियोग में सब प्रकार के उदाहरण मोजूद हैं। प्रीवी कौंसिल में अपील दाखिल कराने का एक विशेष अर्थ यह भी था कि मैं कुछ समय तक फांसी की तारीख हटवाकर यह परीक्षा करना चाहता था कि नवयुवकों में कितना दम है, और देशवासी कितनी सहायता दे सकते हैं। इसमें मुझे बड़ी निराशापूर्ण असफलता हुई। अन्त में मैंने निश्चय किया था कि यदि हो सके तो जेल से निकल भागूं। ऐसा हो जाने से सरकार को अन्य तीनों फाँसीवालों की फाँसी की सज़ा माफ़ कर देनी पड़ेगी, और यदि न करते तो मैं करा लेता। मैंने जेल से भागने के अनेकों प्रयत्न किए, किन्तु बाहर से कोई सहायता न मिल सकी। यही तो हृदय पर आघात लगता है कि जिस देश में मैंने इतना बड़ा क्रान्तिकारी आन्दोलन तथा काण्डकारी दल खड़ा किया था, वहाँ से मुझे प्राण-रक्षा के लिये एक रिवालवर तक न मिल सका। एक नवयुवक भी सहायता को न

आ सका। अन्त में फाँसी पा रहा हूँ। फाँसी पाने का मुझे कोई भी शोक नहीं, क्योंकि मैं इस नतीजे पर पहुँचा हूँ, कि परमात्मा को यही मंजूर था। मगर मैं नवयुवकों से भी नम्र निवेदन करता हूँ कि जब तक भारतवासियों की अधिक संख्या सुशिक्षित न हो जावे, जब तक उन्हें कर्तव्य-अकर्तव्य* का ज्ञान न हो जावे, तब तक वे भूलकर भी किसी प्रकार के क्रान्तिकारी काण्डों में भाग न लें। यदि देश सेवा की इच्छा हो तो खुले आन्दोलनों द्वारा यथाशक्ति कार्य करें अन्यथा उनका बलिदान उपयोगी न होगा। दूसरे प्रकार से इससे अधिक देश सेवा हो सकती है, जो अधिक उपयोगी सिद्ध होगी। परिस्थिति अनुकूल न होने से ऐसे आन्दोलनों से अधिकतर परिश्रम व्यर्थ जाता है। जिनकी भलाई के लिए करो, वही बुरे-बुरे नाम धरते हैं, और अन्त में मन-ही-मन कुढ़-कुढ़कर प्राण त्यागने पड़ते हैं।

देशवासियों से यही अन्तिम विनय है कि जो कुछ करें, सब मिलकर करें, और सब देश की भलाई के लिए करें। इसी से सबका भला होगा। बस !

मरते 'बिस्मिल' 'रोशन' 'लहरी' 'अशफाक़' अत्याचार से।
होंगे पैदा सैकड़ों इनके रुधिर की धार से॥

—रामप्रसाद 'बिस्मिल' गोरखपुर डिस्ट्रिक्ट जेल

—ओ३म् शुभ—

---

*1. भिन्न-भिन्न भाषाओं का पूर्ण ज्ञान।
2. ज्ञान-शास्त्र के स्फुट और आवश्यक सिद्धान्तों का अध्ययन।
3. किसी एक मानव-समाज के उत्कृष्ट उपासक के साथ रहकर अपने मानसिक तथा आध्यात्मिक विचारों का सम्यक् विकास।
4. संयमशील।
5. दृढ़ प्रतिज्ञ।
6. संकेतात्मक शब्दों को समझने की शक्ति तथा व्युत्पन्न होने की नितान्त आवश्यकता है।
7. आज्ञाकारिता—किसी तरह की आज्ञा क्यों न हो—चाहे व्यक्तित्व तथा सत्य का भी खून करना पड़े, उस वक्त अपने नियम से कदापि नहीं विचलित हो !
8. एकान्त-जीवन, यानी अपने विचारों का विज्ञापन वाणी द्वारा कदापि न करे। किसी से यों कहना—मैं ऐसा करूँगा; यहाँ पर उसका पतन होता है।
9. कलाविद्—वस्तु-निर्माण, चित्र-निर्माण, शस्त्र-निर्माण—में कुशल होना चाहिए।
10. गायक और कवि होना चाहिए। भारतीय-काण्डों के भंडाफोड़ होने का एकमात्र कारण यही हो सकता है, भिन्न-भिन्न सद्‌गुणों की अपूर्णता।

केथोराइन
या
स्वाधीनता की देवी

लेखक

श्रीयुत् रामप्रसाद

उत्सर्ग

प्यारे अमरनाथ, जिस महान् आत्मा की जीवनी तुम हिन्दी में पढ़ना चाहते थे, वह तैयार है; किन्तु काल कराल ने मेरे नवीन जीवन की सारी आशाओं पर कुठाराघात कर तुम्हें उसके पढ़ने से वंचित रखा। परमात्मा करे तुम्हारी हार्दिक इच्छा पूर्ण हो, अतएव यह तुच्छ भेंट, तुम्हारे ही अर्पण है।

तुम्हारा
—राम

जन्म

केथोराइन-ब्रशकोवस्की का जन्म 1844 ई० में रूस के वाईटबस्क जिले की एक छोटी-सी रियासत में हुआ था। केथोराइन के माता-पिता उसे बहुत प्यार करते थे। सौभाग्यवश केथोराइन को ऐसी माता प्राप्त हुई थी, जो उसे जन्म से ही उत्तम शिक्षा देती रही। केथोराइन की माता अपने बच्चों का काम बिगड़ जाने पर उन्हें मारा न करती थी, किन्तु बैठा कर समझाया करती थी।

जब केथोराइन चार वर्ष की हुई तो उसके पिता ने चिरिनगव-प्रान्त में एक बड़ी भारी जमींदारी खरीदी, और वहीं पर उसने अपनी बाल्यावस्था व्यतीत की।

बाल्य-काल

जब केथोराइन छोटी ही थी, तब उसका स्वभाव बड़ा कटु था। जब उसकी आयु तीन वर्ष की थी तो एक दिन उसे ऐसा क्रोध आया कि उसने अपनी माँ की आँख में लकड़ी मार दी। किन्तु शनैः-शनैः माता की शिक्षा ने उसके स्वभाव को छुड़ा कर उसे विचारशील तथा गम्भीर बना दिया।

जब वह अन्य बालकों के साथ घूमने जाया करती, तो सबसे अलग होकर अकेली घूमा करती। उसे एकान्त-सेवन बहुत पसन्द था। खेतों तथा बागों में अकेली बैठकर पक्षियों के रहन-सहन का अवलोकन किया करती। कभी-कभी किसानों के घरों में जाकर उनके बच्चों तथा स्त्रियों में बैठकर उनके जीवन का अध्ययन करती। इतनी छोटी अवस्था होने पर भी वह अपने कुटुम्बियों तथा किसानों के रहन-सहन की तुलना कर बड़ी दुःखित हुआ करती थी।

कभी-कभी किसानों के बच्चों का हाथ पकड़ कर अपने घर में ले जाती और अपने सब कमरों में घुमाकर अपनी माँ के सामने ले जाकर कहा करती, "माँ! देखो ये भी मनुष्य-सन्तान हैं, जिन्हे भर पेट खाने को नहीं मिलता और न शरीर ढांकने को कपड़ा मिलता है!" यह एक बड़ी अद्भुत तथा कौतुहलजनक बात थी कि एक बड़े भारी जमींदार की कन्या मैले-कुचैले किसानों के बालकों का हाथ पकड़कर अपनी माता के पास ले जाकर उनके दुःख की कहानी सुनाया करे, किन्तु यह था दैवी शक्तियों का विकास। बहुधा होनहार बालकों में ये बातें पाई जाती हैं। संसार में जितनी महान आत्मायें हुई हैं उनमें प्रायः बाल्य-काल ही से दैवी-शक्ति का विकास हो उठा है।

केथोराइन की इन बातों को देखकर सब चकित हो जाते थे। कौन समझता था कि यही केथोराइन एक दिन रूस की दादी कहलायेगी, और सारा रूस उसके चरणों में सिर झुकायेगा!

केथोराइन ने अपनी जीवनी में लिखा है कि "हम लोग एक बड़े भारी महल में रहा करते थे। इस महल में कई बगीचे तथा वाटिकाएँ थीं। हमारे यहाँ नित्यप्रति अतिथि आया करते थे और आनन्द मनाया करते थे। बड़े-बड़े त्योहारों पर अनेकों रईस तथा लेडियाँ एकत्रित हुआ करती थीं; जिनके आदर सत्कार में ही हजारों रुपया बरबाद कर दिया जाता था। रूसी सभ्य-समुदाय के अनुसार हमारे यहाँ भी अनेकों खेल, तमाशे, तथा थियेटर इत्यादि हुआ करते थे। केवल शान कायम रखने के लिए ही लाखों रुपया उड़ा दिया जाता था। ज़ार को सन्तुष्ट करने तथा रिझाने के लिये ही अनेक रमणियाँ नर्तकी बनाकर नचाई जाती थीं!"

"यही नहीं मेरे चारों ओर बसनेवाले निर्धन किसान, सूर्योदय से पूर्व ही उठकर दिन-भर खेतों, चरागाहों, बागों, जंगलों, अस्तबलों अर्थात् चारों ओर

काम करते और बड़ी रात तक भी आराम न पाते, जब कोई जमींदार या उसका कोई संबंधी पास आता, तो हाथ जोड़कर जमीन तक झुककर प्रणाम करते, किन्तु इस पर भी यदि जरा-सा काम बिगड़ जाता, तो गाली खाते तथा पीटे जाते और यदि कोई अधिक दोष होता तो साइबेरिया को निर्वासित कर दिये जाते थे। उनकी स्त्रियाँ तथा बच्चे उनकी अनुमति लिये बिना ही बड़े घरों की सेवा के लिये भेज दिये जाते थे! किसानों के छोटे-छोटे बालक बड़े घरों के सेवकों की सेवा किया करते थे। यदि इनमें से कोई मालिकों के पास जाकर अपने बच्चों के भोजन की प्रार्थना करता या कोई स्त्री अपने बच्चों के देने में आनाकानी करती, तो मार खाती और धक्का देकर बाहर निकाल दी जाती! ये दृश्य बहुधा मैंने अपनी आँखों से देखे हैं। मुझे भली-भाँति याद है कि मैंने कई बार अपने पिता के पैरों पर गिरकर अपने नौकरों को पिटने से बचाया है। बेचारे गरीब किसान नंगे सिर तथा नंगे पैर जाड़े से ठिठुरते हुए दिन-भर जमीदारों के द्वार पर बैठे रहा करते और अन्त में न मिल सकने का उतर पा अपने घर लौट जाते। इन बेचारों के बड़े-बड़े काम नष्ट हो जाते, किन्तु जमींदार लोग, लार्डों के साथ बैठे हुए ताश खेलने में दिन भर बिता देते!"

"इन सब अद्‌भुत व्यवहारों को देखकर मुझे बड़ा दुःख होता। रात को जब मैं सोने जाती तो बिस्तर पर लेटकर घण्टों यही बातें विचारा करती थी।"

"किसानों के जीवन का अध्ययन करने के लिये मुझे बड़ा भारी समय मिला, क्योंकि सैकड़ों किसान मेरे पिता के पास अपनी दुःख-कहानी सुनाने आया करते थे। ऐसे समय में मैं सदैव अपने पिता के पास बैठकर उन दुःखियों की बातें सुना करती। खेत, ऊसर, चरागाह, भूमि-कर, आदि के सम्बन्ध में बातें हुआ करतीं थीं और कभी-कभी फौजी भर्ती की बात भी छिड़ जाया करती थी, क्योंकि उस समय के राज्य-नियमों के अनुसार रूसी फौज के लिये किसानों को ही अपने लड़के देने पड़ते थे। उस समय मैं कुछ भी न समझ सकती थी कि बेचारे किसानों पर इतना अत्याचार क्यों किया जाता था?"

"बहुधा मैं छिपकर निकट के ग्रामों में जाया करती और किसानों की झोंपड़ियों को देखा करती—कहीं वृद्ध घास पर पड़े हुए खाँस रहे हैं, पास ही कूड़े का ढेर लगा हुआ है। बेचारे दिन-भर अकेले पड़े-पड़े भूख से कहराया करते, क्योंकि और सब लोग खेतों पर चले जाते थे। छोटे-छोटे बच्चे बीच में खेला करते और सुअरों तथा कुत्तों के झूठे बरतनों में पानी पिया करते थे! गिरजाघरों में जाकर ये सब किसान आँसू बहा-बहाकर परमात्मा से प्रार्थना किया करते थे कि—हे भगवन्! इन कष्टों को दूर करो और दया करो कि ऐसा दुःखमय जीवन किसी को भी न मिले।"

"जब मैं आठ वर्ष की थी, उसी समय से मेरे मन में न्याय-अन्याय का

प्रश्न दृढ़ होने लगा था।"

अन्य बालकों की भाँति केथोराइन अपने आपको बड़ा न समझती थी और न कभी उत्तम-उत्तम पदार्थों का भोग करने की इच्छा रखती थी। उसका यह स्वभाव था कि जो कुछ पाती, उसे गरीब बालकों को दे देती। जब कभी नये खिलौने आते तो वह उनमें से कुछ खिलौने ले जाती और किसानों के बच्चों को बाँट दिया करती थी। बहुधा वह अपने कपड़े उतार कर गरीब बच्चों को दे आती। इस पर उसकी माता क्रोधित हो जाती, तब वह कहा करती थी, "अम्माँ! तुमने ही तो बाइबिल पढ़कर सुनाया है कि 'यदि किसी के पास दो कपड़े हों तो एक कपड़ा गरीब को दे दे!' तब तुम क्रोध क्यों करती हो। मैंने तो तुम्हारी शिक्षा के अनुसार ही काम किया है!"

केथोराइन को खेल-खिलौनों से अधिक प्रीति न थी। वह जीवित वस्तु जैसे बकरी का बच्चा या गाय का बछड़ा इत्यादि से बहुत प्रेम करती थी। इसके अतिरिक्त किसानों के बालकों से उसे बड़ी प्रीति थी। घर के बालकों का साथ छोड़कर उन्हीं के साथ खेला करती थी।

यहूदियों की अवस्था देखकर बड़ा विचार किया करती और उनके साथ ईसाइयों का घृणित व्यवहार देखकर बड़ी दुःखित हुआ करती थी। उसके हृदय में दिन-रात किसानों की भलाई का विचार चक्कर काटता रहता था। वह बैठकर विचार किया करती कि वह एक बड़ी भारी जमींदारी की मालिक है और जमींदारी में संसार के सभी किसान तथा अन्य'दुखी नर-नारी सुख से जीवन व्यतीत कर रहे हैं। न तो कोई किसी का सेवक है न कोई किसी का दास। सब लोग अपना-अपना काम अपने हाथों कर लिया करते हैं। न किसी को भोजन की चिन्ता है न घरबार की। सब प्रकार की सुख-सामग्री उनके घरों में मौजूद है।

उसने कोलम्बस के अमेरिका दरियाफ्त करने की कहानी सुनी थी। अतएव वह विचारा करती थी कि केलोफोर्निया जाकर धन-धान्य प्राप्त करे और उसे सब किसानों को बाँट दे। अपने इस विचार को वह सबके सामने कहा करती थी और जब कोई उसका उपहास करता तो कह देती थी, "उद्योग से सब कुछ हो सकता है।"

कुमारावस्था

नौ वर्ष की आयु के पूर्व ही केथोराइन की माता ने उसे सारी बाइबिल समाप्त करा दी थी। थोड़े समय के बाद ही केथोराइन की पहुँच एक बड़ी लाइब्रेरी तक हो गई। वहाँ पहुँच कर उसने अनेकों भिन्न-भिन्न विषयों के ग्रंथों का अवलोकन किया। भ्रमण-वृत्तान्त, इतिहास तथा विज्ञान सम्बन्धी पुस्तकें देखने से उसके विचारों में बड़ा भारी परिवर्तन हो गया। जितना

अधिक अध्ययन करती, उतना ही किसानों के प्रति दया तथा न्याय का भाव बढ़ता जाता था।

उसने एक जगह पर लिखा है—"मेरे पिता ने मेरे विचारों की उन्नति में बड़ी भारी सहायता दी थी, क्योंकि वे भी स्वतन्त्र विचार वाले थे। बहुधा मैं अपने पिता के पास बैठकर विज्ञान तथा भ्रमण विषयक पुस्तकें पढ़ा करती थी। सोलहवें वर्ष में ही मैंने वालटाइर, राडजो तथा डाईवर्ट की बहुत-सी किताबों का भलीभाँति अध्ययन कर लिया था। फ्रांस की राज्यक्रान्ति का इतिहास मुझे बड़ा प्यारा लगता था। जब कभी मैं अपने घर की दास-दासियों की दशा को देखती; तो उन्हें स्वतन्त्र कर देने की मेरी इच्छा होती। पहले मेरा विचार था कि राज्यसत्ता में परिवर्तन हुए बिना ही दासों को स्वतन्त्रता मिल सकती है। उस समय तक मेरे मन में किसी प्रकार के क्रान्तिकारी विचार न उत्पन्न हुए थे। दासों को स्वतन्त्र करने तथा जूरी द्वारा विचार होने के कानून बनने वाले थे, अतएव मुझे बड़ी भारी प्रसन्नता होती थी। इन नवीन उत्साहों की उमंग में आकर मैं अपने ग्राम में ही एक स्कूल खोल दिया था, जिसमें किसानों के बालकों को शिक्षा दी जाती थी।"

"बेचारे किसान इतने भोले-भाले थे कि अपनी झोंपड़ी तथा खेतों के अतिरिक्त वे अधिक कुछ भी न जानते थे। उन्हें अपने अधिकारों का कुछ भी ज्ञान न था। उनका केवल यही एक कर्तव्य था, कि शान्ति के समय में कर देवें और युद्ध के समय में रंगरूट तैयार करें। इसके अतिरिक्त उन्हें और दुनियाँ की बातों से कोई सम्बन्ध न था।"

सन् 1861 ई० में दास-दासियों को स्वतन्त्रता दे दी गई। इस कानून के पास हो जाने से लोगों की कुछ आशा बँधी। किन्तु किसानों की बड़ी बुरी दशा हो गई—इस कानून के पास होने से पहले सेवकों को अपने मालिकों की भूमि जोतने-बोने के बदले में अपने बाल-बच्चों के पालनार्थ कुछ भूमि दी जाती थी। जब ये लोग स्वतन्त्र किये गये, तो यह भूमि इन्हें न दी गयी।

"जब दास स्वतन्त्र किये गये, तो मालिकों ने उन्हें अपने घर से निकाल दिया। रद्दी-सी जमीन का एक-एक टुकड़ा उन्हें दे दिया गया। जिस भूमि को वे लोग सदैव से जोतते बोते थे, उसके साथ वे अपना आत्मिक संबंध समझते थे। उनका विचार था कि उनकी आत्मा तथा भूमि दोनों ही स्वतन्त्र कर दिये जावेंगे; किन्तु जब ऐसा न हुआ और उनसे बलपूर्वक उनकी पैत्रिक-भूमि छीन ली गई; तो उन सब लोगों ने इसका विरोध किया। वे सब-के-सब मिल-कर अपने-अपने स्वामियों के पास गये और दया की प्रार्थना की, किन्तु कोई परिणाम न निकला। किसानों के आर्त्तनाद से सारा रूस गूंज उठा।"

"राज्य की ओर से प्रत्येक प्रान्त में एक-एक पंच नियत किया गया। जब पंचों से भी कुछ न हुआ तो फौजें भेजी गयीं। फौजियों ने अत्याचार करना आरम्भ कर दिया। वे लोग वृद्धों को मारते थे और युवतियों पर अत्याचार

करते थे, जिसके कारण किसान लोग और भी उत्तेजित हो गये। उस उत्तेजना को दबाने के लिए कोड़ों की मार शुरू की गई। मेरे ग्राम के निकट जिन किसानों ने भूमि छोड़ने से इनकार किया था, वे सब सड़क पर खड़े किये गये और प्रत्येक आदमी को कोड़े लगाये गये। जब इसका भी कुछ परिणाम न हुआ तो दूसरे सप्ताह उसी तरह से फिर कोड़े लगाये गये, इस पर भी जब उन लोगों ने भूमि छोड़नी स्वीकार न की, तो वे सब-के-सब बुरी तरह पीटे गये, जिसके कारण कई तो उसी स्थान पर मर गये।"

"इन सब बातों को देखकर मैंने निश्चय किया कि आर्थिक तथा नैतिक अवस्था में बड़ा भारी परिवर्तन होना चाहिए। उस समय तक मेरे विचारों में किसी प्रकार के क्रान्तिकारी भाव न उत्पन्न हुए थे। 18 वर्ष की अवस्था में अपने विचारों को पक्का करने तथा विद्वानों के मत जानने के लिये मैं अपनी माता को साथ लेकर सेन्टपीटर्सवर्ग चली गई।"

पिट्रोग्राड पहुँच कर अनेकों विद्वानों से मिली, जिनमें से कोई डाकू, कोई वकील, कोई उपन्यास लेखक, कोई कवि तथा कोई वैज्ञानिक थे।

स्त्रियों को उच्च शिक्षा देने की पूरी रोक थी, किन्तु इन लोगों ने स्त्रियों के लिए कई स्कूल खोल रखे थे; केथोराइन ने इन स्कूलों में शिक्षा ग्रहण की।

जब केथोराइन की माता बीमार हुई तो उसने उसे अपने साथ ले जाना चाहा, किन्तु उसने जाना स्वीकार न किया।

अब केथोराइन के विचारों में बड़ा भारी परिवर्तन हो गया था—उसने दृढ़ निश्चय कर लिया था कि प्रत्येक मनुष्य स्वतन्त्र है, अतएव सबको अपने हाथ से ही कमा कर खाना चाहिए।

प्रिन्स क्रापटकिन ने अपनी 'Memories of a Revolutionist' नामी पुस्तक में लिखा है—"गुलामों के हाथ की बनी हुई रोटी कड़वी मालूम होती है। अतएव नवीन सन्तान उसे खाना स्वीकार नहीं करती!"

करकोजफ तथा उसके मित्रों पर लगाये हुए अभियोग के पक्ष में कहा गया था कि ये लोग सब-के-सब बड़ी-बड़ी जायदादों के मालिक होने पर भी तीन या चार आदमी मिलकर एक ही कमरे में रहा करते हैं और प्रत्येक मनुष्य का खर्चा प्रतिमास पाँच डालर से अधिक नहीं होता तथा इन लोगों ने अपनी सारी जायदाद तथा धन से कोपरेटिव बेंक्स और कोपरेटिववर्क्स खोल रखे हैं। 1860 ई० से 1865 ई० तक धनाढ्य वंशों के पिता-पुत्रों में एक बड़ा भारी झगड़ा चल रहा है, क्योंकि पिता तो पुराने ढंग से रईसों के ठाठ-बाट से जीवन व्यतीत करना चाहते हैं और अपनी सन्तानों को भी यही शिक्षा देने का प्रयत्न करते हैं; किन्तु नवीन सन्तान ऐसा करना पाप समझती है। नवयुवक फौज की नौकरियाँ, दुकानें तथा जमींदारी छोड़-छोड़कर राष्ट्रीय विद्यालयों में भर्ती हो गये हैं और युवतियाँ भी सुख-सामग्री को त्याग कर सेण्टपीटर्सवर्ग, मास्को तथा कैप इत्यादि बड़े-बड़े शहरों में शिल्पकला सीखने

के लिये जमा हो गई हैं। इस संग्राम में बहुत-से बालकों ने अपने माता तथा पिता पर विजय पा ली है और स्वतन्त्र जीवन बिता रहे हैं।"

केथोराइन की माता ने उसे सभ्य घरों के बच्चों की संरक्षकता का कार्य सीखने के लिये बाध्य किया, जिसे वह ढाई वर्ष तक सीखती रही। इसी समय में उसने अनेकों गृहकार्य भी सीख लिये।

अन्त में उसके पिता ने उसकी स्वतन्त्रता में बाधा न डालने की प्रतिज्ञा कर उसे घर बुला लिया और लड़कियों को शिक्षा देने के लिए एक पाठशाला तथा बोर्डिंग हाउस खुलवा दिया। बहुत से कुटुम्बियों की सहायता से सभ्य घरों की कन्याएँ भी वहीं रहकर शिक्षा पाने लगीं। उसके पिता ने एक ऐसा घर भी बनवा दिया था, जहाँ पर केथोराइन गरीब किसानों के बच्चों को शिक्षा दिया करती थी। अमीरों की कन्याओं से जो कुछ फीस प्राप्त होती थी, वह उसे किसानों के बच्चों में बाँट देती थी।

युवावस्था

इसी प्रकार कार्य करते हुए जब केथोराइन पच्चीस वर्ष की हुई तो उसने अपने ऐसे स्वतन्त्र विचार वाले एक युवा पुरुष से विवाह कर लिया। यह युवक भी कृषकों से बड़ी सहानुभूति रखता था। अतएव केथोराइन की सहायता करने में उसे बड़ा आनन्द प्राप्त होता था।

पति तथा पत्नी ने मिलकर एक कोपरेटिव-बैंक तथा एक किसान-पाठशाला खोली। इन दोनों के कार्यों को देखकर कई जमींदारों के लड़के भी इनके सहायक बन गये। अब केथोराइन के विचारों में और भी परिवर्तन होने लगा।

कुछ दिनों के बाद केथोराइन की बहन विधवा हो गई, अतएव उसे वहाँ जाना पड़ा। वहीं पर उसे अपने एक परिचित व्यक्ति का पत्र मिला। पत्र में लिखा था—"रूस की स्थिति बहुत ही खराब है। यहाँ पर काम करना कठिन है। अतएव मैं अपने कुछ मित्रों को लेकर अमेरिका जा रही हूँ। अमेरिका में पहुँच कर हम सब लोग एक बस्ती बसाएँगे और सब-के-सब अपने ही हाथों से सब काम किया करेंगे। यदि तुम भी हम लोगों के साथ चलना चाहो, तो शीघ्र आ जाओ।"

केथोराइन ने उत्तर दिया—"ऐसे समय में जबकि अपने देश में ही इतना विस्तृत कार्यक्षेत्र है, तो दूसरे देश में जाना महान् पाप है। आप स्वयं विचार सकते हैं कि यहाँ पर जो काम होना है अभी उसका आरम्भ भी नहीं हुआ

है। अमेरिका पहुँचने पर हमें अपना सहायक मिलना कठिन है, किन्तु यहाँ पर सारा देश हमारे साथ है। इसलिए मैं अपना देश न त्याग सकूंगी और तुम्हें भी यही अनुमति दूंगी कि अपने देश में ही रहो और दुखियों की सहायता करो।"

उसी समय से केथोराइन ने अपने कार्य के लिए स्वयंसेवक ढूंढ़ने शुरू कर दिये। उसने कीव में ही अपना कार्य आरम्भ कर दिया। यद्यपि वह शहर में किसी को भी न जानती थी, तथापि उसने यह दृढ़ निश्चय कर लिया था कि चाहे जो हो वह उच्च विचार के युवकों का संगठन कर कार्य आरम्भ करेगी।

उस शहर के युवकों ने मिलकर एक भोजनालय खोला था, इस भोजनालय में बाहर के लोग भी दाम देकर भोजन पा सकते थे। केथोराइन ने इसी भोजनागार में भोजन पाना उचित समझा। वहाँ पहुँचने पर केथोराइन को मालूम हुआ कि विद्यार्थी गण भोजन करते समय अनेक विषयों पर वाद-विवाद किया करते हैं, अतएव उसने भी अपना नाम पता लिखकर विद्यार्थियों को दे दिया और इन्हें अपने मकान पर बुलाया।

उसी शाम को पाँच विद्यार्थी उसके पास आये। उनसे बातचीत करने पर मालूम हुआ कि वे लोग केवल किताबी कीड़े ही न थे, किन्तु इन्हें कुछ बाह्य-ज्ञान भी था। उसने इन लोगों से कहा—"तुम लोग अपने देश के लिए कुछ बलिदान करो। जब कि आधे से ज्यादा लोग भोजन न मिलने के कारण प्राण त्याग रहे हैं, तो क्या इन लोगों के प्रति तुम्हारा कुछ कर्तव्य नहीं है? क्या वे लोग तुम्हारे भाई नहीं हैं? तब तुम लोग अपनी आँखों पर पर्दा डाले हुए कोरी बहसों में अपना समय क्यों नष्ट करते हो?"

सबने मिलकर कहा—"हम कर्तव्यहीन हैं, किन्तु करें तो क्या करें? जब बड़े-बड़े लोग कुछ नहीं करते तो हम क्या कर सकते हैं?"

इन विद्यार्थियों में से कुछ क्रान्तिकारियों को भी जानते थे, किन्तु ये लोग अब तक अपना कर्तव्य निश्चय न कर सके थे।

थोड़े दिनों के बाद ये लोग क्रान्तिकारियों से अपना संबंध घनिष्ट करने लगे और केथोराइन से भी उनका परिचय करा दिया। इसके थोड़े दिनों बाद ही केथोराइन को घर जाना पड़ा। घर पहुँच कर उसने अपने पति तथा मित्रों के साथ राजनीतिक आन्दोलन द्वारा किसानों की सहायता करना निश्चय किया।

केथोराइन ने लिखा है—"सच्चा देशभक्त वही है जो राजशक्ति की कुछ भी परवा न करे और अत्याचारों के विरुद्ध आवाज उठावे। हम लोगों ने सरकारी कानून तथा प्रतिबन्धों का अध्ययन किया, जिनमें कई एक किसानों के पक्षपाती थे, किन्तु किसानों में कोई भी इनको न जानता था, इन लोगों ने ऐसे सब कानून किसानों को बतलाये।"

जब कभी केथोराइन किसानों को उपदेश दिया करती थी, तो उसका

बड़ा प्रभाव पड़ता था, क्योंकि वह उन सबके साथ बड़ी उदारता और शुद्ध हृदय से मिलती थी।

केथोराइन की पवित्रता को देख, कई जजों के विचार बदल गये, अतएव उन लोगों ने किसानों का पक्ष ग्रहण किया। जब रईस तथा जमींदारों ने यह दशा देखी, तब उन लोगों को उक्त पदों से पृथक् कर दिया। केथोराइन तथा उसके पति पर पुलिस की निगरानी होने लगी और उसके भाषणों की बड़ी कड़ी जाँच की जाती थी। इन सारी बातों को देखकर केथोराइन ने निश्चय किया कि राज्य-प्रणाली में परिवर्तन हुए बिना कोई काम सफल न होगा, क्योंकि जहाँ कोई किसानों की भलाई करना चाहता था, अधिकारी लोग उसे दबा देते थे।

उस समय सरकार के विरुद्ध एक भी शब्द कहना मानो जेल-निर्वासन तथा मृत्यु का आवाहन करना था। उस समय केथोराइन की आयु छब्बीस वर्ष की थी। उसने अपने पति से साफ-साफ शब्दों में पूछा कि क्या वह भी इन अत्याचारों का सामना करने में सहायक होगा, या नहीं?

जब उसके पति ने उसका साथ देने से इन्कार किया तो वह पति से अलग हो गई और अपने कर्तव्य पर दृढ़ हो कार्य करने लगी।

उस समय जो लोग किसानों की सेवा कर रहे थे, उन सबको उसने अपने परिचय-सूचक पत्र लिखे। जिन-जिन को उसने पत्र दिये थे, उनमें यह भी लिखा था कि सबको यत्न करना चाहिए कि जिससे किसानों को उनकी जमीनें मिल जावें, किन्तु किसी ने भी उसकी बात पर ध्यान न दिया। उसी समय उसे पता लगा कि गवर्नमेंट किसानों की उन्नति नहीं चाहती और जहाँ तक हो सके उन्हें अपने हाथ में रखना चाहती है। अतएव वह अपने घर लौट गई।

उस समय क्रान्ति की आग सुलगने लगी थी—एक युवक 'नेफेव' ने क्रान्तिकारियों का एक दल बनाया, किन्तु उसका पता चल गया और सब लोग कैद कर लिये गये। यह सन् 1871 ई० का रूस में सबसे पहला समय था, जबकि स्वतन्त्रता की लड़ाई का आरम्भ हुआ। ग्रेट साइबेरियन रोड पर क्रान्तिकारी निर्वासितों का स्वागत बड़ी धूमधाम से किया गया। उसी समय उन लोगों के क्रान्तिकारी विचार, छपवा कर रूस-भर में बाँटे गये।

केथोराइन भी कीव पहुँची और एक क्रान्तिकारी दल में सम्मिलित हो गई। उस समय रूस में दो प्रकार के क्रान्तिकारी थे—एक पीटरलेवरेव के अनुयायी, दूसरे माइकल बकुनिन के अनुयायी। पहलों का सिद्धान्त था, कि किसानों को धीरे-धीरे शिक्षा दी जावे और जब वे लोग अपना कर्तव्य समझ लेवें तब उन्हें क्रान्ति के लिये उत्तेजित किया जावे। दूसरों का विचार था, कि किसानों को संगठित कर जहाँ तक सम्भव हो सके शीघ्र ही क्रान्ति करा दी जावे, क्योंकि अत्याचारों से पीड़ित हुए लोग गदर करने पर तुले हुये हैं और कहा भी जाता है—"The hunger is the most efficient teacher"

क्षुधा एक बड़ा अच्छा शिक्षक है, उन्हें बता दो, कि वे क्यों भूखे हैं और किस प्रकार उनका पेट भरा जा सकता है। वे तुरन्त ही उद्यत हो जावेंगे।

लेवरेव तथा बकूनिन उस समय स्विटजरलैण्ड में रहते थे। इन दोनों में बड़ी मित्रता थी। उनके बहुत से अनुयायी भी एक दूसरे से प्रेम रखते थे। क्योंकि दोनों का उद्देश्य एक ही था, केवल ढंग में भेद था। दोनों दल वालों का पूर्ण विश्वास था, कि रईस लोग शताब्दियों से गरीब किसानों का खून चूस-चूस कर आनन्द उड़ाते हैं, दिन दहाड़े उनका माल लूट कर अपनी इच्छायें पूरी करते हैं। अतएव जहाँ तक सम्भव हो पापियों को पापकर्म का फल दे गरीबों की रक्षा करनी चाहिये।

केथोराइन भी बकूनिन दल की अनुयायी हो गई। थोड़े ही दिनों में उसने कीव में युवक तथा युवतियों का एक दल एकत्रित कर लिया। इन लोगों में एक विशेष मेरीकलिबकिन थी, जो थोड़े ही दिनों में एक बड़ी भारी क्रान्ति-कारिणी बन गई।

थोड़े दिनों बाद कीव में क्रान्ति की आग भभक उठी। सारा शहर देश पर निछावर होनेवाले युवकों से भर गया। उस समय बहुतसे नवयुवक लेवरेव तथा बकूनिन से मिलने के लिये स्विटजरलैण्ड पहुँचते और वहाँ से पक्के विचार के आदमी बन कर वापस आते और प्रचार करते।

रूसी गवर्नमेण्ट ने भयभीत होकर आज्ञा निकाली कि जहाँ तक सम्भव हो सके निश्चित समय तक सब रूसी विद्यार्थी स्विटजरलैण्ड से रूस लौट आयें अन्यथा समय बीत जाने पर उन्हें स्वदेश लौटने की आज्ञा न मिल सकेगी। रूसी विद्यार्थियों ने इस आज्ञा की जरा भी परवा न की और जब तक इच्छा हुई, वहाँ रहे और आस्ट्रिया होकर वापस लौट आये। जो विद्यार्थी स्विटजर-लैण्ड से वापस आता था, वह पहले कीव में ठहरता था।

इधर "जनता की सहायता" की आवाज ऐसी गूंज उठी, कि हजारों बड़े आदमियों तथा रईसों की सन्तानों ने निश्चय किया, कि जनता की सहायता तभी हो सकती है, जबकि उनके साथ रह कर कार्य किया जावे।

प्रिन्स क्रापटकिन ने लिखा है—"उस समय वह जागृति फैली, कि नवयुवक, डाक्टर, सहायक डाक्टर, अध्यापक—मजदूर, कारीगर, बढ़ई तथा लुहार इत्यादि का काम सीख-सीख और ग्रामों में बस कर किसानों की सेवा करते हुए प्रचार करते थे। हजारों बालिकायें, अध्यापिका, दाई तथा अन्य कला कौशल सीख-सीख कर किसानों में रह कर उनकी सहायता करती थीं।"

"ये लोग किसी विशेष सामाजिक अथवा राजनीतिक विचार को लेकर ग्रामों में नहीं जाते थे। इन लोगों का केवल यही विचार था, कि गरीबों को शिक्षा देकर उनकी दशा सुधारी जावे और उनके जीवन का अध्ययन किया जावे।

यह कार्य नितान्त नियमपूर्वक तथा खुल्लमखुल्ला किया जाता था, किन्तु

रूस गवर्नमेण्ट ने इसका भी विरोध किया और इन लोगों को बुरी तरह से दबाना शुरू कर दिया। जिसके कारण उनमें से अधिकतर क्रान्तिकरी बन गये। केथोराइन तथा उसके मित्रों का भी यही हाल हुआ।

उस अवस्था में बहुत से नर-नारी किसानों का भेष धारण कर उनके साथ रहते और अपने हाथों से काम करते थे या उन लोगों को क्रान्ति के लिये तैयार करते थे। उन सब लोगों का विचार था, कि किसानों के साथ में रहें। बिना उनके उस जीवन का अध्ययन नहीं हो सकता, क्योंकि "जाके पाँव नहिं परी बिवाई, वो क्या जाने पीर पराई।" किसान सब क्रान्ति के पक्ष में थे और रईसों के अत्याचारों से छूटना चाहते थे, किन्तु बिना संगठन के कुछ नहीं कर सकते थे।

देश के कार्यों में खुल्लमखुल्ला सम्मिलित होने के पूर्व केथोराइन ने अपने कुटुम्बियों से अन्तिम विदा ले लेनी ही उचित समझी, क्योंकि राज्यनियमों का उल्लंघन करना सदैव के लिये घर त्यागना, देश त्यागना या मृत्यु के मुँह में पैर रखना—सब एक ही श्रेणी के हैं।

सबसे पहले वह अपनी बहन से मिलने गई, फिर अपने माता-पिता तथा पति से मिली। यह एक दुःखपूर्ण तथा स्मरणीय-मिलन था।

जब केथोराइन का स्कूल रूस गवर्नमेण्ट ने तोड़ दिया था, तब केथोराइन ने अपने पति से साफ-साफ शब्दों में कह दिया था—कि शरीर में प्राण रहते तक गवर्नमेण्ट के अत्याचारों का विरोध करेगी।—अतएव वह समय आ गया था, कि केथोराइन कार्यक्षेत्र में अवतरण कर देश की सेवा करे। वह अपनी प्रतिज्ञा पर दृढ़ रही, तब उसके पति ने बड़े नम्र शब्दों में विनय की कि अब यही उचित है कि वह अपने घर को लौट चले! केथोराइन का पति था तो सद्विचारवाला, किन्तु उसमें दृढ़ता की कमी थी और आत्मविश्वास भी न था। अतएव कष्टों का सामना करना उसकी शक्ति के बाहर था। उसने केथोराइन का साथ देने से साफ़ इन्कार कर दिया।

केथोराइन के कुटुम्बियों ने उसे बड़ा ऊँचा-नीचा समझाया। सांसारिक सुखों सिथा पैतृक-मानापमान का वर्णन किया। धर्म-शास्त्र तथा सब तरह से उसे बाधित करना चाहा और उसकी अवस्था को सामने रखते हुये कहा, कि थोड़े ही दिनों बाद वह पुत्रवती होगी, किन्तु केथोराइन के हृदय में वह आग लगी हुई थी, जिसे बुझा देना इन साधारण घटनाओं का काम न था।

बड़ी ही विचित्र अवस्था है—एक ओर पति का पूर्ण प्रेम, धन-जन, सखा-सहोदर तथा कुटुम्बियों सहित आनन्दमय जीवन है और दूसरी ओर जेल तथा देशनिकाला! संसार में बड़ी-से-बड़ी आत्मायें साधारण कष्ट का सामना करने में भयभीत हो पापमार्ग का अवलम्बन करने पर उद्यत हो जीते हैं और कर्त्तव्य को भुला देती हैं। किन्तु संसार से अशान्ति दूर करने वाली आत्माओं

का त्याग कुछ अद्भत होता है। वह त्याग सबमें नहीं पाया जाता।

केथोराइन ने सुख-समृद्धि पर ठोकर मारना ही निश्चय किया, अतएव उसने अश्रुपूर्ण नेत्रों से सब कुटुम्बियों की ओर देख एक लम्बी साँस ले अन्तिम विदा ग्रहण की और जन्म-भर उन लोगों से और न मिली !

इसके बाद केथोराइन के साइबेरिया भेजे जाने के थोड़े दिनों बाद ही उसके पति का देहान्त हो गया और साइबेरिया से लौटने के पूर्व ही उसके माता-पिता भी शरीर त्याग गये।

घर छोड़ने के बाद केथोराइन अपनी विधवा बहन आल्गा तथा माशा के साथ कीव में रहने लगी। इन तीनों ने मिलकर एक राष्ट्रीयदल कायम किया, जो कि "कम्यून" नाम से प्रसिद्ध हुआ। यही दल कीव के देशभक्तों का केन्द्र बना और इसी दल ने रूस की जाग्रति पर बड़ा भारी प्रभाव डाला। इस दल के सब लोग अपने हाथों से ही अपने खाने लायक पैदा कर लेते थे।

केथोराइन छोटे-छोटे कागज के टुकड़ों पर अपना नाम तथा पता लिख देती और इन्हीं कागजों पर यह भी लिख देती कि वह अमुक-अमुक विषयों की शिक्षा दे सकती है। इन सब कागजों को लेकर सड़क के चौराहों पर खड़ी हो जाती और स्कूल की लड़कियों तथा युवतियों को ये कागज बाँट दिया करती थी। उसके सहयोगी इस कार्य की हँसी उड़ाते थे, किन्तु थोड़े दिनों में ही उसका परिश्रम सफल हुआ—इतनी युवतियाँ काम सीखने को आने लगीं कि केथोराइन इन सब को शिक्षा न दे सकती थी। केथोराइन को 140 रूबल प्रति मास की आमदनी होने लगी। उस समय इतना काम आ गया था कि सुर्योदय होने के पूर्व से आधी रात तक उसे काम करना पड़ता था। रात के समय वह इतनी थक जाती कि लेटते ही सो जाती थी, किन्तु उसे यह जीवन बड़ा सुखमय तथा शान्तिमय प्रतीत होता था।

धीरे-धीरे "कम्यून" ने बड़ी भारी तरक्की पाई। बाहर से देखने में तो वह एक ग्रामीण-घर मालूम होता था, किन्तु अन्दर बड़े-बड़े कमरे थे, जिनमें किसी में बढ़ई के सारे औजार रहते थे, किसी में जूता बनाने की शिक्षा दी जाती तो किसी में कपड़े सीने का काम सिखाया जाता था।

इसी प्रकार के कलाकौशलों के अतिरिक्त वहाँ पर तरह-तरह की चीजें छापने की मुहरें भी बनाई जाती थीं। इस विद्यालय में एक आम बैठक का कमरा भी था, जिसमें गुप्त तार पत्रादि आया करते थे और अनेकों युवक तथा युवतियाँ बैठकर भिन्नभिन्न विषयों पर वादविवाद किया करते थे। विद्यालय के सब लोग किसानों की तरह अपना जीवन व्यतीत करते हुए बड़े-बड़े उच्च विषयों की आलोचना किया करते थे।

उस समय किसानों के प्रति वह भक्ति उत्पन्न हो गई थी कि सब शिक्षित जनता उनका देवताओं की तरह सम्मान करने लगी। बड़े-बड़े अमीरों के लड़के अपना घरबार छोड़ "कम्यून" में निवास कर अपने हाथों काम करना

सीखने लगे।

पीट्रोग्राड तथा कीव में केथोराइन को सब लोग जान गये। जब कभी युवक समुदाय एकत्रित हो जाता, तब केथोराइन का नाम ही सब की जबान पर होता।

जब केथोराइन पीट्रोग्राड में थी तो उसके गर्भ से एक बालक उत्पन्न हुआ। थोड़े दिनों बाद ही वह अपनी भावज वेरा के पास कीव गयी। कीव पहुँचने पर निश्चय हुआ कि वेरा तथा उसका पति केथोराइन के पुत्र को अपना पुत्र समझ, पालन-पोषण करें। उसी समय केथोराइन की बहन अल्गा का देहान्त हो गया, जिससे उसे बड़ा दुःख हुआ।

थोड़े दिनों बाद ही वेरा का पति उसे लेने आया। केथोराइन अपने बच्चे को छोड़ने से बड़ी दुखित हुई। एक अद्भुत दृश्य था—गाड़ी सजी हुई द्वार पर खड़ी है, गाड़ी के घोड़े चलने के लिए विचलित हो रहे हैं। वेरा तथा उसका पति गाड़ी में बैठ चुके हैं। केथोराइन बच्चे को गोद में लिए हुए बाहर आई और बच्चे को वेरा की गोद में दे दिया। दो-चार मिनट तक शान्ति रही, किन्तु अन्त में केथोराइन के आँसू निकल पड़े, और वह बच्चों की तरह फूट-फूट कर रोने लगी!

वेरा ने पूछा, "क्यों? रोती क्यों हो?" किन्तु वह रोती ही रही। वेरा ने केथोराइन का माथा चूमा और गाड़ी चल दी। केथोराइन पागलों की भाँति खड़ी हुई गाड़ी के पहियों की ओर ताकने लगी। थोड़ी ही देर में गाड़ी दूर पहुँची और आँखों से ओझल हो गई—केथोराइन पर वज्र गिरा। एक जगह उसने लिखा है—

"मुझे विदित हुआ कि मेरे हृदय के हजारों टुकड़े हो गये हैं। पैर टूट गये और हाथ जकड़ गये हैं। उस समय मैं उस स्थान से हिलभी न सकी। उस समय मुझे अपने संबंधियों की वह बात जो उन्होंने घर से विदा होते समय कही थी, याद आ गयी।—'ठहरो! जब तुम्हारा विवाह हो जावेगा, तब तुम बन्धन में आओगी।'—समय आया कि मेरा विवाह हुआ। मुझे भली-भाँति स्मरण है कि मैं यथावत् अपनी प्रतिज्ञा पर दृढ़ रही और पहले से अधिक गरीबों का विचार करने लगी। तब मेरे मित्रों ने कहा था—'जरा और ठहरो, तुम्हारी भी जायदाद होगी, जिसकी तुम्हें देख-रेख करनी पड़ेगी। तुम्हारा सारा समय चला जावेगा।'—मेरे पति तथा मैंने एक जायदाद खरीदी, किन्तु कोई भी बात ऐसी न उत्पन्न हुई जो मेरे विचारों को बदल देती। थोड़े दिनों बाद सब लोग कहने लगे—'हाँ! पति तथा जायदाद में तो नहीं फँसी, किन्तु परमात्मा के नियम को कैसे तोड़ोगी? बच्चा पैदा होते ही तुम्हारे ये विचार मिट्टी में मिल जावेंगे।' बच्चा पैदा हुआ। मैंने विचारा था कि बच्चे के साथ ही साथ मेरी युवावस्था समाप्त हो जावेगी और जैसे ही वह मेरे शरीर से अलग होगा, मेरा उत्साह भी उसी के साथ चला जावेगा, किन्तु

ऐसा न हुआ। पुत्र को गोद में लेकर पुत्र-प्रेम का स्वाद चखूं, जीवन का आनन्द भोगूं या स्वदेशप्रेम में मग्न हो देश को स्वतंत्र कर हजारों दुखी बच्चों का पालन कर उनकी माता बनूं? इन्हीं बातों पर विचार करते-करते मुझे कई रात नींद न आई। मैं भलीभाँति जानती थी कि मैं एक पुत्र की माता नहीं हो सकती, हाँ देशभक्त बन असंख्यों अनाथ तथा दुखी पुत्रों की माता अवश्य बन सकती हूँ। दोनों काम ऐसे थे, कि जिनका साथ-साथ निवाह ले जाना असम्भव था, क्योंकि पुत्र पर प्रेम करके उसका पालन-पोषण करना पड़ता, तो देश सेवा होनी नितान्त असम्भव थी। अतएव मैंने अपने भाई तथा भावज को बच्चा दे दिया, जिससे वे उसकी रक्षा करें और मैं अपने व्रत की रक्षा करूँ। केवल मैं ही एक ऐसी माता न थी, जिसने बच्चे के प्रेम को तिलांजलि दे देशसेवा की हो, किन्तु ऐसी सैकड़ों माताएँ थीं, जिन्होंने अपने प्यारे बच्चों को त्यागकर देश के बच्चों की रक्षा करने के लिए अपना जीवन दे दिया था।"

कार्य-क्षेत्र

अब केथोराइन अपने कर्तव्य-पथ पर दृढ़ हो, कार्य-क्षेत्र में उतर पड़ी। उसे न तो घरवालों का प्रेम था न किसी कुटुम्बी का मोह। अब तो उसका एक ही कार्य था—किसानों के दुःख को दूर करना तथा उनको जार के अत्याचारों से मुक्त करना। इस कार्य को पूरा करने के लिए उसने किसानों में ही रह कर किसानों की तरह जीवन निर्वाह करने का निश्चय किया। ऐसा करने से उसकी सुन्दरता तथा शारीरिक कोमलता ने बड़ी बाधा डाली, क्योंकि अमीर घराने में पले हुए स्त्री तथा पुरुषों के शरीर अत्यन्त कोमल होते हैं। अतः ऐसे नर नारियों का छिपना बड़ा कठिन प्रतीत होता है। केथोराइन जब किसानों के साथ रह कर किसानों की तरह अपना जीवन व्यतीत करती थी, तो पुलिस की निगाह से न बच सकती। अतएव उसने अपना भेष छिपाने के लिए अपने मुख तथा हाथ पैरों पर तेजाब डाल लिया। जिस सुन्दरता को बनाने के लिए स्त्रियाँ तेल, पाउडर वेसलीन इत्यादि अनेकों चीजों में हजारों रुपया बरबाद किया करती हैं, उसी सुन्दरता को नष्ट करने के लिये केथोराइन तेजाब लगाती हैं—कितना हृदय-विदारक दृश्य है! जब इतना बलिदान किया जाता है; उसी समय आत्मा की आवाज अपना असर पैदा कर संसार को हिला देती है।

अस्तु—तेजाब लगाने से केथोराइन का रंग काला पड़ गया और सूरत

भी किसानों की सी हो गई।

माशा केलेनकिन तथा याकोव स्टिफेनोविच को साथ लेकर सन् 1874 ई. में केथोराइन 'कम्यून' से बाहर निकल कर काम करने लगी।

मशा रंगाई का काम अच्छी तरह कर लेती थी और स्टिफेनोविच जूते का काम अच्छी जानती थी। 'कम्यून' से बाहर आने के समय ये तीनों किसानों की भाँति मोटे कपड़े ही पहने हुए थे, उनकी पीठ पर कुछ मोटे कपड़े तथा कार्योपयोगी औजारों के झोले लदे हुए थे। इन तीनों के पास बनावटी पासपोर्ट भी थे।

ये तीनों 'डीनीपर' नदी के एक बन्दर के निकट पहुँचे। इस स्थान से चेरकस को नाव जाने वाली थी। जैसे-तैसे कर ये लोग चेकरस पहुँचे—शाम हो चुकी थी। बड़ी कठिनता से एक अस्तबल में जगह मिली, जहाँ पर इन लोगों ने रात भर विश्राम किया। उस अस्तबल में इतनी दुर्गन्ध आती थी, कि माशा तथा केथोराइन को नींद तक न आई। एक स्त्री ने दो जौ की रोटी लाकर केथोराइन को दीं। अद्भुत मोटी-मोटी रोटियाँ थीं। आज तक तो पतली-पतली चपातियाँ दो-दो तरकारी तथा मसालों के साथ खाईं थीं। आज ये मोटी सूखी रोटियाँ! किन्तु केथोराइन ने बड़ी कठिनता से पानी के घूंटों से रोटी निगल कर क्षुधा को शान्त किया।

जब प्रातःकाल हुआ तो माशा ने नमूने के तौर पर एक रूमाल रगा, स्टिफेनोविच ने एक जूता बनाना आरम्भ किया तथा केथोराइन ने भी जूतों पर पालिश करने का काम शुरू कर दिया।

पूछताछ करने पर मालुम हुआ, कि इस ग्राम के निवासी राज्य की भूमि पर कृषि करते थे, अतएव नये कानूनों का इन पर कुछ प्रभाव न पड़ा। ये लोग जार को पिता के समान मानते थे। सब लोगों का विश्वास था, कि जार को किसानों का कष्ट मालूम नहीं होता इसी कारण से कृषक दुखी रहते हैं। केथोराइन ने देखा, कि इस ग्राम में उसका उद्देश्य सिद्ध न होगा, अतएव ये तीनों अपना कारोबार समेटकर स्माइला को रवाना हुए।

स्माइला के अधिकाँश लोग एक, शक्कर के कारखाने में काम करते थे। बहुत से नर-नारी झोंपड़ियाँ बनाकर उनमें निवास करते और बहुत से पहाड़ियों में घर खोदकर निवास करते। केथोराइन तथा उसके साथियों ने मकान किराये पर लिया और वहीं रहने लगे। थोड़े ही दिनों में इन लोगों का एक युवक 'आइवन' से परिचय हो गया।

एक दिन आइवान ने पूछा—"आप लोग अपना देश क्यों छोड़ आईं?"

केथोराइन ने उत्तर दिया—"नये कानून के मुताबिक हमसे हमारी जमीनें छीन ली गईं और हम लोग निकाल दिये गये!"

ऐसा कहते हुए केथोराइन ने गवर्नमेण्ट के दोषों का भी वर्णन किया तब आइवान कहने लगा—"जार को इसके बारे में कुछ भी नहीं मालूम। यह

अधिकारियों का ही दोष है। ज़ार यह भली प्रकार जानते है कि रूस के राज्य-स्तम्भ किसान ही है, अतएव वे उन लोगों को किसी प्रकार का भी कष्ट नहीं देना चाहते।"

केथोराइन ने कहा, "ज़ार अमीरों का ही सहायक है और अमीरों की भाँति अपना जीवन व्यतीत करता है। ज़ार को किसी के दुःख की क्या खबर?"

आइवान, बोला "यह कैसे सम्भव हो सकता है कि ज़ार अमीरों की सहायता करे, क्योंकि वह भली-भाँति जानता है कि उसके राज्य में किसानों की संख्या अधिक है और अमीर बहुत ही थोड़े है। इसके अतिरिक्त किसान कर देते है, अन्न उत्पन्न करते हैं और फौजी नौकरियाँ भी करते हैं।"

केथोराइन ने कहा, "जो कुछ तुम कहते हो वह सत्य है। किन्तु विचार करने से मालूम हो जायगा कि जार किसानों का शत्रु है। वह कभी भी किसानों का हाल जानने का यत्न नहीं करता। रात-दिन रईसों के साथ ऐशो-आराम में जिन्दगी गुजारता है। जैसा कुछ अमीर लोग समझा देते है वैसा ही वह मान लेता है। यदि उसे किसानों की चिन्ता होती तो किसानों की भी सुनता और उनके दुःख मिटाने की कोशिश करता।"

आइवान बोला, "जार किसानों के प्रति बड़े दयालु हैं। किसानों को वे अपने पुत्र के समान समझते हैं। जो कुछ त्रुटियाँ हैं वे रईसों तथा जमींदारों की शरारत का फल है।"

केथोराइन ने पूछा, "तुम कहते हो—जार किसानों का मित्र है। अच्छा! तो फौजें किसकी हैं? क्या वे जार की नहीं है?"

आइवान ने उत्तर दिया, "हाँ वे उसी की हैं।"

केथोराइन बोली, "जब फौजें जार की हैं तब तुम्हारी सभाएँ क्यों भंग की जाती हैं और सभाएँ न बन्द करने पर गोली क्यों चलाई जाती है?"

आइवान बड़बड़ाता हुआ कहने लगा, "वास्तव में यह एक अद्भुत बात है, किन्तु सम्भव हो सकता है कि जार को गलत बातें समझाई जाती हों। आप यह भली-भाँति जानती हैं कि अधिकारी वर्ग महानीच है। ये लोग सदैव जहर ही उगलते रहते है। परमात्मा जार को दीर्घजीवी बनावे, उनका कोई दोष नहीं है।"

बड़ी देर तक वाद-विवाद होने के पश्चात् आइवान को निश्चय हो गया कि किसानों को लड़ने के लिये तैयार होना चाहिए, क्योंकि बिना विरोध किए कुछ भी नहीं होता।

आइवान ने पूछा, "क्या दूसरे स्थानों में भी लोगों के यही विचार हैं?"

केथोराइन ने उत्तर दिया, "हाँ प्रत्येक स्थान पर ऐसे बहुत से लोग मौजूद हैं, जो वास्तविक बातों को समझकर अत्याचारियों का विरोध करने के लिये उद्यत हैं।"

थोड़ी देर तक बातचीत करने के पश्चात् आइवान बोला—"बहुत अच्छा ! मैं भी इन्हीं बातों का प्रचार करूँगा। आप लोग भी जहाँ कहीं जावें, वहाँ के किसानों को समझावें, सम्भव है वे लोग भी हमारी सहायता करें।"

केथोराइन ने कहा—"तुम ऐसा क्यों विचार करते हो, कि ऐसे विचार-वाली मैं ही एक हूँ ? हजारों नर-नारी सारे रूस में इन बातों को जान चुके है। और यथाशक्ति अत्याचारों का विरोध करते हैं। हम लोगों की शोचनीय दशा पर कई छोटी-छोटी पुस्तिकायें लिखी जा चुकी हैं और बाँटी जा रही हैं। उनमें की एक पुस्तिका मेरे पास भी हैं।"

केथोराइन ने एक पुस्तिका निकाली और आइवान को पढ़ कर सुनाई, जिससे उस पर बड़ा असर पड़ा। इस पुस्तिका में राजसत्ताओं के अत्याचारों का वर्णन किया हुआ था।

आइवान ने अपने साथियों से इन बातों का जिक्र किया। अतः रविवार के दिन आइवान के घर पर तीस चालीस नर-नारी एकत्रित हुए और केथोराइन से बातचीत की।

केथोराइन ने इन लोगों को उपदेश दिया और वही पुस्तिका पढ़ कर सुनाई। पुस्तिका के समाप्त होने पर केथोराइन ने पूछा,—"इतना बकने का क्या फल हुआ ? आप लोग क्या समझे ? हमें क्या करना चाहिए ?" इतना कहने पर एक वृद्ध ने उत्तर दिया—"आप सत्य कहती हैं। आपके शब्द बड़े मनोहर तथा भावपूर्ण हैं, किन्तु हम सब लोग विरोध कैसे करें ? यदि हम अकेले ही शस्त्र लेकर गवर्नमेण्ट का विरोध करेंगे, तो सब-के-सब मार दिये जावेंगे। थोड़ी-सी फौज से ही हमारा नाश हो सकता है, यदि और ग्राम भी सहायता करें तो सम्भव है, कि हमारे उद्देश्यों की पूर्ति हो जावे।"

एक दूसरा बोल उठा, "मेरे विचार में तो इन बातों को जार के कानों तक पहुँचाया जावे तो यह सबसे उत्तम होगा।"

केथोराइन ने उत्तर दिया, "तुम बड़ी भारी भूल करते हो, जार रईसों तथा जमींदारों से बढ़ कर अत्याचारी है और जार से सहायता पाना शैतान से मोक्ष माँगने के समान है।"

जार को शैतान की उपमा देने से सब लोग बिगड़ गए, क्योंकि वे लोग जार को ईश्वर का प्रतिनिधि समझते थे, अतएव केथोराइन को वहाँ से चला आना पड़ा।

इस सभा की कुछ बातें वहाँ के अधिकारियों तक पहुँचीं, अतएव आइवान तथा उसके मित्रों ने केथोराइन, माशा आदि को वहाँ से चले जाने के लिए बाधित किया।

केथोराइन तथा उसके मित्रों के चले जाने पर वहाँ के किसानों को बड़ा दुःख हुआ, यहाँ तक कि कई एक तो रोने लगे।

माशा कीव लौट गई। केथोराइन तथा स्टिफनोविच ग्रामों में घूम-घूम कर अपने विचारों का प्रचार करने लगे। नये कानूनों के कारण जो दशा किसानों तथा श्रमजीवियों की हो रही थी, उसका वर्णन करने पर किसानों पर बड़ा प्रभाव पड़ता था और वे लोग अत्यन्त दुखी हो प्राण तक दे देने को उद्यत हो जाते थे, किन्तु जब इन दुःखों का कारण जार बतलाया जाता था, तो वे इस पर जरा भी विश्वास न करते और अधिकारियों को ही दोषी ठहराते। वहुत समझाने पर भी वे सब यही कहा करते थे कि जार बड़े न्यायी तथा पुण्यात्मा हैं। परमात्मा की ओर से वे हमारे राजा बनाये गये हैं, अतएव वे प्रजा को अपने पुत्र के समान समझते हैं।

गिरफ्तारी

केथोराइन तथा स्टिफनोविच प्रचार करते हुए जलापूल पहुँचे। यहाँ पर बहुत-सा साहित्य प्राप्त हुआ, जिससे प्रचार कार्य में बड़ी सहायता मिली। सन् 1874 ई० के प्रारम्भ में ही लगभग दो हजार शिक्षित नर-नारी, इस दल-दीक्षा ग्रहण कर ग्रामों में प्रचार करने के लिये निकल खड़े हुए। बहुतों ने किसान बनकर ग्रामों में रहना प्रारम्भ कर दिया और बहुत से श्रमजीवियों में मजदूर बनकर रहने लग गये। दिन-भर तो वे उन्हीं लोगों की तरह श्रम किया करते और रात को जब सब लोग एकत्रित होते तो उन्हें शिक्षा देते और उपदेश दिया करते थे। पहले तो यह कार्य बड़ा कठिन तथा निराशापूर्ण प्रतीत हुआ, किन्तु थोड़े दिनों में ही रूस के छब्बीस प्रान्तों में इन विचारों का पूरा प्रचार हो गया। केथोराइन तथा उसका साथी स्टिफनोविच टलचिन में प्रचार करते रहे और लोगों को बहुत-सी बातों की शिक्षा देते थे। उसी समय स्टिफनोविच की स्त्री की बीमारी की खबर आई अतएव वह कीव चला गया।

एक दिन केथोराइन बाजार से सौदा लेकर लौट रही थी कि एक गाड़ी उसके पीछे से आई और उसके पास आते ही रुक गई। देखा तो उस गाड़ी में पुलिस अफसर सवार था।

पुलिस अफसर ने चिल्लाकर कहा, "खड़ी हो! तुम कौन और कहाँ से आई हो?"

केथोराइन ने कड़क कर उत्तर दिया, "आरलव प्रान्त से।"

पुलिस अफसर, "तुम्हारा पासपोर्ट कहाँ है?"

केथोराइन, "मेरे मकान पर।"

वे सब शीघ्र ही केथोराइन के मकान पर जा पहुँचे। पासपोर्ट देखने के

पश्चात् उसके सामान की तलाशी ली गयी। पुलिसवाले उसके साहित्य को देखकर बड़े चकित हुए। तलाशी समाप्त हो जाने के बाद केथोराइन गिरफ्तार कर ली गयी और एक गुफा में कैद कर दी गयी।

इस गुफा का वर्णन करते हुए केथोराइन ने लिखा : कि "जैसे ही गुफा के अन्दर गयी और आगे को कदम बढ़ाया कि मेरा पैर फिसल गया, क्योंकि फर्श पर काई जमी हुई थी। कुछ समय तक खड़े रहने के पश्चात् मेरा सर चक्कर खाने लगा और मैं बेहोश हो जमीन पर गिर पड़ी। थोड़ी देर में जब होश आया तो देखा कि सारे शरीर पर कीड़े रेंग रहे थे! गुफा की दीवारें भी सील के कारण भीगी हुई थीं। मैं रात-भर गुफा में पड़ी रही। इसी स्थान से साइबेरिया के भयानक कष्टों का आरम्भ होता है।"

केथोराइन ने अपने सहयोगियों को सावधान करने के लिए अपनी गिरफ्तारी की खबर उन लोगों के पास भेज दी।

केथोराइन को बहुत दिनों तक पीट्रोग्राड की जेल में विचारार्थ कैद रहना पड़ा। उसने लिखा है—"मेरी गुफा नौ फीट लम्बी, पाँच फीट चौड़ी तथा सात फीट ऊँची थी। यह गुफा पहली गुफा की अपेक्षा कुछ स्वच्छ थी। वायु आने-जाने के लिए छत्त में एक छोटा-सा छेद था। शयनार्थ मुझे एक कम्बल तथा एक घास का तकिया दिया गया था।"

"इस जेल के एकान्तवास में हम सब एक से विचार रखने वालों ने जो उसी जेल में कैद थे एक सभा स्थापित की और एक दूसरे पर अपने विचार प्रकट करने के लिए एक बड़ा अच्छा ढंग निकाल लिया।"

"हमारी गुफाओं के नीचे ऊपर तथा आस-पास और भी गुफाएँ थीं, जिनमें मेरी ही तरह के अनेक कैदी रहते थे। और सब गुफाओं में पाइप का प्रबन्ध था अतएव हम लोगों ने पाइप बजाने की आवाज से एक सांकेतिक भाषा बनाई। इसी भाषा द्वारा हम लोग आपस में बातचीत किया करते थे।"

सन् 1878 ई० में हम लोगों का विचार प्रारम्भ हुआ। इस समय तक लगभग तीन सौ राजनीतिक अपराधी गिरफ्तार किये गये थे, जिनमें से एक सौ से अधिक कष्टों के कारण मर गये। बाकी एक सौ तिरानवे एक हाल में खड़े किये गये, जिनमें से आधे से ज्यादा हमारी जेल-सभा के सदस्य थे। मैंने देखा बहुतों के चेहरे कष्टों के कारण पीले पड़ चुके थे, किन्तु सब लोग पूर्ववत् अपने विचारों पर दृढ़ थे। मैंने सब लोगों को समझाया कि विचारार्थ जूरी के सामने जाना केवल तमाशा मात्र है, क्योंकि जूरी के छः जज तो जार की ओर से चुने गये थे और एक जज किसानों की ओर से।

छः मास तक विचार होता रहा। जब मेरा समय आया तो मैंने जूरी के सामने जाने और अपने बयान देने से साफ इनकार कर दिया। मैंने जजों से कहा—"मैं समाज-सुधार तथा क्रान्तिकारी दलों की सदस्य हूँ अतएव जार के

न्याय को नहीं मानती।" इतना कहते ही मुझे जेल से निकाल पाँच वर्ष तक साइबेरिया की खानों में कठिन परिश्रम करने का दण्ड दिया गया। जो दण्ड मुझे दिया गया वह अधिकतर हत्यारे और डाकुओं को दिया जाता है। रूस में मैं ही सबसे पहली स्त्री थी जिसे राजद्रोह के अपराध में साइबेरिया की खानों में कठिन परिश्रम का दंड दिया गया था।

मैं अपने दस साथियों सहित 'ग्रेट साइबेरियन रोड' पर रवाना हुई। पाँच हजार मील लम्बा सफर शुरू हुआ। हमारी गाड़ियाँ दिन रात सफर करती थीं। कभी-कभी सड़क के किनारों के कारागारों में विश्राम दिया जाता था। ये कारागार लकड़ी के लट्ठों के बने हुए थे, जिनकी कोठरियों की दीवारें सील तथा कीड़ों से भरी हुई थीं। बहुत से लट्ठों पर हम लोगों से पहले जानेवाले कैदियों के नाम तथा मृत्यु-संवाद खुदे हुए थे। चारों ओर कैदी बच्चों की चिल्लाहट तथा रमणियों के रुदन की आवाज सुन, हृदय फटा जाता था। हम लोग इस रुदन को देख अपने आँसुओं को न रोक सके और एक दूसरे से मिलकर खूब रोये।

क्रान्तिकारियों की दीनदशा का वर्णन करना मानव हृदय की शक्ति के बाहर है—उन लोगों को ऐसे ऐसे कष्ट दिये जाते हैं, जो इस संसार में पापी से पापी और हत्यारे से हत्यारे को दिये जाते हैं। संसार का कोई भी ऐसा कष्ट नहीं है जो इन देश-प्रेमियों को न दिया गया हो। इन्हीं कष्टों के कारण हजारों कोमल हृदय तथा भले घरों में आराम से पले हुए युवक तथा युवती अपने प्राण त्याग देते थे। अत्याचारों का वर्णन कहाँ तक किया जावे—इन शिक्षित देशभक्तों के मृत शरीर सड़क के किनारे फेंक दिये जाते थे!"

कारावास

जब केथोराइन कारा की खानों में पहुँची, तो उसे मालूम हुआ कि जेल में आठ महीने का ही साल होता है और जितने दिन उसको विचारार्थ जेल में रहना पड़ा है, वह समय भी उसके दंड की अवधि में सम्मिलित कर दिया जायगा। इसके अतिरिक्त राजनीतिक कैदियों को अन्य कैदियों की भाँति कठिन परिश्रम नहीं करना पड़ता। दस महीने बाद ही उसे कारागार से बरगजिन जाना पड़ा। इस यात्रा का वर्णन करते हुए उसने लिखा है—

"हमें अपने साथियों सहित पैदल ही चलना पड़ता था। बीमार बच्चे तथा स्त्रियाँ साथ की गाड़ियों में रखे गये थे। रास्ते में हमें बहुत से कैदियों की लाशें मिलीं। जिन्होंने भूख तथा यात्रा के कष्टों के कारण अपने प्राण

त्याग दिये थे !

थोड़े दिनों बाद हम दूसरे विश्राम-स्थान में पहुँचे। जेल के खुलने पर मालूम हुआ कि उस जेल में सब स्त्रियाँ ही थीं। सब-की-सब उत्तम-उत्तम वस्त्र तथा आभूषणों से सुसज्जित थीं।

हमारे आश्चर्य करने पर हमारे साथ के सिपाहियों ने हँसकर कहा, "थोड़े दिनों में ही इन युवतियों की बस्तियाँ बसकर मरुभूमि को आबाद करेंगी, क्योंकि ये सन्तान उत्पन्न करने के लिये ही इस स्थान पर कैद की गयी हैं !"

संसार में रूस ही ऐसा देश है, जहाँ की जेलों से युवतियाँ, अफसरों तथा सिपाहियों की कामेच्छा-पूर्ति के लिए साइबेरिया भेजी जाती हैं।

"इन स्त्रियों के शृंगार को देखकर मुझे बड़ा आश्चर्य हुआ, किन्तु रात्रि के समय शराबियों के निरंकुश व्यवहार तथा अश्लील शब्दों को सुनकर मैं अपने कमरे के द्वार-पर आई। जो कुछ देखा उससे बढ़कर दुश्चरित्रता-व्यभिचार का साक्षात् अवतार मेरे नेत्रों को इस दृश्य के देखने से मना करने लगा। मैं कुछ भी निश्चय न कर सकी। मेरे विचार में संसार का कोई भी सभ्य अपनी जाति की इस दुर्दशा को अपनी आँखों से नहीं देख सकता। और यह ही सम्भव हो सकता है कि वह इस पाप के दूर करने का यत्न न करे।"

बरगजनी पहुँचने पर केथोराइन को तीन ऐसे विद्यार्थी मिले, जिन्हें केवल संदेह में ही निर्वासित कर दिया गया था। केथोराइन तथा इन तीनों विद्यार्थियों ने मिलकर भागने का षड्यंत्र रचा। दो वर्ष तक तो ये लोग एक पथप्रदर्शक की तलाश में रहे। अन्त में एक वृद्ध को साथ ले भाग खड़े हुए। थोड़ी दूर जाने पर वृद्ध पैदल चलने में असमर्थ हुआ। वृद्ध का साथ छोड़ ये चारों आगे बढ़े। जैसे-तैसे छः सौ मील का सफर तै किया; किन्तु एपिल पहाड़ पर पहुँचते ही फिर गिरफ्तार कर लिये गये और तीनों विद्यार्थी अलग करके माकुरस्क भेज दिये गये। केथोराइन को भी चार वर्ष कठिन कारावास तथा चालीस कोड़े मारे जाने की आज्ञा दी गयी, किन्तु न जाने किस कारण से कोड़े न मारे गये।

अबकी बार उसे कैद में पहुँचने पर बड़ा आनन्द प्राप्त हुआ, क्योंकि वहाँ बीस स्त्रियाँ भी राजनीतिक अपराध में दंडित होकर भेजी जा चुकी थीं।

थोड़े दिनों बाद ही आठ कैदी भागे। अतएव अन्य राजनीतिक अपराधियों को बड़ा कष्ट दिया। वे सब-के-सब गन्दी काल कोठरियों में बंद कर दिये गये। सबके कपड़े छीन लिये गये, जिसके कारण एक स्त्री ने दुखित होकर आत्महत्या कर ली ! खाने के लिये कुछ मांस तथा काली रोटी मिलती थी। कोई तर-कारी इत्यादि न दी जाती थी जिसके कारण सब-के-सब बीमार हो गये।

केथोराइन लिखती हैं—"मेरी सहवासिनी सब उच्च कुल की रमणियाँ थीं, अतएव जेल के कष्टों को सहन न कर सकीं। सबके शरीर निर्बल तथा काले पड़ गये।

"जब हमने सब्जी के लिये बहुत कुछ हाय-हाय की, तो हमें आलुओं के पत्ते खाने की आज्ञा दी गयी। हम लोगों ने दो-एक दिन पत्ते पकाकर उन्हें खाने की कोशिश की, किन्तु ये लोग उन्हें खाने में असफल हुए।

"हमने डाक्टर को बुलाया। वह आया। हमारी अवस्था को देखकर बहुत दुखी हो कहने लगा कि राजनीतिक कैदियों को दवा देने की गवर्नमेंट की ओर से सख्त मनाही है। हमारे सहवासियों की अवस्था और भी बिगड़ गयी। जब हमने इलाज के लिये अधिक आग्रह किया तो हमारे हाथ पैर बाँधकर कोठरियों में बंद कर दिया गया।

"तब हम सब लोगों ने सलाह कर खाना-पीना छोड़ दिया। जिसके कारण गवर्नमेंट ने मजबूर होकर डाक्टर के इलाज की आज्ञा दी, किन्तु जेल के कष्टों से दुखित होकर आधी से अधिक रमणियाँ मर गईं।"

केथोराइन कभी भी बीमार न हुई। अधिकतर उसका समय दूसरों की सेवा-सुश्रूषा करने में ही व्यतीत होता था। जब वह स्वदेश आई तो उसके साथियों में से जो कि वहाँ कैद थे, केवल दो-तीन ही जीवित लौटे, इन सबका शरीर बहुत दुर्बल हो गया था किन्तु केथोराइन पूर्णतया स्वस्थ थी।

निर्वासनकाल में केथोराइन को अपने मित्रों तथा गवर्नमेंट से जो कुछ प्राप्त होता था उसमें से बहुत-सा अपने साथियों को बाँट देती थी। वह कभी भी जेल के कष्टों से भयभीत न हुई और सदैव अपने कर्तव्यपथ पर डटी रह कर उद्देश्यसिद्धि के लिये यत्न करती रही। और अपने साथियों को भी दृढ़ रहने का उपदेश देती रही। उसका कथन था—"हमें, हमारी सन्तान तथा हमारी सन्तानों की सन्तान को जेल तथा निर्वासन में ही प्राण त्यागना चाहिए, अन्त में कभी न कभी तो वह दिन आ ही जावेगा जब हमारे सिद्धांतों की विजय होगी और अत्याचारियों का नाश होगा।"

केथोराइन ने जो आठ वर्ष निर्वासनकाल में व्यतीत किये, वह कठिनता तथा दुःख का सबसे बुरा समय था। क्योंकि न तो कोई उसके साथ रहता था और न कोई बात करने को ही था। इसी कारण से वह कुछ बीमार भी हो गई।

आखिरकार उसे साइबेरिया में घूमने की स्वतंत्रता मिल गई। अतएव थोड़े ही दिनों में वह पूर्णतया स्वस्थ हो गई। उसके निर्वासनकाल के चार वर्ष इधर-उधर घूम फिर कर देशोद्धार का प्रचार करने में व्यतीत हुए। इस समय में उसने कितने ही युवकों को पक्का देशभक्त बना दिया।

प्रचार के अतिरिक्त उसके पास जो समय बचता उस समय में सोने तथा कसीदा काढ़ने का काम करती थी और उससे जो कुछ आमदनी होती उससे गरीबों की सहायता करती।

उसके घूमने के पहले से ही रूस-भर में देशोद्धार के विचारों का प्रचार हो गया था। दिन-रात हजारों कैदी साइबेरिया भेजे जाते थे। केथोराइन

बहुतों से मिली और बातचीत कर उसने भविष्य की कार्य प्रणाली का निर्णय किया। सन् 1896 ई० के सितम्बर मास में उसके निर्वासनकाल की अवधि समाप्त हो गई, अतएव वह स्वदेश भेज दी गई।

फिर कार्यारम्भ

जब केथोराइन रूस पहुँची, तो वह तीन मास तक इधर-उधर घूम-घूम कर अपने सम्बन्धी तथा मित्रों से मिलती और उन्हें तलाश करती रही। जब वह अपनी बहन से मिली तो उसे बड़ा आश्चर्य हुआ, क्योंकि आयु में छोटी होते हुए भी वह देखने से अधिक वृद्ध मालूम होती थी। केथोराइन को निश्चय हो गया कि आराम पाने से बुढ़ापा जल्द आता है।

केथोराइन के पुत्र निकोलस का पालन-पोषण तो भली प्रकार किया गया था, किन्तु उसके सम्बन्धियों ने उसे पक्का राजभक्त बना दिया था, जिसके कारण वह अपनी माता से कुछ भी सहानुभूति न रखता था। जब केथोराइन उससे मिली तो निश्चय हो गया कि क्रान्ति होने के समय तक वह उसके किसी भी काम का नहीं और यदि उससे सम्बन्ध रखकर पत्रव्यवहार किया गया तो वह बड़े संकट में पड़ जायगी।

सब सम्बन्धियों से मिल चुकने के पश्चात् केथोराइन ने फिर अपना कार्य आरम्भ कर दिया। उस समय केथोराइन नितान्त अकेली ही थी क्योंकि पुराने मित्रों का कोई पता न था। केथोराइन ने बड़े धैर्य के साथ काम करना आरंभ किया।

अब किसान पहले की अपेक्षा बहुत कुछ समझने लग गये थे, अतएव प्रचार-कार्य में बड़ी सुविधा हो गई और वह ग्राम-ग्राम घूम-घूम कर प्रचार करने लगी।

कुछ समय तक तो वह अपने असली नाम से खुले तौर पर प्रचार करती रही, किन्तु उस पर सन्देह किया जाने लगा, अतएव उसने किसानों का-सा वेष बनाया और किसानों के-से कपड़े पहन, नाम बदल कर प्रचार करने लगी, जिससे वह कई वर्ष तक कार्य करने में समर्थ हुई।

रूस गवर्नमेंट ने उसके गिरफ्तार करने के लिये अनेकों यत्न किये, पुलिस ने भी अपनी सारी ताकत खर्च कर डाली, किन्तु कोई फल न हुआ। वह पुलिस की आँखों में धूल झोंक कर उनके सामने ही काम करती रही और उसे कोई भी पकड़ न सका।

उसी समय उसे और भी कई साथी मिल गये जिनके साथ उसने मिलों

तथा कारखानों के मजदूरों में खूब प्रचार किया और कई एक सभाएँ स्थापित कीं, इन सभाओं के हजारों मेम्बर बन गये थे। गवर्नमेंट के अन्यायों की कहानियाँ छापी जातीं और इन सभाओं में बाँट दी जाती थीं।

सन् 1901 ई० में एक लीग स्थापित हुई। इस लीग के सब सदस्य देशभक्त ही थे। इस दल के सदस्यों का यही काम था कि ये लोग गवर्नमेंट के अधिकारियों तथा अन्य व्यक्तियों को जो देशभक्तों के खिलाफ कोई काम करते थे, मार देते, जिससे दूसरे लोग भयभीत होकर उनके विरुद्ध कोई काम न कर सकें। केथोराइन इस दल से सहानुभूति रखती थी।

यद्यपि उस समय देशभक्तों को दबाने के लिये बड़े-बड़े अत्याचार किये जाते, किन्तु उन लोगों की संख्या दिन पर दिन बढ़ती ही चली जाती थी। उन लोगों के सम्बन्ध में बड़े-बड़े अन्याय किये जाते थे और बिना विचार किये हुए ही साइबेरिया भेज दिये जाते थे।

सन् 1903 में वहुत से देशभक्तों की तलाशी ली गयी और बहुत से नेता कैद कर लिये गये। अनेकों छापेखाने तथा वहुत सा ऐसा साहित्य भी गवर्नमेंट के हाथ में आ गया। इन सारी बातों से इस कार्य को बड़ा भारी धक्का पहुँचा, किन्तु अन्य देशों में स्थापित की हुई समितियों ने बड़ी सहायता की जिसके कारण शीघ्र ही सब कमी पूरी हो गयी।

इसी वर्ष मई मास में केथोराइन उडेसा पहुँची और जहाज पर सवार हो रूमानिया, हंगरी तथा वाइना से जनेवा, स्वीटजरलैंड तथा पेरिस होती हुई लण्डन पहुँची। लण्डन पहुँच कर वह वहाँ के रूसी देशभक्तों से मिली। उसी समय लण्डन से अनेकों युवक तथा युवतियाँ हजारों पुस्तकें तथा अन्य वस्तुएँ लेकर रूस जा पहुँचे और खूब प्रचार किया। लण्डन से आदमी तथा अन्य वस्तुओं को भेजने के कार्य में केथोराइन ने दो वर्ष व्यतीत किये। सन् 1904 ई० के अन्त में वह संयुक्त राज्य अमेरिका जा पहुँची।

अमेरिका में भ्रमण

अमेरिका पहुँचने पर केथोराइन का बड़ा स्वागत हुआ। उसने न्यूयार्क, बोष्टन, फिलाडिलफिया, शिकागो तथा अन्य कितने ही प्रसिद्ध स्थानों की बड़ी-बड़ी सभाओं में व्याख्यान दिये, जिनमें रूस की दीन-दशा का दिग्दर्शन कराते हुए सहायता के लिये अपीलें कीं। अमेरिका निवासियों ने बड़ी सहानुभूति प्रकट की और यथाशक्ति सहायता भी दी।

केथोराइन को पूरा विश्वास था कि अति शीघ्र रूस में एक बड़ी भारी

राज्यक्रान्ति होगी। इसी विश्वास पर सन् 1905 ई० में ही उसने अमेरिका निवासियों को विश्वास दिलाया था कि रूस में क्रान्ति के भाव पूर्णतया फैल चुके हैं—400,000 नर-नारी दिन-रात क्रान्तिकारी सिद्धान्तों का प्रचार करने में लगे रहते हैं और इन लोगों का ध्येय स्वतन्त्रता प्राप्त करना ही है, स्वतन्त्रता के अतिरिक्त वे संसार की किसी भी बात की चिन्ता नहीं करते।

उसने अमेरिका से विदा होते समय कहा था—"अमेरिका-निवासियों ने मेरे साथ बड़ी सहानुभूति दिखाई, किन्तु मैं यहाँ पर अधिक नहीं ठहर सकती। मैं शीघ्र ही फिर आऊँगी और बहुत सम्भव है कि पाँच वर्ष बाद, जब रूस स्वतन्त्र हो जाये।" वह अमेरिका से देशभक्तों की सहायतार्थ बहुत-सा धन लाई।

केथोराइन के रूसी-राज्यक्रान्ति के दृढ़ विश्वास की पूर्ति सन् 1905 ई० में ही दिखलायी देने लगी थी, क्योंकि चारों ओर पहले कानून सुधारने तथा बुरे कानूनों को तोड़ने के लिये हड़तालें आरम्भ हो गई थीं। जिनके कारण जार को विवश हो डूमा (राज्य नियमादि बनाने वाली सभा) प्रेस, भाषण की स्वतन्त्रता तथा अन्य कानूनों में तबदीलियाँ करने का वादा करना पड़ा।

पुनः गिरफ्तारी

थोड़े दिनों तक तो वादे के मुताबिक काम हुआ और जनता भी कुछ शांत रही, क्योंकि प्रेस तथा भाषण की स्वतन्त्रता द्वारा पूरा काम हो रहा था---किन्तु यह स्वतन्त्रता रही थोड़े ही दिनों तक। प्रेस तथा भाषण की स्वतन्त्रता छीन ली गई। देशभक्त तथा विद्वानों से जेलें भरी जाने लगीं और साइबेरिया की सड़कें निर्वासितों की आहों से गूंज उठीं! नतीजा यह हुआ कि रूस-भर में क्रान्ति के बादल उमड़ पड़े।

सन् 1908 ई० में केथोराइन तथा अन्य कई प्रसिद्ध नेता गिरफ्तार कर लिये गये और सेण्टपीटर्सवर्ग तथा सेण्टपाल के किलों में बन्द कर दिये गये। बहुत दिनों तक हवालात में रहने के पश्चात् जब विचार आरम्भ हुआ, तब केथोराइन की आयु 68 वर्ष की थी। दो दिन तक विचार होता रहा। जब केथोराइन से उसका पेशा पूछा गया तो उसने कहा—"मेरा पेशा है समाज-सुधारों के विचारों का प्रचार।"

केथोराइन को निर्वासन-दण्ड की आज्ञा दी गई। दण्डाज्ञा को सुन वह बड़ी प्रसन्न हुई।

निर्वासन काल व्यतीत करने के लिये वह पीट्रोग्राड से कई हजार मील दूर केरन्सक नामक ग्राम को भेजी गयी। उसके मित्रों ने रास्ते के आराम के

लिये बहुत-सी सामग्री देनी चाही, किन्तु उसने कोई वस्तु भी अपने साथ न ली क्योंकि वह अपने सहवासियों के साथ रहकर समान जीवन व्यतीत करना चाहती थी। जब तक सब निर्वासित एकत्रित न हो गये, तब तक वह भी कैद रखी गयी। अन्त में एक सौ पचास राजनीतिक तथा पचास साधारण कैदियों के साथ साइबेरिया यात्रा प्रारम्भ हुई। प्रथम तो ये सब अपराधी इरकुटस्क तक रेल पर सवार कराये गये और दो दिन तक पैदल लगभग पच्चीस मील प्रति दिन के हिसाब से और फिर गाड़ियों पर सवार कराये गये। सब कुल अस्सी गाड़ियाँ थीं, उन गाड़ियों में हाँकनेवाले के अतिरिक्त तीन-तीन कैदी बैठाये गये थे। रास्ते भर केथोराइन प्रसन्नतापूर्वक सबको हँसाती हुई समय व्यतीत करती रही। उसके मुख पर मलिनता का नाम भी न था। इरकुटस्क पहुँचने पर सब निर्वासितों ने उसका बड़ा स्वागत किया। वहाँ से किरंसक को रवाना हुई और 27 अगस्त सन् 1910 को वहाँ जा पहुँची।

निर्वासन-काल

साइबेरिया पहुँचने के थोड़े दिनों बाद ही केथोराइन को पत्र लिखने की आज्ञा मिल गई। उसने अमेरिकन स्वीस तथा रूसी मित्रों को पत्र लिखे। उसने एक पत्र में लिखा था—"मुझ पर इस अवस्था में भी इतना संदेह किया जाता है कि मेरे चारों ओर जासूस लगे रहते हैं। जब मैं बाहर जाती हूँ तो जासूस पीछा करते हैं।

कई युवकों को तो केथोराइन के पास जाने के अपराध में ही निर्वासित कर दिया गया था। एक दिन की घटना है—किसी की लाश दफनाई जा रही थी कि पुलिस ने चारों ओर से कब्रिस्तान को घेर लिया। जो कोई भी वहाँ मौजूद था सबके नाम लिख लिये गये और दो युवक गिरफ्तार कर जेल भेज दिये गये। इन सारी बातों का कोई भी कारण न मालूम हुआ। पुलिस के इन कार्यों से लोग बहुत भयभीत होने लगे, अतएव केथोराइन ने सभा-सोसाइटियों में जाना बंद कर दिया, क्योंकि केवल इसी के कारण दूसरे निर्पराध लोग सताये जाते थे।

इन दिनों केथोराइन की अवस्था बड़ी विचित्र हो गई थी, क्योंकि नवयुवकों को नंगे पैर सर्दी में कठिन कार्य करते हुए देखकर उसे बड़ा दुःख होता—वह विचारा करती थी कि इनके माता पिता ने किस प्रेम तथा कष्टों से इन्हें पाला है। आज ये उन माता-पिताओं से हजारों मील दूर कष्ट उठा रहे हैं। इन हृदय के टुकड़ों की इस दशा को देख कौन-सा कठोर हृदय माता-पिता होगा, जिसका हृदय टुकड़े-टुकड़े न हो जाय? जिस अत्याचारी सरकार ने इन कोमल तथा होनहार बच्चों को ये कष्ट दिये हैं, वह सरकार कभी भी

संसार में अपना अस्तित्व कायम नहीं रख सकती। इन बच्चों की आहों से संसार गूँजेगा और पापी सरकार का नाश होगा। परमात्मा शीघ्र सरकार को वह बुद्धि देगा; जिससे वह दिन दूने और रात चौगुने अत्याचार करे—तलवार चलाये, बंदूक और तोप चलाये, देश-प्रेम तथा स्वाधीनता के नाम लेने वालों को फाँसी दे दी जावे! जब ऐसे-ऐसे काण्डों की रचना होगी, तभी स्वतन्त्रता देवी प्रसन्न होगी और अपने भक्तों की टेर सुन दर्शन देगी। इन विचारों के साथ-साथ जब वह युवकों के दुःख को देखती तो उसका हृदय भर आता और उसका मातृ-प्रेम उमड़ पड़ता। अतएव उससे जहाँ तक सम्भव हो सकता, उन्हें सहायता पहुँचाने का प्रयत्न करती। मित्रों द्वारा भेजा हुआ धन, तथा अन्य सामग्री उन्हीं को बाँट देती। अपने लिये अत्यन्त आवश्यकीय सामान के अतिरिक्त कुछ भी न रखती।

अमेरिका तथा रूस से उसके पास रुपया, पुस्तकें, कपड़े तथा अन्य वस्तुएँ आया करती थीं। कुछ गुप्तपत्र भी उसके पास पहुँच जाते थे। अन्त में मित्रों के अनुरोध करने पर क्रान्ति के कार्य में योग देने के लिये उसने छिप कर भागने का निश्चय किया। वह जहाँ नित्य भोजन करने जाया करती थी, एक दिन वहाँ पर ही अपने कपड़े उतार कर एक युवक को पहना दिये और उसी युवक के कपड़े पहन घोड़े पर सवार हो इरकुटस्क की ओर भागी। कुछ दिनों तक तो जासूसों को कुछ भी पता न लगा, किन्तु थोड़े दिनों में ही सब भेद खुल गया। सेण्टपीटर्सवर्ग, इरकुटस्क तथा अन्य प्रसिद्ध-प्रसिद्ध स्थानों को तार दिये गये। इरकुटस्क से आठ जमादार तथा पचास सिपाही रवाना हुए। केवल सात मील पर ही इन सब की एक युवक से भेंट हुई। यह युवक अन्य कोई नहीं स्वयं केथोराइन ही थी। वह गिरफ्तार कर ली गई और जेल भेज दी गई। गिरफ्तारी का समाचार पाते ही मित्रों को बड़ा दुख हुआ, किन्तु केथोराइन ने जरा भी खेद प्रकट न किया और सब मित्रों को भी आनन्दपूर्वक कार्य करने का उपदेश दिया। इस घटना से केथोराइन पर विशेष दृष्टि रखी जाने लगी और उसकी सारी स्वतन्त्रता छीन ली गई। उसे अंग्रेजी में पत्र लिखने की इजाजत न थी। क्योंकि वहाँ की पुलिस अंग्रेजी न जानती थी।

इस समय केथोराइन बहुत वृद्ध हो गई थी, उसके दाँत गिर चुके थे और आँखों से दिखाई भी बहुत कम देता था, किन्तु वह अपने-आपको युवकों से भी अधिक कर्तव्यपरायण समझती थी। वह कभी भी खाली न बैठती और इस अवस्था में भी कपड़ों पर बेलें काढ़ा करती थी।

मार्च सन् 1915 ई० में केथोराइन की आयु बहत्तर वर्ष की हो चुकी थी। वह कहती थी कि सत्तरवें वर्ष से मेरा नवीन जन्म आरम्भ हुआ है और इस जीवन के दो वर्ष बीत चुके हैं।

25 मई सन् 1915 ई० के एक पत्र में उसने अपने एक मित्र को लिखा था:—"योरोपीय महायुद्ध शीघ्र ही मित्रों की जीत के साथ समाप्त हो, क्योंकि

मुझे आशा है कि इससे सारे संसार में शान्ति का राज्य होगा और अन्याय का दमन किया जावेगा।"

जून में वह इरकुटस्क से याकुटस्क गयी। इस यात्रा में उसकी भेंट एक बड़े भारी राजनीतिक अपराधी से हुई। वह लिखता है—"केथोराइन कुछ कुछ बहरी हो चली है, उसके बाल बर्फ के समान सफेद हो गये हैं, किन्तु उसके भाव तथा आत्मा पहले के-से ही हैं। उसे देखकर मैं अपने आपको न संभाल सका और उसकी छाती पर सिर रखकर बच्चे की भाँति सिसक-सिसक कर रोने लगा। 'ऊपर देख क्या बात है?' उसने कहा। 'मैं अपने बच्चों को मलीन नहीं देखना चाहती, प्रसन्न हो!' एक युद्धनायक की भाँति कड़क कर बोली—'मैं जरा ऊँचा सुनती हूँ।' मैंने देखा मातृवत् माता के नेत्र अश्रुपूर्ण थे, किन्तु मुख पर मुसकराहट थी। मैं कुछ भी न कह सका।"

थोड़े दिनों बाद मालूम हुआ कि वह याकुटस्क से भी दूर बुलन को भेजी जायगी। यह संवाद प्रकाशित होते ही अमेरिका में बड़ा विरोध हुआ और वहाँ वालों ने रूसी गवर्नमेंट को लिखा, तब वह फिर याकुटस्क में ही रहने दी गई।

जनवरी सन् 1916 ई० में वह बीमार हो गई और कुछ कमजोर भी हो गई। एक डाक्टर के परामर्श से उसने एक वृद्धा को किसी औषधि के लिये भेजने को लिखा, इसके नाम से पुलिसवालों ने विस्फोटक (बम बनाने की चीजों) का अर्थ निकाला और उस वृद्धा को दो साल कठिन कारावास का दण्ड दिया गया! केथोराइन के चारों ओर पुलिसवाले दिन-रात चक्कर लगाया करते थे और जो कोई उससे मिलने आता था उसे बहुत हैरान करते थे।

केथोराइन का विश्वास था कि योरोपीय-महायुद्ध के साथ-ही-साथ रूस का नवीन युग प्रारम्भ हो जायगा।

जब रूस में राज्यक्रान्ति का जन्म हुआ, तो केथोराइन को हार्दिक प्रसन्नता हुई। उसने कहा था—"यदि अब मैं मर भी जाऊँ तो शान्ति के साथ मरूँगी।"

अन्त में जार पर क्रान्तिकारियों की विजय हुई। जार रूस की गद्दी से उतारा गया। रूस में प्रजातन्त्र स्थापित हुआ और स्वतन्त्रता की घोषणा की गई। उस समय केथोराइन मिन्युसनिस्क में थी। रूस-भर में चारों ओर आनन्दोत्सव मनाये जाने लगे।

स्वतन्त्रता का युग

रूसी प्रजातन्त्र ने सबसे प्रथम राजनीतिक अपराधियों की स्वतन्त्रता की घोषणा की। उस समय केवल साइबेरिया में ही एक लाख के लगभग राजनीतिक अपराधी थे। सब उसी समय रूस भेजे गये।

रूस की नयी सरकार ने मेडम ब्रशकोवेस्की (केथोराइन) को स्वदेश लौटने के लिये एक विशेष निमन्त्रणपत्र भेजा। यह यात्रा केथोराइन के लिये बड़ी अद्‌भुत यात्रा थी। मास्को पहुँचते ही रूसी फौजें केथोराइन को जार के सिंहासन पर बिठला कर बड़े आदर के साथ फौजी ढंग से डूमा हाल को

लायी। वहाँ पहुँचने पर बड़ी-बड़ी वक्तृता तथा जय-ध्वनि के साथ उसका (Official Reception) स्वागत किया गया।

इन सब के उत्तर में केथोराइन ने कहा—"देशबन्धुओं! इस समय देश भर के लिए शिक्षा तथा उच्च साहित्य की बड़ी भारी आवश्यकता है, क्योंकि अभी जनता ने अपना कर्त्तव्य नहीं समझा है और अभी देश में बहुत सी ऐसी विरोधी शक्तियाँ विद्यमान हैं, जिनसे पूरी तरह सामना करना है।"

सारे पिट्रोग्राड के लोग केथोराइन से मिलने के लिये जमा हो गये। जनता उसे देखने के लिये इतनी उत्साहित हो रही थी कि बहुत से लोग रेलवे स्टेशन तोड़े डालते थे। बड़ी कठिनता से स्टेशन की रक्षा की गई। स्टेशन का शाही कमरा स्वागत के लिये ठीक समझा गया। उस समय सारा स्टेशन फूल तथा मालाओं से भर गया था।

गार्डों ने सबको स्वागत में सम्मिलित होने की सुविधा पाने की प्रतिज्ञा कर बड़ी कठिनता से जनता की उमंग को रोका।

न्याय-मन्त्री करेन्सकी के कन्धे पर हाथ रखे हुए वृद्ध दादी (केथोराइन) रेलगाड़ी के द्वार पर आई। करेन्सकी ने वृद्धा की टोपी हाथ में लेकर कहा—"भाइयो! रूसी राज्यक्रान्ति की दादी, अपने जीवन में ही स्वतन्त्र रूस में वापस आ गयीं। इन्होंने साइबेरिया की काल कोठरियों में बड़े कष्ट भोगे हैं, किन्तु फिर भी हमारा सौभाग्य है कि हमने पुनः देश की दादी के दर्शन किये। हमारी प्यारी दादी की जय हो!"

सबके उत्तर में केथोराइन ने कहा:—"स्वदेश वासियो! मैं पचास वर्ष तक क्रान्तिकारी दल की सदस्य रही हूँ, किन्तु हम लोगों में कभी भी किसी प्रकार का कोई झगड़ा नहीं हुआ। मैं अपने सहयोगियों की सम्मति तथा सभी नियमों का भली-भाँति पालन करती रही।

"क्या तुम सब एक ही माता रूस के बच्चे नहीं हो? क्या एक सिपाही तथा एक मजदूर बराबर नहीं हैं? तब आपस में झगड़ा किस बात का?

"जब हम सब स्वतन्त्रता तथा समानता के उपासक हैं, तब हममें भेद किस बात का? झगड़ा किस बात का? चलती हुई गाड़ी के पहिये में रोड़ा क्यों अटकाते हो! यदि हममें से आपस का भेदभाव दूर हो जावे तो समझो हमने सबकुछ प्राप्त कर लिया।

"यह सब सम्मान एक ही व्यक्ति के लिये—जिसे तुम अपनी दादी कहते हो सिद्ध करता है कि तुम सब एक हो। सब कहते हैं कि 'स्वतन्त्रता के लिये प्राण दे देंगे' यह तुम्हारी वीरता है। मैं भली भाँति जानती हूँ कि तुम सब भेद-भाव रूपी महान् शत्रु का भली-भाँति सामना कर उसे इस देश से निकाल बाहर करोगे, जिससे देश में कलह तथा अशान्ति का युग न आने पावे।

"बिना कठिन परिश्रम किये पूर्ण स्वतन्त्रता कभी भी प्राप्त न होगी। तीन वर्ष से रूस आपत्ति में फँसा हुआ था। परमात्मा ने कृपा की कि हमारे

दुःख दूर हुए। अब हमें भेद-भाव दूर कर चिरस्थायी सुख का आनन्द प्राप्त करना चाहिए।"

बड़ी जोर की जय-ध्वनि के साथ केथोराइन एक कुर्सी पर बैठ गई और उस कुर्सी को करेन्सकी, चेज तथा अन्य कई नेताओं ने अपने कन्धों पर रख लिया और फेटरिसक हाल को ले गये। वहाँ पर बड़े उत्साह तथा जय-ध्वनि के साथ स्वागत किया गया।

नेजरोन कोसक नामी डूमा के प्रधान-मेम्बर ने डूमा की ओर से उसका सम्मान करते हुए कहा, "रूस की दादी दीर्घायु हो! तुमने स्वतन्त्रता के बीज को अपनी युवावस्था में बोया और अपनी वृद्धावस्था में रूस को स्वतन्त्र बना सबको सुखी कर फल पाया। हे शान्ति दायनी दादी, दीर्घायु हो! रूसी देवी!! स्वतन्त्रता की मूर्त्ति, दीर्घायु हो!!!"

केथोराइन के पास रूस के प्रत्येक शहर से निमन्त्रण आये। निमन्त्रण पूर्ति के लिये केथोराइन को रेल में वास करना पड़ा। उसे चारों ओर लोगों को दर्शन देने तथा उपदेश देने के लिये देश-भर में भ्रमण करना पड़ा। वह जहाँ भी जाती, 'एकता' का उपदेश करती।

थोड़े दिनों बाद ही उसने एक छापाखाना तैयार कराया, जिसके द्वारा साहित्य का बड़ा प्रचार हुआ। कुछ नवयुवक नियत किये गये और इन्हीं युवकों द्वारा देश-भर में साहित्य का बड़ा अच्छा प्रचार हुआ। जनता अपना कर्त्तव्य समझने लगी, भेद-भाव दूर हुए।

21 सितम्बर सन् 1917 ई० को एक समाचार द्वारा विदित हुआ कि केथोराइन पीट्रोग्राड के शीत-प्रासाद (Winter Palace) में निवास करती है। उसके हाथ में इस समय 140 छापेखाने हैं। जिस द्वारा किसानों तथा मजदूरों में प्रचार कार्य भली-भाँति किया जाता है।

मेडम ब्रशकोवेस्की रूसी पार्लियामेंट की सदस्य चुनी गयी। पीछे समाचारपत्रों से ज्ञात हुआ है—"केथोराइन ने घोषित किया है कि जो कृषक जिस भूमि को जोतता तथा बोता है वह उसी की है और वह उसी के अधिकार में रहनी चाहिए।" उसने रूस के सब नेताओं से इस घोषणा का विरोध करने का निषेध किया। यह घटना संसार के इतिहास में एक अद्भुत घटना है।

केथोराइन के सारे जीवन ने उसके उन शब्दों की पूर्ति कर दी, जो कि उसने एक बार एक अपने अमेरिकन मित्र को लिखे थे।

नोट : 'केथोराइन की जीवनी' रामप्रसाद 'बिस्मिल' द्वारा लिखित एवं उमादत्त शर्मा द्वारा, राष्ट्रीय-ग्रन्थ-रत्नाकर कार्यालय 162-164 हरीसन रोड, कलकत्ता में प्रथम संस्करण संवत् 1979 वि०, मूल्य 50 पैसा प्रकाशित हुआ था।—संपादक

मैनपुरी षड्यंत्र के नेता

पं० गेंदालाल दीक्षित

माघ बदी 5 सोमवार संवत 1947 विक्रमाब्द तदनुसार 30 नवम्बर सन् 1888 ई० को आगरा जिले की तहसील बाह के एक ग्राम मई में पं० गेंदालाल का जन्म हुआ। मई बटेश्वर के निकट है; बटेश्वर में कार्तिक मास की पूर्णिमा को यमुना के किनारे एक बड़ा मेला लगता है। आप जब तीन ही वर्ष के थे कि आप की माता का देहान्त हो गया। आपके पिता का नाम पं० भोलानाथ जी दीक्षित है।

मई ग्राम यमुना के किनारे खाड़ियों में बसता है। छोटे-छोटे कच्चे टीलों पर इधर-उधर मकान बने हुए हैं। यमुना तथा चम्बल के किनारे बीहड़ हैं। जो ग्राम इन बीहड़ों के निकट बसते हैं उनके अधिकांश निवासी वीर, साहसी तथा परिश्रमी होते हैं। इसका कारण यह है कि उन लोगों को नित्यप्रति कई बार ऊँचे-नीचे टीलों पर चढ़ना पड़ता है। लगभग 100 फीट गहरे कुओं में से घर-भर के लिए पानी भरना पड़ता है। ऐसा कोई भी घर न होगा जिसमें दस-पांच पशु न हों क्योंकि सब का निर्वाह खेती से ही होता है। प्रत्येक गृहस्थ को इतना पानी भरना पड़ता है कि जिसके कारण उसका स्वास्थ्य बिगड़ ही नहीं सकता। पानी खींचने के परिश्रम का अन्दाज इस प्रकार लग सकता है कि शहरों के पढ़े-लिखे बाबू एक घण्टे में भी एक घड़ा पानी कुएँ से नहीं खींच सकते। इन लोगों के शरीर भी सुगठित तथा सुदृढ़ होते हैं। छोटे-छोटे बच्चे भी बड़े साहसी तथा परिश्रमी होते हैं क्योंकि वे भी दिन रात टीलों पर चढ़ते तथा उतरते रहते हैं। वे सहसा 20 या 30 फीट के ऊँचे टीले पर से कूद पड़ते हैं। उन्हें ऐसा करने में जरा भी भय नहीं मालूम होता। वृक्षों पर वे बन्दर की तरह चढ़ जाते हैं। नित्यप्रति ये बच्चे अपने पशुओं के साथ बीहड़ों में जाते हैं, उन्हें दिन-भर बीहड़ों में ही रहना पड़ता है। दोपहर को उनमें से एक या दो बालक आकर सब के लिए रोटी ले जाते हैं और सब बालक बीहड़ में ही भोजन करते हैं। दिन-भर ये सब-के-सब खेल ही में निमग्न रहते हैं। उनके खेलों में विशेषकर ऐसे ही खेल होते हैं जिनके द्वारा शरीर दृढ़ होता है। बहुधा ये सब छोटे-छोटे झोंपड़े बनाते हैं। ये झोंपड़े ऐसे सुन्दर तथा सुरक्षित होते

हैं कि इनमें वर्षा तथा धूप का कुछ भी असर नहीं होता। जिन बच्चों को इस प्रकार कार्य करना पड़े वे किसी के सहारे नहीं रहते और सब काम स्वयं ही कर लेते हैं। इसी प्रकार के बच्चों के साथ बालक गेंदालाल का बाल्यकाल व्यतीत हुआ था। किशोरावस्था प्रारम्भ होते ही पिता ने विद्याध्ययन का प्रबन्ध कर दिया। कुछ दिनों ग्राम में ही हिन्दी पढ़कर आपने इटावे से हिन्दी मिडिल पास किया तत्पश्चात् आप इटावे के गवर्नमेंट हाई स्कूल में भर्ती हुए फिर आगरा चले गये। आगरा से ही आपने मैट्रिकुलेशन पास किया। आपका विचार आगे पढ़ने का भी था किन्तु कई कारणों से पढ़ाई बन्द कर देनी पड़ी। आप औरैया में डी० ए० वी० पाठशाला के अध्यापक हो गये।

कार्यक्षेत्र

जिस समय से लार्ड कर्जन ने बंगाल के दो हिस्से कर दिये थे और चारों ओर स्वदेशी आंदोलन चल रहा था उसी समय से पं० गेंदालाल जी के हृदय में देशप्रेम की लगन लग चुकी थी। आप लोकमान्य तिलक के लेखों को बड़े भाव से पढ़ा करते। देश की हीनावस्था का अवलोकन कर आपके हृदय को बड़ा आघात पहुँचा। आपका विचार हुआ कि देश की भलाई के लिए कुछ-न-कुछ करना चाहिए। उस समय महाराष्ट्र में शिवाजी-उत्सव मनाने का आन्दोलन चल रहा था। महाराज शिवाजी के जीवन पर लेख लिखे जाते थे। उनके जीवन पर बड़ी-बड़ी आलोचनाएँ प्रकाशित होती थीं और उनके जीवन की विशेष घटनाओं का प्रचार कर नवयुवकों के हृदय पर प्रभाव डाला जाता था। महाराष्ट्र तथा बंगाल में अंग्रेजी राज्य के प्रति घृणा के भाव उदय हो चुके थे। पंडित जी ने भी विचार किया कि यदि शिवाजी की भांति कार्य किया जाय तो सम्भव है कि नवयुवकों में जागृति उत्पन्न हो और भारत के भविष्य पर कोई विशेष प्रभाव पड़े। अतएव आपने एक संस्था की स्थापना कर उसका नाम 'शिवाजी समिति' रखा। प्रथमतः इस सभा का यही उद्देश्य था कि नवयुवकों में स्वदेश के प्रति प्रेम तथा भक्ति के भाव उत्पन्न करें। कुछ दिनों तक तो पुस्तकों तथा समाचारपत्रों द्वारा ही संस्था का कार्य चलता रहा किन्तु इस कार्य से गेंदालाल जी को शान्ति न हुई। आपका विचार हुआ कि शिवाजी की भाँति शक्ति का संग्रह कर अंग्रेज़ी छावनियों पर छापा मार उन्हें भयभीत करने से भारत के शासन पर विशेष प्रभाव डाला जा सकता है। उधर बंगाल में राजद्रोह की अग्नि भभक रही थी। बंगाली नवयुवक अपने प्राणों की किंचिन्मात्र चिन्ता न करते हुए बम तथा रिवालवर का प्रयोग कर रहे थे। पहिले तो पं० गेंदालाल जी ने भी यही चाहा कि बंगाल की नीति का ही अनुकरण किया जावे और इसी लिये आप अपने दो मित्रों को साथ ले कलकत्ता गये; किन्तु बंगाल की नीति के अनुसार कार्य करने के लिये उपयुक्त

साधन न मिल सके। अतएव आपने शिवाजी के मार्ग का अनुसरण करने का निश्चय किया।

चारों ओर घूम-घूमकर वीर पुरुषों का संग्रह करने का विचार किया; किन्तु हज़ारों वर्षों से दासता की ज़ंजीरों से जकड़ी हुई जाति में वीरता कहाँ ? सब अपने-अपने रग में मस्त—देश तथा जाति का किसी को स्वप्न में ध्यान नहीं आता। यह दशा देख पण्डित जी को दुःख हुआ। जब आपने पढ़े-लिखे समुदाय को टटोला तो पता लगा कि संयुक्त प्रान्त के-से निकम्मे पढ़े-लिखे शायद ही किसी अन्य प्रान्त में हों। क्या किया जावे ? किसकी आशाओं पर देश का कार्य आरम्भ हो ? बहुत कुछ विचार करने पर ध्यान आया कि देश में एक ऐसा भी दल है जिसमें कुछ वीरता के चिह्न पाये जाते हैं। जिसमें अब भी कुछ साहस है। किन्तु देश का सभ्य समाज इस दल से घृणा करता है। उसे बुरी दृष्टि से देखने के अतिरिक्त उसे नष्ट करने का भी प्रयत्न किया जाता है। क्योंकि इस दल को डाकुओं के नाम से पुकारा जाता है। इन लोगों का यही पेशा है कि डाके डालें और अपना जीवन-निर्वाह करें। देश के प्रत्येक ज़िले, तहसील, कस्बे तथा ग्राम में ऐसे लोग पाये जाते हैं। वास्तव में यदि भारतवर्ष में कहीं वीरता के चिन्ह पाये जाते हैं तो वे इन्हीं लोगों में हैं। इन लोगों के पास बहुधा अच्छे-अच्छे अस्त्र-शस्त्र भी होते हैं। बड़े-बड़े रईसों को ज़िलाधीशों की चापलूसी करते-करते थक जाने तथा गवर्नमेंट की भलाई के अनेकों काम करने पर भी जो हथियार नहीं मिलते वे इन लोगों को बड़ी आसानी से मिल जाते हैं।

देश का सभ्य समाज इन लोगों से इसलिए घृणा करता रहा है कि ये लोग जीवन-निर्वाह तथा दुरेच्छा पूर्ति के लिए ही डाके डालते तथा चोरी करते हैं। इसके अतिरिक्त ये लोग ग़रीबों पर भी अत्याचार करते हैं और इनमें से अधिकतर दुराचारी होते हैं। बहुधा ऐसा होता है कि जिन लोगों में शारीरिक शक्ति बढ़ाने का कुछ भी विचार होता है और यह विचार कुछ दिनों स्थायी रहता है तो उन्हें विवश हो डाकू बनना पड़ता है। ऐसे कई उदाहरण देखने में आये हैं कि जिस स्थान पर अखाड़े होते हैं और जो लोग इन अखाड़ों में कुश्ती लड़ते या लकड़ी चलाना सीखते हैं तो पढ़े-लिखे लोग यही समझते हैं कि ये सब-के-सब बदमाश हैं। कोई कहता है इन्हें रोटी लगी हैं, कोई कहता है मुफ्त का माल मारते हैं तभी तो ये काम सूझते हैं। पुलिस वाले भी इन लोगों पर विशेष दृष्टि रखते हैं। जब कहीं पड़ोस में कोई घटना हो जाती है तो पुलिस इन लोगों को तंग करती है। साधारण से साधारण मनुष्य भी बिना कारण ही पुलिस के अत्याचार नहीं सहन कर सकता। तब ये लोग तो हृष्ट-पुष्ट तथा साहसी होते हैं तुरन्त ही पुलिस वालों को मुँहतोड़ उत्तर देते हैं। किसी प्रकार भी पुलिस के बेजा दबाव को सहन नहीं करते, अतएव ये लोग पुलिस की निगाह में खटकते रहते हैं। जिसका परिणाम यह

होता है कि किसी-न-किसी मामले में पुलिस इन्हें फँसाकर जेल भिजवा देती है। जेल में जाकर सदाचारी रहना तो नितान्त असम्भव है। अनुभवियों का साथ सब पाठ पढ़ा लेता है। जब ये लोग जेल से बाहर आते हैं तब पक्के हो जाते हैं। जेल से निकलते ही इन्हें पुलिस से बदला लेने की सूझती है अतएव ये दल बनाते और पुराने चोर तथा डाकुओं का संगठन करते हैं।

विशेषतः लोग इन कारणों को नहीं जानते और व्यर्थ ही लोगों से घृणा करने लग जाते हैं। यदि ये लोग अत्याचारी तथा दुर्गुणी हैं तो इसमें इनका कोई दोष नहीं। समय तथा आवश्यकताएँ बरबस उन्हें ऐसा बना देती हैं। पं० गेंदालाल जी ने इन लोगों को संगठित करने का निश्चय किया। उनका विचार था कि इन लोगों का संग्रह कर अमीरों को लूटकर धन एकत्रित किया जाय जिसके द्वारा शिक्षा का प्रचार हो और उस दल के लोगों को भी सदाचार की शिक्षा दी जावे ताकि वे ग़रीबों तथा निर्बलों पर अत्याचार न करें और इसी प्रकार धन एकत्रित कर अस्त्र-शस्त्रों का संग्रह कर गवर्नमेंट को भयभीत करते रहें।

कुछ दिनों तक इसी प्रकार का संगठन होता रहा। 'शिवाजी समिति' के बहुत से सदस्य बन गए किन्तु वे सब अशिक्षित थे। पण्डित जी को इससे कुछ शान्ति न मिली। आप कुछ अध्ययन करने के लिए बम्बई गये और वहाँ से लौटने पर आपको कुछ ऐसे नवयुवक मिले कि जिनसे आपको कुछ आशा बँधी कि संयुक्त-प्रान्त में भी बंगाल की भाँति राजद्रोही समिति की नींब डाली जा सकती है। आप बहुत से नवयुवकों से मिले। उन्हें अस्त्र-शस्त्र दे उनका प्रयोग भी सिखाया। उसी समय कुछ नवयुवकों की असावधानी के कारण आगरा में राजामण्डी रेलवे स्टेशन पर एक अस्त्रों तथा बारूद गोली का भरा हुआ ट्रंक चुंगी की चौकी पर पकड़ लिया गया जिसका कुछ केस भी चला किन्तु वह मामला कई कारणों से दब गया। उक्त घटना के पूर्व पण्डित जी की एक युवक से भेंट हो चुकी थी। इनका नाम बताना व्यर्थ है। अभी इतिहास ताजा है आप भी पुलिस के अत्याचारों से व्यथित हो घर से निकल पड़े थे। आपने एक प्रसिद्ध धनुर्धर से शिक्षा प्राप्त की थी। इन नवागत युवक और पं० गेंदालाल जी की भेंट ने सोने में सुगन्ध का काम किया और 'शिवाजी समिति' का कार्य बड़े ज़ोरों से होने लगा। इन नवयुवक का नाम हम ब्रह्मचारी जी धरे देते हैं। ब्रह्मचारी जी ने घूम फिर कर यही निश्चय किया कि चम्बल तथा यमुना के बीहड़ों में रहने वाले डाकुओं का संगठन किया जावे क्योंकि ये लोग बड़े वीर होते हैं और चम्बल किनारे के गाँव के गाँव डाके डालते हैं। अतएव आपने ग्वालियर राज्य में निवास करना आरम्भ कर दिया। थोड़े ही समय में एक बहुत बड़े दल का संगठन हो गया और 500 से ऊपर इस दल के सदस्य बन गये। सैकड़ों डाके डाले गये। धन भी खूब एकत्रित हो गया। इन लोगों का यह नियम था कि ग्वालियर राज्य में कोई

भी डाका न डाला जाय। सब डाके रियासत के चारों ओर ब्रिटिश राज्य में ही रचे गये। रियासत के चारों ओर से त्राहि-त्राहि की आवाज़ें आने लगीं। ब्रिटिश सरकार ने भी पुलिस का प्रबन्ध बढ़ाया किन्तु शिक्षित शस्त्रधारी दल का सामना करना कोई सरल कार्य न था। साधारण पुलिस तो क्या अच्छी फ़ौज भी बीहड़ों में इनका सामना नहीं कर सकती थी। इस दल में कई ऐसे अच्छे निशानेबाज़ थे कि रात्रि के समय आवाज़ पर गोली मार सकते थे।

डाकुओं के सम्बन्ध में आगरा के कमिश्नर की ओर से महाराज ग्वालियर को लिखा गया। महाराज साहब को उस समय तक इन बातों की कोई खबर न थी कि उनकी रियासत में इतना बड़ा राज्यद्रोही दल निवास कर रहा है और उसे अस्त्र-शस्त्र भी रियासत से ही मिलते हैं। ब्रिटिश सरकार की ओर से कई पत्र इन डाकुओं के सम्बन्ध में महाराज के पास पहुँचे जिन्हें देख आप बहुत चकित हुये और राज्य की ओर से इन लोगों का पता लगाने के लिये प्रयत्न होने लगे।

इसी समय के लगभग पण्डित गेंदालाल जी ने अपने कार्य को कुछ विस्तार दिया। बहुत से शिक्षित नवयुवक आपके दल में सम्मिलित हो गये। कुछ कार्य भी किया गया। किन्तु धन की कमी ने बाधा उपस्थित कर दी। ब्रह्मचारी का दल बहुत-सा धन एकत्रित कर चुका था अतएव पण्डित जी ने ब्रह्मचारी-जी से मिलकर धन लाने का निश्चय किया। इस निश्चय के पूर्व ही आपने 'मातृवेदी' नामक संस्था का संगठन किया। यही संस्था आगे चलकर मैनपुरी षड्यंत्र के नाम से प्रसिद्ध हुई। उक्त संस्था के कार्यकर्ता चुने जा चुके थे।

मातृवेदी का संगठन कर देने के बाद पण्डित जी ब्रह्मचारी जी से मिलने के लिए ग्वालियर गये। उस समय ब्रह्मचारी जी के दल को गिरफ़्तार करने के पूरे प्रयत्न हो रहे थे। ब्रिटिश भेदनीति की चाल चली गई। ग्वालियर राज्य ने सरकार को लिखा कि उसने डाकुओं को पकड़ने का पूरा प्रबन्ध कर लिया है। उसी दल के एक व्यक्ति हिन्दूसिंह को प्रलोभन दिया गया कि वह यदि किसी भाँति इस दल को गिरफ्तार करा दे तो उसे राज्य की ओर से इनाम भी मिलेगा और जायदाद भी दी जावेगी। वह राजी हो गया। दल को पकड़वाने का षड्यंत्र रचा गया।

डाका डालने का एक स्थान निश्चय किया गया। निवासस्थान से वह स्थान इतनी दूरी पर था कि पहुँचने में रास्ते में दो दिन लगे और एक पड़ाव एक जंगल में देना पड़े। उस समय दल में केवल ८० मनुष्य थे। जब एक रात चलकर सब थक गये और भूख भी लगी तो राज्य के भेदिये ने सबको निश्चित जंगल में ले जाकर ठहरा दिया। और स्वयं अपने किसी सम्बन्धी के यहाँ से भोजन लेने को गया। सब सामान पहले से ही ठीक था। थोड़ी देर में गरमा-गरम पूड़ियाँ आ गईं। सब लोगों को पूड़ी बाँट दी गईं। आज कुछ ऐसा होना ही था कि ब्रह्मचारी जी जो कभी किसी के यहाँ का भोजन न करते थे उन्होंने

भी विश्वासघाती के आग्रह करने पर पूड़ियाँ ले लीं। पूड़ी खाते ही ब्रह्मचारी-जी की ज़बान ऐंठने लगी। उसी समय विश्वासघाती पानी लेने के बहाने वहाँ से खिसका। पूड़ियों में इतना ज़हर मिला था कि पेट में पहुँचते ही अपना असर दिखाया। ब्रह्मचारी जी ने ज़बान की ऐंठन, चक्कर तथा साथियों का बुरा हाल देखकर अपनी बन्दूक उठा ली। सबको पूड़ियाँ न खाने का आदेश कर विश्वासघाती पर गोली चलाई, किन्तु विष की हलाहलता के कारण निशाना खाली गया। बन्दूक की आवाज़ होते ही अन्य साथी संभल भी न पाये थे कि चारों ओर से सैंकड़ों बन्दूकों की आवाज़ें सुनाई दीं। कुछ साथी जो भूख के कारण ज़्यादा खा गये थे वे तो तुरन्त ही बेहोश हो गये बाकी जितनों में दम था वे मुक़ाबले के लिये तैयार हुए। जंगल में 500 सवार छिपे खड़े थे। दोनों ओर से खूब गोली चली। जब तक इन लोगों को कुछ भी होश रहा बराबर गोली चलाते रहे। ब्रह्मचारी के हाथ पैरों में कई गोलियाँ लगीं किन्तु वे बराबर फायर करते रहे। अन्त में जब एक हाथ बिलकुल घायल हो गया तब बन्दूक हाथ से गिर गई। उस समय तक सब साथी घायल होकर गिर चुके थे। पं० गेंदालाल जी के भी कई छर्रे लगे थे। एक छर्रा उनकी बाँईं आँख में लगा जिसके कारण उनकी आँख भी जाती रही थी। बाद में मालूम हुआ कि उस समय इस दल के 35 मनुष्य लगभग खेत रहे।

सब-के-सब उसी समय गिरफ्तार करके ग्वालियर के क़िले में बन्द कर दिये गये। दल का मुखिया पकड़ जाने के कारण चारों ओर अशान्ति फैल गई। बहुत से व्यक्ति पकड़े गये। कई लोग रिहाई के लालच में आकर सरकारी गवाह बन गये। इस पर भी कुछ न बिगड़ता यदि पंचमसिंह गवाह न बनता। यह ब्रह्मचारी जी का दाहिना हाथ था। वह दल के सब सदस्यों को जानता था। उसके सरकारी गवाह बनते ही सब-के-सब पकड़ लिये गये।

हम लोगों को जब इस दुर्घटना का पता लगा तो बड़े चकित हुए। खबर देनेवाले ने कहा कि पं० गेंदालाल जी जान से मारे गये। मामले का निश्चय करने के लिए ग्वालियर पहुँचे। हम किले का पास ले किला देखने के बहाने क़िले के अन्दर गये। जो दृश्य देखा उसे देख हृदय काँप गया। ब्रह्मचारी का दल विशेष देख-रेख में एक बारिक में बन्द था। सौभाग्यवश यह बारिक पुराने शीशमहल के सामने ही थी। हम लोग महल को देखने के बहाने बारिक के सामने ही महल की एक दीवार पर बैठकर महल दिखाने वाले से बातचीत करने लगे। जिस दीवार पर हम लोग बैठे थे वह बारिक से कहीं ऊँची थी और बारिक के निकट ही थी। अतएव सामने की सब चीजें खूब दिखाई देती थीं—क़ैदी सब घायल थे। कोई भी ऐसा व्यक्ति न था जिसके दो-चार पट्टी न बँधी हों। ब्रह्मचारी के लगभग 20 पट्टियाँ बँधी थीं और वे उठ भी न सकते थे। करवट बदलकर हम लोगों के प्रणाम का प्रत्युत्तर दिया। पण्डित गेंदालाल जी ने भी दर्शन दिये और उच्च स्वर से वन्दे मातरम् की ध्वनि करके संस्कृत

में सब विवरण ब्रह्मचारी को समझा दिया क्योंकि वे दूसरी कोठरी में थे। पहरे-वाले कुछ न समझ सके। हम लोग चुपचाप सब सुनते रहे। उत्तर देते तो सब भेद खुल जाता। प्रयत्न करने पर पहरेवाले एक सिपाही द्वारा पण्डित गेंदालाल-जी का लिखा हुआ एक पत्र मिला जिसमें यह सब विवरण लिखा था।

अब हम लोगों का विचार हुआ कि जिस प्रकार भी हो सके पण्डित गेंदालाल जी को छुड़ाया जावे, किन्तु कोई युक्ति काम न आई। अन्त में यही निश्चय हुआ कि शक्ति का संग्रह होना चाहिए। नेता की गिरफ्तारी ने शिक्षित नवयुवकों के हृदय पर बड़ा प्रभाव डाला। वे दूने उत्साह के साथ काम करने लगे। कार्य ने बहुत कुछ विस्तार पा लिया था। शक्ति का भी अच्छा संगठन हो गया था, किन्तु कई असावधानियों के कारण मामला खुल गया और गिरफ्तारियाँ शुरू हो गईं। जिस समय मैनपुरी में गिरफ्तारियाँ हो रही थीं दूसरे स्थानों में भी खबरें पहुँचीं। सब-के-सब घबरा गये। अनुभव की कमी तथा आपस के झगड़ों के कारण स्थिति बहुत ही भयंकर हो गई। मामला बहुत बढ़ गया। बहुत से नवयुवक पकड़े गये। मैनपुरी षड्यंत्र के नाम से कोर्ट में मामला चला।

संयुक्त प्रान्त में बनारस षड्यन्त्र के बाद यह दूसरा षड्यन्त्र था। यह षड्यन्त्र अन्य षड्यन्त्रों की अपेक्षा कई विशेषताएँ रखता है। इस षड्यन्त्र की पहली विशेषता बड़ी विचित्र है जो जज ने अपने फ़ैसले में खुले शब्दों में प्रकाशित की है—

"It is unfortunate that, since the escape of Shio Krishan, none of the feal leaders are before the court. If they had been it would have been necessary to deal with them with the utmost severity."

"यह बड़े दुर्भाग्य का विषय है कि शिव कृष्ण के भाग जाने के बाद कोई भी असली नेता कचहरी में मौजूद नहीं यदि वे लोग कोर्ट में होते तो उन्हें सख्त से सख्त सज़ा दी जाती।"

दूसरी विशेषता यह थी कि श्रीयुत् शिवकृष्ण जी, जिन्हें पुलिस नेताओं में से एक समझती थी, जेल बारिक के लोहे के डंडे काट कर दीवार पर चढ़ आधी रात के समय ज़ेल से भाग गये और फिर पुलिस के हाथ न आये।

तीसरी विशेषता यह थी कि जब सरकारी गवाहों के बयान हो गये और अन्तिम सरकारी गवाह सोमदेव ने पण्डित गेंदालाल जी को इस षड्यन्त्र का मुखिया बताया और उनके ग्वालियर में गिरफ्तार होने का सब विवरण कह सुनाया तो युक्त प्रान्त की सरकार की ओर से ग्वालियर राज्य को लिखकर पं० गेंदालाल को मैनपुरी बुलाया गया। उस समय तक पं० जी को मैनपुरी षड्यन्त्र के सम्बन्ध में कुछ भी पता न था। ग्वालियर के क़िले में बन्द रहने तथा अच्छा भोजन न मिलने के कारण आपका स्वास्थ्य बहुत बिगड़ गया था। आप इतने दुर्बल हो गये थे कि रेलवे स्टेशन से मैनपुरी जेल तक जाने में केवल

एक मील में आठ जगह बैठे। आपको तपेदिक़ का रोग हो गया था। जेल पहुँचकर आपको सारा विवरण विदित हुआ। उस समय आपने जो चाल चली वह इतिहास में विशेष महत्व प्राप्त करेगी और यू० पी० की सी० आई० डी० उसे कभी भी न भूलेगी।

पण्डित जी ने पुलिस से कहा कि आपने इन बच्चों को क्यों गिरफ्तार किया है? वे बेचारे क्या जाने? बंगाल तथा बम्बई के राज्यद्रोहियों में से बहुतों के साथ मेरा घनिष्ठ सम्बन्ध है। मैं बहुत से आदमियों को गिरफ्तार करा सकता हूँ। इत्यादि। दिखावे के लिये दो-चार नाम भी बता दिये। सी० आई० डी० वालों को निश्चय हो गया कि क़िले के कष्टों के कारण यह सब मामला खोल देगा। सरकारी गवाहों ने आप को षड्यंत्र का प्रमुख नेता कहा था। और कुछ समय पूर्व आप का नाम "शिवा जी समिति" के नेता की हैसियत से समाचार-पत्रों में भी प्रकाशित हो चुका था। अतएव पुलिस को बड़ी आशाएँ बँधी। अब क्या था, पं० जी सरकारी गवाह समझे जाने लगे। आपको जेल से निकाल कर अन्य सरकारी गवाहों के साथ रख दिया गया। वहाँ पर आपने अन्य गवाहों के विचार जान यह निश्चय किया कि इनमें से एक-आध अब भी सत्मार्ग पर आ सकते हैं। अतएव आपने एक सरकारी गवाह राम नारायण से बातचीत करना आरम्भ की। आप की बातों का उस पर प्रभाव पड़ा। दूसरे गवाह को कुछ सन्देह हुआ तो उसने पुलिस से शिकायत की किन्तु पुलिस को पूर्ण विश्वास हो चुका था अतएव इधर-उधर की बातें कर उसे टाल दिया। आधी रात के समय जब पहरा बदला गया तो कमरे में अँधेरा था। लालटेन जलाने पर मालूम हुआ कि पं० गेंदालाल तथा राम नारायण ग़ायब हैं। बहुत कुछ ढूंढ़ा किन्तु कुछ फल न निकला। पुलिस दंग रह गई। जिस व्यक्ति को ग्वालियर राज्य डेढ़ साल तक अपने यहाँ क़ैद रख सका वह ब्रिटिश जेल में आकर दक्ष पुलिस की आँखों में धूल झोंक एक सरकारी गवाह को भी उड़ा ले गया। इस घटना से 'मैनपुरी षड्यंत्र' की विशेषता बहुत बढ़ गई। अनेकों प्रयत्न करने पर भी कोई व्यक्ति पुलिस के हाथ न आया।

पं० गेंदालाल तथा रामनारायण भागकर कोटा पहुँचे। कोटा में पंडित जी के एक सम्बन्धी थे। उन्होंने पंडित जी की बड़ी सहायता की। किन्तु आपकी वहाँ भी बड़ी तलाश हो रही थी। अतएव आप वहाँ पर अधिक दिनों तक न ठहर सके। कोटा से विदा होने के पूर्व एक विशेष घटना और घटी। रामनारायण का मस्तिष्क फिर बिगड़ गया। उसके दिल में जाने क्या आई कि पंडित जी के भाई ने जो रुपये तथा कपड़े दिये थे उन्हें ले कुछ बहाना बना आपको एक कोठरी में बन्द करके भाग आया। पंडित जी उसी कोठरी में तीन दिन तक बन्द रहे। रोग का जोर, निर्बलता, फिर एक कोठरी में तीन दिन तक बिना अन्न-जल बन्द रहना यह पंडित जी का ही साहस था। अन्त

में व्यथित हो किसी से कोठरी की जंजीर खुलवाई। अब आप अपने सम्बन्धी के पास भी नहीं गये और पैदल ही वहाँ से चल दिये। पाठक स्वयं समझ सकते हैं कि जो व्यक्ति एक मील चलने में आठ बार बैठा हो वह इस अवस्था में किस प्रकार पैदल सफ़र कर सकता है ? एक पैसा भी पास न था जिससे भोजन की कोई सामग्री खरीदते क्योंकि रुपये सब रामनारायण ले गया था। जैसे-तैसे आप आगरा पहुँचे, आगरा में दो एक मित्रों ने कुछ सहायता दी। दो-एक मित्र हम लोगों की तलाश में घूमे; किन्तु हममें से कोई भी न मिला। उस समय पंडित जी की हालत बहुत खराब हो रही थी। रोग ने सांघातिक रूपधारण कर लिया था। कोई भी ऐसा न था कि जिसके यहाँ एक दिन भी ठहर सकते सब मित्रों पर आपत्ति आई हुई थी। प्रान्त-भर में सनसनी फैली हुई थी। शिक्षित समुदाय सब घबड़ाया हुआ था। हर समय सबको यही भय लगा रहता कि न जाने किस समय पुलिस आकर तलाशी लेने लग जावे। जिस किसी के पास कोई भी राष्ट्रीय पुस्तक थी वह उसने नष्ट कर डाली। ऐसे समय में पंडित जी को अपने यहाँ कौन ठहराता। जिस देश के लिये अपने जीवन का बलिदान किया, जिसके लिये संसार की सारी आपत्तियाँ सहीं, समय पड़ने पर उसी देशवासियों ने आपके साथ यह व्यवहार किया। इसमें आश्चर्य नहीं था, यह तो होता ही है।

जब पंडित जी को कहीं भी ठहरने का स्थान न मिला तो विवश हो आप अपने घर गये। घरवालों को पुलिस ने बुरी तरह सता रखा था। आपको देख सब बड़े भयभीत हुए। आपकी अवस्था दिन-पर-दिन बिगड़ती जा रही थी। पल-पल आशंका थी कि न जाने किस समय पुलिस मकान घेर ले और घरवालों पर भी आपत्ति आवे। सबका यही विचार हुआ कि पुलिस को खबर कर दी जावे और आपको गिरफ्तार करा दिया जावे। इस बात की खबर जब पंडित जी को मिली तो उन्हें बड़ा दुःख हुआ। आपने अपने पिता को बुलाकर बहुत कुछ समझाया और हाथ जोड़कर कहा, "आप घबड़ाइये नहीं, मैं अतिशीघ्र आपके यहाँ से चला जाऊँगा। आप जरा तो विचारिये कि गवर्नमेंट की निगाह में मेरी क्या स्थिति है ?" अन्त में दो-तीन दिन बाद ही आपको घर त्यागना पड़ा। घर त्यागते समय आपकी जो दशा थी वह वर्णन नहीं की जा सकती। आप इतने दुर्बल हो गये थे कि दस कदम चलने पर भी आपको मूर्छा आ जाती थी। आपने यही उचित समझा कि किसी अप्रकट स्थान में जाकर जीवन व्यतीत करें और घरवालों से कोई सम्बन्ध न रखें। अतएव आप देहली चले गये। जीवननिर्वाह के लिये एक प्याऊ पर नौकरी कर ली। किन्तु स्वास्थ्य दिनोंदिन बिगड़ रहा था। आपने अपने एक निकट आत्मीय को अपनी अवस्था का परिचय देते हुए एक पत्र लिखा। पत्र पाते ही वह सज्जन आपकी पत्नी को साथ ले देहली गये।

आपके आत्मीय तथा आपकी पत्नी ने यथाशक्ति आपकी सेवा की, किन्तु

धन की कमी के कारण ठीक औषधि न मिली। नित्य प्रति स्वास्थ्य बिगड़ता ही गया। उन्हीं दिनों पंडित जी के ग्राम के एक पुरुष ने गेंदालालजी के उन सम्बन्धी को वहाँ देख लिया और उसका दृढ़ निश्चय हो गया कि पं० गेंदालालजी भी यहीं हैं, अतएव उन महाशय ने स्थान को परिवर्तन कर देना ही उचित समझा।

पंडित जी की अवस्था बहुत ही खराब हो गई और घड़ी-घड़ी पर आपको मूर्छा आने लगी। आपकी पत्नी फूट-फूट कर रोने लगीं उस समय का हृदय-विदारक दृश्य आपके आत्मीय से न देखा गया। वह चुपचाप बाहर आ रोने लगा। पंडित जी को जब होश आया तब आपने आत्मीय को सान्त्वना देते हुए कहा, "तुम रोते क्यों हो ? देश की सेवा करने के कारण ही मेरा यह हाल हुआ है। दुखिया भारत की स्थिति देखकर मेरी यह अवस्था हो गई है। तुम लोग दुःख मत करो। यदि देश-सेवा हेतु मेरे प्राण चले गये तो मैंने अपना कर्तव्य पालन किया और मेरी आत्मा को शान्ति मिलेगी यदि तुम लोग भी इस कार्य में सहायता दोगे।" पत्नी को सम्बोधन कर पूछा, "तुम क्यों रोती हो ?"

पत्नी ने रोते हुए उत्तर दिया, "मेरा संसार में कौन है ?"

पंडित जी एक ठंडी साँस ले मुसकरा कर कहने लगे, "आज लाखों बेवाओं का कौन है ? लाखों अनाथों का कौन है ? 22 करोड़ भूखे किसानों का कौन है ? दासता की बेड़ियों में जकड़ी हुई भारत माता का कौन है ? जो इन सबका मालिक है वही तुम्हारा है। तुम अपने आपको परम सौभाग्यवती समझना यदि मेरे प्राण इसी प्रकार देशप्रेम की लगन में निकल जावें और मैं शत्रुओं के हाथ न आऊँ। मुझे दुःख है तो केवल इतना कि मैं अत्याचारियों को उनके अत्याचार का बदला न दे सका, मन की मन में ही रह गई। परमात्मा की यही इच्छा थी। मेरा यह शरीर नष्ट हो जावेगा किन्तु मेरी आत्मा इन्हीं भावों को लेकर फिर दूसरा शरीर धारण करेगी। अबकी बार नवीन शक्तियों के साथ जन्म ले शत्रुओं का नाश करूँगा। घबराओ नहीं।" उस समय पंडित जी के चेहरे पर एक दिव्यज्योति का प्रकाश हो गया था। आप फिर बोले, "रहा खाने-पीने का तो अभी तुम्हारे पिता जीवित हैं। तुम्हारे भाई हैं। मेरे कुटुम्बी हैं और फिर मेरे मित्र हैं जो तुम्हें अपनी माता समझ तुम्हारा आदर करेंगे। तुम किसी बात की चिन्ता न करो। मुझे अब यही दुख है कि अन्तिम समय में किसी मित्र से न मिल सका।" इतना कह आपको फिर बेहोशी आ गई। अवस्था अत्यन्त भयंकर हो गई थी। आत्मीय ने यही उचित समझा कि अब कुछ विशेष इलाज कराना चाहिए और यदि यहीं पर प्राण निकल गए तो मृतक संस्कार करना भी बड़ा कठिन होगा और जो पुलिस को पता चल गया तो और भी आपत्ति आवेगी। अतएव वे एक डोली का प्रबन्ध कर उन्हें सरकारी अस्पताल में भर्ती करा आये और

पंडित जी की पत्नी को यथा स्थान भेज आए। जब लौटकर आए तो देखा कि पंडित जी बिस्तर पर चुपचाप पड़े थे। अब पंडित गेंदालाल दीक्षित इस संसार में नहीं थे। केवल उनका शरीर पड़ा था। उस समय दिन के 2 बजे थे और दिसम्बर सन् 1920 ई० की 21 तारीख थी।

पंडित जी इस प्रकार शरीर त्याग कर अपनी कीर्ति अमर कर गये। देश की सेवा के ये परिणाम हैं कि निःसहाय अवस्था में प्राण त्याग करो। देश उनके साथ कोई हमदर्दी नहीं दिखाता। जिस देश के लिए सर्वस्व त्यागा, सारे कष्ट सहे और प्राण भी दे दिये, उस देश में किसी ने यह भी न जाना कि पंडित गेंदालाल कहाँ विलीन हो गये ! किन्तु जिस समय स्वतंत्र भारत का इतिहास लिखा जावेगा उस समय देशवासियों को आपकी याद आयेगी।

'प्रभा', मासिक, कानपुर, वर्ष-5, खंड-2, संख्या-3, सितम्बर, 1924

देशमान्य बाबू मोतीलाल घोष

लेखकः—"श्रीराम"

"मुझे यह अनुभव करते हुए दुःख होता है कि मैं अपनी मातृभूमि की थोड़ी या कुछ भी सेवा न कर सका। मैं इस संसार से इस आशा के साथ विदाई लेता हूँ कि मेरे अधिक योग्य देशवासी—पुरुष तथा देवियाँ—उस काम को कर सकेंगे जिसे हम पुराने लोग न कर सके। जब मैं अपना यह क्षणभंगुर शरीर छोड़ दूँगा तब मेरी आत्मा देश की उन्नति की देखभाल करेगी। मैं देश-सेवा में लगे हुए प्रत्येक कार्यकर्त्ता को आशीर्वाद देता हूँ और इस पवित्र समय पर, मृत्यु की उपस्थिति में, परमात्मा से प्रार्थना करता हूँ कि वह उन्हें अपने स्वातंत्र्य-संग्राम के लगातार जारी रखने की शक्ति प्रदान करे।"

—स्वर्गीय बाबू मोतीलाल घोष

गत 5 सितम्बर को स्वदेश को यह अमृत-मय अन्तिम सन्देश देकर 77 वर्ष की अवस्था में 'अमृतबाजार-पत्रिका' के वयोवृद्ध सम्पादक देशमान्य बाबू मोतीलाल घोष स्वर्ग सिधारे। आपके स्वर्गवास से देश ने अपना एक बहुमूल्य रत्न—मोती—सदा के लिए खो दिया। आप भारतीय राष्ट्र के एक सच्चे निर्माण-कर्त्ता, अनुभवी तथा अपने ढंग के अद्वितीय सम्पादक एवं 'अमृत-बाजार-पत्रिका' के सर्वस्व थे। आपने लगभग 53 वर्ष तक बड़ी श्रद्धा और भक्ति के साथ भारतमाता की सच्ची सेवा की एवं देश के अनेक नवयुवकों को उसकी सेवा करने के लिए उत्साहित किया। आपका जीवन क्या था—नौकर-शाही के विरुद्ध एक लम्बा और वीरतापूर्ण संग्राम था। अत्यन्त शक्तिशाली तथा कूटनीतिज्ञ नौकरशाही के मुक़ाबिले में आपने कई मोर्चे विजय किये—कई बार आपने नौकरशाही को पछाड़ा। काशमीर और भूपाल राज्य को छद्म-वेषधारी नौकरशाही के चंगुल से बचाने का श्रेय आपकी जीवन-सर्वस्व 'पत्रिका' को ही है। यद्यपि आपका शरीर अब इस संसार में नहीं रहा, तथापि आपकी अनित्य आत्मा देश की आगामी सन्तति में नवजीवन का सञ्चार करती रहेगी।

मोती बाबू का जन्म सन् 1847 में जैसोर प्रान्त के 'अमृत-बाजार' नामक

ग्राम में हुआ था। उनकी माता का नाम श्रीमती अमृतमयी था। उनके पिता बाबू हरिनारायण घोष एक प्रसिद्ध वकील थे। मोती बाबू आठ भाई थे।

मोती बाबू बाल्यावस्था से ही बहुत सीधे-सादे थे। नटखटपन तो वे जानते ही न थे। ग्राम्य पाठशाला में प्रारम्भिक शिक्षा समाप्त करके वे कृष्ण-नगर के हाईस्कूल में भरती हो गये। वहीं से उन्होंने एण्ट्रेन्स पास किया। वे अपनी कक्षा में सदैव अच्छे रहते थे। उन्हें पैदल घूमना बड़ा अच्छा लगता था। छुट्टियों में तो उन्हें कृष्णनगर से घर तक 40 मील पैदल आना पड़ता था।

मोती बाबू ने एफ० ए० तक शिक्षा प्राप्त की। शिक्षा समाप्त कर, संसार के अनेक महापुरुषों के समान, कालिज छोड़ने पर, मोती बाबू भी एक अंग्रेज़ी स्कूल में प्रधान अध्यापक नियुक्त हुए। उन्होंने स्कूल में बड़ी सफलता पूर्वक काम किया। उनके हृदय में प्रेम और दया के भावों के साथ ही दृढ़ता का भाव भी कूट-कूटकर भरा हुआ था। वे आज्ञा-भङ्ग होना सहन नहीं कर सकते थे एवं अपनी धारणाओं से कभी विचलित न होते थे। उन्हें अधिक बातचीत करना पसन्द न था। अवकाश मिलने पर व्यर्थ की बातें न करके वे चुप बैठे रहना अधिक अच्छा समझते थे।

मोती बाबू का स्वास्थ्य बाल्यावस्था से ही ठीक नहीं था। स्वास्थ्य अधिक बिगड़ जाने के कारण उन्हें मुख्याध्यापक के पद से त्याग-पत्र देना पड़ा।

बसन्त बाबू और शिशिर बाबू की संरक्षकता में सब भाइयों के प्रयत्न से 'अमृत-बाज़ार' ने ग्राम से नगर का रूप धारण कर लिया था। ग्राम-निवासियों को सभी आधुनिक सुविधाएँ प्राप्त थीं—एक अस्पताल था; बालकों के पढ़ने के लिए एक अंग्रेज़ी हाईस्कूल था और एक कन्या-पाठशाला; डाकखाना था और एक छोटा-सा छापाखाना भी था।

बसन्त बाबू का देहान्त हो जाने के बाद शिशिर बाबू और मोती बाबू ने मिलकर सन् 1869 ई० में 'अमृत-बाज़ार-पत्रिका' के साप्ताहिक संस्करण को जन्म दिया। काठ का प्रेस था; पुराने टाइप थे और लेख-समाचारादि लिखने से लेकर कम्पोज़ करने और छापने का काम दोनों भाइयों को ही करना पड़ता था। 'पत्रिका' को निकले अभी पाँच महीने भी न हुए थे कि एक अंग्रेज़ डिप्युटी मजिस्ट्रेट ने उस पर फौजदारी में मानहानि का दावा कर दिया। मुक़दमे में 'पत्रिका' ने विजय प्राप्त की परन्तु उसे यह विजय बहुत महंगी पड़ी।

मोती बाबू का विवाह 22 वर्ष की अवस्था में श्रीमती निस्तारिणी देवी के साथ हुआ। श्रीमती निस्तारिणी देवी सचमुच ही देवी थीं। उनका चरित्र आदर्श चरित्र था। उन जैसी पति-परायणा देवियाँ वर्तमान युग में कम दिखाई देती हैं। उनके कारण मोती बाबू का गार्हस्थिक जीवन बड़े ही आनन्द के साथ

बीता।

ग्राम में मलेरिया ज्वर का प्रकोप प्रायः बना रहता था। अतः घोष-बन्धु सन् 1872 में "पत्रिका" को कलकत्ते ले आये। अब वह अंग्रेज़ी और बंगला दोनों भाषाओं में प्रकाशित होने लगी। ऐसे समय में जब कि मुँह से आवाज़ निकालना भी अपराध गिना जाता था, 'पत्रिका' ने बड़ी वीरता और निर्भीकता के साथ न्याय और व्यवस्था के ठेकेदार ब्रिटिश अधिकारियों की पोलें खोलीं और उनकी करतूतों की तीव्र आलोचना की। उसकी खरी आलोचना से नौकरशाही के पेट में चूहे कूदने लगे ! उधर जनता ने बड़े प्रेम और श्रद्धा के साथ 'पत्रिका' को अपना लिया।

नौकरशाही की कूट-नीति प्रसिद्ध ही है। और किसी प्रकार सफलता न मिलने पर उसने एक विचित्र चाल चली। बंगाल के लेफ्टिनेण्ट गवर्नर सर आशले एडन ने शिशिर बाबू को अपने पास बुलाकर उन्हें 'पत्रिका' को सरकारी मुखपत्र बनाने का प्रलोभन दिया। परन्तु पुरुषोत्तम शिशिर बाबू ने कहा कि देश में कम-के-कम एक तो सत्यवक्ता पत्र रहना चाहिए। बस, एडन महाशय अपना-सा मुँह लेकर रह गये !

'पत्रिका' का गला घोंटने के लिए सन् 1878 में 'वर्नाक्युलर प्रेस-एक्ट' की सृष्टि हुई। सर आशले एडन ने लार्ड लिटन को यह भयंकर क़ानून व्यवस्थापिका सभा की एक ही बैठक में पास करने को बाध्य किया। परन्तु घोष-बन्धु भी बड़े दूरदर्शी थे। उन्होंने एक ही दिन में टाइप उधार लेकर 'पत्रिका' का कलेवर बदल कर सरकार को भी मात कर दिया ! 'पत्रिका' उसी दिन से केवल अंग्रेज़ी में निकलने लगी और इस प्रकार वह एक्ट 'पत्रिका' पर लागू न हो सका। सर आशले एडन अपना दिल मसोस कर रह गये। वे अपने कितने ही बंगाली मित्रों से कहा भी करते थे कि यदि 'पत्रिका' के मालिक उसका कलेवर बदलने में एक सप्ताह ही की देर कर देते तो मैं उनसे भारी ज़मानत माँग कर उसका अन्त ही कर देता।

सन् 1888 में स्वास्थ्य बिगड़ जाने के कारण शिशिर बाबू ने 'पत्रिका' का सम्पादन करना छोड़ दिया। मोती बाबू प्रधान सम्पादक हुए। आरम्भ में कोई योग्य सहायक न मिलने के कारण मोती बाबू को बड़ा परिश्रम करना पड़ा। उन्होंने रात के 12-12 बजे तक जगकर 'पत्रिका' का सम्पादन किया। किसी-किसी दिन तो वे बिलकुल ही नहीं सोते थे। परन्तु बाद को योग्य सहायक मिल जाने पर उनका काम हलका हो गया।

सन् 1889 ई० में पब्लिक सर्विस कमीशन के सामने गवाही देते हुए मोती बाबू ने कहा कि भारत मंत्री की आज्ञा होते हुए भी डाक-विभाग के दो सौ रुपये या उससे अधिक वेतनवाले ऐसे ऊँचे पदों पर भारतवासियों की नियुक्ति नहीं की जाती जिनमें कोई शर्त नहीं करनी पड़ती। उनकी इस गवाही के फल-स्वरूप डाक-विभाग के तत्कालीन प्रधान मि० हॉग को अपने

पद से त्यागपत्र देना पड़ा और कितने ही भारतवासी ऊँचे पदों पर नियुक्त किये गये।

सन् 1890 में 'पत्रिका' ने दैनिक रूप धारण किया। इस समय तक 'पत्रिका' ने दृढ़ता पूर्वक प्रजा का पक्ष लेकर कितने ही ब्रिटिश कर्मचारियों के गुप्त षड्यन्त्रों का उद्घाटन किया; काशमीर और भूपाल राज्य को नौकरशाही के चंगुल से छुड़ाया और लार्ड कर्ज़न को स्वरचित पुस्तक के उद्धरणों से यह दिखा दिया कि कोरिया के सम्राट् से लार्ड कर्ज़न ने कितनी बार झूठ बोला। अन्त में, नौकरशाही ने खिसियाकर भविष्य में अपनी रक्षा करने के लिए "आफ़ीशियल सीक्रेट्स एक्ट" की रचना कर डाली।

'पत्रिका' पर अनेकों बार मानहानि का दावा किया गया और कितनी ही बार उसकी ज़मानत ज़ब्त हुई परन्तु इससे उसकी नीति में कुछ भी अन्तर न पड़ा। अन्तिम बार जब 'पत्रिका' की 10 हज़ार की ज़मानत ज़ब्त हुई थी तब उसने सरकार को चिढ़ाने के लिए 'आलू' इत्यादि विषयों पर व्यंग्यपूर्ण लेख प्रकाशित किये।

मोती बाबू सदैव लोकमान्य के अभिन्न-हृदय मित्रों में से रहे। वे लोकमान्य को अपना गुरू मानते थे और लोकमान्य घोष बाबू को अपने बड़े भाई और सम्पादन-कला के गुरू की दृष्टि से देखते थे।

यद्यपि मोती बाबू अधिकारियों की कड़ी-से-कड़ी आलोचना किया करते थे तथापि बड़े-से-बड़े अधिकारी उनका बहुत अधिक सम्मान करते थे। चरित्र-बल इसे ही कहते हैं। लार्ड कर्ज़न और लार्ड मिण्टो तक उनकी बातों को बड़े ध्यान से सुनते थे। लार्ड मिण्टो ने बंग-भंग के सम्बन्ध में उनकी एक योजना भारत-सचिव के पास भेजी थी। मोती बाबू ही उन दो व्यक्तियों में से थे जिनकी सलाह लेकर लार्ड हार्डिञ्ज ने खुलना-डकैती के अभियुक्तों को छोड़ा था। दूसरे महाशय मि० सिन्हा थे। घोष बाबू के ही कहने से लार्ड कारमाइकल ने बंगाल के ग्रामों की सफ़ाई का काम और उनमें पानी का प्रबन्ध करने का काम हाथ में लिया था। यह बात उन्होंने 1912 में दार्जिलिङ्ग में होने वाली "रूरल वाटर सप्लाई कान्फ्रेंस" में स्वयं स्वीकार की थी। मोती बाबू ही एक बंगाली सज्जन थे जिन्होंने वर्तमान सम्राट पंचम जार्ज से उनके प्रिन्स आफ़ वेल्स की हैसियत में भारत आने पर बातचीत की थी। यह भी कहा जाता है कि बंगाल के लेफ्टिनेण्ट गवर्नर सर एडवर्ड बेकर और मोती बाबू में मैत्रीपूर्ण सम्बन्ध था और जिस समय अन्य सार्वजनिक नेताओं को गिरफ्तार किया जा रहा था उस समय सर एडवर्ड बेकर ने ही मोती बाबू को देश-निकाला दिये जाने से बचाया।

मोती बाबू को गोल्डस्मिथ के लिखने का ढंग बहुत अच्छा लगता था। उनकी लेखन-शैली अपने ढंग की, निराली और अनूठी थी। सरल और सुबोध भाषा, छोटे-छोटे वाक्य और तीर जैसी सीधी तथा पैनी शैली लोगों को मुग्ध

कर लेती थी। नवसिखिए लेखकों को भी वे यही उपदेश दिया करते थे।

अंग्रेज़ी के अतिरिक्त मोती बाबू बंगला के भी उच्च कोटि के लेखक थे। अपने बड़े भाई बाबू हेमन्तकुमार घोष द्वारा संचालित 'आनन्द बाज़ार-पत्रिका' में वे विद्वतापूर्ण धार्मिक लेख लिखा करते थे। उन्होंने इन लेखों में चैतन्य महाप्रभु की लीलाओं का अच्छा स्पष्टीकरण किया है। पत्र-लेखन-कला में भी वे विशेषरूप से कुशल थे। दार्जिलिंग और मसूरी आदि स्थानों से अपने प्रिय सम्बन्धियों को उन्होंने जो अनेकों पत्र भेजे थे यदि वे प्रकाशित हो जायें तो बंग-साहित्य के गौरव की बहुत-कुछ वृद्धि हो सकती है।

मोती बाबू बड़ी सरल प्रकृति के थे। दिन-भर वे दर्शकों से घिरे रहते थे। चाहे वे कैसे ही काम मे क्यों न व्यस्त हों; परन्तु प्रत्येक आगन्तुक की बातें वे सन्तोषजनक रूप से सुनते थे। उनकी दृष्टि में अमीर-गरीब सब एक समान थे। वे कभी धनाढ्य पुरुष नहीं रहे; परन्तु उनकी आवश्यकताएँ बहुत कम थीं। व्यर्थ की आमोद-प्रमोद की वस्तुओं में वे रुपया खर्च नहीं करते थे। जब वे कहीं बाहर जाते तो वहाँ अपने अनेक मित्र पैदा कर लेते थे। वे वृद्ध होते हुए भी छोटे बालकों से प्रेमपूर्वक खेलते थे। वे उन्हें अपने छाते के दस्ते को उनकी गर्दन में डालकर अपनी ओर खींच लिया करते थे।

मोती बाबू के हृदय में ईश्वरभक्ति का स्रोत प्रवाहित था। श्रद्धा और भक्ति में ईश्वर के बाद उनके हृदय में शिशिर बाबू का ही स्थान था। वे चैतन्य महाप्रभु के अनन्य भक्त थे। उनकी राजनीति उनकी धर्म था और उनका धर्म उनकी राजनीति। 'जीव-दया'—समस्त प्राणिमात्र के साथ दया-ही उनके धर्म का सिद्धान्त था। उनके इस सिद्धान्त ने ही उन्हें निःस्वार्थ भाव से जनता की सेवा करने की ओर अग्रसर किया। वे कहा करते कि, "जब तुम दूसरों की सेवा करो तो अपने को यथा सम्भव मिटा दो; पुरस्कार की कभी लालसा न करो; ईश्वर आप ही तुम्हारे शुभ कर्मों का फल देगा।"

मोती बाबू अपने बनाये हुए समय-विभाग के ही अनुसार कार्य करते थे। प्रातः काल उठ कर वे एक घन्टे-भर के लिए गंगा के तट पर घूमते। लौटकर समाचारपत्र पढ़ने के बाद लगभग आठ बजे या उससे भी पहले 'पत्रिका' के लिए लेख लिखने बैठ जाते और 10-11 बजे तक लिखते रहते। फिर स्नान करके भोजन करते। उन्हें भोजन करने के पश्चात् आराम करने या सोने की आदत न थी। बस, काम पर डट जाते और 4-5 बजे तक लिखते रहते। इसके बाद या तो घूमने निकल जाते या किसी सभा में चल जाते।

गान-विद्या से भी मोती बाबू को प्रेम था। अपने पौत्रों के साथ वे 'ध्रुपद' और 'कीर्तन' गाया करते। राधा-कृष्ण के भक्ति-विषयक पदों को गाते-गाते वे प्रायः गद्गद् हो जाते।

मोती बाबू जातीय भाषा और वेष-भूषा के पक्षपाती थे। वे अंग्रेजी फ़ैशन के कपड़े पहनने के कट्टर विरोधी थे। बड़े-बड़े अधिकारियों तक से भी वे

केवल धोती और चादर पहन कर मिलते। एक बार बंगाल के गवर्नर लार्ड रोनाल्डशे से भी मिलने का अवसर पड़ने पर वे धोती और चादर पहन कर ही मिले थे।

मोती बाबू पुराना कांग्रेस में सम्मिलित हुआ करते थे। परन्तु 'पत्रिका' और पुरानी कांग्रेस एक दूसरे की विरोधी थीं। अब कांग्रेस की प्रणाली में परिवर्तन हो जाने से मोती बाबू उसका हृदय से समर्थन करने लगे थे। कांग्रेस की पुरानी प्रणाली के प्रति मोती बाबू का विरोध ही इस बात का कारण था कि वे कभी कांग्रेस के सभापति नहीं बनाये गये। हाँ, वे कृष्णगढ़ में होने वाली बंगाल प्रान्तीय परिषद् के सभापति बनाये गये थे। अन्तिम बार मोती बाबू सन् 1918 की कलकत्ता की स्पेशल कांग्रेस में सम्मिलित हुए थे। सुधारों के विषय में वे कहा करते थे कि यह भारतवासियों को धोखा देने और उन में मतभेद रखने के लिए एक प्रकार की रिशवत है। वे गरम नीति के प्रतिपादक थे। वे भारत के लिए स्वायत्त-शासन के कट्टर पक्षपाती थे और अन्त तक इसी बात पर दृढ़ रहे। उन्होंने ही बारीसाल में वहाँ के मजिस्ट्रेट की अन्यायपूर्ण आज्ञा के विरुद्ध भद्र-अवज्ञा किये जाने का तीव्र अनुरोध किया था।

मृत्यु से तनिक देर पहले ही मोती बाबू ने दुःखी होकर कहा था कि मुझे ऐसे समय में देश छोड़ना पड़ रहा है जब कि उसे मेरी अत्यावश्यकता थी। ऐसी महान आत्मा के वियोग से किसको कष्ट न होगा?

'प्रभा', मासिक, कानपुर, वर्ष-3, खंड-2, संख्या-4, अक्टूबर, 1922.

स्वर्गीय देशभक्त सूफ़ी अम्बाप्रसाद

आज भारतवर्ष में कितने लोग उनका नाम जानते हैं ? कितने उनकी स्मृति में शोकातुर होकर आँसू बहाते हैं। कृतघ्न भारत ने कितने ही ऐसे रत्न खो दिये; और क्षण-भर के लिये भी दुःख अनुभव न किया।

वे सच्चे देशभक्त थे, उनके हृदय में देश के लिये दर्द था। उन्हें अपार आनन्द अनुभव होता था, भारतीय युवकों को उत्सव के साथ स्वराज्य-पथ पर चलता देख कर वे दीर्घ-श्वास भरते थे। गरीब भारतीयों की असहाय दशा देखकर वे उनका प्रतिकार किया चाहते थे।

वे भारत की प्रतिष्ठा देखना चाहते थे। भारत को उन्नति के शिखर पर पहुँचाना चाहते थे। तो भी आज भारत के बहुत कम लोग उनका नाम जानते हैं। अरे! देश के अस्तित्व को क़ायम रखने के लिये ही जिसने अपना अस्तित्व मिटा दिया हो, उसके प्रति यह उपेक्षा ? उस वीर ने अपना सर्वस्व बलिदान कर दिया। घर छोड़ा, सम्पत्ति ज़ब्त हुई, जेल में गये; देश छोड़ा और अन्त में प्राण तक भी न्योछावर कर दिये। उसी वीर के प्रति यह भाव ? किस आशा को लेकर युवक आगे बढ़ा करेंगे ? कौन-सी बात उन्हें उत्साहित किया करेगी अकथनीय कष्ट सहन करने को ? उनकी क़दर भी की तो ईरान ने ! आज वहाँ 'आक़ा सूफ़ी' का नाम सर्वप्रिय तथा सर्वपूज्य हो रहा है।

सूफ़ी अम्बाप्रसाद का जन्म सन् 1858 ई. में मुरादाबाद में हुआ था। आपका दाहिना हाथ जन्म से ही कटा हुआ था। आप हँसी में कहा करते थे, 'अरे भाई ! हमने सत्तावन में अंग्रेजों के विरुद्ध युद्ध किया। हाथ कट गया। मृत्यु हो गई, पुनर्जन्म हुआ। हाथ कटे का कटा आ गया !'

आपने मुरादाबाद, बरेली और जालन्धर आदि कई नगरों में शिक्षा पाई। सन् 1869 ई. में लुधियाना ज़िला में जिस समय स्वतन्त्रता प्रेमी कूके तोप के सामने खड़े करके उड़ाए गये थे; उन दिनों आप जालन्धर में थे और आपकी आयु लगभग 13 वर्ष की थी।

एफ० ए० पास करने के पश्चात् आपने वकालत पढ़ी। परन्तु की नहीं। आप उर्दू के प्रभावशाली लेखक थे। आपने यही काम संभाला।

सन् 1890 ई० में आपने मुरादाबाद से अपना उर्दू साप्ताहिक पत्र

'जाम्युल-इलूम' प्रकाशित करना प्रारम्भ किया। आपकी धर्मपत्नी आपको इस काम में पूरी सहायता देती थीं। आज सन् 1924 में उनके उस समय के लेख पढ़ जाइये उनमें उन्नीसवीं शताब्दी की गन्ध नहीं आएगी। वे हर समय नवीन भाव ही उपस्थित करते हैं। उनका प्रत्येक शब्द सूफ़ीजी की आन्तरिक अवस्था का परिचय देता है। वे हास्यरस के प्रसिद्ध लेखक थे। परन्तु उनमें गम्भीरता भी कम न थी। वे, हिन्दू मुसलिम एकता के कट्टर पक्षपाती थे। वे शासकों की कड़ी आलोचना किया करते थे। उनका वह पत्र इतना सर्वप्रिय हो गया था कि डाक वाले रास्ते में ही चोरी कर लेते थे। वे सच्चे राजनैतिक 'एडवोकेट' थे।

सन् 1897 ई० में आप पर राजद्रोह (सिडीशन) का अपराध लगाकर अभियोग चलाया गया जिसमें उन्हें डेढ़ वर्ष का कारागार मिला। फिर आप 1899 ई० में छूट कर आये, उन्हीं दिनों में यू. पी. में कुछ (States) छोटे-छोटे राज्यों पर अंग्रेज लोग हस्तक्षेप कर रहे थे। सूफ़ी जी ने वहां के अफ़सरों तथा रेज़ीडेंटों का ख़ूब भण्डाफोड़ किया। इस पर उन अंग्रेज़ों द्वारा मिथ्या दोषारोपण का अभियोग सूफ़ी जी पर चलाया गया। उसमें आपकी जायदाद ज़ब्त कर ली गई और 6 साल का कारागार मिला। सूफ़ी जी को जेल में अकथनीय कष्ट सहन करने पड़े। परन्तु वे कभी विचलित नहीं हुए।

सूफ़ी जी जेल में बीमार हुये। एक ग़लीज़ कोठरी में बन्द थे। उन्हें औषधि नहीं दी जाती थी। यहां तक कि पानी आदि का भी ठीक प्रबन्ध न था। जेलर आता और हँसता हुआ प्रश्न करता 'सूफ़ी ! अभी तक तुम ज़िन्दा हो ?'

क्या इन विपत्तियों से सूफ़ी डरे ? हर्गिज़ नहीं। ज्यों-त्यों करके जेल काटी, सन् 1906 ई. के अन्त में जेल से छूटे।

सूफ़ी जी का निज़ाम हैदराबाद से घनिष्ट सम्बन्ध था। जेल से छूटते ही आप वहाँ गये। निज़ाम ने उनके लिये एक अच्छा मकान बनवाया। जिस दिन मकान तैयार हो गया, उन्होंने सूफ़ी जी से कहा, 'आपके लिये मकान तैयार हो गया है' आपने उत्तर दिया 'हम भी तैयार हो गये हैं।' आपने वस्त्र आदि उठाए और पंजाब को चल दिये। सन् 1907 का आरम्भ था। स्व-देशी आन्दोलन की लहर का पंजाब पर विशेष प्रभाव पड़ रहा था। वहाँ भी जागृति का आरम्भ हो गया था। आपने देखा कि पंजाब में कुछ काम हो सकेगा, उसी ओर प्रस्थान कर दिया।

वहाँ पर 'पैसा अखबार' ने आपको 175) मासिक वेतन देना चाहा, 'वतन अखबार' ने 125) मासिक पेश किये, परन्तु आपने उनकी कुछ परवा न करते हुए 'हिन्दुस्तान पत्र' के 60) मासिक मंजूर कर लिये। आप कहा करते थे, 'अरे हम वेतन वेतन को क्या करेंगे ? खाने-पीने को मिलता रहे और अपने विचारों तथा स्वतंत्रता-प्रेम का प्रचार करने का अवसर मिलता रहे, सो हमारे लिये पर्याप्त होगा।' निस्संदेह उस मनुष्य के हृदय में क्या मजाल

जो ज़रा भी मोह या लोभ छू तक गया हो। यह तो मामूली वेतन था। सुनते हैं आपकी चतुरता, वाकपटुता और समझदारी देख कर सरकार की ओर से 1000) मासिक जासूस विभाग से पेश किये गये थे परन्तु आपने उनकी अपेक्षा जेल और दरिद्रता को ही श्रेष्ठ समझा। कुछ दिनों तक 'हिन्दुस्तान' में काम करते रहे।

उन्हीं दिनों श्रीयुत् सरदार, अजीतसिंह जी ने 'भारत माता-सुसाइटी' की नींव रक्खी और पंजाब के 'न्यू कालोनी विल' के विरुद्ध आन्दोलन आरम्भ किया था। उस मण्डल में सभी नवयुवक थे और सभी बड़े उत्साह के साथ काम कर रहे थे। सूफी जी का भी मेल उनसे बढ़ने लगा। उधर वे भी इनकी ओर आकर्षित होने लगे।

'हिन्दुस्तान' सम्पादक दीनानाथ सूफी जी के लेखों में बहुत कुछ काट-छांट कर दिया करते थे। आपने उससे कहा, 'कि तुम अभी बच्चे हो नीति को नहीं समझते' खामखाह डरते हो 'मुझे पत्र का सम्पादक बना दो' परन्तु ऐसा न हो सका। आपने वहाँ भी काम करना छोड़ दिया और पूर्ण रूप से भारत माता सुसाइटी के ही हो रहे। पंजाब में जोश बहुत बढ़ता रहा। लाहौर में 'जाटों का जल्सा' हुआ, उन दुःखित ज़िमींदारों को सूफ़ी जी ने जिन शब्दों में उपदेश किया; उनका वर्णन करना बहुत मुश्किल है।

खैर ! मई 1907 की 9 तारीख को लाला लाजपतराय पकड़े गये, और सरदार अजीतसिंह जी के नाम भी वारंट निकाले गये। उन दिनों सरदार अजीतसिंह जी छिप गये। और 2 जून तक सरकार उन्हें पकड़ न पाई। चूंकि उन दिनों काम रुक गया था इसलिए सूफ़ी जी अपने मित्रों से मिलने रुड़की चले गये। पीछे पंजाब में और धड़-पकड़ आरम्भ हुई तो सरदार अजीतसिंह के भाई सरदार किशनसिंह जी और भारत माता सुसाइटी के मन्त्री महता आनन्द किशोर जी सूफ़ी जी के साथ नेपाल को चल दिये। वहाँ बहुत दिन रहे। वहां नेपाल रोड के गवर्नर (शायद) श्रीयुत् जंगबहादुर से आपका परिचय हुआ। वे इनसे बहुत अच्छी तरह पेश आये। बाद को श्री जंगबहादुर सूफ़ी जी को आश्रय देने के कारण पदच्युत किये गये। उनकी जायदाद भी ज़ब्त कर ली गई। उनके साथ कई बार नेपाल की राजनैतिक स्थिति पर बातचीत हुई तो वे सूफ़ी जी की नीतिपटुता देखकर दंग रह गये और कहने लगे, भारत जैसे गुलाम देश में क्यों जीवन व्यर्थ गंवा रहे हो ? सचमुच वे चतुरनीतिज्ञ थे। खैर, वहाँ वे पकड़े गये और लाहौर लाये गये। जिन दिनों आप भारत माता सुसाइटी में थे, उन दिनों ला० पिंडीदास जी के पत्र 'इंडिया' में उनके लेख प्रकाशित हुआ करते थे, उन्हीं के सम्बन्ध में आप पर अभियोग चलाया गया था। परन्तु निर्दोष सिद्ध होने पर उन्हें छोड़ दिया गया था।

तत्पश्चात् सरदार अजीतसिंह भी छूट कर आ गये। तब मंडली के जितने

सदस्य बाहर थे सभी सूरत कांग्रेस में सम्मिलित हुए। सन् 1908 ई० में 'भारत माता बुक सुसाइटी' की नींव डाली गई। वहाँ से राजनैतिक व राष्ट्रीय साहित्य प्रकाशित करना आरम्भ किया। उसमें अधिक काम सूफ़ी जी ही किया करते थे।

एक दिन सरदार अजीतसिंह को लाहौर के डिप्टी कमिश्नर ने बुलवाया। और उनको राजनैतिक क्षेत्र से पृथक रहने को धमकी दी। परन्तु जब उन्होंने मुंह पर साफ-साफ उत्तर सुनाये तो वह कहने लगा 'Are you Christ ?' अर्थात् 'क्या तुम ईसा हो' अस्तु ! वे लौट आये। सूफ़ी जी से बात की। बस फिर क्या था। सूफ़ी जी बायबिल ले कर बैठ गये। और कुछ दिनों के पश्चात् 'बागी मसीह' या 'विद्रोही ईसा' नामक पुस्तक प्रकाशित करवा डाली। और उसमें बताया कि ईसा को उसके शिष्यों ने 30) में बेच डाला था और सरदार साहिब के किसी मित्र ने उन्हें 500) में शत्रुओं के हाथ में सौंप दिया था। दोनों का आदर्श मिलता जुलता है। लक्ष्य भी एक सा है। इसलिए इनमें कोई भारी अन्तर नहीं। पुस्तक जब्त कर ली गई।

इसी वर्ष लो० तिलक पर अभियोग चलाया गया। उन्हें 6 वर्ष का कारागार मिला। तब 'देशभक्त मण्डल के सभी सदस्य साधु बन गये; सब ने (भगवे) गेरुवे वस्त्र पहन लिए। और सूफ़ी जी व सरदार जी ने मिल कर तिलक आश्रम खोलने का इरादा किया परन्तु कुछ विघ्न-बाधाओं के कारण वे ऐसा न कर सके।

साधु मण्डल पर्वतों की यात्रा को निकला। पर्वतों के ऊपर जा रहे थे। एक भक्त भी साथ आया। साधु बैठे तो उस भक्त ने सूफ़ीजी के चरणों पर शीश नवा कर नमस्कार किया। बड़ा जेंटलमैन था। खूब बूट-सूट पहिने था। सूफ़ी जी के चरणों पर शीश रक्खा, और पूछने लगा—"बाबाजी ! आप कहाँ रहते हैं ?" सूफ़ी जी ने कठोर स्वर में उत्तर दिया !—"रहते हैं तुम्हारे सिर में !"

'साधु जी आप नाराज़ क्यों हो गये ?"

"अरे, बेवकूफ़ ! तुमने मुझे क्यों नमस्कार किया। इतने और साधु भी तो थे। उनको प्रणाम क्यों न किया ?"

"मैं आपको ही बड़ा साधु समझा था।"

"अच्छा खैर ! जाओ खाने-पीने की वस्तुएँ लाओ।"

वह कुछ देर पीछे अच्छे-अच्छे पदार्थ लेकर आया। खा-पी कर सूफ़ीजी ने उसे फिर बुलाया। और कहने लगे, "क्यों बे ! हमारा पीछा छोड़ेगा कि नहीं" "भला मैं आपसे क्या कहता हूँ जी ?" "चालाकी को छोड़ ! आया है जासूसी करने। जा-जा अपने बाप से कह दे हम पहाड़ में ग़दर करने जा रहे हैं।" वह चरणों पर गिर पड़ा। 'हुजूर पेट की खातिर सब कुछ करना पड़ता है।'

आपने सन् 1909 में 'पेशवा अखबार' निकाला। उन्हीं दिनों में बंगाल में क्रान्तिकारी आन्दोलन ने सिर उठाया। सरकार को ऐसी चिंता हुई कि कहीं वह अग्नि पंजाब का भी दहन न कर डाले। उन्होंने दमन चक्र चलाना आरम्भ किया। पहिले तो श्रीयुत् लाला हरदयाल जी को देश छोड़ना पड़ा किन्तु अंत को सूफ़ी जी व सरदार अजीतसिंह जी व ज्याउलहक ईरान को चले गये। उन दिनों पेशवा अभी चल रहा था। उसके लिए बहुत से लेख लिख कर रख गये ताकि पत्र के एकदम बन्द होने से सरकार को आशंका न हो जावे और कहीं वे मार्ग में ही काबू न कर लिये जावें। करांची से जहाज़ों पर चढ़े। ईरान चले गये। वहाँ ज्याउलहक की सलाह बदल गई। उसने चाहा इन्हें पकड़वा दूं तो कुछ ईनाम भी मिलेगा और सज़ा भी न होगी। परन्तु सूफ़ी जी ताड़ गये। उन्होंने उसे आगे भेज दिया। वह वहाँ रिपोर्ट करने गया, स्वयं ही पकड़ा गया और यह दोनों वहां से बच निकले।

ईरान में वे कैसे रहे, क्या हुआ, यह बातें तो किसी अवसर पर ही खुलेंगी। अर्थात् कोई मनुष्य उधर जावे और इस विषय में खोज करे तो बहुत कुछ पा सकता है। परन्तु जो कुछ सुनने में आया उसी का उल्लेख इस स्थान पर किया जाता है। यहाँ से वे ईरान को चले गये। वहाँ उनकी अंग्रेज़ों ने बहुत खोज की और उन्हें कई प्रकार के कष्ट सहन करने पड़े। कहा जाता है कि वे एक स्थान पर घेर लिये गये। वहाँ से निकलना असम्भव-सा हो गया। वहाँ व्यापारियों का एक काफ़िला ठहरा हुआ था। ऊँटों पर बहुत से सन्दूक लदे हुए थे। उनमें वस्त्र आदि भरे हुए थे। तो एक ऊँट के दोनों सन्दूकों में सूफ़ी जी व सरदार अजीतसिंह जी को बन्द किया गया और वहाँ से बचा कर निकाला गया।

फिर किसी अमीर के घर ठहरे। पता चल गया। वह घर घेर लिया गया। उसी समय उन दोनों को बुर्का पहिना 'जनाने' में बैठा दिया गया। सब तलाशी ली गई और अन्त में स्त्रियों की भी तलाशी ली जाने लगी। एक दो स्त्रियों के बुर्के उठाये भी गये, परन्तु मुसलमान लोग लड़ने मरने को तैयार हो गये। और फिर किसी अन्य स्त्री का बुर्का नहीं उतारने दिया गया। वे भी बच गये।

एक फोटोग्राफर ने उन्हें अपने घर में आश्रय दिया। बहुत देर वहीं रहे, परन्तु पीछे वह सपरिवार जेल में भेज दिया गया। (यह चित्र जो प्रभा के मुख पृष्ठ पर दिया जा रहा है, उन्हीं फोटोग्राफ़र द्वारा प्राप्त हुआ था। और यह है भी ईरानी वेष में ही।)

पीछे वहाँ पर जिस समय उन्होंने कोई खतरा न समझा; तो उन्होंने वहाँ के राष्ट्रीय आन्दोलन में भाग लेना आरम्भ कर दिया। उस समय वहाँ पर भीं अंग्रेज लोग अपना प्रभुत्व जमाते जा रहे थे। वहाँ सूफ़ी जी ने कहा—'भाई हमें इनका पर्याप्त अनुभव है। हमारे अनुभव का लाभ उठाओगे तो

इनके चंगुल से बचे रहोगे या अगर फंसोगे तो शीघ्र बच निकलोगे।' उन्होंने वहाँ से 'आबेहयात' नामक पत्र निकाला। और बहुत सी पुस्तकें लिखीं। वे सब-की-सब फ़ार्सी भाषा में थीं। उनमें से एक का नाम "इब्रते ईरानियान या दामे सय्यादान" थी। जिसका अर्थ ईरान की विपत्ति और शिकारियों का फ़रेब या जाल है। पीछे सरदार अजीतसिंह जी टर्की चले गये। तब सूफ़ी जी ने अपने एक मित्र को पत्र लिखा था,—'सरदार साहेब को टर्की छोड़ आया हूँ। मेरी डयुटी यहाँ पर लगी है। मैं यहाँ पर काम करूँगा।' इत्यादि।

सूफ़ी जी और सरदार जी उन्हीं दिनों वहां सर्वप्रिय हो गये थे। परन्तु सरदार जी के चले जाने पर भी सूफ़ी जी को बहुत काम करने का अवसर मिला। और वहाँ पर वे 'आक़ा सूफ़ी' या 'स्वामी सूफ़ी' के नाम से प्रसिद्ध हुए।

सन् 1915 के लगभग जिस समय ईरान पर अंग्रेज़ों ने बिलकुल प्रभुत्व जमाना चाहा। कुछ उथल-पुथल मची थी। उसमें शीराज़ का घेरा डाला गया था। उसी घेरे मे सूफ़ी जी भी अंग्रेज़ों के हाथ आ गये। उन्हें कोर्ट मार्शल किया गया। जब उन्हें मृत्युदण्ड दिया गया तो प्रतिष्ठित ईरानियों के कई डेपूटेशन सरकार के पास गये कि उन्हे छोड़ दिया जाय। परन्तु उनकी कोई परवा न की गई। अंतिम फैसला सुना दिया कि कल प्रातः गोली से उड़ा दिये जाओगे। सूफ़ी कोठरी में बन्द थे। प्रातः समय देखा। वे समाधिस्थावस्था में थे परन्तु उनके प्राण पखेरू उड़ चुके थे। वे योगाभ्यास आदि अच्छी तरह जानते थे। उनके 'जनाज़े' के साथ असंख्य ईरानी गये और उन्होंने बहुत शोक मनाया। कई दिन तक उस नगर में उदासी-सी छाई रही। सूफ़ी जी की कब्र बनाई गई। अभी तक हर वर्ष उनकी कब्र पर बड़ा भारी उत्सव मनाया जाता है। लोग सूफ़ी जी का नाम सुनते ही श्रद्धा से शिर झुका देते हैं।

यह तो है ईरान का समाचार! भारत में उनके आरम्भिक जीवन संबंधी बहुत-सी कथाएँ सुनी जाती हैं। जो भी हो, वे बड़े चतुर थे। पैर में लेखनी पकड़कर बड़ी अच्छी तरह लिख सकते थे। उस दिन एक महाशय कह रहे थे कि मुझे उन्होंने पैर से ही लिखकर एक नुसखा दिया था।

एक और विचित्र कथा उनके मित्रों ने सुनाई थी। पता नहीं वह कहाँ तक सच है। परन्तु बहुत संभव है वह सच ही हो। कहते हैं कि पहिले जब भागलपुर (या किसी और) स्टेट में रेज़ीडेंट कुछ खराबी कर रहे थे और उस राज्य को हड़प करने की चिंता में थे, तो वहाँ के भेद प्रकाशित करने और भण्डाफोड़ करने की अत्यन्तावश्यक्ता महसूस हुई। तब अमृत-बाज़ार पत्रिका की ओर से सूफ़ी जी वहाँ भेजे गये।

एक पागल-सा मनुष्य रेज़ीडेंट के बैरे के पास नौकरी की खोज के लिए आया। परन्तु बैरे ने इन्कार कर दिया। तब उसने कहा, 'भाई जो कहोगे करूँगा और वेतन में केवल भोजन ही पर्याप्त होगा। बैरा ने उसे रख लिया। साहिब ने पूछा, "यह नौकर कौन है ?" उत्तर दिया। "हुज़ूर" बिल्कुल

'जाहिल,' पागल-सा है इसे कुछ, 'अक़्ल नहीं है। साहिब बहुत खुश हुए। उन्होंने बैरा को हुकुम दे रखा था कि कोई समझदार नौकर मत रखना। वह पागल बर्तन साफ़ करता रहता मिट्टी में लथपथ हो जाता। मुंह पर मिट्टी लेप लेता। उस समय उसकी ओर देख ठठाके से हँसे बिना कोई नहीं रह सकता था। उस नौकर में भी एक गुण था। सौदा खरीदने में बड़ा चतुर था। अच्छी-से-अच्छी चीज़ जो बैरा स्वयं एक रुपये में लाता, वह नौकर वही वस्तु ।। में ले आता, सभी चीज़ें खरीदने उसे ही भेजा जाता।

उधर 'अमृत-बाज़ार' पत्रिका में रेज़ीडेंट के विरुद्ध धड़ाधड़ लेख निकलने लगे। अंत को वह इतना बदनाम हुआ कि वह पदच्युत कर दिया गया। वह स्टेट से निकाला गया। जिस समय वह स्टेट से बाहिर पहुँच गया, उस समय एक जंकसन पर एक काला सा मनुष्य हेट लगाये, पतलून-बूट पहिने उसकी ओर आया। उसे देखकर रेज़ीडेंट चकित-सा रह गया। यह तो वही था जो मेरे बर्तन साफ़ किया करता था, आज पागल नहीं है। आज वह एक हिंदुस्तानी शौक़ीन जेन्टलमैन बना हुआ है। उसने आते ही अंग्रेज़ी में बातचीत शुरू की। उसे देखकर वह काँपने लगा, कुछ भय से, कुछ आश्चर्य से और कुछ क्रोध से। अन्त को उसने कहा, कि 'तुम्हें इनाम तो दिया जा चुका है। अब तुम मेरे पास क्यों आये हो?"

"आपने कहा था; जो मनुष्य उस गुप्तचर को, जिसने कि आपका भेद खोला था, पकड़वायेगा उसे आप कुछ इनाम देंगे।"

"हाँ कहा तो था। क्या तुमने उसे पकड़ा"

"हाँ, हाँ! इनाम दीजिए। वह मैं स्वयं ही हूँ।"

वह थरथर काँपने लगा। दन्त कटकटा कर बोला 'अरे राज्य के अन्दर ही मुझे तेरा पता चल जाता तो बोटी-बोटी उड़वा देता।' खैर, उसने उन्हें एक सोने की घड़ी दी और कहा। "यदि तुम स्वीकार करो तो जासूस विभाग से 1000 रु० मासिक वेतन दिलवा सकता हूँ। परन्तु सूफ़ी जी ने कहा अगर वेतन लेना होता तो तुम्हारे बर्तन क्यों साफ़ करता।"

यह है सुनी सुनाई कहानी। इसमें सचाई कहाँ तक है सो ईश्वर जाने। परन्तु विचित्र होते हुए भी यह असम्भव नहीं है। सूफी जी को जासूस विभाग में नौकरी करने के लिए तो कई बार कहा गया था परन्तु आपने इनकार कर दिया था।

आज, सूफ़ी जी इस लोक में नहीं हैं। पर ऐसे देशभक्त का स्मरण स्फूर्तिदायक होता है। भगवान उनकी आत्मा को चिरशांति दे, यही मनोकामना है।

—अज्ञात

'प्रभा', मासिक, कानपुर, वर्ष-6, संख्या-4, अप्रैल, 1925.

राज्यक्रांति का एक अंक

लेखक—अज्ञात नाम

हम भारतवासी लिखना पढ़ना सीख कर बी० ए०, एम० ए० पास करते हैं। इसके बाद कोई नौकरी, कोई वकालत, कोई दूकानदारी या कुछ और ही रोजगार करके धन संचय करते हैं। फिर एक दिन वह आता है कि धन-दौलत ज़मीन-जायदाद, पुत्र-कलत्र सबको छोड़कर संसार से विदा होना पड़ता है बस, इस तरह किसी न किसी श्रेणी-भेद से जीवन को व्यतीत करना ही आज भारत के युवकों की आशा और अकांक्षा है। राबिन्सन क्रूसो या कोलम्बस की भाँति समुद्र यात्रा करने या नये देश देखने की हम न तो कल्पना करते हैं और न कर ही सकते हैं। मोजल में तेल की खानों का अधिकार, फ़ारस में रेल की लाइन बनाना, तिब्बत और एवरिस्ट की यात्रा, हथेली पर जान रखकर सुदूर देशों को आना जाना, ये वीरोचित साहस के काम इस पराधीन देश के युवकों के दिमाग में नहीं। ऐसे ही दीन-हीन परिवार में नलिनीकान्त का लालन-पालन हुआ था।

वीरभूमि जिले के एक छोटे से गाँव में नलिनीकान्त का जन्म हुआ था। मैट्रीक्यूलेशन में जनरल स्कालरशिप प्राप्त कर सन् 1914 में वह बहरामपुर कालेज में एफ. ए. की शिक्षा प्राप्त करने पहुँचा। उस समय नलिनी सोलह सत्रह वर्ष का था। लम्बा चेहरा और बड़ी-बड़ी आँखें थीं। बातें उसकी होतीं तो मधुर थीं पर उनमें वीरता की पुट रहती थी। वह अपने माता का एकलौता प्यारा पुत्र था। उसकी बुद्धि बहुत ही तेज थी। समय की धारा के विरुद्ध जाना बहुत ही कठिन था। उस समय बंगाल के क्रातिकारी लोग, स्कूल, कालेज, होस्टल सभी जगह से लड़कों को चुन-चुन कर क्रान्ति-मन्त्र की दीक्षा देते थे। बहरामपुर कालेज के मेन होस्टल में नलिनी कुछ ही दिन रहा था कि क्रान्तिकारियों के दल में मिल कर क्रान्ति-मंत्र से दीक्षित हो गया। संसार का दुःख ताप, देश-भर में फैली हुई दरिद्रता और तामसिकता का अंकुर उसके हृदय में वेदना के रूप में छिपा हुआ था। अब संघ में भर्ती हो जाने से नलिनी की काकली फूटने लगी उसको जीवन का एक अवलम्ब-सा मिल गया। नयीं शक्ति से शक्तिशाली होकर नलिनी की प्रतिभा विकसित

होने लगी।

क्रांतिकारियों के एक प्रसिद्ध नेता ने बहरामपुर के क्रांति संघ की जांच करते समय यह भविष्यद्वाणी की थी कि नलिनी एक दिन शक्तिशाली पुरुष हो जायगा। नलिनी के सम्बन्ध में की गयी इस भविष्यवाणी से हम लोगों को यह भरोसा हो गया था कि वह क्रांतिकारी दल का शक्तिशाली नेता होगा। फ़र्स्ट इयर में पढ़ते समय उसके जीवन के बहुतेरे लक्ष्य थे, जैसे कसरत करना, इतिहास पढ़ना, कई प्रकार की बहस करना, आदि। किसी दिन वह कर्म और भक्ति पर विचार करता, किसी दिन ज्ञान और मुक्ति की चर्चा करता, किसी दिन फ्रांस की राज्य क्रांति और इटली की स्वाधीनता की बातें होतीं, तथा किसी दिन छत्रपति शिवाजी और राणा प्रताप की चर्चा होती थी। नलिनी में एक और बड़ा गुण था। हुक्म की तामील करना। सिपाही की भाँति हुक्म के तामील करने का उसका गुण सबको मोहित करता था।

नलिनी के जीवन का पूरा-पूरा इतिहास लिखना इस लेख का उद्देश्य नहीं—क्रांतिकारियों के जीवन की घटनाओं को लिखना व्यक्ति विशेष की सामर्थ्य के बाहर की बात है। नलिनी के बहुत से मित्रों का अब कहीं पता नहीं। किसी की मौत पुलिस की गोली लगने से हुई, कोई जेल में सड़ रहा है, और कोई फ़रार हो गया है। अपनी आशा आकांक्षा को त्याग कर लक्ष्य की ओर बढ़ते समय देखते थे कि उसके चेहरे से कैसी दृढ़ता व्यक्त हो रही है। उसकी कैसी उज्ज्वल सुखमयमूर्ति है। नलिनी हमारे बीच आँधी की तरह एकाएक आया था और उसी तरह चला भी गया।

कुछ दिन बाद वह भागलपुर कालेज में पढ़ने के लिये भेजा गया। इसका उद्देश्य यह था कि वह बिहार में जाकर क्रांतिदल का संगठन करे। भागलपुर में जाकर नलिनी बड़े मजे में हिन्दी बोलने लगा। वह जैसी खड़ी बोली बोलता था वैसे ही देहाती बोली भी बोल सकता था। अन्त में पुलिस की नजर पड़ने से उसको वहां से ग़ायब हो जाना पड़ा। रिश्तेदारों के साथ तो उसका नाता टूट ही चुका था, अब बंगाल का रिश्ता भी जो उसके बालों और धोती से प्रकट होता था—टूट गया। अब उसके सिर पर चोटी थी, वह मोटी-सी धोती और मिरज़ई पहनता और बिहारी भाषा बोलता था। नलिनी इस प्रकार पूरा बिहारी बन कर बिहार प्रदेश में क्रांतिकारियों की सरकार का मालिक बन बैठा। कुछ दिन बीते थे कि फिर उस पर पुलिस की नजर पड़ी। इस कारण वह बिहार से एकदम आसाम भेज दिया गया। आसाम और उत्तरी बंगाल के बहुत से स्थानों का दौरा करके वह कुछ दिन तक डिब्रूगढ़ में रहा और फिर वहाँ से गोहाटी में जाकर रहने लगा। यह सन् 1917 की बात है जिस समय कि क्रान्तिकारी दल की पद-पद पर हार हो रही थी और बंगाल में धर-पकड़ तथा कैद की धूम मची हुई थी। राह, बाट, स्कूल, कालेज सब जगह तलाशी, क़ैद और गोली का धड़ाका था। मूखियों ने समझा कि इस

समय बंगाल में रहना ठीक नहीं, इसलिये गोहाटी में और आसाम के अन्य अच्छे स्थानों में काम करने वालों का एक "रिजर्व फोर्स" तैनात किया गया। इसके साथ नलिनी भी भेज दिया गया।

गोहाटी में रहते समय नलिनी ने Geography and Topography of Eastern Bengal and Assum नाम की एक अमूल्य पुस्तक की रचना की। इसका प्रणयन करने में उसे बेहद परिश्रम करना पड़ा। आसाम में जो सरकारी गुप्त मार्ग हैं उनकी सूचना भी उक्त पुस्तक में थी। यह पुस्तक पीछे से पुलिस के हाथ लग गई।

विस्तरे पर लेटे हुए नगर निवासियों ने एक दिन अचानक पिस्तौल की आवाज सुनी। सबेरा होते ही शहर-भर में खबर फैल गयी की बी. ए. एम. ए. पास 17 बंगाली जवान यहाँ पिस्तौल लिए एक घर में रहते थे उन पर गोहाटी की पुलिस ने धावा किया है। दोनों ओर गोली चली और खून खराबा हुआ। सारे शहर में हलचल मच गयी लेकिन पिस्तौल की आवाज बन्द न हुई।

बात यह थी कि नलिनी तथा कुछ और भी युवक गोहाटी के मकान में रहते थे। कन्हाईशाह नामक एक पुराना क्रांतिकारी व्यक्ति पुलिस के पंजे में पड़ गया। उसने गोहाटी का भण्डा फोड़ दिया। यह समाचार पाकर 3 जनवरी सन् 1917 को रात के वक्त गोहाटी के घर को पुलिस ने जा घेरा। किन्तु क्रांतिकारी लोग वहाँ सुख की नींद में न पड़े थे। सबके तकिए के नीचे पिस्तौल भरे तैयार रक्खे थे। खिड़की के पास एक आदमी पहरे पर तैनात रहता था। हर दो घण्टे के बाद पहरा बदला जाता था। उस रात को आखिरी पहरे वाले को पता लग गया कि हमारे मकान को पुलिस ने घेर लिया है। अतएव उसने सबको जगाकर सावधान कर दिया। पिस्तौल और रिवालवर लेकर सब लोग बाहर निकल आये और युद्ध छेड़ दिया।

अँधेरे में अचानक धावा होने से पुलिस घबरा कर भाग गई। यह मौका पाकर क्रांतिकारी दल पहाड़ की ओर बढ़ गया। परंतु तीसरे पहर के समय पुलिस ने पहाड़ को घेर लिया। दोनों ओर गोली चली, बहुतेरे व्यक्ति पकड़े गए। सिर्फ़ दो बचे, जिनमें से एक नलिनी था। कई दिन तक पैदल चलते-चलते नलिनी और उसका साथी एक निर्जन पहाड़ में पहुँचे। बिना भोजन किए और बिना सोये दिन पर दिन चढ़ाई और उतराई से सामना करना पड़ा। कभी पेड़ पर चढ़कर, कभी पहाड़ की चोटी पर और कभी चट्टान पर रातें बितानी पड़ीं। चलते-चलते पैरों में छाले पड़ गये। बदन में एक तरह का पहाड़ी कीड़ा चिपट गया। जो बहुत कोशिश करने पर भी नहीं निकला। इस कीड़े ने नाकों दम कर दिया। ऐसा मालूम हुआ मानों पहाड़ में ही प्राण निकल जायेंगे। परन्तु धन्य नलिनी का साहस और धन्य उसकी दृढ़ता। उसका तो यही दृढ़ संकल्प था कि किसी भी तरह काम में लगे रहें।

नलिनी गोहाटी से भाग कर बिहार होता हुआ बंगाल में आ गया। हावड़ा स्टेशन पर पहुँच कर उसने देखा कि उसको लेने के लिये वहाँ कोई नहीं आया उसने सोचा कि विपत्ति पास ही है—साथ में एक रिवालवर है। अब वह कहाँ जाय ? इधर 10-15 दिन से भूखे रहने और जागते रहने से शरीर बेकाम हो रहा था। पहाड़ी कीड़े ने अभी तक पिंड न छोड़ा था। हावड़ा में आते ही तेज़ बुखार चढ़ आया। स्टेशन पर कोई परिचित व्यक्ति न मिलने के कारण वह "क़िले के मैदान" में एक पेड़ की छाँह में लेट रहा। किसी पहरे वाले ने पूछा तक नहीं कि तुम कौन हो ?

उसके अगले दिन दैवयोग से उससे मेरी मुलाक़ात हुई। मैंने देखा कि उसका चेहरा काला पड़ गया है। सारी देह में चेचक के दाने निकल आए हैं। उस समय कलकत्ते में हम लोगों की दशा बहुत ही नाजुक थी। हममें से कुछ पकड़ लिए गये थे, कुछ भाग गये थे। हाथ में रुपया पैसा न था। फिर भी क्रांति करने की धुन में हम लोग चक्कर काट रहे थे। नलिनी के बदन-भर में चेचक निकल आई, आँखें बन्द हो गईं और बातचीत करने की शक्ति भी जाती रही। उसको हम बाग बाजार की एक छोटी-सी कोठरी में उठा ले गये। नलिनी पर रोग का पूरा-पूरा जोर था पर उसकी आशा आकांक्षा में तिल-भर का भी अन्तर न था। उसने कभी निराशा का स्वप्न नहीं देखा। तीन दिन से उसकी बोली बन्द हो गई। मुझे अँधेरा देख पड़ने लगा। रुपया पास नहीं कि हकीम को बुलाऊँ। फिर सोचा कि यदि नलिनी की मृत्यु हो जाय तो उसकी लाश को कहाँ ले जाऊँगा। इससे पाठक समझें कि सन् 1918 में बंगाल के क्रान्तिकारियों की कैसी क्या दशा थी ? नलिनी को मठा पिला कर और तेल की मालिश करके मैं सेवा करता और सोचता कि गोहाटी में पुलिस के साथ लड़ते समय इसकी मृत्यु क्यों न हो गई ?

दैवयोग से नलिनी चंगा हो गया। जिस दिन हम दोनों ने एक साथ बैठ कर भोजन किया उस दिन मेरा हृदय आनन्द से उछलने लगा। नलिनी चंगा हुआ था कि तारिणी आ गया। उसके हाथ नलिनी को सौंप कर मैं काम पर निकला और ईडेन गार्डन के पास गिरफ्तार कर लिया गया। फिर नलिनी की सूरत देखने को न मिली। उसकी स्मृति मेरे मन में अमर रहेगी।

नलिनी भी काम पर निकला। अब वह पूर्व बंगाल में गया। क्रांति की अन्तिम दशा में सन् 1918 में वह क्रान्तिकारी दल का नेता हो गया। 15 जून को सबेरे कलकत्ता बाजार में अचानक लड़ाई छिड़ गई। पड़ोसी लोग घड़ी-घड़ी बन्दूक की बाढ़ सुन कर थरथराने लगे। पुलिस ने मकान को घेर लिया। यह देख कर तारिणी बाहर निकल आया। उसी दम उसकी गोली से एक पुलिस का जमादार ख़तम हुआ। परन्तु दम-भर में उस पर चारों ओर से गोलियाँ बरसने लगीं। अन्त में उसका भी शरीर निर्जीव हो गया। इसी समय नलिनी ने बाहर निकल कर एक पुलिस इन्स्पेक्टर पर गोली चलाई। निशाना चूक

गया। नलिनी की देह भी गोली लगने से रुधिराक्त हो गई, परन्तु साहस करके उसने फिर भी गोली चलाई। इसी समय एक दूसरी गोली ने नलिनी को गिरा दिया। वह फिर उठने लगा परन्तु पुलिस ने गिरफ्तार कर लिया। वह झूमता-झामता गाड़ी पर सवार हो गया।

इस दशा में वह अस्पताल भेजा गया। उसकी मरते समय की बात सुनने को पुलिस के अफ़सर आये। उन्हें उस समय भी मालूम न था कि वह कौन है। उन्होंने उसका भेद लेने की बहुत कोशिश की, परन्तु स्वर्ग के यात्री ने उत्तर दिया — Do not disturb me let me die peacefully.

इस प्रकार देश-प्रेम के मतवाले बंगाली वीर की जीवन-लीला समाप्त हुई।

'प्रभा', मासिक, कानपुर, वर्ष-6, संख्या-5, मई, 1925.

शहीद बिस्मिल के क्रांतिकारी साथियों का परिचय

श्री अशफाक उल्ला खाँ

श्री अशफ़ाक़ उल्ला खां पहले मुसलमान हैं, जिन्हें षड्यंत्र के मामले में फांसी हुई है। बीस-पच्चीस वर्ष के इतिहास में, जब से राजनैतिक षड्यन्त्रों की चर्चा सुनने में आई, अनेक आत्मायें फाँसी और गोली का शिकार बना दी गयीं। परन्तु आज तक किसी मुसलमान को यह शिकार बनते हुए नहीं सुना गया। इससे जनता में यह धारणा बैठ गई थी कि मुसलमान लोग षड्यन्त्रों में भाग नहीं ले सकते। किन्तु श्री अशफ़ाक़ उल्ला खाँ ने इस धारणा को मिथ्या साबित कर दिया। उनका हृदय बड़ा विशाल और विचार बड़े उदार थे। अन्य मुसलमानों की भाँति 'मैं मुसलमान, वह काफ़िर' आदि के संकीर्ण भाव उनके हृदय में घुसने ही नहीं पाये। सबके साथ सम व्यवहार करना उनका सहज स्वभाव था निर्द्वन्द्वता, लगन, दृढ़ता, प्रसन्नता उनके स्वभाव के विशेष गुण थे। वे कविता भी करते थे। उन्होंने बहुत ही अच्छी-अच्छी कवितायें, जो स्वदेशानुराग से शराबोर हैं, बनाई हैं। कविता में वे अपना उपनाम 'हसरत' लिखते थे। वे अपनी कविताओं को प्रकाशित कराने की चेष्टा नहीं करते थे। कहते, हमें नाम पैदा करना तो है नहीं। अगर नाम पैदा करना होता तो क्रांतिकारी काम छोड़ 'लीडरी' न करता ?आपकी बनाई हुई कविताएँ; अदालत आते-जाते अक़्सर, काकोरी के अभियुक्त गाया करते थे।

श्री अशफ़ाक़ उल्ला खां वारसी 'हसरत' शाहजहाँपुर के रहने वाले थे। इनके खानदान के सभी लोगों का शुमार वहाँ के रईसों में है। बचपन में इनका मन पढ़ने-लिखने में न लगता था। 'खनौत' में तैरने, घोड़े की सवारी करने और भाई की बन्दूक लेकर शिकार करने में इन्हें बड़ा आनन्द आता था। बड़े सुडौल, सुन्दर और स्वस्थ जवान थे। चेहरा हमेशा खिला हुआ और बोली प्रेम में सनी हुई बोलते थे। ऐसे हट्टे-कट्टे सुन्दर नौजवान बहुत कम देख पड़ते हैं। बचपन से ही उनमें स्वदेशानुराग था। देश की भलाई के लिए किए जाने वाले आंदोलनों की कथायें वे बड़ी रुचि से पढ़ते थे। धीरे-धीरे उनमें क्रान्तिकारी भाव पैदा हुए। उनको बड़ी उत्सुकता हुई कि किसी ऐसे आदमी से भेंट हो जाय जो क्रांतिकारी दल का सदस्य हो। उस समय मैनपुरी

षड्यन्त्र का मामला चल रहा था। वे शाहजहाँपुर में स्कूल में शिक्षा पाते थे। मैनपुरी षड्यन्त्र में शाहजहाँपुर के ही रहने वाले एक नवयुवक के नाम भी वारंट निकला था। वह नवयुवक और कोई न था, श्री रामप्रसाद 'बिस्मिल' थे। श्री अशफ़ाक़ को यह जानकर बड़ी प्रसन्नता हुई कि उनके शहर में ही एक आदमी ऐसा है जैसा कि वे चाहते हैं। किन्तु मामले में बचने के लिए श्री रामप्रसाद भगे हुए थे। जब शाही ऐलान द्वारा सब राजनैतिक कैदी छोड़ दिये गये, तब श्री रामप्रसाद शाहजहाँपुर आये। श्री अशफ़ाक़ को यह बात मालूम हुई। उन्होंने मिलने की कोशिश की। मिलकर षड्यन्त्र के सम्बन्ध में बातचीत करनी चाही। पहले तो श्री रामप्रसाद ने टालमटूल कर दी। परन्तु फिर उनके (श्री अशफ़ाक़ के) व्यवहार और बर्ताव से वे इतने प्रसन्न हुए कि उनको अपना बहुत ही घनिष्ठ मित्र बना लिया। इस प्रकार वे क्रान्तिकारी जीवन में आये। क्रान्तिकारी जीवन में पदार्पण करने के बाद से वे सदा प्रयत्न करते रहे कि उनकी भाँति और मुसलमान नवयुवक भी क्रान्तिकारी दल के सदस्य बनें। हिन्दू-मुसलिम एकता के वे बड़े कट्टर हामी थे।

उनके निकट मंदिर और मसजिद एक समान थे। एक बार जब शाहजहाँपुर में हिन्दू और मुसलमानों में झगड़ा हुआ और शहर में मारपीट शुरू हो गई उस समय आप बिस्मिल जी के साथ आर्य समाज मन्दिर में बैठे हुए थे। कुछ मुसलमान मन्दिर के पास आ गए और आक्रमण करने के वास्ते तैयार हो गए। आपने अपना पिस्तौल फौरन निकाल लिया और समाज मन्दिर से बाहर आकर मुसलमानों से कहने लगे कि मैं कट्टर मुसलमान हूँ परन्तु इस मन्दिर की एक-एक ईंट मुझे प्राणों से प्यारी है। मेरे नज़दीक मन्दिर और मसजिद प्रतिष्ठा बराबर हैं अगर किसी ने इस मन्दिर की ओर निगाह उठाई तो गोली का निशाना बनेगा। अगर तुमको लड़ना है तो बाहर सड़क पर चले जाओ और खूब दिल खोलकर लड़ लो। उनकी इस सिंह गर्जना को सुन कर सबके होश-हवास गुम हो गए। और किसी का साहस न हुआ जो समाज मन्दिर पर आक्रमण करे। सारे के सारे इधर-उधर खिसक गये। यह तो उनका सार्वजनिक प्रेम था। इससे भी अधिक आपको बिस्मिल जी से प्रेम था।

एक समय की बात है। आपको बीमारी के कारण दौरा आ गया। उस समय आप राम राम करके पुकारने लगे। माता-पिता ने बहुतेरा कहा कि तुम मुसलमान हो खुदा-खुदा कहो। परन्तु, उस प्रेम के सच्चे पुजारी के कान में यह आवाज ही नहीं पहुँची और वह बराबर राम राम कहता रहा। माता-पिता तथा अन्य सम्बन्धियों की समझ में यह बात न आई। उसी समय एक अन्य व्यक्ति ने आकर उनके सम्बन्धियों से कहा कि यह रामप्रसाद बिस्मिल को याद कर रहे हैं। यह एक दूसरे को राम और कृष्ण कहते हैं। अतः एक आदमी जाकर रामप्रसाद जी को बुला लाया, उनको देखकर आपने कहा, "राम तुम आ गये", थोड़ी देर में दौरा समाप्त हो गया। उस समय उनके घरवालों

को राम का पता चला।

उनके इन आचरणों से उनके सम्बन्धी कहते थे कि वे काफ़िर हो गये हैं। किन्तु वे इन बातों की कभी परवाह न करते और सदैव एकाग्र चित्त से अपने व्रत पर अटल रहते। जब काकोरी का मामला शुरू हुआ, उन पर भी वारण्ट निकला और उन्हें मालूम हुआ, तो वे पुलिस की आँख बचाकर भाग निकले। बहुत दिनों तक वे फरार रहे। कहते हैं उनसे कहा गया कि रूस या किसी और देश में चले जाओ। किन्तु वे हमेशा यह कहकर टालते गये कि मैं सज़ा के डर से फ़रार नहीं हुआ हूँ, मुझे काम करने का शौक है, इसीलिए मैं गिरफ्तार नहीं हुआ हूँ; रूस में मेरा काम नहीं, मेरा काम यही है, और मैं यहीं रहूँगा—पर अन्ततः 8 सितम्बर 1926 को वे दिल्ली में पकड़ लिये गये। स्पेशल मैजिस्ट्रेट ने अपने फ़ैसले में लिखा था कि वे उस समय अफ़ग़ान दूत से मिलकर पासपोर्ट लेकर बाहर निकल जाने की कोशिश कर रहे थे। वे गिरफ्तार करके लखनऊ लाये गये और श्री शचीन्द्रनाथ बख्शी के साथ उनका अलग से मामला चलाया गया। अदालत में पहुँचने पर पहिले ही दिन स्पेशल मजिस्ट्रेट सैयद अईनुद्दीन से पूछा—आपने मुझे कभी देखा है? मैं तो आपको बहुत दिनों से देख रहा हूँ। जबसे काकोरी का मुक़द्दमा आपकी अदालत में चल रहा है तबसे मैं कई बार यहाँ आकर देख गया। जब पूछा गया कि कहाँ बैठा करते थे तो उन्होंने बतलाया कि वे मामूली दर्शकों के साथ एक राजपूत के भेष में बैठा करते थे। लखनऊ में एक दिन पुलिस सुपरिण्टेण्डेण्ट खां बहादुर साहब इनसे मिले। खां बहादुर ने इनसे कहा, "देखो अशफ़ाक़ तुम मुसलमान हो, हम भी मुसलमान हैं। हमें तुम्हारी गिरफ्तारी से बहुत रंज है। रामप्रसाद वग़ैरह हिन्दू हैं। इनका उद्देश्य हिन्दू सल्तनत कायम करना है। तुम पढ़े-लिखे खानदानी मुसलमान हो। तुम कैसे इन काफ़िरों के चक्कर में आ गये?" यह सुनते ही श्री अशफ़ाक़ की आँखें लाल हो गईं और झल्ला कर उन्होंने कहा "बहुत हुआ! खबरदार, ऐसी बात फिर कभी न कहियेगा। अव्वल तो पंडित जी (श्री रामप्रसाद) वग़ैरह सच्चे हिन्दुस्तानी हैं, उन्हें हिन्दू सल्तनत, सिक्ख राज्य या किसी भी फ़िर्क़ा़न सल्तनत से सख्त नफ़रत है। और आप जैसा कहते हैं, अगर वह सत्य भी हो तो मैं अंगरेज़ों के राज्य से हिन्दू राज्य ज्यादा पसन्द करूँगा। आपने जो उनको काफ़िर बतलाया, उसके लिये मैं आपको इस शर्त पर मुआफ़ी देता हूँ कि आप इसी वक्त मेरे सामने से चले जायँ।" बिचारे ख़ाँ बहादुर की सिट्टी-पिट्टी गुम हो गई और अपना-सा मुँह लिये वहाँ से खिसक पड़े। मामले में उनका व्यवहार बड़ा मस्ताना था। अदालत के दर्शक और कर्मचारी उनके निर्द्वन्द्वतापूर्ण व्यवहार को देखकर दंग थे। फाँसी की तख्ती सर पर झूल रही थी परन्तु उन्हें बिलकुल परवाह न थी। अन्त में फैसला सुनाया गया। उन पर 5 अभियोग लगाये गये थे। जिनमें से तीन में फाँसी और दो में काले पानी की सजायें हुई थीं। अदालत में उन्हें

श्री रामप्रसाद 'बिस्मिल' का लेफ्टीनेण्ट कहा गया था।

इनके बाद अपीलें और दया प्रार्थनाओं आदि के व्यर्थ जाने पर फाँसी देना तय पाया। उन्हें इस पणिाम से किंचित् मात्र भी क्लेश नहीं हुआ। जेल में वे कुछ दुबले पड़ गये थे। उनके कुछ मित्रों ने उनसे कारण पूछा तो उन्होंने उत्तर दिया कि तुम समझते होगे कि काल कोठरियों ने मुझे दुबला कर दिया है, मगर बात ऐसी नहीं है। मैं आजकल बहुत कम खाता हूँ और इबादत (ईश्वर-भजन) में मैं ज्यादा समय गुजारता हूँ। कम खाने से इबादत में मन खूब लगता है। वे बड़ी मस्त तबियत के आदमी थे। फाँसी के एक दिन पहिले कुछ मित्र उनसे मिलने गये। उस दिन उन्हें अपने पुराने कपड़े मिल गये थे, जिन्हें धो कर उन्होंने पहना था। पैरों में जूता भी था। उस दिन उबटन लगाकर उन्होंने स्नान किया, और बालों को, जिन्हें जेल में उन्होंने बढ़ा रखा था साफ़ किया। काफ़ी जर्क बर्क होकर मित्रों से मिले। बड़े खुश थे, फांसी की कोइ चिन्ता ही न थी। मित्रों से बोले आज मेरी शादी है! उसके दूसरे ही दिन सुबह साढ़े छः बजे उन्हें फाँसी हुई। मुक़दमा समाप्त हो जाने के बाद वे फैजाबाद जेल भेज दिये थे। वहीं पर उन्हें फाँसी हुई। वे बहुत हँसी खुशी के साथ, कुरान शरीफ़ का बस्ता कंधे में टांगे हाजियों की भांति 'लवेक' कहते और कलमा पढ़ते, फाँसी के तख्ते के पास गये। तख्ते को उन्होंने बोसा (चुम्बन) दिया और उपस्थित जनता से कहा कि···"मेरे हाथ इन्सानी खून से कभी नहीं रंगे, मेरे ऊपर जो इल्जाम लगाया गया वह गलत है, खुदा के यहाँ मेरा इन्साफ होगा।" इसके बाद उनके गले में फन्दा पड़ा और खुदा का नाम लेते हुए वे इस दुनिया से कूच कर गये। उनके रिश्तेदार उनकी लाश शाहजहाँपुर ले जाना चाहते थे। इसके लिये उनको अधिकारियों से बहुत मिन्नत-आरजू करनी पड़ी, तब कहीं इजाज़त मिली। शाहजहाँपुर ले जाते समय इनकी लाश लखनऊ स्टेशन पर उतारी गयी; तब कुछ लोगों को देखने का मौक़ा मिला। उस समय एक अंग्रेजी अखबार के सम्पादक ने लिखा था:··· "लखनऊ की जनता अपने प्यारे अशफ़ाक के अन्तिम पुण्य, दर्शनों के लिए बेचैन होकर उमड़ आई थी। वृद्ध लोग तो इस प्रकार रोते थे मानो उनका अपना ही पुत्र खो गया हो।" चेहरे पर 10 घण्टे के बाद भी, बड़ी शान्ति और मधुरता थी। सब, केवल आँखों के नीचे कुछ पीलापन था। बाकी चेहरा तो ऐसा सजीव था कि मालूम होता था कि अभी-अभी नीद आ गई है। यह नींद अनन्त थी। मृत्यु के कुछ समय पहले वे इन शेरों क़ी रचना भी कर गये थे—

फ़ना है सब के लिए हम पै कुछ नहीं मौकूफ़,
बक़ा है एक फ़कत ज़ाति किब्रिया के लिए।

(नाश तो सब का है, एक हमारा ही क्या, अविनाशी तो केवल परमात्मा ही है।)

तंग आकर हम भी उनके जुल्म से बेदाद से
चल दिये सूये अदम ज़िन्दाने फ़ौज़ाबाद से

उनकी अन्य कुछ कविताओं का नमूना यह है:—

× × ×

तनहाइए गुरबत से मायूस न हो 'हसरत'
कब तक न खबर लेंगे याराने वतन तेरी।

× × ×

ब जुर्ने आरज़ू पै जिस क़दर चाहे सज़ा दे लें,
मुझे खुद ख्वाहिशे ताज़ार है मुलज़िम हूँ इकरारी।

फाँसी के कुछ घण्टे पहले उन्होंने ये कवितायें लिखी थीं—

(1)

अफसोस ! क्यों नहीं है वेह रूह अब बतन में ?
जिस ने हिला दिया था दुनियां को एक पल में ॥
ऐ पुख्ताकार-उल्फ़त हुशियार डिग न जाना,
मराज आशकां हैं इस दार और रसन में ॥
मौत और ज़िन्दगी है दुनियां का सब तमाशा,
फ़रमान कृष्ण का था, अर्जुन को बीच रण में।
कुछ आरज़ू नहीं हैं, है आरज़ू तो यह है,
रख दे कोई ज़रा सी खाके वतन कफन में।
सैयाद जुल्म पेशा आया है जब से 'हसरत,
हैं बुलबुलें क़फ़स में ज़ागोज़ग़न चमन में।

(2)

बुज़दिलों ही को सदा मौत से डरते देखा,
गो कि सौ बार उन्हें रोज़ ही मरते देखा।
मौत से वीर को हम ने नहीं डरते देखा,
तख्तये मौत पै भी खेल ही करते देखा।
मौत एक बार जब आना है तो डरना क्या है,
हम सदा खेल ही समझा किये, मरना क्या है।
वतन हमेशा रहे शाद काम और आज़ाद,
हमारा क्या है, अगर हम रहे, रहे न रहे।

न कोई इंग्लिश न कोई जर्मन न कोई एशियन न कोई तुर्की
मिटानेवाले हैं अपने हिन्दी जो आज हमको मिटा रहे हैं ॥
जिसे फना वह समझ रहे हैं बका का है राज इसीमें मजमिर।
नहीं मिटाने से मिट सकेंगे वो लाख हमको मिटा रहे हैं ॥
खामोश हसरत! खामोश हसरत! ! अगर है जजबा वतन का दिल में।
सजा को पहुँचेंगे अपनी बेशक जो आज हमको सता रहे हैं ॥

(4)

पहिनाने वाले अगर बेड़ियाँ पहनाएंगे।
खुशी से क़ैद के गोशे को हम बसाएंगे ॥
जो सन्तरी वीर जिन्दा के सो भी जाएंगे ॥
यह राग गाके उन्हें नींद से जगाएंगे ॥
तलब फजूल है कांटे को फूल के बदले।
न ले बहिश्त भी हम होमरूल के बदले ॥
सन्तरी देख कर इस जोश को शरमाएंगे।
राग जंजीर की झन्कार में हम गाएंगे ॥

(5)

सितमगर अब यह आलम है तेरे बीमारे फुरक़त का।
लबों पर दम है दिल में बलबला शौके शहादत का ॥
मेरी दीवानगी पर चारागर हैरां न हो इतना ।
यही अन्जाम होना चाहिये नाकाम उलफ़त का ॥
बुताने संग दिल सुनते नहीं फरियाद बेकस की ।
निराला ढंग है उन खुदपरस्तों की हकूमत का ॥
मिटा कर जानों दिल अपना किसी जालिम जफाजूपर।
तमाशा अपनी आंखों देखता हूं अपनी किस्मत का ॥
हविस हूरों की हो जिस में दिलाये याद गिल्मां को ।
जनाबे शेख़ मैं कायल नहीं ऐसी रियाजत का ॥
बर आएं हसरतें हासिल सकूने कल्ब मुजतर हो ।
कहां ऐसा मुकद्दर हाय मुझ बरगश्ता किस्मत का ॥
मजा जब है कि वह कह उठें 'अशफाक' उनका क्या कहना।
गजल है या मुरक्का है तेरे वक्ते मुसीबत का ॥

(6)

बहार आई है शोरिश है जनूने फितना सामां की ।
इलाही खैर रखना तू मेरे जेबो—गिरबां की ॥

सही जजबाते उलफत भी कहीं मिटने से मिटते हैं।
अबस है धमकियां दारो-रसन को और ज़िन्दा की ॥
यह गुलशन जो कभी आज़ाद था गुज़रे जमाने में।
मैं शाखे खुश्क हूं हां! हां!! इसी उजड़े गुलिस्तां की ॥
नहीं तुमसे शिकायत हम शफीराने चमन मुझको।
मेरी तक़दीर ही में था क़फस और क़ैद जिंदा की ॥
जमीं दुश्मन जमा दुश्मन जो अपने थे पराये हैं।
सुनोगे दासता क्या तुम मेरे हाले परेशां की ॥
यही लिक्खा था क़िस्मत में चमन पैराये आलम ने।
कि फस्ले गुल में गुलशन छूट कर है क़ैद जिंदां की ॥
यह झगड़े और बखेड़े मैट कर आपस में मिल जाओ।
अबस तफरीक है तुममें यह हिन्दु और मुसलमां की ॥
सभी सामाने हशरते थे मज़े से अपनी कटती थी।
वतन के इश्क ने हमको हवा खिलवाई जिंदां की ॥
वह मद लिल्लाह चमक उट्ठा सितारा मेरी किस्मत का ॥
कि तक़लीदे हक़ीक़ी की अता शाहे शहीदां की ॥
इधर खौफे खिज़ां है आशियां का ग़म उधर दिल को।
हमें यकसां है तफ़रीये चमन और क़ैद जिंदां की ॥
करो जब्ते मुहब्बत गर तुम्हें दावाये उल्फ़त है।
खमोशी साफ बतलाती है यह तस्बीर जाना की ॥

वे मरते समय देशवासियों के नाम एक सन्देशा भी छोड़ गये। सन्देशे का सारांश यहाँ दिया जाता है:—भारत माता के रंग-मंच पर अपना पार्ट अब हम अदा कर चुके। हमने गलत-सही जो कुछ किया, वह स्वतन्त्रता प्राप्ति की भावना से किया। हमारे इस काम की कोई प्रशंसा करेंगे और कोई निन्दा। किन्तु हमारे साहस और वीरता की प्रशंसा हमारे दुश्मनों तक को करनी पड़ी है। क्रान्तिकारी बड़े वीर योद्धा, और बड़े अच्छे वेदान्ती होते हैं। वे सदैव अपने देश की भलाई सोचा करते हैं। लोग कहते हैं कि हम देश को भयत्रस्त करते हैं, किन्तु बात ऐसी नहीं है। इतनी लम्बी मियाद तक हमारा मुक़दमा, चला मगर हमने किसी एक गवाह तक को भयत्रस्त करने की चेष्टा नहीं की, न किसी मुखबिर को गोली मारी। हम चाहते तो किसी गवाह, या किसी खुफिया पुलिस के अधिकारी या किसी अन्य ही आदमी को मार सकते थे। किन्तु हमारा यह उद्देश्य नहीं था। हम तो, कन्हाईलाल दत्त, खुदीराम बोस, गोपी मोहन साहा आदि की स्मृति में फाँसी पर चढ़ जाना चाहते थे।

जजों ने हमें निर्दय, बर्बर, मान्व-कलंकी आदि विशेषणों से याद किया है। किन्तु हम पूछते हैं कि क्या इन जजों ने जलियावाला बाग में डायर को गोली

चलाते देखा, या सुना नहीं ? क्या उसने निशस्त्र भारतीयों—स्त्री, पुरुष, बाल, वृद्ध सब पर गोलियाँ नहीं चलायी थीं ? कितने जजों ने उसे इन विशेषणों से विभूषित किया ? फिर क्या यह मजाक हमारे ही साथ उड़ाने को है ?

भारतवासी भाइयो ! आप कोई हों, चाहे जिस धर्म या सम्प्रदाय के अनुयायी हों, परन्तु आप देश-हित,' के कामों में एक होकर योग दीजिए। आप लोग व्यर्थ में लड़-झगड़ रहे हैं। सब धर्म एक हैं, रास्ते चाहे भिन्न भिन्न हों परन्तु लक्ष्य सबका एक ही है। फिर यह झगड़ा बखेड़ा क्यों ? हम मरने वाले काकोरी के अभियुक्तों के लिए आप लोग एक हो जाइये और सब मिल कर नौकरशाही का मुक़ाबिला कीजिए। यह सोच कर कि 7 करोड़ मुसलमान भारतवासियों में मैं सबसे पहला मुसलमान हूँ जो भारत की स्वतन्त्रता के लिए फाँसी पर चढ़ रहा हूँ, मन ही मन अभिमान का अनुभव कर रहा हूँ। किन्तु मैं यह विश्वास दिलाना चाहता हूँ कि मैं हत्यारा नहीं था; जैसा कि मुझे साबित किया गया।

अब मैं बिदा होता हूँ। ईश्वर आप सबका भला करे। इस अवसर पर सैयद अईनुद्दीन मजिस्ट्रेट, श्री खैरातअली पब्लिक प्रासीक्यूटर, सी. आई. डी. के अधिकारी खास कर खान बहादुर तसद्दुक हुसेन साहब तथा अन्य गवाहों को धन्यवाद न देना अनुचित होगा, क्योंकि इन्हीं की कृपा से हमको यह मान-मर्यादा प्राप्त हुई है। मेरे परिवार में आज तक देश सेवा के लिए कोई त्याग न हुआ था। अब यह कलंक छूट जायगा। अन्त में अपने साथी अभियुक्तों तथा मुखबिरों और इक़बाली मुलज़िमों से भी बन्दे करता हूँ।

सबको आखरी सलाम। भारतवर्ष सुखी हो। मेरे भाई आनन्द लाभ करें।

'क्या था'

(1)

देश दृष्टि में माता के चरणों का मैं अनुरागी था।
देश द्रोहियों के विचार से मैं केवल दुर्भागी था।।
माता पर मरने वालों की नज़रों में मैं एक त्यागी था।
निरंकुशों के लिए अगर मैं, कुछ था तो बस बाग़ी था।।

(2)

माता के बन्धन तोड़ूंगा, रखता था नित ध्यान यही।
अथवा मातृ मान पर मर जाऊंगा था मुझको अभियान यही।।
चाह रहा था जीवन में मैं, फाँसी का बरदान यही।
जन्मंगा फिर भी भारत में, होता उर में मान यही।।

(3)

देश-प्रेम के मतवाले कब, झुके फाँसियों के भय से ।
कौन शक्तियाँ हटा सकीं हैं, उन वीरों को निश्चय से ।।
हो जाता है शक्तिहीन जब शासन, अतिशय अविनय से ।
लखता है जग बलिदानों की, पूर्ण विजय तब विस्मय से ।।

(4)

वीर शहीदों के शोणित से, राष्ट्र महल निर्माण हुए ।
उत्पीड़क बनराज कुलों के भाग्य दीप निर्माण हुए ।।
माता के चरणों पर अर्पित, जिन देश के प्राण हुए ।
रहे न पल भर पराधीन फिर प्राप्त उन्हें कल्याण हुए ।।

(5)

जाता हूँ, दो मातृ यही वर, भारत में फिर जन्म धरूँ ।
एक नहीं तेरी स्वतन्त्रता पर, जननी मैं सौ बार मरूँ ।।

गनीमी युद्ध के नियम

भारत वर्ष में समय-समय पर ग़नीमी युद्ध के द्वारा अनेक निर्बल शासकों ने सबल शासकों का मुकाबला किया है और इस युद्ध के द्वारा वे अपने कार्य्य में बहुत कुछ सफल मनोरथ हुए हैं। उदाहरण के लिये प्रातः स्मरणीय शिवाजी महाराज का नाम विशेषकर उल्लेखनीय है। पर हमें इस समय ऐसा कोई साधन नजर नहीं आता, जिसके द्वारा हम यह जान सकें कि हमारे भारतीय योद्धा गनीमी युद्ध को किन-किन नियमों से किया करते थे। अतएव हमें अन्य देशों के वीर योद्धाओं की युद्ध-प्रणाली को ही जान कर सन्तुष्ट होना पड़ता है। इटली के सुविख्यात रणनीतिज्ञ, स्वतंत्रता के परम उपासक महामना तपस्वी मेजिनी ने अपनी गनीमी सेना के लिए जो नियम बनाए थे, उन नियमों का नीचे उल्लेख किया जाता है—

गनीमी युद्ध भी राष्ट्रीय संग्राम की एक विधि है। गनीमी टुकड़ियों की रचना इस प्रकार की होनी चाहिए कि उनमें युद्ध करते-करते, राष्ट्रीय सेना की योग्यता आ जाय, तथा बाद में उन्हीं टुकड़ियों की राष्ट्रीय सेना खड़ी हो सके। गनीमी युद्ध के अन्दर कई बातें ऐसी हो जाती हैं कि वे एक दूसरी से भिन्न प्रतीत होती हैं, परन्तु उन्हीं बातों के अन्तर्गत एकता होनी लाज़िमी है। यद्यपि ग़नीमी टोलियाँ भिन्न-भिन्न स्थानों में एक दूसरी से अलग-अलग फैली हुई पड़ी हों तथापि उन सबको एक सूत्र में बाँधने के लिए एक मुख्य केन्द्र का नियत कर लेना परम आवश्यक है। इसी मुख्य केन्द्र से सब टुकड़ियों की एक समान रचना, टुकड़ी के सेनापति का चुनाव और उसकी नियुक्ति, सब टुकड़ियों के लिए आवश्यकीय नैतिक नियम आदि प्रबन्ध होने चाहिए। इसके सिवाय यह केन्द्र इस प्रकार की व्यवस्था करे कि भिन्न-भिन्न स्थानों की सम्पूर्ण टुकड़ियों में एक ही उद्देश्य की स्फूर्ति उत्पन्न हो जाय और लड़ते समय उसी उद्देश्य की विजय के लिए एक मत तथा एक वाक्यता रहे।

गनीमी टुकड़ियों का राजनैतिक कर्तव्य खासकर यही है कि वे स्वयं शस्त्रों से सुसज्जित रहें और अन्य मनुष्यों को युद्ध करने की उत्तेजना दें। प्रत्येक टुकड़ी के हृदय पर उस पक्ष के उद्देश्य और नीति का मूर्तिमान और जीवित प्रतिबिम्ब उठना चाहिए। अत्यन्त कड़े नियमों का नियन्त्रण रखना आवश्यक

ही नहीं, पर वह हर एक मनुष्य का कर्तव्य कर्म है। अत्यन्त कड़े नियमों का पालन करना उनके लिए राष्ट्र के प्रति एक पवित्र और आदरणीय कर्तव्य है। अपने पक्ष की विजय के लिए कड़े नियमों का पालन करना अत्यन्त आवश्यक है, क्योंकि अनियमितता के कारण चारों ओर अन्धाधुन्धी मच जाएगी और हर एक पर जोरो-जुल्म होने के कारण स्वयं उनके स्वदेश बन्धु ही उन्हें सहायता न देंगे और न सहानुभूति ही रखेंगे।

इस बात का पूरा प्रबन्ध रखना चाहिए कि दूसरों के धन-माल, मनुष्य मात्र के स्वत्व; बोई हुई खेती और स्त्रियों को रञ्चमात्र भी धक्का न लगने पाए।

गनीमी टुकड़ियाँ राष्ट्र की रण-भेरी हैं। उन्हें स्वतन्त्रता के युद्ध की भेरी बजानी चाहिए और सम्पूर्ण राष्ट्र को युद्ध में प्रवृत्त कर देना चाहिए। राष्ट्र के ऊपर उनकी किसी प्रकार की सत्ता नहीं है—वे तो राष्ट्र के सेवक हैं और राष्ट्र उनका स्वामी है। अतएव किस नीति द्वारा युद्ध करना चाहिए तथा किस साध्य में श्रद्धा रखनी चाहिए, इन बातों के निर्णय करने का सम्पूर्ण अधिकार राष्ट्रीय इच्छा पर निर्भर है।

क्षमा की वृत्ति मानसिक स्वतन्त्रता को प्रकट करने वाली है, अतएव प्रजासत्ताक राज्य के पक्षपातियों को हमेशा क्षमाशील रहना चाहिए। धार्मिक भावना, देव मन्दिर, भिन्न धर्मियों के प्रचार आदि विषयों में उपद्रव न करना चाहिए, और जब तक धर्म गुरु अपने विरुद्ध न चलें तब तक उनको भी किसी तरह का धक्का न पहुँचाना चाहिए।

किसी भी मनुष्य से उसके भूतकालिक अपराध के लिए माफी मंगवाना या उसे किसी प्रकार के दण्ड देने का अधिकार राष्ट्र को है, अतएव गनीमी टुकड़ी को उस अधिकार का प्रयोग न करना चाहिए। राष्ट्रीय बदला राष्ट्र ही ले सकता है। यदि वह बदला कोई खास मनुष्य लेता है तो वह अन्याय करता है।

उन नियमों को कार्य्य में परिणत करने के लिए उस टुकड़ी के केप्टन के सभापतित्व में सैनिकों के प्रतिनिधियों की एक पंचायत स्थापित करनी चाहिए। इस पंचायत के द्वारा जिन सैनिकों को अनियमितता के कारण दण्ड मिला हो, उनके नाम मुख्य केन्द्र के पास भेजने होंगे और वे उसके द्वारा योग्य समय पर प्रकाशित कर दिए जायँगे।

प्रत्येक टुकड़ी का केप्टन उस टुकड़ी के बर्ताव के लिए मुख्य केन्द्र के सामने उत्तरदाता समझा जायगा।

निन्दनीय कार्य्य करने पर वह केप्टन मुख्य केन्द्र द्वारा बर्खास्त कर दिया जायगा, या उसे प्रकट रूप से दण्ड दिया जायगा।

जब किसी टुकड़ी के निन्दनीय बर्ताव या जुल्म-जोर करने की खबरें बहुत ही और बारम्बार मिलें तब मुख्य केन्द्र की ओर से यह निर्णय किया जाय कि

स्वतन्त्रता के पवित्र राष्ट्रीय कार्य्य में युद्ध करने की उस टुकड़ी में योग्यता नहीं है। यदि इस आज्ञा को न मानते हुए भी वह टुकड़ी उसी हालत में बनी रहे तो यह समझा जायगा कि वह टुकड़ी राष्ट्रीय झण्डे से रहित और उद्देश्य शून्य एक अन्धाधुन्धी मचानेवाली टुकड़ी है।

हर एक संघ को इस बात की स्वतंत्रता है कि वह अपनी रक्षा और स्थिरता के लिए योग्य उपायों से काम ले। प्रत्येक मनुष्य को राष्ट्रीय आक्रमण का प्रचार जितना भी बन सके; करना चाहिए। राष्ट्रीय क्रान्ति के विरुद्ध जो कोई आघातक या विघातक प्रयत्न करे, या देश-भक्तों की हलचल की खबर शत्रु को जाकर देवे, अथवा इटालियन देश भाई से किसी भी प्रकार का बैर भाव रखें, ऐसे मनुष्यों को तत्काल ही कड़ा से कड़ा दण्ड देने का अधिकार प्रत्येक गनीमी टुकड़ी या संघ को है।

हर एक गनीमी टुकड़ी को अपने अस्तित्व की रक्षा का पूर्ण अधिकार है। उसका कर्तव्य है कि वह अपने पक्ष को मजबूत बनाने के लिए हो सके उतनी साधन सामग्री प्राप्त करे।

गनीमी टुकड़ियाँ अपनी-अपनी जीविका निम्नलिखित साधनों पर चला सकती हैं—शत्रु के पास से मिली हुई लूट पर; अत्याचारी सत्ता से छीनकर लाए हुए कोष पर, वे जो हमारे ही देशवासी धन-सम्पन्न हैं पर वे राष्ट्रीय पक्ष को सहायता न देने का आत्मघातकी निश्चय कर लेते हैं, ऐसे धनवानों से जबरदस्ती छीन कर लाए हुए द्रव्य पर, तथा जिस-जिस प्रदेश में से देश-भक्तों की सेना जाती हो, उस उस प्रदेश से मांगी हुई कर की रकम पर, इत्यादि प्रकार के साधनों द्वारा गनीमी संघ अपना निर्वाह चलावें।

प्राप्त हुई लूट पर सम्पूर्ण टुकड़ी का स्वत्व है। अतएव परिस्थिति के अनुसार उसी टुकड़ी द्वारा स्वीकार किए गए नियमानुसार उस लूट को अधिकारी और सैनिकों में बांट देना चाहिए।

यदि सरकारी खजाना लूटा गया हो तो उस पर राष्ट्रीय पक्ष का स्वत्व रहेगा। उस टुकड़ी के केप्टन पर उक्त रकम का उत्तरदायित्व है केप्टन उस रकम के लिए खजांची को चिट्ठी लिख दे।

केप्टन को चाहिए कि वह जबरदस्ती प्राप्त की हुई कर की रकम का विनियोग मुख्य केन्द्र की सलाह से करे।

हर एक प्रान्त पर अन्न के भंडार के लिए जो मांग की जाय, वह जहाँ तक हो सके बहुत कम बार की जानी चाहिए। जब यह रसद ठिकाने पर पहुँच जाय तो उसका नकद पैसा चुका देना चाहिए। यदि कभी टोलियों के पास द्रव्य न रहे तो उस समय केप्टन को चाहिए कि वह अपने नाम की एक चिट्ठी इस प्रकार की लिख कर कि उसे कितनी रसद मिली है, उस प्रान्त के अधिकारी को दे देवे। अतएव युद्ध समाप्त होते ही यह जाना जा सकेगा कि किस प्रान्त से कितनी सहायता प्राप्त हुई थी।

केप्टन को चाहिए कि वह अपनी टुकड़ी की किसी भी प्रकार की हानि न करते हुए जितनी रक़म वह भेज सके; मुख्य केन्द्र के पास भेजता रहे।

केप्टन को चाहिए कि वह अपनी टुकड़ी के खर्च का हिसाब बड़ी सच्चाई के साथ रखे। इस हिसाब की जांच मुख्य केन्द्र द्वारा नियत किया हुआ प्रांतिक अधिकारी किया करेगा। यह प्रान्तिक अधिकारी इस बात की जांच-पड़ताल भी किया करेगा कि सैनिक अधिकारी राष्ट्रीय नियमों का यथायोग्य पालन करते हैं या नहीं।

ग़नीमी युद्ध में सम्पूर्ण टुकड़ियों को इस प्रकार की कोशिश करनी चाहिए, जिससे बड़े-बड़े नगर उनके अधिकार में आ जायँ। पर छोटे-छोटे गाँवों को प्रकट रूप से विद्रोह करने की उत्तेजना न देनी चाहिए। इसका कारण यह है कि शत्रु उन छोटे-छोटे गाँवों पर भयंकर रूप से अत्याचार कर सकता है। किन्तु उन गाँवों में से जो लोग राष्ट्रभक्त ग़नीमी सेना में आना चाहें, उनको चाहिए कि वे गाँव को छोड़कर ग़नीमी टुकड़ी में आकर मिल जावें। गाँव के शेष मनुष्यों को चाहिए कि वे गुप्त रूप से आन्तरिक सहायता दिया करें।

हरएक टुकड़ी को संघ-शक्ति बढ़ानी चाहिए। पर, केन्द्रमण्डल द्वारा भावी राष्ट्रीय सैन्य की टुकड़ियों को जितनी संख्या निश्चित की गई हो, उतनी भरती हो जाने के उपरान्त नये आगन्तुक देशभक्तों की दूसरी टुकड़ी बनानी चाहिए।

ग़नीमी युद्ध का प्रारम्भ होते ही प्रथम टुकड़ियों के केप्टन-गण मुख्य केन्द्र द्वारा चुने जायँगे अथवा मान्य किये जायँगे। युद्ध में मृत्यु पाये हुए अधिकारियों के स्थान पर उनके नीचे रहने वाले अधिकारियों की नियुक्ति होनी चाहिए। निश्चित की गई संख्या के ऊपर मनुष्यों की भरती होने पर जब उनकी दूसरी नई टुकडी बनाई जाय, तब उस नई टुकडी के केप्टन की जगह पर प्रथम के केप्टन एवं उसके नीचे वाले अधिकारियों की सलाह से नये केप्टन का चुनाव होना चाहिए। हमको भावी राष्ट्रीय सेना में वृद्धि करने की आवश्यकता है, अतएव किसी भी टुकड़ी को इस प्रकार के कार्य्य न करने चाहिए, जिसके कारण भावी राष्ट्रीय सेना को संगठित करने के कार्य्य में बाधा उपस्थित हो।

किसी भी प्रान्त पर अधिक भार न डालते हुए हम अपनी उपजीविका चला सकें, एवं शरीर में इतनी चपलता होनी चाहिए कि मौका पड़ने पर किसी भी समय हम विभक्त हो सकें और छुपकर बैठ सकें। इसके लिए जरूरी है कि हर एक टुकड़ी को पच्चीस से लगाकर पचास तक सिपाहियों की छोटी-छोटी टोलियाँ बनाकर निश्चित् किए स्थानों पर अपने-अपने कमाण्डर के अधिकार में रहकर युद्ध चालू रखना चाहिए।

इन टुकड़ियों का निश्चित् किया हुआ पोशाक केवल एक कुरता है। पर युद्ध के प्रथम चरण में इस पोशाक के झमेले में पड़ना ही नहीं चाहिए। एक

छोटा-सा कोई राष्ट्रीय चिह्न रख लेना चाहिए। चिह्न ऐसा हो कि समय पड़ने पर विभक्त होने तथा एकदम अदृश्य हो जाने के लिए वह चिह्न मिटा दिया करे कि फिर किसी भी तरह का पता न लग सके कि टुकड़ी कहाँ गई। शत्रु को यह मालूम नहीं होगा कि राष्ट्रीय वीर कौन-कौन हैं। दूसरी बात यह कि युद्ध के समय एक निश्चित् की हुई कपड़े की पट्टी इस प्रकार से व्यवहार में लानी चाहिए कि वह शत्रु को दूर से दृष्टि न आ सके। यदि कुरता ही पहिनना हो तो अधिकारी तथा सिपाहियों को एक ही रंग का पहिनना चाहिए, ताकि शत्रु केवल अधिकारियों को ही चुन-चुन कर न मार सकें।

हर एक सैनिक के पास अत्यन्त आवश्यकीय हथियार-कम से कम एक मस्केट या राइफल बन्दूक, एक बेयोनेट तथा एक खञ्जर रहना ही चाहिए। इसके अतिरिक्त हर एक सैनिक के पास सामान रखने की एक छोटी-सी थैली या पेटी इस प्रकार की होनी चाहिए कि जिसमें कारतूस, रोटी, मद्य तथा एक बारीक-सी पर मजबूत रस्सी, थोड़े से कीले और यदि आ सके तो एक छोटी-सी कुल्हाड़ी रह सके। सैनिकों के कपड़े इस प्रकार के बनाए जायँ कि जिसमें सिपाही को किसी प्रकार की तकलीफ़ न हो। उनकी कोई ख़ास आकृति न होनी चाहिए, नहीं तो विभक्त होने के समय वे बड़ी आसानी से पकड़ लिए जायँगे।

सब तरह की हलचल करने के हुक्म कोई खास बाजे बजा कर विदित किए जायँगे। निम्न लिखित हलचल अत्यन्त महत्वपूर्ण हैं, अतएव सैनिकों का उनके संकेत पहिचानने की उत्तम शिक्षा पहले से ही दे रखनी चाहिए:— 1. सामने का आक्रमण, 2. बायीं तरफ से आक्रमण, 3. दाहिनी तरफ से आक्रमण, 4. एकत्रित होकर आक्रमण करना, 5. रायफल वाले सैनिकों का आक्रमण, 6. वापिस सम्मिलन, 7. पीछे हटना इत्यादि।

हर एक टुकड़ी में दूसरी श्रेणी के अधिकारी-गण फुर्सत के वक्त गनीमी धावे के लिए आवश्यकीय कवायद भी किया करेंगे। यद्यपि यह कवायद थोड़ी-सी है, पर है वह अत्यन्त महत्व की। उदाहरणार्थ बन्दूक भरने और चलाने में अत्यन्त चपलता, तत्काल टुकड़ी से फूट कर भाग जाना, तत्काल पुनः मिल जाना, इत्यादि।

ग़नीमी सेना का मुख्य नीति यह होनी चाहिए—जहाँ तक बन सके तहाँ तक शत्रु की मार से बच कर एवं जहाँ तक बने तहाँ तक अपने को किसी संकटपूर्ण स्थिति में न फँसाते हुए, शत्रु को लगातार तकलीफों में फँसाते हुए उनका हरएक उपाय द्वारा नाश करते रहना चाहिए। उनके बारूद गोले को नष्ट-भ्रष्ट कर देना, उनकी रसद को लूट लेना, उनकी हिम्मत और उनके विश्वास को तोड़ देना, उनकी कवायद में विघ्न डालना, आदि उपायों से शत्रु को बने तहाँ तक पस्त और अनाथ स्थिति में ला छोड़ना चाहिए; और जब मालूम हो जाय कि अब शत्रु दुःख पा-पाकर हताश हो गये हैं—वे घबरा

गये हैं—तब सम्पूर्ण टोलियों को मिल कर एक अच्छी-सी लड़ाई लड़ लेनी चाहिए।

ये बातें आसानी के साथ हो सकें, एतदर्थ बराबर सामने से या आजू-बाजू से शत्रु पर आक्रमण करना चाहिए। शत्रु की छोटी टुकड़ी आगे रहने वाले अन्वेषक मनुष्य, भूल से पिछड़ी हुई टुकड़ी अथवा कोई भी अकेला-दुकेला सेना का अंश मिल गया कि उसे बड़ी दृढ़ता के साथ मार-पीट कर नष्ट कर देना चाहिए। उनकी रसद बारूद गोले और कोष को नष्ट कर डालना चाहिए। मार्ग में छुप कर बैठ जाना चाहिए और उनके गुप्तचर और पोस्टमैनों को पकड़ कर उनके आवागमन का मार्ग बिलकुल बन्द कर देना चाहिए, पुलों को नष्ट कर देना चाहिए। पानी के उतार और रास्तों का नाश कर देना चाहिए। शत्रुओं की नींद और आराम करने का समय जान कर उसी समय उन पर प्रबल आक्रमण करना चाहिए। उनके सेनापति तथा मुख्य-मुख्य अधिकारियों को मार डालना चाहिए।

गनीमी युद्ध ख़ास कर विचार-प्रधान साहस का युद्ध है—हिम्मत का युद्ध है—पद-चापल्य का युद्ध है—लुक-छिप कर लड़ने का युद्ध है।

गनीमी टुकड़ी के केप्टन को चाहिए कि वह सम्पूर्ण परिस्थिति को ध्यान में धर कर शान्त रीति से अपना निश्चय करे। किये हुए निश्चय को तत्काल ही अमल में लाना चाहिए। आराम न लेकर कूच करते रहना चाहिए। आंख मिचते न मिचते वापिस लौटना चाहिए और शत्रु के हलचल की हर एक छोटी-मोटी बात जान लेना चाहिए।

गनीमी युद्ध पद्धति में भी नियमानुसार युद्ध-पद्धति के अनुसार सबसे अधिक ध्यान इस बात पर देना चाहिए कि उनका आवागमन और रसद आदि का सम्बन्ध न टूटने पाये। एक ही टुकड़ी के भिन्न-भिन्न हिस्सों में तथा भिन्न-भिन्न टुकड़ियों में अखण्ड सम्बन्ध बना रहे, इस बात पर सबसे ज्यादा ध्यान रखना चाहिए। यह सम्बन्ध इतना दृढ़ और मज़बूत होना चाहिए कि एक ही समय में निश्चित् की हुई प्रणाली के समान सब-के-सब आक्रमण कर सकें।

नियमानुकूल युद्ध-पद्धति में सेनापति के अन्दर जो मुख्य गुण होना चाहिए वह है सु-अवसर (Psychological moment) को जायें। पर ग़नीमी युद्ध के अन्दर सेनापति में जो मुख्य गुण होना चाहिए वह है शत्रु पर बारम्बार आक्रमण करना, जहाँ तक हो सके शत्रु की हानि करना और अपने ऊपर आफ़त आती हुई देखकर तत्काल पीछे फिर जाना।

यह बात निश्चित है कि जिस टुकड़ी पर घिराव पड़ जाता है फिर वह नष्ट हुई ही समझना चाहिए। पीछे फिरने का मार्ग हमेशा निर्विघ्न रखना चाहिए। हर एक केप्टन को चाहिए कि वह अपने सैनिकों को पहले से ही यह बात बता रक्खे कि यदि विभक्त होकर भाग जाने का समय आ जाय तो

उसके बाद सब सैनिक किस स्थान पर पुनः एकत्रित हो जायँ। इस बात के पहले बताये बिना शत्रु पर कभी भी आक्रमण न करना चाहिए।

शत्रु पर आक्रमण करने का सबसे अच्छा समय रात्रि में, विश्राम के समय या बड़ी दूर की सफर करके आने के बाद (जबकि वे बिलकुल थके हुए हों) होता है।

सेना में अचूक निशाना मारने वाले सैनिकों की ही आवश्यकता है। मामूली नित्य के आक्रमणों में ग़नीमी टुकड़ियों को अपने अचूक निशाना मारने वाले सिपाहियों को आक्रमण करने के समय शक्त्यानुसार एक दूसरे से पृथक-पृथक फैला देना चाहिए। आक्रमण के समय सैनिकों के अन्दर जितना अधिक अन्तर होगा, शत्रुओं के गोली-वार का भय उतना ही कम रहेगा। इसके सिवाय सिपाहियों की एक दूसरे से अलग लम्बी कतार रखने से एक फायदा यह होता है कि थोड़ी-सी सेना के द्वारा शत्रु की अधिक सेना को अटकाया जा सकता है।

जिन देशों और प्रान्तों में झाड़ जंगल अथवा ऊँचा-नीचा स्थान हो, ऐसे स्थान गनीमी वीरों के लिये प्रकृति-दत्त स्वाभाविक संरक्षक होते हैं। ये ही स्थान उनके खन्दक और छिपने के स्थान होते हैं। प्रत्येक पहाड़ की लाइन उनके निसर्ग-दत्त दुर्ग हैं।

गनीमी टुकड़ियों की हलचल झटके की, अखण्डित और अचानक होनी चाहिए। उसके विषय में शत्रु को कोई खबर न लगनी चाहिए। ग़नीमी टुकड़ियों को दुर्गम स्थानों में छिप कर रहना चाहिए और समय पड़ने पर एकदम धड़ाके के साथ फूट जाना चाहिए जिसमे शत्रु को उसका पता बिलकुल ही न मिले।

साधारण रीति से यह कहा जा सकता है कि गनीमी टुकड़ियों को अपने पड़ाव निम्न लिखित आकृति के समान डालना चाहिए।

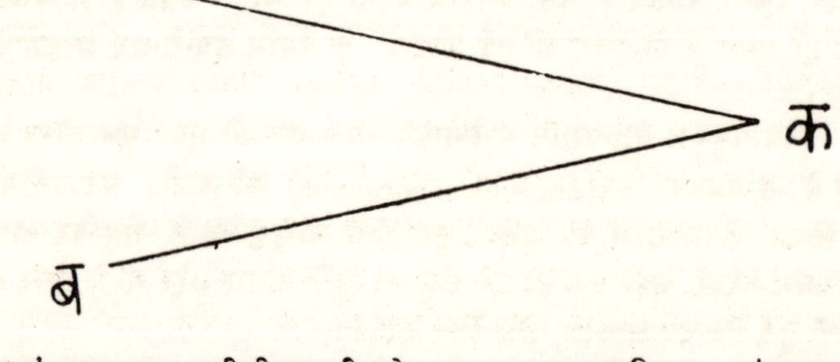

'अ' स्थान पर गनीमी टुकड़ी को खड़ा रहना चाहिए। 'ब' स्थान पर शत्रु का दल है। पहले पहल पीछे हटने का ढोंग करना चाहिए और जब शत्रु को विश्वास हो जाय कि हम सचमुच ही पीछे हट रहे हैं तब जल्दी से आगे बढ़ कर आक्रमण करना चाहिए। घबराये हुए शत्रु सावधान होकर अपनी

सेना को एकत्रित कर आक्रमण का प्रतिरोध करें न करें कि इतने में पीछे फिरकर भाग जाना चाहिए।

हर एक केप्टन को नीचे लिखी हुई तीन बातों की पूरी-पूरी जानकारी रखनी चाहिए—

(1) जिस प्रान्त में युद्ध करना हो, उस प्रान्त की पूरी-पूरी जानकारी और उसका भोगोलिक ज्ञान।

(2) अपनी सेना के हर एक व्यक्ति के स्वभाव और उसकी विशेष योग्यता की पूरी परीक्षा।

(3) शत्रुओं की ओर के भिन्न-भिन्न प्रकार उनकी रचना, उनके दाँव पेंच एवं उनकी संख्या का निश्चित ज्ञान।

हर एक बात को बड़ी गुप्त रखनी चाहिए। सेना के लिए जितनी आवश्यक बातें हों उसमें उतनी ही प्रकट करनी चाहिए।

अपने रहने और हलचल करने के लिए उसी प्रान्त को चुनना चाहिए जिस प्रान्त से अधिक सिपाही आये हुए हों और बिलकुल निरुपाय हो जाने के अतिरिक्त, उस प्रान्त को कदापि न छोड़ना चाहिए; क्योंकि सिपाहियों को उस प्रान्त का पूरा-पूरा ज्ञान होता है तथा वहां के निवासियों में उनके सम्बन्धी और मित्र आदि रहने के कारण बड़ी अच्छी सहायता मिल सकती है।

प्रत्येक टुकड़ी को अपनी हलचल करने की सीमा में भिन्न-भिन्न स्थानों में कुछ सिपाही स्थिर रूप से रख देना चाहिए। इन सिपाहियों का रखना इसलिए आवश्यक है कि युद्ध के समय वे अतिरिक्त (रिजर्व) सेना का काम कर सकें; इसके सिवाय उनके द्वारा हर एक बातें ज्ञात होती रहें। पर, इन सिपाहियों के रहने का स्थान और उनके नाम, केवल केप्टन और उसके गुप्तचर के अतिरिक्त किसी को भी मालूम न होने चाहिए।

इन सिपाहियों को गुप्त रूप से शत्रु की सम्पूर्ण बातें जानने का प्रयत्न करना चाहिए। शत्रु की सैनिक हलचल, सेना, गुप्त मन्त्रणा, रसद, गुप्तचर, वेश, स्थान, बड़े-बड़े अधिकारियों के रहने के स्थान, इत्यादि बातों की निश्चयात्मक खबर प्राप्त करनी चाहिए। इसके सिवाय उस भाग के निवासियों की सहानुभूति, उनके द्वारा कितनी रसद मिलना सम्भव है, आदि बातों का जानना ज़रूरी है। उस भाग के गुप्त रास्तों तथा दुर्गम स्थानों की जानकारी बिलकुल गुप्त और सूक्ष्म रीति से प्राप्त करके समीप की टुकड़ी के केप्टन पर विदित कर देने चाहिए कि इस अतिरिक्त सेना की रचना तथा उनके साथ व्यवहार करने की प्रणाली आदि की बातें अत्यन्त सावधानी के साथ निश्चित करे।

केप्टन को चाहिए कि वह, जहाँ तक हो सके अपने हुक्म मौखिक ही भेजा करे और लेखी हुक्मों को बने वहां तक टाल दिया करे। हर एक बात की

जानकारी दो भिन्न-भिन्न मार्गों द्वारा प्राप्त करनी चाहिए; अर्थात् एक मनुष्य की लाई हुई ख़बर कहाँ तक सत्य है यह बात दूसरे मनुष्य की लाई हुई खबर से जानी जा सकती है। अपने निज के नियुक्त किये हुए गुप्तचरों के सिवाय स्वयं प्रवृत्त दूतों की बात पर विश्वास न करे इसी प्रकार से जो लोग शत्रु की ओर से फूट कर आये हुए हों, उन पर भी पूरा विश्वास न करें क्योंकि बहुधा इसी प्रकार से हमको धोका देने का प्रयत्न होता है।

हर प्रकार की कोशिश करके कृषक लोगों से मैत्री कर लेनी चाहिए-- उनका प्रेम अपनी ओर आकर्षित कर लेना चाहिये। यह हमारा कर्तव्य है और इसी के अन्दर हमारा हित भी है।

शत्रु की हानि करने का सच्चा रास्ता यही है कि उनके घोड़े, उनकी रसद और उनके अधिकारियों का हमेशा नाश करते रहना चाहिए।

शत्रु के अग्र-भाग पर अपने गुप्तचरों की दृष्टि हमेशा रहनी चाहिए। मौका देख कर इस अग्र-भाग पर आक्रमण करने का निश्चय करना चाहिए। सबसे प्रथम उनके मार्ग पर अपनी ओर के कुछ मनुष्यों को भेजकर निश्चित किये हुए स्थान पर वृक्षों को तोड़कर, या पत्थरों को रच कर अथवा रास्ते को उखाड़ कर उस मार्ग को रोक देना चाहिए। उस स्थान पर शत्रु की सेना अति ही गड़बड़ में पड़ जायगी। वे वहाँ से कूंच न कर सकेंगे। इस प्रकार से जब वह अग्र-भाग गड़बड़ में पड़ गया कि उन पर आक्रमण कर देना चाहिए। ऐन संध्या समय शत्रु की सेना चल चल कर थकी हुई रहती है उस समय, अथवा जब कि शत्रु-सेना किसी पुल के ऊपर से, झाड़ी में से अथवा झील में से जा रही हो, ऐसे समय तत्काल झपट्टा मार कर उस पर प्रबल रूप से टूट पड़ना चाहिए।

कभी-कभी शत्रु-सेना के अगले हिस्से को निकल जाने देना चाहिए। फिर अपनी टुकड़ी के एक छोटे से हिस्से को लेकर निश्चित की हुई बाजू से आक्रमण करने का ढोंग करना चाहिए। जब शत्रु उस स्थान पर अपनी सम्पूर्ण शक्ति खर्च करने लगे तब तत्काल ही अपनी बची हुई सम्पूर्ण सेना को साथ में लेकर शत्रु के मुख्य केन्द्र पर प्रबल रूप से आक्रमण कर देना चाहिए। सबसे पहली मार शत्रु के अगले हिस्से की प्रथम कतार की गाड़ियों के घोड़ों पर पड़नी चाहिए। शत्रु की उस सेना के जिस मार्ग द्वारा मुख्य सेना की सहायता करने का रास्ता हो, उस मार्ग की विरुद्ध दिशा मे आक्रमण करना चाहिए क्योंकि ऐसा करने से अपनी टुकड़ी के घिर जाने की सम्भावना नहीं रहेगी। ऐसी हालत में अपनी सेना का एक चौथाई भाग अलग निकाल कर सुरक्षित रख छोड़ना चाहिये।

इसी तरह से जिस समय शत्रु की सेना पानी के उतार पर से जा रही हो, उस समय भी उपरोक्त रीति से आक्रमण करना, अथवा छिपी हुई जगह से निकल कर एकदम टूट पड़ना, या अकस्मात् रीति से मारक प्रहार करना

चाहिए। उस पानी के उतार पर से अथवा किसी झील में से, या जिस स्थान पर हम छिप कर बैठे हों उस स्थान पर से, शत्रु सेना का कुछ हिस्सा आगे निकल जाने दिये बिना कभी भी आक्रमण न करना चाहिए; क्योंकि ऐसा करने से शत्रु वापिस लौट जा सकता है। किन्तु जब उनका कुछ हिस्सा अटक जायगा तो उनमें एकदम घबराहट उत्पन्न हो जावेगी। सबसे पहले उनकी बाजू पर एक फेर झाड़ ेना चाहिए और फिर उनकी लाइन पर एकदम टूट पड़ना चाहिए। आक्रमण इतनी फुर्ती और धड़ाके के साथ होना चाहिए कि शत्रु को विचार करने की भी फुर्सत न मिले। कुछ देर बाद जब शत्रु सावधान होकर संभलने लगे कि इतने में पीछे फिर कर तत्काल ही रफू चक्कर हो जाना चाहिए। जब शत्रु की ओर से फायर करना शुरू हो जाय तब जहाँ तक बने वहाँ तक उनकी मार को सहते हुए पीछे हटने का प्रसंग टालना चाहिए। पर यदि ऐसा ही मौका आ पड़े कि शत्रु से युद्ध करते हुए पीछे हटना पड़े तो उस समय निम्न रीति से पीछे हटना चाहिए।

अपनी टुकड़ी की लाईन बना लेना चाहिए। इन लाइनों की रचना सीढ़ियों के समान एक के बाद एक उतरती हुई करनी चाहिए। उनके बीच में दो गोली के टापे का अन्तर रखा जाय। अपनी सेना का इस प्रकार का व्यूह बना कर पीछे हटते जाना चाहिए। जब देखे कि शत्रु समीप आ पहुँचा है, तब सबको मिल कर एक झाड़ देना चाहिए। गोलियों के इस फेर से शत्रु दबे न दबे तब तक और पीछे हट जाना चाहिए। पर हटते समय व्यूह को भंग न होने देना चाहिए। इस प्रकार अपनी रक्षा करते-करते बिलकुल समीप के मार्ग द्वारा निकल कर फरार हो जाना चाहिए।

खुले हुए मैदान में कभी भी युद्ध न करना चाहिए! जब किसी झील या किसी सकड़े रास्ते से जाना हो तो आसपास की टुकड़ियों को अपने अधिकार में करके, अथवा इतना विश्वास करके कि उन स्थानों से किसी भी प्रकार के धोका होने की सम्भावना नहीं है, आगे बढ़ना चाहिए।

इस बात को हमेशा ध्यान में रखो कि हर एक पहाड़ से तुम्हारे लिए या तुम्हारे शत्रु के लिए कोई न कोइ मार्ग रहता ही है।

किसी ऊलजलूल दिशा में आग जला कर तथा जिन पर शत्रुओं को सन्देह न हो ऐसे गुप्तचरों को भेजकर ऊलजलूल दिशा में बाजे बजा कर अपने रहने के ठीक स्थान का तथा अपनी ठीक दिशा का शत्रु को पता न लगने देना चाहिए और शत्रु को इस प्रकार का धोका देना चाहिए कि हम लोग दूसरी ही दिशा में गमन कर रहे हैं।

जब हमारे सैनिक शत्रु के बन्दूकवालों के सम्मुख हों, उस समय उनको चाहिए कि पहले वे फायर की केवल धमकी दें तथा जब तक शत्रु की ओर से फ़ायर न हो जाय तब तक अपनी ओर से आरम्भ न करें। उनकी ओर से चिनगारी उड़ी हुई देखते ही अपनी ओर से भी गोलियाँ दाग देना चाहिए।

ऊँचे लक्ष्य पर निशाना मारते वक्त बन्दूक का लक्ष्य किंचित ऊँचा रखना चाहिए और नीची या गहरी जगह पर लक्ष्य मारते समय लक्ष्य को किंचित नीचा साधना चाहिए।

यदि शत्रु की सैन्य संख्या कुछ दूरी से जानने की आवश्यकता हो तो यह उसकी चलने की आवाज से जानी जा सकती है। इसका साधारण नियम यह है कि आवाज जितनी अधिक घनी और समान आती हो, शत्रुओं की संख्या उतनी ही अधिक समझनी चाहिए। शत्रुओं के पाँव से उड़ी हुई धूल से भी उनकी संख्या जानी जा सकती है। किन्तु धूल का उड़ना, हवा और उस प्रदेश की खुश्की पर अवलम्बित रहता है। भूमि में कान लगा कर सुनने की आदत डाल लेने से प्राय: निश्चित अनुमान हो सकता है और इस प्रकार की आदत बड़ी जल्दी हो सकती है। एक फायर करने में लगभग बारह मनुष्यों की गिनती गिनी जाती है। पर शत्रु गण कभी कभी धोका देने के उद्देश्य से एकदम बहुत से फ़ायर कर देते हैं।

—अज्ञात।

'प्रभा', मासिक, कानपुर वर्ष : 5, खण्ड: 1, संख्या: 5 मई 1924।

मानवी आयुष्य की वैदिक मर्यादा

[लेखक-श्रीयुत 'अज्ञात']

कई वर्ष हुए उपर्युक्त नाम की एक पुस्तक श्री पाद दामोदर सातवलेकर जी की लिखी हुई मंत्री साहित्य परिषद् गुरुकुल कांगड़ी द्वारा प्रकाशित हुई थी। इन पंक्तियों के लेखक को उसी समय उपरोक्त पुस्तक देखने का भी सुअवसर मिला था। पुस्तक देखने पर जो कुछ शंकायें उत्पन्न हुई थीं, उन्हें लिख कर श्री सातवलेकर जी से समाधान करने की प्रार्थना भी की थी; परन्तु तीन-चार बार पत्र व्यवहार करने पर भी कुछ परिणाम नहीं हुआ। अब उसे ही आर्य्य जनता के समक्ष विचारार्थ रख देता हूँ; क्योंकि उस शंका को वैसे ही रख लेना हानिकर होगा।

प्रथम संस्करण पृष्ठ 5 के 15 वीं पंक्ति के पश्चात् भीष्म पितामह के सम्बन्ध में लिखते हुए लेखक महोदय ने लिखा है कि वशिष्ठ ऋषि के गुरुकुल में भीष्म का अंगों सहित पूर्ण वेदाभ्यास हुआ। शुक्राचार्य जी के पास से इसने आसुरी शास्त्रास्त्र विद्या प्राप्त की······प्रतापी जामदग्न्य परशुराम से इन्होंने दैवी शस्त्र विद्या प्राप्त की।"

जामदग्न्य परशुराम का रामचन्द्र के समय में होना प्रायः बहुत से लोग स्वीकार करते हैं। शुक्राचार्य दैत्य गुरु का बलि के समय में होना पाया जाता है, जो बाणा का सुरपौत्र और बैरोचन का पुत्र था। बाणासुर भी रामचन्द्र के समय में था; इन दोनों बातों से मालूम होता है कि रामचन्द्र और भीष्म के समय में केवल सौ पचास वर्ष का अन्तर होगा।

सातवलेकर जी ने भीष्म पितामह की आयु ढूंढी है, यदि आप शुक्राचार्य और परशुराम की ही आयु का पता लगाते तो कदाचित उन्हीं पुराणों (श्रीमद् भागवत और महाभारत) के आधार पर जिनका आपने यहाँ प्रमाण दिया है, तो कहीं अधिक आयु दिखा सकते थे।

मैंने जब उनसे इस विषय पर पत्रों द्वारा कुछ वाद-विवाद छेड़ा तो दो तीन बार आपने कुछ लिख कर अन्त में लिखा कि पौराणिक शंकाओं पर विचार करने का मुझे समय नहीं है। ठीक है महाराज! परन्तु फिर पुराणों का प्रमाण ही क्यों देते हैं, जब उन पर विचार नहीं कर सक्ते? मेरे इस

लिखने पर कि रामचन्द्र त्रेता में और कृष्ण द्वापर में हुए, आपने लिखा था "चतुर्युगी 10 वर्ष का होती है।" वैद्यक शास्त्र में अवश्य एक स्थान पर 10 वर्ष की चतुर्युगी का वर्णन है, परन्तु उसे यहाँ खींचकर उससे काल गणना करना मेरी तुच्छ वृद्धि में धींगां-धींगी ही है।

कहा जा सकता है कि यहाँ आयु सम्बन्धी विचार करना था अतएव परशुराम कौन थे इत्यादि बातों पर विचार करने की आवश्यकता नहीं। नम्र प्रार्थना है कि फिर पुराणों को क्यों दोषी ठहरायेंगे। यदि किसी ने तिलक का महात्म्य दिखाते हुए धर्मराज आदि सबको अज्ञानी सिद्ध कर दिया तो बात क्या हुई। उसका उद्देश्य तिलक महात्म्य दिखाना था, न कि अन्य बातों पर विचार करना।

मैं आशा करता हूँ श्रीमान् सातवलेकर जी इस पर प्रकाश डालेंगे जिससे भ्रम दूर हो जाय, अन्यथा अब यदि यह बात ऐसी ही रह गयी तो आगे चल कर यह और भी भ्रमोत्पादक होगी, क्योंकि यह पुस्तक आर्य्यं सामाजिक साहित्य में है और इसका सम्बन्ध गुरुकुल जैसी प्रसिद्ध आर्य्यं संस्था से है।

23 अक्तूबर 1926ई० — वैदिक सन्देश

□□□

शुद्धि-सूचीपत्र

पृष्ठ	शुद्ध शब्द	पंक्ति
1	दृश्य	नीचे से चौथी पंक्ति
11	आफत	ऊपर से छठी ,,
,,	बिचारे	,, ,, 17 वीं ,,
12	बंगालीपन	,, ,, 8 वीं ,,
29	तंग	,, ,, 5 ,, ,,
,,	पामर	,, ,, 19 ,, ,,
37	ग्वालियर	,, ,, पहली ,,
44	सज्जन	नीचे ,, 11 वीं ,,
45	समय	ऊपर से 11 वीं ,,
46	वृत्तान्त	,, ,, 13 वीं ,,
,,	क्षोभ	,, ,, 17 ,, ,,
47	अक्रिय	अन्तिम ,,
48	रिवाल्वर	नीचे ,, चौथी ,,
52	बांट	ऊपर से 8 वीं ,,
58	गुनगुना	नीचे ,, 8 ,, ,,
66	कांग्रेस	ऊपर ,, तीसरी ,,
,,	मुआफ़	नीचे ,, ,, ,,
71	ब्रह्मचारी	ऊपर से 8वीं, 11वीं ,,
,,	पंडित	नीचे से 11वीं पंक्ति, ऊपर से 16वीं
82	कर्ज़	नीचे से 12 वीं पंक्ति
84	संगठित	ऊपर से 10वीं पंक्ति
86	शिकार	,, से 14वीं ,,
94	दूसरे	नीचे से 12वीं पंक्ति
95	ढीला	ऊपर से 9वीं पंक्ति
101	अशफ़ाक	शीर्षक
102	का अधिकार	ऊपर से 11वीं पंक्ति
103	तुरन्त	ऊपर से 7वीं ,,
104	घर्षण	नीचे से 8वीं पंक्ति

106	अन्यथा रात के साधारण डाकुओं की प्रतिष्ठा है	ऊपर से 16वीं	पंक्ति न पढ़ा जाय
108	हैं	नीचे से 8वीं	,,
109	रिवाल्वर	ऊपर से 6वीं	,,
,,	हार्दिक	नीचे से 15वीं	,,
,,	एक्टिव	,, ,, 13वीं	,,
,,	अंग्रेजी	नीचे से दूसरी	,,
114	की	ऊपर से 16वीं	,,
,,	उत्पन्न	,, से 17वीं	,,
,,	लकड़ी	नीचे से 11वीं	,,
,,	छुट्टी, घी	नीचे से 9वीं	,,
,,	फसल, भूस	नीचे से 5वीं	,,
115	आभारी	ऊपर से 7वीं	,,
,,	पूछता	नीचे से 11वीं	,,
116	निमित्त	ऊपर से 14वीं	,,
117	हैं	ऊपर से 8वीं	,,
121	सिर	नीचे से 12वीं	,,
,,	वारसी	नीचे से 8वीं	,,
,,	दी	नीचे से चौथी	,,
122	दोषी		प्रथम पंक्ति
,,	बिलबिला	ऊपर से 8वीं	,,
,,	जिम्मेवारी	,, ,, 16वीं	,,
126	जमींदारों	,, ,, 13वीं	,,
,,	उत्तर	,, ,, 14वीं	,,
,,	कराहा	नीचे से 7वीं	,,
,,	सूअरों	,, ,, 5वीं	,,
133	विशेष	,, ,, 5वीं	,,
134	जीती	,, ,, दूसरी	,,
135	सूर्योदय	,, ,, 16वीं	,,
137	निबाह	ऊपर से छठी	,,
138	माशा	,, ,, चौथी	,,
,,	अच्छा	,, ,, 5वीं	,,
,,	थीं	,, ,, छवीं	,,
,,	रंगा	,, ,, 17वीं	,,
,,	मालूम	,, ,, 18वीं	,,
,,	आइवान	नीचे से छठी	,,

140	रईसों	नीचे से 11वीं पंक्ति
141	इस दल-दीक्षा को ग्रहण कर (शुद्ध)	
	इस दल-दीक्षा ग्रहण कर (अशुद्ध)	,, चौथी पंक्ति
147	व्याख्यान	नीचे से चौथी ,,
149	निरपराध	नीचे से 9वीं ,,
151	मलिन	ऊपर से 9वीं ,,
155	हिन्दी में	5वीं ,,
156	रंग	ऊपर से 5वीं ,,
159	की	अंतिम ,,
160	real	ऊपर से 21वीं ,,
169	दस्ते	,, ,, 16वीं ,,
,,	ईश्वर	नीचे से 13वीं ,,
,,	चले	,, ,, छठी ,,
170	पुरानी	ऊपर से चौथी ,,
,,	मृत्यु	नीचे से तीसरी ,,
173	नेपाल राज्य	,, ,, 12वीं ,,
174	पुस्तक	ऊपर से 14वीं ,,
176	ड्यूटी	,, ,, 7वीं ,,
,,	सिर	नीचे से 15वीं ,,
,,	अत्यन्तावश्यकता	,, से छठी ,,
178	आकांक्षा	ऊपर से छठी ,,
179	भविष्यवाणी	,, से तीसरी ,,
189	मानव	नीचे से दूसरी ,,